W0233217

Amy Chaplin

Celebrating Whole Food

Amy Chaplin

Celebrating Whole Food

Mit über 150 veganen und vegetarischen
Rezepten aus Amy Chaplins bunter
und köstlicher Vollwertküche

Unimedica

Amy Chaplin
Celebrating Whole Food
Mit über 150 veganen und vegetarischen
Rezepten aus Amy Chaplins bunter
und köstlicher Vollwertküche

1. Auflage 2016
2. Auflage 2017
3. Auflage 2020
ISBN: 978-3-946566-01-4
© Narayana Verlag 2016
Titel der Originalausgabe:
At home in the whole food kitchen:
celebrating the art of eating well
© 2014 Amy Chaplin
Roost Books
An imprint of Shambhala Publications, Inc.
Übersetzt aus dem Englischen von Julia Augustin

Layout: Staphen Kent Johnson
Satz: Karin Jerg, Staufen
Fotograf: Johnny Miller

Herausgeber:
Unimedica im Narayana Verlag GmbH, Blumenplatz 2, 79400 Kandern
Tel.: +49 7626 974970-0
E-Mail: info@unimedica.de
www.unimedica.de

Alle Rechte vorbehalten. Ohne schriftliche Genehmigung des Verlags darf kein Teil dieses Buches
in irgendeiner Form – mechanisch, elektronisch, fotografisch – reproduziert, vervielfältigt, übersetzt
oder gespeichert werden, mit Ausnahme kurzer Passagen für Buchbesprechungen.

Sofern eingetragene Warenzeichen, Handelsnamen und Gebrauchsnamen verwendet werden, gelten die
entsprechenden Schutzbestimmungen (auch wenn diese nicht als solche gekennzeichnet sind).

Die Empfehlungen dieses Buches wurden von Autor und Verlag nach bestem Wissen erarbeitet und überprüft.
Dennoch kann eine Garantie nicht übernommen werden. Weder der Autor noch der Verlag können für eventuelle
Nachteile oder Schäden, die aus den im Buch gegebenen Hinweisen resultieren, eine Haftung übernehmen.

für
Jacqui,
Mit all meiner Liebe, x

INHALT

Einführung / ix

TEIL EINS: VORRÄTE

Meine wichtigsten Vorräte / 7

Ausrüstung / 49

Mit Vorräten kochen / 57

Grundrezepte / 87

TEIL ZWEI: REZEPTE

Frühstück / 131

Suppen / 159

Salate / 183

Snacks, Knabbereien und Getränke / 207

Vollwertige Hauptgerichte / 237

Desserts / 293

    Tartes / 300

    Süßes für jede Gelegenheit / 331

EXTRAS

Mein Leben mit Tee / 360

Entgiften / 363

Biologische Lebensmittel / 367

Danksagung / 370

Literaturverzeichnis / 373

Über die Autorin / 375

Index / 377

Einführung

Der Grundstein für meine Beziehung zum Essen und zur Natur wurde schon so früh gelegt, dass ich mich gar nicht mehr daran erinnern kann. Meine Liebe zu gutem Essen muss ich von meiner Mutter und meinem Vater geerbt haben. Ich wuchs an einem abgelegenen Ort im ländlichen New South Wales in Australien auf, wo meine Eltern alles, was wir aßen, selbst anbauten und zubereiteten. Noch bevor ich laufen konnte, zogen meine Eltern die Küste hinauf zu einer gerade entstandenen Gemeinschaftsfarm, um so natürlich wie möglich und von dem Land zu leben, auf dem wir wohnten.

Unser Zuhause, ein aus Lehmziegeln errichtetes Haus mit achteckigem Grundriss, war um die Küche herum gebaut. Wir verbrachten sehr viel Zeit in diesem großen, offenen Raum, sei es beim Waschen, Schneiden und Kochen von Gemüse, bei gemeinsamen Mahlzeiten oder im Winter um den Holzofen versammelt, um uns daran zu wärmen.

Mein Vater entwarf und baute unser Haus mit selbst hergestellten sonnengebrannten Lehmziegeln, arbeitete gebrauchtes Holz auf und richtete alte Fenster und Türen wieder her. Als ich ein Baby war, badete meine Mutter mich im Spülbecken in der Küche und setzte mich, sobald ich allein sitzen konnte, auf den Küchentresen, um mich im Blick zu haben, wenn sie unser Essen zubereitete. Ich durfte alles, was sie kochte, vorher probieren und bekam, sobald ich einen Löffel halten konnte, die ehrenvolle Aufgabe, Kuchenteig anzurühren (und natürlich auch zu kosten). Schnell lernte ich mit einem kleinen Messer umzugehen, und durfte damit Schnittlauch und Petersilie aus unserem Garten klein schneiden, womit wir fast alle unsere Gerichte garnierten.

Als Kind war es für mich der Höhepunkt der Woche, wenn ich meinem Vater beim Brotbacken helfen durfte. Er stellte mich dann auf einen kleinen Tisch, damit ich bis an die Arbeitsfläche heranreichte und den Teig kneten konnte. Am meisten liebte ich es, aus übrig gebliebenem Teig Minibrötchen zu formen, die ich mit Trockenobst füllte und mit Gewürzen verfeinerte.

Meine Schwester und ich wurden in alles einbezogen, was meine Eltern taten: in die Pflege unseres Bienenstocks, das Brauen von Ingwerbier, das Zubereiten von Tofu, das Formen der Lehmziegel für den Bau unseres Hauses, das Herstellen biodynamischer Präparate für unser Land und das Mahlen von Weizen zu Weizenmehl. Wir halfen beim Anpflanzen, Ernten und Zubereiten der Lebensmittel, die wir aßen. Dazu gehörte ganz selbstverständlich auch das Kompostieren von Abfällen, aus denen Kompost wurde, mit dem wir dann unseren Garten düngten.

In einem Radius von dreißig Meilen gab es keinerlei Läden oder Geschäfte in unserer Nähe, also lernte ich von klein auf, wie man sich weitestgehend selbst mit Essen versorgt. Neben dem Anbau von Obst, Gemüse und Kräutern auf unserem Land ließen sich meine Eltern große Mengen an Getreide, Nüssen, Samen, Trockenobst und Olivenöl liefern. Diese Vorräte füllten wir in große Gläser, die auf einer großen alten Kommode in unserer Küche standen. Diese überdimensionalen Vorratsgläser, die randvoll mit hochwertigen Zutaten waren, hatte ich später immer als Inspiration vor Augen, wenn ich als Köchin neue Rezepte kreierte.

Wir hatten nicht nur ein gut gefülltes Vorratslager, sondern nahmen auch auf unsere Ausflüge immer selbst gemachtes Essen mit. Meine Mutter ist heute noch mit einer Picknickdecke und einer „billy can", einem rustikalen australischen Campingkessel, unterwegs, die beide einen Stammplatz in ihrem Kofferraum haben. Raus in die Natur, ob zu entlegenen Stränden oder subtropischen Wäldern, und dabei einen Tee schlürfen und leckeres selbst gemachtes Essen genießen, das taten wir, sooft es nur ging. Auch heute noch versuche ich diese wunderbare Gewohnheit am Leben zu halten, wenn es mir möglich ist, und halte sie für einen unvergleichlichen Luxus, den das Leben mir bietet.

Als ich aufwuchs, kam es mir nie in den Sinn, dass wir, während wir Selbstangebautes aus dem Garten aßen, Milch in Kannen vom benachbarten biodynamisch wirtschaftenden Bauern holten, kompostierten und Regenwasser auffingen, ein sehr umweltfreundliches Leben führten. Dieser Kreislauf aus Anbauen, Ernten, Kochen, Essen, Kompostieren und Düngen war einfach fest in uns verankert. Sogar heute, obwohl ich mitten in Manhattan lebe, kompostiere ich immer noch alle meine Küchenabfälle, sammle sie und bringe sie alle zwei Wochen zu den Komposttonnen des Lower East Side Ecology Centers auf dem Union Square Farmer's Market. Erst lade ich den Kompost ab und dann fülle ich meine leeren Einkaufstaschen mit frischem Gemüse, damit der wunderbare Kreislauf von Neuem beginnen kann.

Ich glaube, dass meine Ehrfurcht vor der Natur und mein unermüdliches Streben danach, immer die köstlichsten und vollwertigsten Lebensmittel aufzutreiben, damit zusammenhängt, dass ich als Kind unzählige Stunden in unserem Garten verbracht habe. Dort probierte ich alles, was wir anbauten, und ließ in meinem Mund die wunderbarsten Gemüse-Kräuter-Mischungen entstehen, während ich auf den Pfaden zwischen unseren mit alten Reifen eingefassten Beeten umherlief. Dieses Gemüse, an dem ich fast täglich naschte, hatte einen sehr großen Einfluss auf meine Geschmacksknospen. Ich bin immer auf der Suche nach Zutaten, die dem authentischen Geschmack der Lebensmittel nahekommen, mit denen ich aufgewachsen bin, und versuche Rezepte zu kreieren, die das Beste ihrer Eigenschaften zum Vorschein bringen. Darin sehe ich meine Berufung als Köchin.

In meinem Lieblingscafé in der Innenstadt von Sydney betrat ich das erste Mal eine professionelle Küche. Über Mund-zu-Mund-Propaganda und dank meines Enthusiasmus hatte ich dort einen Job bekommen, der im Wesentlichen darin bestand, die Espresso-Maschine zu bedienen und zu kellnern. Wenn zur Mittagszeit Hochbetrieb herrschte, half ich oft in der hektischen Küche aus, wo jede freie Hand dafür gebraucht wurde, das Tagesgericht zuzubereiten. Ich arbeitete sehr hart in diesem kleinen geschäftigen Café und konnte dabei eine Menge lernen.

Während dieser Zeit lebte ich mit Freunden zusammen, die sich makrobiotisch ernährten. Durch sie und durch das makrobiotische Restaurant in unserer Nähe, das schnell zu meinem Lieblingslokal wurde, lernte ich von der Idee, Essen als Medizin anzusehen. In der kurzen Zeit, die ich in Sydney lebte, kochte ich sehr viel und teilte viele meiner Mahlzeiten mit alten und neuen Freunden. Wir mahlten Hirse für Porridge, rösteten unglaubliche Mengen an Gemüse, entdeckten die unzähligen Möglichkeiten von Tahini-Soße und experimentierten mit veganen Desserts – denn nur weil mein Bewusstsein bezüglich gesunder Zutaten immer mehr wuchs, wollte ich deshalb nicht gleich auf Desserts verzichten! Ich fand heraus, dass mir Desserts mit natürlichen Süßungsmitteln, Nüssen und Früchten besser schmeckten. Die Herausforderung, ganz ohne tierische Produkte oder weiterverarbeitete Zutaten ein köstliches und in sich perfektes Dessert zu erschaffen, faszinierte mich.

Außerdem wuchs meine Reiselust, weshalb ich mich nach weniger als einem Jahr nach Amsterdam aufmachte, um meiner kulinarischen Bestimmung zu folgen. Dieses Mal führte mich mein Weg in ein japanisches makrobiotisches Restaurant, wo ich ebenfalls kellnerte. Unsere täglichen Teammahlzeiten im Restaurant zeigten mir, wie authentisches japanisches Essen schmeckt und machten mich neugierig. Wenn ich frei hatte, kochte ich die Gerichte für Freunde nach und experimentierte weiter mit veganen, vollwertigen Dessertrezepten. Ich freute mich riesig, als der Inhaber des Restaurants, in dem ich arbeitete, meine

Leidenschaft fürs Kochen erkannte und mir eine Stelle als Konditorin anbot. Ich lernte bei einer Schulung mehr über traditionelle japanische Desserts und verstand dadurch die Eigenschaften von Agar-Agar und Kudzu besser. Dank dieses Trainings konnte ich nun jedes vegane Dessert kreieren, das ich mir nur vorstellen konnte. In der Küche nutzte ich die Chance, von sehr talentierten makrobiotischen Chefköchen zu lernen, und bereitete neben den Desserts auch bald die täglichen Bento-Tagesgerichte zu. Obwohl mir noch nicht ganz klar war, dass ich mich bereits am Beginn meiner kulinarischen Karriere befand, freute ich mich sehr über meine mittlerweile entstandene kleine Fangemeinde und darüber, dass meine Desserts Nacht für Nacht ausverkauft waren. Ich war ständig damit beschäftigt, mir Menüs und neue Geschmackskombinationen auszudenken, und vergaß darüber oft das Schlafen. Die endlosen Möglichkeiten faszinierten mich. Oft war ich schon fünf Uhr morgens auf den Beinen, wenn es in der Küche noch ruhig war und ich mich voll und ganz auf das Erschaffen neuer Kreationen konzentrieren konnte. Ich empfand es als das reinste Glück, mir erst Desserts auszudenken und sie dann bei der Arbeit zum Leben erwecken zu können.

Bereits in diesen frühen Jahren meiner Karriere war es mir wichtig, Essen zuzubereiten, das fantastisch schmeckt, meinen Körper optimal nährt (und natürlich auch manchmal verwöhnt!) und dabei so umweltfreundlich wie möglich ist. Es ging mir von Anfang an darum, über das Essen eine tiefe Verbindung zur Natur entstehen zu lassen. Je mehr ich über die Vorteile einer veganen und makrobiotischen Ernährung erfuhr, umso mehr interessierte ich mich für die Welt der vollwertigen pflanzlichen Lebensmittel. Die schier unerschöpflichen Möglichkeiten, die sich hier bieten, inspirieren mich heute noch genauso sehr wie zu meiner Anfangszeit als Köchin. Ich fand diese Art des Kochens sehr spannend, wollte aber gleichzeitig einen Weg finden, diese mit dem Genuss, der Freude und den Festen aus meiner Kindheit zu verbinden; alles wichtige Qualitäten, die meiner Meinung nach sehr viele Australier mit dem Essen verbinden.

Einige meiner schönsten Erinnerungen, die mit Essen zu tun haben, hängen mit den Partys meiner Mutter zusammen. Sie lud immer wieder Leute ein, um gemeinsam Festtage oder besondere Anlässe zu feiern. Dann wurden lange Tische mit altem Geschirr und Stoffservietten gedeckt, Champagner serviert und oft Live-Musik gespielt. Das Essen wurde entweder von unserer Familie zubereitet oder von den eingeladenen Nachbarn und Freunden mitgebracht. Schon von klein auf übernahm ich die Rolle der Gastgeberin und wurde in sämtliche Vorbereitungen für die Partys mit einbezogen, von den Begrüßungscocktails bis zum Dessert. Neben dem Essen

für die eigentliche Feier bereitete meine Mutter oft noch Mitternachts-Pasta und Frühstück für den nächsten Tag vor – für alle Gäste, die über Nacht blieben.

Bei dieser Vorgeschichte überrascht es kaum, dass ich nach meinem Umzug von Amsterdam nach London mit meiner guten Freundin Rosada Hayes ein kleines Catering-Unternehmen gründete. Wir beide teilten die gleiche Leidenschaft für lebendiges, köstliches, ausgefallenes, genussvolles und gesundes veganes Essen und weizenfreie Desserts. Zusammen entwickelten wir ständig neue Gerichte und planten scheinbar endlose Menüfolgen für alle Arten von Events und Partys. In dieser höchst kreativen Zeit ging ich vollkommen in meiner Berufung als Profi-Köchin auf.

Ich folgte dieser Berufung weiter und zog nach New York City, in eine Wohnung, die nur einen Block vom Bio-Bauernmarkt auf dem Union Square entfernt ist. Obwohl ich mit selbst angebautem Gemüse aufgewachsen war, waren die Transportwege von Lebensmitteln und die ganz unterschiedlichen Reifezeiten, die es in jeder Saison gibt, noch Neuland für mich. So eine große Auswahl an regionalen Bio-Lebensmitteln wie auf dem Union Square Bauernmarkt hatte ich zuvor noch nie gesehen. Bis heute bin ich dank dieses Markts auf natürliche Weise mit den Jahreszeiten verbunden und unglaublich dankbar dafür, dass ich nur ein paar Schritte davon entfernt wohne.

Eine meiner ersten Mahlzeiten in New York City genoss ich in einem der berühmtesten und am längsten bestehenden veganen Restaurants der Stadt, dem Angelica Kitchen. Wenig später begann ich in genau diesem Restaurant zu arbeiten, erst als Konditorin und später als Küchenchefin. Meine Zeit dort war die herausforderndste und gleichzeitig die bereicherndste meiner bisherigen Karriere. Ich lernte von der Pike auf, nur regionale Produkte zu verwenden und bemühte mich, die Tagesgerichte mit saisonalen Zutaten

zuzubereiten und sie gleichzeitig gesund, lecker und zum Hineinbeißen verführerisch zu machen. Dabei erfuhr ich auch, wie wichtig es ist, gute persönliche Beziehungen zu den Landwirten aufzubauen, um ein ethisch funktionierendes Unternehmen am Laufen zu halten. Einige der Partner von Angelica Kitchen versorgten das Restaurant schon seit über 35 Jahren mit Bio-Obst und -Gemüse, -Tofu oder -Meeresalgen. Es war eine Ehre, mit ihnen zusammenzuarbeiten und mit den frischesten regionalen Zutaten zu kochen, die sich finden ließen. In dieser geschäftigen Restaurantküche, in der es sieben Tage die Woche rund um die Uhr hoch her ging, lernte ich von allen erfahrenen Köchen, die dort früher oder später arbeiteten, unschätzbar wertvolles Hintergrundwissen und Handwerkszeug. Die Herausforderungen, die im Angelica Kitchen auf mich warteten, spornten mich an und perfektionierten meine kulinarischen Fähigkeiten.

Nach meiner Zeit im Angelica Kitchen begann ich, selbstständig als Rezeptentwicklerin und private Chefköchin zu arbeiten. Ich habe das Glück, für Menschen zu kochen, die es wertschätzen, dass viel Liebe und Mühe in die Zubereitung ihrer Mahlzeiten mit hochwertigen und nährstoffreichen Bio-Zutaten einfließen. Nach wie vor ist der Bauernmarkt mein Dreh- und Angelpunkt, egal ob ich gerade etwas für eine Entgiftungskur oder ein mehrgängiges Menü vorbereite. Die Lebensmittel, die ich dort finde, sind mein Barometer und meine wichtigste Inspirationsquelle.

Das Beste an meiner Arbeit ist es, mein Wissen mit anderen zu teilen, egal ob bei einem meiner Kochkurse oder über meinen Blog. Ich liebe es, andere Menschen in die nächtlichen Rituale des Einweichens von Getreide, Bohnen und Nüssen einzuweihen und ihnen zu zeigen, wie Kochrituale nicht nur die Köche selbst inspirieren und begeistern, sondern auch alle anderen, die darin mit einbezogen werden. Ich freue mich unglaublich darüber, wenn ich miterleben kann, wie sehr Leute nach einem Besuch auf dem Bauernmarkt begeistert sind, wie sie sich darauf freuen, etwas selbst zuzubereiten, wie gut es ihnen dabei geht und wie das Kochen ihr Leben bereichert.

Kochen war etwas, mit dem ich begann, um Geld zu verdienen und in verschiedenen Ecken der Welt heimisch zu werden, während ich nach der Beschäftigung suchte, die ich wirklich ausüben wollte. Damals war mir noch nicht klar, dass es das Kochen war, was für mich später Beruf und Berufung sein würde. Die Freude daran, Zutaten auszusuchen und leckere Gerichte daraus zu zaubern, war mein Anker, während ich versuchte, in vielen neuen Städten Fuß zu fassen, egal ob Sydney, Amsterdam, London oder New York. Damals wie heute war das Essen meine Verbindung zur Natur, zu meiner Vergangenheit und zu den Menschen, mit denen ich koche und esse. Je mehr ich über die Vorteile einer gesunden Ernährung mit einer Vielzahl an vollwertigen, frischen, „echten" Lebensmitteln erfahre, umso mehr möchte ich kochen – und umgekehrt.

Die Rezepte in diesem Buch sind so wie meine eigene Ernährung zu über 90 % vegan. Ich gebe vollwertigen, echten Bio-Zutaten immer den Vorrang vor anderen weiterverarbeiteten Produkten. Lieber verzichte ich ganz auf Käse, als ihn durch ein industriell hergestelltes veganes Erzeugnis mit fragwürdigen Inhaltsstoffen zu ersetzen. Wenn ich die Wahl habe, greife ich lieber zu Butter als zu einer stark verarbeiteten (veganen) Margarine. Ich verwende regional hergestellte Zutaten aus Ziegenmilch und ab und zu Joghurt, um meine Gerichte nahrhafter zu machen und zu garnieren. Auf diese Weise muss ich nicht immer auf Avocados, Nüsse und Samen zurückgreifen, die ich sonst bräuchte, die aber leider nicht aus der Region stammen, in der ich wohne. Eine vegetarisch-vegane Ernährung bedeutet im Vergleich zu einer rein veganen, dass ich mehrere Bio-Bauern und -Erzeuger aus meiner Region direkt unterstützen kann.

Mein Ziel mit diesem Buch ist es, Sie dazu zu inspirieren, Zutaten auszusuchen, die im Einklang mit der Natur und mit Respekt vor unserer Umwelt angebaut und erzeugt werden, eine tiefere Verbindung zur Natur zu entwickeln und besonders: mehr selbst zu kochen. Auf diese Weise können wir zu einem gesunden, nachhaltigen Kreislauf beitragen, der uns alle an Leib und Seele nährt. Dieses Buch ist die Quintessenz meines Lebens mit gutem Essen, und ich hoffe, dass es Sie zu Ihrer eigenen Entdeckungsreise in Sachen Essen und Genuss inspirieren wird.

Amy Chaplin
NEW YORK CITY

TEIL EINS

Vorräte

Eine gut bestückter Vorratsschrank war für mich schon immer einen Ort voller Magie und Inspiration. Als kleines Kind liebte ich die Geschichten von Jill Barklems Buchserie „Brambly Hedge". Die wunderschön illustrierten Abenteuer einer Mäusegemeinschaft, die im Wurzelwerk von Bäumen und in Baumstämmen wohnt und dort ihren alltäglichen Beschäftigungen nachgeht, verzauberten mich. Vor allem die gemütlichen, aber sehr zweckdienlichen kleinen Küchen mit ihren großen Holzbuffets, auf denen große Gläser voller Beeren, Wurzeln und Nüsse thronten, die die Mäuse gesammelt hatten, fand ich besonders spannend. Da standen eine Schüssel mit Brotteig neben dem Herd und mit Kuchen beladene Etageren auf dem Tisch, Gläser mit Brombeermarmelade reihten sich aneinander, Bündel mit getrockneten Kräutern hingen von der Decke, Tassen mit heißem Tee dampften vor sich hin, und immer hing auch ein brodelnder Kessel über dem offenen Feuer.

Diese Bilder ließen mich insgeheim hoffen, ich könne an den wunderbaren kulinarischen Abenteuern der kleinen Mäuse teilhaben. Und immer noch habe ich, wenn ich eine gut ausgerüstete Küche mit einem vollen Vorratsschrank sehe, sofort den Wunsch, den Körper und die Seele verwöhnende Köstlichkeiten zuzubereiten. Beim Anblick von Vorratsgläsern voller Getreide, Bohnen, Nüsse und Samen sehe ich nicht nur ihre schlichte Schönheit, sondern auch ihr Potenzial, zu sättigen, zu nähren, zu heilen und zu verwöhnen.

Mit Vorräten meine ich aber nicht nur das, was sich auf Regalen und in Schränken findet, sondern auch das, was sich im Kühlschrank verbirgt: eine große Auswahl nährreicher Würzmittel und -soßen, Kohl und Blattgemüse sowie fermentierte Köstlichkeiten, mit denen ich jeden Tag schnelle Gerichte zaubern kann. Meine Vorräte umfassen auch Obst und Gemüse, das ich auf dem Küchentresen stehen habe: Schüsseln und große Teller mit regionalen Bio-Lebensmitteln, die je nach Saison immer wieder wechseln.

Eine gute Auswahl an Vorräten ist immens wichtig, um köstliche und abwechslungsreiche Mahlzeiten zuzubereiten, egal ob Sie im Voraus planen oder sich spontan schnell etwas kochen möchten.

Meine wichtigsten Vorräte

Am besten lassen sich Vorräte in großen Gläsern aufbewahren. So lässt sich gleich sehen, was und wie viel man noch da hat. Eine Sammlung von Einweck-, Bügel- oder Schraubgläsern verschiedener Größen hilft dabei, verschiedene Lebensmittel in größeren Mengen zu kaufen, ist wirtschaftlich und gleichzeitig umweltfreundlich. Verwenden Sie einfach aufgebrauchte Marmeladen-, Senf- oder sonstige Gläser weiter. Um die alten Etiketten zu entfernen, weichen Sie die Gläser nur eine Weile in heißem Spülwasser ein. Manche lassen sich leicht abziehen, andere sind etwas resistenter. Eine Auswahl verschiedener Schraubgläser ist auch sehr praktisch für das Aufbewahren von Lebensmittel- und Essensresten im Kühlschrank, seien es eingeweichte Chiasamen, gehackte Petersilie, Mandelmilch, Suppen- oder Eintopfreste oder vielleicht gekochtes Getreide. Sie können ihr Essen darin auch mit zur Arbeit nehmen oder Ihren Freunden noch etwas von dem leckeren Abendessen mitgeben, das nicht ganz aufgegessen wurde. Da Vollkornprodukte nährreicher als verarbeitete Getreideprodukte sind, fühlen sich Mehlmotten und andere Insekten darin besonders wohl. Fest verschließbare (Schraub-)Gläser sind daher eine sehr sinnvolle Investition.

Außer bei braunem Basmati- und braunem Jasminreis, die sich sehr ähnlich sehen, beschrifte ich meine Gläser nicht. Wenn Sie viele verschiedene Getreidesorten haben, die noch neu für Sie sind, ist das Beschriften aber eine gute Idee.

Getreide- und Nussmehle, die Sie nicht häufig benutzen, sollten Sie in wiederverwendbare Behälter packen, beschriften und im Gefrierfach aufbewahren, da die Kälte dafür sorgt, dass sie länger frisch und haltbar bleiben. Wenn Sie dann noch Platz haben sollten, können Sie auch Nüsse, die Sie nicht sehr oft benutzen, in Behältern verpackt darin lagern.

VOLLKORN

Schon vor Tausenden von Jahren begannen die Menschen damit, aus weit verbreiteten Gräsern Getreide zu züchten, das Nährstoffe enthält, die für die Entwicklung, Vitalität und den Erhalt der Gesundheit des menschlichen Körpers essentiell sind.

— PAUL PITCHFORD, HEALING WITH WHOLE FOODS („HEILEN MIT VOLLWERTKOST")

Ich finde Vollkorngetreide spannend und lecker und bin noch nie auf eine Sorte gestoßen, die ich nicht mochte. Die Vielfalt an Farben, Geschmacksnoten, Konsistenzen und Nährstoffen, die verschiedene Getreidesorten zu bieten haben, sind überwältigend. Jedes Getreide hat ganz eigene Heilkräfte und enthält alle wichtigen Nährstoffgruppen – Kohlenhydrate, Eiweiße, Fette, Vitamine, Mineralien und Ballaststoffe –, die das Immunsystem und die Gesundheit stärken und den Körper im Gleichgewicht halten. Neben den hier aufgeführten Getreidesorten verwende ich außerdem ungeschälte Vollkorngerste, braunen Jasmin- und Basmati-Reis, roten Reis, Wildreis und Emmer bzw. Zweikorn, eine sehr alte und ursprüngliche Getreideart.

1. SCHWARZER REIS 2. AMARANTH 3. WEIZENKÖRNER
4. BUCHWEIZEN 5. TEFF 6. HIRSE 7. DINKELKÖRNER
8. SCHWARZE QUINOA 9. BRAUNER KLEBREIS
10. BRAUNER RUNDKORNREIS 11. MAISGRIESS
12. HAFERFLOCKEN 13. EMMER 14. WILDREIS
15. QUINOA

AMARANTH

Amaranth ist eigentlich eine Blütenpflanze, deren winzige Samen wie Getreide zubereitet und gegessen werden können. So wie Quinoa stammt auch Amaranth aus dem Andenhochland und ist ein äußerst nährreiches Lebensmittel, das besonders viel Eiweiß und Kalzium enthält. Es hat einen köstlichen süß-nussigen Geschmack mit einem bezaubernden maisähnlichen Aroma. Zusammen mit braunem Reis oder Quinoa gekocht hat es eine klebrige Konsistenz. Allein wird es am besten als Porridge oder Grütze serviert. Amaranth lässt sich genau wie Mais auch puffen und daher leicht in Müslis (siehe *Amaranth-Müsli*, Seite 134) oder Energieriegeln (*Goldene Amaranth-Superfood-Riegel*, Seite 353) verwenden. Nicht nur die Samen, auch die hübschen rosa Blätter der Amaranthpflanze sind essbar. Vielleicht finden Sie ja welche bei Ihrem nächsten Bauernmarktbesuch im Sommer oder Frühherbst.

BRAUNER KLEBREIS

Ich mische diese Reisart unter meinen normalen braunen Reis, wenn ich es etwas süßer und klebriger möchte. Süßer brauner Reis ist leicht verdaulich, stärkt die Nieren und den Magen und enthält mehr Eiweiß als brauner Rundkornreis. Süßer brauner Reis allein eignet sich am besten für Reisbrei, da er sehr feucht ist. Er kann nach dem Kochen auch zerdrückt und zu Mochi, kleinen süßen japanischen Reisküchlein, verarbeitet werden.

BRAUNER RUNDKORNREIS

Brauner Reis ist nicht nur meine persönliche Lieblings-, sondern auch eine der nahrhaftesten Getreidearten: Er enthält über siebzig Antioxidantien, alle wichtigen Aminosäuren, Magnesium, Eisen, Mineralien und den höchsten in Getreide auffindbaren Vitamin-B-Gehalt. Er hilft dabei, das Blut zu reinigen, Giftstoffe auszuschwemmen und den Blutzuckerspiegel auszugleichen. Brauner Rundkornreis ist nussiger und etwas klebriger als die Langkornvariante. Ich selbst könnte ihn jeden Tag essen.

BUCHWEIZEN

Buchweizen ist eigentlich kein Getreide, sondern der Samen einer mit Rhabarber verwandten Pflanze, wird aber wie Getreide verwendet. Buchweizen gibt es roh und geröstet (auch Kasha genannt). Ich mag beides, verwende aber meistens naturbelassenen Buchweizen, den ich einweiche, um seine Nährstoffe zu aktivieren (siehe Seite 62), oder selbst röste. Buchweizen ist glutenfrei, blutbildend und hilft dabei, die inneren Organe zu stärken und niedrigen Blutdruck auszugleichen. Er hat einen nussig-erdigen Geschmack, der perfekt mit der Süße von Zwiebeln harmoniert (Seite 67). Buchweizen gart schnell und hat eine überraschend geschmeidig-lockere Konsistenz.

DINKEL

Dinkel ist ein alte, nicht hybridisierte Weizenart, die reich an Eiweiß und Ballaststoffen ist, einen geringeren Glutengehalt hat (aber nicht glutenfrei ist) und leichter verdaulich ist als gewöhnlicher Weizen. Ich liebe die kernigere Konsistenz und den nussigen Geschmack ganzer Dinkelkörner in Salaten wie bspw. meinem *Dinkelkörner-Kräuter-Salat mit Erbsen und Feta* (Seite 187) oder in Eintöpfen wie meinem *Eintopf aus geröstetem Herbstgemüse mit Canellini-Bohnen, Dinkelkörnern und Grünkohl* (Seite 274). So wie Hirse zieht auch Dinkel Insekten stärker an als andere Getreidearten, also lagern Sie ihn in einem gut verschließbaren Glas oder Behälter.

HAFERFLOCKEN

Haferflocken beruhigen und stärken das Nervensystem, senken den Cholesterinspiegel und regulieren das Körpergewicht. In der traditionellen chinesischen Medizin werden sie als Qi bzw. Energie bildendes Tonikum verwendet. Ich verwende Haferflocken in sehr vielen Gerichten, hauptsächlich aber für verschiedene Frühstücksvarianten oder gemahlen oder ganz in Kuchenböden und Keksen. Kernige Flocken mit Biss mag ich lieber als zarte Flocken, die kleiner sind und schneller weich werden. Für einen Haferbrei mit etwas mehr Biss und Textur sollten Sie kernige Flocken nehmen. Haferflocken sind von Natur aus glutenfrei, werden aber oft in Produktionsstätten hergestellt, in denen auch Weizen oder andere glutenhaltige Getreidearten verarbeitet werden. Wenn Sie Gluten nicht vertragen, sollten Sie bei Haferflocken daher auf die Kennzeichnung „glutenfrei" achten.

HIRSE

Hirse ist ein wunderbares, goldfarbenes und schnell garendes glutenfreies Getreide mit vielen Aminosäuren. Es hat einen nussig-erdigen Geschmack und ist das einzige Getreide, das wegen seines hohen Gehalts an alkalischer Asche eine alkalisierende Wirkung auf den Körper hat und dadurch auch leichter verdaulich ist. Hirse wirkt sich außerdem günstig auf die Nierenfunktion aus und enthält mehr Eisen als jede andere Getreideart. Sie lässt sich leicht und locker, z. B. in meinen *Pflaumen-Hirse-Muffins* (Seite 146), oder cremig wie in meinem *Hirse-Kürbis-Zuckermais-Pilaw* (Seitepage 142) kochen oder aber bei längerer Kochzeit mit etwas mehr Wasser in eine Art Polenta verwandeln. Bei Hirse achte ich besonders darauf das Schraubglas wieder fest zu verschließen, da Mehlmotten magisch von ihr angezogen werden. Vergessen Sie nicht, die Hirse vor dem Kochen zu spülen, da sie mit einer dünnen Schicht des pflanzenschützenden Bitterstoffs Saponin überzogen ist.

MAISGRIESS

Maisgrieß ist etwas gröber als italienische Polenta (sowohl beim Mahlgrad als auch beim fertigen Gericht), kann aber genauso verwendet werden. Bevor ich in die USA zog, hatte ich noch nie mit Maisgrieß gekocht, da es in Europa und Australien wesentlich weniger Maisprodukte gibt. Ich finde die gröbere Beschaffenheit von Maisgrieß, wenn ich Polenta bzw. Maisbrei koche, vom Geschmack her interessanter. Außerdem entstehen dabei weniger Klümpchen. Finden Sie heraus, ob es auf Ihrem Bauernmarkt regional hergestellten Maisgrieß gibt, und kaufen Sie nur Bio-Produkte, da alles andere sehr wahrscheinlich gentechnisch verändert ist. Maisgrieß ist fantastisch, wenn Sie einmal vergessen haben, anderes Getreide einzuweichen. Er ist schon in 20 Minuten fertig und schmeckt großartig zu Gemüsepfannen, Bohnen, Tomatensoße oder ganz simpel mit ein bisschen Olivenöl und gehackter Petersilie. Ich mahle Maisgrieß auch selbst mit einer Gewürzmühle zu Maismehl, das ich z. B. in meinen *Brombeer-Maismehl-Muffins* (Seite 137) verwende.

QUINOA

Quinoa ist eines meiner Lieblingsgetreide. Sie ist nährstoffreich, spendet Energie, enthält mehr Kalzium als Milch und darüber hinaus alle neun essenziellen Aminosäuren, weshalb es eine ideale Eiweißquelle ist. Quinoa stammt ursprünglich aus dem Andenhochland. Das von den Inkas als heilig angesehene Grundnahrungsmittel wird schon seit über sechstausend Jahren angebaut. Es gart schnell, hat eine lockere Konsistenz und einen milden, leicht nussigen Geschmack, der wunderbar sowohl mit herzhaften wie auch mit süßen Geschmacksnoten harmoniert. Ich verwende meistens weiße Quinoa, da es sich weicher kochen lässt als rotes oder schwarzes, das wiederum am besten in Gerichten verwendet wird, denen ein samenartiger Biss verliehen werden soll. So wie Hirse ist auch Quinoa mit dem Bitterstoff Saponin überzogen, der ein natürlicher Insektenschutz ist, und muss vor dem Kochen gründlich gespült werden. Eingeweichte Quinoa lässt sich schnell zum Keimen bringen (siehe Anleitung auf Seite 81)

SCHWARZER REIS

Schwarzer Reis hat dieselben gesundheitlichen Vorteile wie brauner Reis, enthält darüber hinaus aber Anthozyanin, ein pflanzliches Pigment, das auch in dunklen Beeren und Açai vorkommt. Dieses Pigment verleiht dem Reis seine tiefdunkle Farbe und seine antioxidativen und entzündungshemmenden Eigenschaften. Trotz der dramatischen dunklen Farbe ist sein Geschmack mild, nussig und leicht süß. Ich verwende ihn auf vielen verschiedenen Weisen, z. B. in meinem *schwarzer Frühstücksreispudding mit Kokosnuss und Banane* (Seite 149), *schwarzen Sesam-Reis-Crackern* (Seite 224) oder als Beilage zu meinem *Kokoscurry mit Tamarinden-Tempeh* (Seite 280).

TEFF

Teff ist ein winziger Samen, noch kleiner als Amaranth, und stammt ursprünglich aus Äthiopien, wo Teffmehl zur Herstellung der traditionellen fermentierten Injera-Crêpes verwendet wird. Wie auch Quinoa und Amaranth enthält Teff viel Eiweiß und Kalzium. Teff allein kann gekocht als Brei oder abgekühlt und fest wie Polenta gegessen werden. Wenn ich braunen Reis oder Quinoa koche, gebe ich gern ein paar Löffel Teff für mehr Biss und eine Extraportion Eiweiß dazu. Teffmehl ist eine spannende Sache. Wegen seines kräftigen, erdigen und fast schokoladigen Geschmacks eignet es sich wunderbar für Waffeln. In vielen Rezepten lässt sich reguläres Mehl mit Teffmehl ersetzen. Teffmehl ist glutenfrei und bindet daher etwas anders, ersetzen Sie also am Anfang zunächst nur eine kleinere Menge Weizen- durch Teffmehl.

VOLLKORNCRACKER

Es ist immer eine gute Idee, Cracker im Haus zu haben, sei es für einen Snack zwischendurch, als Beilage zu einer Suppe oder mit Aufstrich und belegt genossen. Am liebsten mag ich Roggen-, braune Reis- und schwarze Sesamcracker. *Schwarze Sesam-Reis-Cracker* können Sie auch einfach selbst machen (Seite 224).

VOLLKORNNUDELN UND -PASTA

Es lohnt sich immer, für ein schnelles Abendessen eine etwas größere Auswahl an Vollkornpasta vorrätig zu haben, wie bspw. Pasta aus Dinkel, Kamut oder Vollkornweizen. Vollkorn-Udon-Nudeln sind eine wunderbare Grundlage für frische Sommersalate wie meinen *Vollkornweizen-Udon-Nudelsalat mit gebratener Paprika, Zuckermais und Sesammarinade* (Seite 192). Bei Soba-Nudeln sollten Sie genau darauf achten, dass diese 100 % Buchweizen enthalten, da sie sonst oft mindestens zur Hälfte aus stark verarbeitetem Weizenmehl bestehen.

BOHNEN UND HÜLSENFRÜCHTE

Ich habe fast alle Bohnensorten zu Hause vorrätig, die es gibt, hier aber eine Übersicht der wichtigsten zusammengestellt, auf die Sie nicht verzichten sollten. Da alle Bohnen die Nierenfunktion unterstützen, sind sie für mich nicht nur eine unverzichtbare und gesunde Eiweißquelle, sondern auch ein wunderbares Lebensmittel, um die Nieren und Nebennieren zu kräftigen, was gerade in unserer schnelllebigen Zeit besonders wichtig ist.

Der Geschmack selbst gekochter Bohnen lässt sich mit Bohnen aus der Dose überhaupt nicht vergleichen. Es ist dennoch aber ungemein praktisch, ein paar Dosen vorrätig zu haben, um schnelle Pâtés und Aufstriche zuzubereiten (Hinweise zur Verbesserung des Geschmacks von Dosenbohnen auf Seite 47). Bohnen selbst zu kochen kann sehr einfach und auch schnell sein, wenn Sie einen Schnellkochtopf verwenden. (Tipps zum richtigen Kochen von Bohnen finden Sie auf Seite 69.) Wenn die Bohnen erst einmal gekocht sind, gibt es unzählige Möglichkeiten, sie zuzubereiten: mariniert in Olivenöl, zerstampft, püriert oder als Beilage in wärmenden Suppen und Eintöpfen.

Wenn Sie Bohnen in Gläsern aufbewahren, sind sie nicht nur ästhetisch schön anzuschauen, sondern dank ihrer Formen- und Farbenvielfalt auch eine wunderbare Inspiration zu neuen Kochideen. Ich kaufe normalerweise je Sorte immer zwischen 500 g und 1 kg und brauche sie dann innerhalb von etwa 6 Monaten auf, auch wenn sie sich wesentlich länger halten. Je älter die Bohnen sind, umso länger ist ihre Kochzeit. Es ist daher sinnvoll, sie in einem Laden zu kaufen, der viel Umsatz macht und immer frische Ware hat, um sicherzugehen, dass auch die Bohnen frisch sind, gleichmäßig kochen und innen schön weich und cremig werden. Neben den Bohnen und Hülsenfrüchten, die in der folgenden Liste aufgeführt sind, habe ich auch noch Pinto- und Cannellini-Bohnen, grüne Spalterbsen und Belugalinsen zu Hause.

1. FEUERBOHNEN 2. MUNGBOHNEN
3. ZIEGENAUGENBOHNEN 4. KICHERERBSEN
5. SCHWARZE BOHNEN 6. ROTE LINSEN
7. GRÜNE PUY-LINSEN 8. FRISCHE BORLOTTI-
BOHNEN 9. ADZUKIBOHNEN 10. YIN-YANG-BOHNEN
11. BORLOTTI-BOHNEN 12. KIDNEYBOHNEN
13. GRÜNE SPALTERBSEN 14. WEISSE RIESENBOHNEN

ADZUKIBOHNEN

Adzukibohnen sind klein, dunkelrot und haben einen erdigen, leicht süßlichen Geschmack. Sie garen schneller als die meisten anderen Bohnenarten und müssen nicht im Schnellkochtopf gekocht werden, um schön weich und cremig zu werden. Sie werden in der traditionellen japanischen Medizin verwendet, um die Funktion der Nieren und Nebennieren zu stärken. Sie sind außerdem eine beliebte Zutat in japanischen Desserts. Ich mag sie am liebsten warm mit Tamarisoße gewürzt oder zusammen mit *Klebreis* (Seite 65). Sie sind außerdem auch eine großartige Suppeneinlage, wie meine *herzhafte Wintermisosuppe mit Adzukibohnen, Kürbis und Ingwer* beweist (Seite 178).

ALTE BOHNENSORTEN

Alte Bohnensorten stammen so wie die meisten ursprünglichen Kulturpflanzen von Samen, die seit Generationen verwendet werden und weder gentechnisch noch auf irgendeine andere Weise durch moderne Technologie verändert wurden. Diese Pflanzen verfügen noch immer über dasselbe intelligente Erbgut, enthalten die gesamte ihnen eigene Nährstoffpalette und sind noch genauso, wie die Natur sie geschaffen hat. Ein paar alte Bohnensorten peppen Ihren Vorratsschrank auf und bringen Abwechslung in den Speiseplan. Ihr Geschmack, ihre Farben und ihre Konsistenz sind überragend und machen jede Suppe, jeden Salat und jeden Eintopf zu etwas ganz Besonderem.

Sie finden solche alten Sorten in Reformhäusern, Feinkostläden oder im Internet. Meine Lieblingssorten sind alle Riesenbohnen – weiß, rot, lila oder schwarz –, Anasazi-Bohnen, Borlotti-Bohnen, Christmas Limabohnen oder Rio-Zape-Bohnen. Mit etwas Glück finden Sie diese alten Sorten im Spätsommer oder Herbst auch auf einem Bio-Bauernmarkt. Diese Bohnen sind ein echtes Geschmackserlebnis und brauchen nicht viel mehr als ein paar Tropfen Olivenöl und eine Prise Salz. Sie müssen sie nicht einweichen, nur enthülsen und weich köcheln.

BABY-LIMABOHNEN

Baby-Limabohnen sind perfekt für Suppen, weil sie relativ schnell kochen und zum Teil zerfallen. Sie bilden so eine perfekte Grundlage für jedes andere Gemüse, das Sie gern hinzufügen möchten. Im Herbst schmecken sie fantastisch zusammen mit Kürbis und Salbei, im Sommer wunderbar mit Dill und Tomaten. Limabohnen gehören zu den wenigen Bohnenarten, die ich nicht im Schnellkochtopf koche, weil sich ihre Schalen leicht ablösen und das Druckventil verstopfen können.

KICHERERBSEN

Ich liebe Kichererbsen über alles. Wenn sie richtig gekocht werden, sind sie cremig, gehaltvoll und sehr lecker, sodass ihr Eigengeschmack nicht mehr viel verbessert werden muss. Sie enthalten mehr Eisen und Vitamin C als alle anderen Hülsenfrüchte. Laut chinesischer Medizin wirken sie sich positiv auf Magen, Milz, Bauchspeicheldrüse und Herz aus. Ob in Salaten, mariniert, zerstampft oder als Zutat für Quiches oder herzhaftes Gebäck – sie sind einfach köstlich. In diesem Kochbuch werden Sie eine große Auswahl an Rezepten finden, die Kichererbsen verwenden.

MUNGBOHNEN

Mungbohnen sind sehr leicht verdaulich, wohltuend und wirken entgiftend. Sie stärken die Leber und die Funktion der Gallenblase. Sie haben eine olivgrüne Farbe und sind etwa gleich groß und ähnlich geformt wie Adzukibohnen. Mungbohnen garen recht schnell und werden besser langsam geköchelt und nicht im Schnellkochtopf gekocht. Am liebsten esse ich sie als Dal oder *Kitchari* (Seite 179). Sie lassen sich auch sehr leicht keimen (siehe Seite 81).

PUY-LINSEN

Unter den Hülsenfrüchten haben Linsen den höchsten Eiweißgehalt. Außerdem sind sie frei von Schwefel, was sie besonders für die Menschen leicht verdaulich macht, die nicht an Bohnen gewöhnt sind. Puy-Linsen garen schnell und behalten dabei ihre hübsche symmetrische kieselsteinartige Form und ihre tolle grüne Farbe. Schon mit einer einfachen Marinade aus Zitrone und Olivenöl schmecken sie fantastisch (Seite 73). Ihr erdiger Geschmack passt perfekt zu herbstlichen Suppen wie meiner *französischen Linsensuppe mit Rosmarin, Kürbis und buntem Mangold* (Seite 171).

ROTE KIDNEYBOHNEN

Kidneybohnen haben eine kräftige rote Farbe und sind größer als die meisten Bohnen. Sie haben eine wunderbar cremige Konsistenz und lassen sich hervorragend marinieren, da sie leicht Geschmacksaromen aufnehmen, ohne dabei ihre Form zu verlieren. Sie schmecken besonders in herzhaften Eintöpfen, Suppen und Salaten großartig. Wenn ich keine alten Bohnensorten finde, verwende ich gern Kidneybohnen in meinen *Bohnen Bourguignon mit Kartoffel-Sellerie-Stampf* (Seite 289).

ROTE LINSEN

Rote Linsen haben keine äußere Hülse mehr. Sie enthalten deshalb keine Phytinsäure und müssen auch nicht eingeweicht werden (siehe Seite 60). Rote Linsen garen sehr schnell und werden schon in kurzer Zeit cremig weich. Sie sind daher besonders für schnelle Suppen, Dal-Gerichte und Soßen geeignet. Beim Würzen kann man nichts falsch machen, da sie sowohl mit aromatischen Gewürzen, Chilischoten und Currymischungen wie auch mit Kokosnuss oder Zitrone, Minze, Knoblauch und allen frischen Kräutern, die man gerade zur Hand hat, einfach fantastisch schmecken. Meine *einfache Rote-Linsen-Suppe mit Spinat, Zitrone und Pfeffer* (Seite 93) könnte ich jeden Tag essen.

SCHWARZE BOHNEN

Laut chinesischer Medizin unterstützt die Farbe Schwarz die Nierenfunktion (siehe auch schwarze Sesamsamen). Da alle Bohnen gut für die Nieren sind, haben diese kleinen schwarzen Kraftpakete gleich eine doppelt gesunde Wirkung. Schwarze Bohnen mag ich am meisten in Suppen, Eintöpfen (wie meinem *pikanten Eintopf aus schwarzen Bohnen mit knuspriger Zuckermais-Polenta und Tomatillo-Avocado-Salsa* auf Seite 270) oder zu einer einfachen dicken Soße püriert als Beilage für Reis oder Tacos.

NÜSSE UND SAMEN

Eine guter Vorratsschrank ist nicht komplett ohne eine schöne
Auswahl an Nüssen und Samen. Sie machen nicht nur tägliche
Gerichte und Snacks spannender und nahrhafter, sondern sind auch ein
unverzichtbarer Bestandteil vieler Keks- und Dessertrezepte in diesem
Buch. Bio-Nüsse und -Samen können mitunter recht teuer sein, sind
ihren Preis aber unbedingt wert, da sich Pestizide in Nussölen konzentrieren. Sie sollten sie auf jeden Fall roh, d. h. ungeröstet kaufen, da Sie
so später immer noch entscheiden können, ob Sie sie einweichen und
zu Milch verarbeiten oder für andere Zwecke selbst rösten möchten.

Wie alles, was Öl enthält, sollten auch Nüsse am besten in
Glasbehältern aufbewahrt werden. Durch ihren hohen Ölgehalt kön-
nen sich Giftstoffe aus Kunststoffbehältern lösen (siehe Seite 55).
Nüsse und Samen, die Sie nur gelegentlich benutzen, sollten Sie im
Kühl- oder Gefrierschrank aufbewahren, um sie frisch zu halten.
Neben den Nüssen und Samen, die gleich näher erläutert werden,
habe ich auch immer Pecan-, Hasel- und Macadamianüsse sowie
Pinienkerne zu Hause.

1. PINIENKERNE 2. WALNÜSSE
3. SONNENBLUMENKERNE 4. CASHEWKERNE
5. KÜRBISKERNE 6. ÖSTERREICHISCHE
KÜRBISKERNE 7. PISTAZIEN 8.
HASELNÜSSE 9. MACADAMIANÜSSE 10.
MANDELN 11. SCHWARZE SESAMSAMEN
12. UNGESCHÄLTE SESAMSAMEN
13. PECANNÜSSE 14. PARANÜSSE

CASHEWKERNE

Cashewkerne stammen ursprünglich aus Brasilien und sind reich an Zink, Magnesium und Selen. Da sie keine Haut haben, die Phytinsäure enthält, müssen sie nicht über Nacht eingeweicht werden (siehe Seite 60). Das Einweichen über ein paar Stunden macht Cashewmilch aber besonders weich und cremig. Cashewmilch muss nicht durch ein Sieb passiert werden, weil die Kerne sich beim Pürieren vollständig auflösen lassen. Cashewkerne verleihen veganen Desserts wie meinem *Vanille-Chiapudding* (Seite 115) oder meiner *Cashew-Zimt-Creme* (Seite 328) eine fantastische cremig-reichhaltige Note. Mit ihnen lässt sich sogar leckerer Käse herstellen (Seite 223). Die meisten als roh bezeichneten Cashewkerne sind es nicht wirklich, da sie erhitzt werden, um sie einfacher aus ihren Schalen zu lösen. Wirklich nahrhafte Cashewkerne mit einem unverfälschten Geschmack finden Sie am ehesten bei Ihrem Bio-Händler.

MANDELN

Mandeln verwende ich öfter als alle anderen Nüsse. Sie sind reich an Kalzium, Eisen, Vitamin E und verschiedenen B-Vitaminen, und außerdem die einzige Nussart, die eine alkalisierende Wirkung aufs Blut hat. Wie bei den meisten anderen Nüssen und Samen werden ihre Nährstoffe durch das Einweichen über Nacht aktiviert, wodurch die Mandeln leichter verdaulich werden (siehe Infos zum Thema Phytinsäure auf Seite 60). Deshalb ist es wichtig, nicht pasteurisierte Mandeln zu kaufen, da sie sonst nicht wirklich roh sind und nicht aktiviert werden können. Rohe kalifornische Mandeln müssen in den USA mittlerweile nach gesetzlicher Vorschrift pasteurisiert werden. Zurzeit dürfen unpasteurisierte Mandeln dort nur direkt vom Bauern verkauft werden. Bio-Mandeln aus Italien und Spanien müssen vor dem Abpacken und Verkauf nicht pasteurisiert werden. Sie sind in einigen Reformhäusern oder im Internet erhältlich. Die ayurvedische Medizin empfiehlt, die braune Haut der Mandeln für bessere Verdaulichkeit nach dem Einweichen abzuziehen. Das tue ich für einige meiner Desserts, zumal es sehr schwierig ist, blanchierte Bio-Mandeln zu finden, und sich die Haut nach dem Einweichen über Nacht problemlos ablösen lässt.

Am liebsten genieße ich die natürliche Süße von Mandeln mit einer Nussmilch aus eingeweichten Mandeln, Zimt und Vanille (Seite 76). Sie sind aber auch geröstet (Seite 78) und als *geröstete Mandelbutter* (Seite 116) unwiderstehlich.

KÜRBISKERNE

Geröstete Kürbiskerne sind ein perfekter duftender und knuspriger Snack mit einem tollen nussig-herzhaften Geschmack, der nicht zu schwer ist. Ich liebe sie als Salatzutat oder zusammen mit Cayennepfeffer und Limettensaft auf gekochtem Getreide (Seite 79). Sie sind eine gute Quelle von Omega-3-Fettsäuren, Zink und Eisen und enthalten mehr Eiweiß als viele andere Samen. Österreichische Kürbiskerne sind größer und haben eine dunklere grüne Farbe als die die meisten anderen Kürbiskernarten und machen besonders im (Knusper) Müsli eine gute Figur. Österreichisches Kürbiskernöl ist sehr aromatisch und reichhaltig und wunderbar zum Verfeinern von Suppen und Salaten geeignet.

PARANÜSSE

Diese Nüsse aus dem Amazonasbecken sind ausgezeichnete Lieferanten von Selen, einem Mineral, das bei der Regulierung der Schilddrüsenfunktion hilft, Haut, Haar und Nägel kräftigt und die Zellen vor freien Radikalen schützt. Wenn ich tatsächlich einmal eine Pause von Mandelmilch brauche, mache ich mir Paranussmilch, die einen himmlischen subtilen tropischen Geschmack hat.

PISTAZIEN

Die grün-pinke Farbe von Pistazien verleiht süßen wie auch herzhaften Gerichten nicht nur mehr Geschmack, sondern auch ein spannendes Aussehen. Außerdem sind sie eine fantastische Quelle von Kalium, Eisen und Kalzium. Pistazien eignen sich wunderbar zum Aufpeppen einfacher Mahlzeiten. Probieren Sie es einmal mit gerösteten Pistazien, die Sie über mit Olivenöl und Zitronensaft beträufelte Quinoa und jede Menge frische gehackte Kräuter streuen. Kaufen Sie Pistazien roh und ungesalzen mit oder ohne Schale.

SESAMSAMEN

Ich liebe geröstete Sesamsamen, ihren intensiven nussigen Geschmack und wie sie fast jedes einfache Getreide- oder Gemüsegericht richtig appetitlich aussehen lassen. Greifen Sie lieber zu ungeschälten schwarzen oder braunen anstatt zu geschälten weißen Sesamsamen, da die Samenhüllen der Leber bei der Fettverstoffwechselung helfen. Da sich Tahini aus ungeschältem Sesam schwer finden lässt, habe ich für dieses Buch ein Rezept (Seite 121) entwickelt, mit dem Sie es selbst zubereiten können. Schwarze Sesamsamen haben einen kräftigeren Geschmack und einen höheren Mineralstoffgehalt als braune. In der chinesischen Medizin werden sie zur Stärkung der Nierenfunktion eingesetzt. Ich habe immer ein Glas mit gerösteten schwarzen Sesamsamen im Kühlschrank, um sie über schnelle Gerichte zu streuen oder *schwarzes Sesam-Gomasio* (Seite 119) damit zu machen.

SONNENBLUMENKERNE

Diese Eiweiß- und Eisenlieferanten sollten Sie auf jeden Fall zu Hause haben. Sie können eingeweicht und aktiviert (siehe Seite 75) und für Samenmilch, als Müslizutat oder geröstet zu Getreide oder in Salaten wie meinem *braunen Reissalat mit Petersilie und Samen* (Seite 99) verwendet werden.

WALNÜSSE

Walnüsse sind in der traditionellen chinesischen Medizin für ihre nierenstärkenden Eigenschaften bekannt. Sie sind reich an Omega-3-Fettsäuren, fördern die Hirnfunktion und wirken entzündungshemmend. Walnüsse sind sehr reichhaltig und haben eine fein-knackige Konsistenz. Das macht sie zu einem großartigen Ersatz für Pinienkerne und einer wunderbaren Basis für cremige Nussbutter. Sie können vor dem Verzehr auch eingeweicht und aktiviert werden, ich mag sie aber am liebsten geröstet (Seite 80) und zusammen mit Gojibeeren als Snack oder als Zutat von Desserts, Keksen oder Salaten.

SUPERFOODS

In einer Küche voller gesunder Vorräte und Zutaten können viele
Lebensmittel als Superfoods bezeichnet werden. Superfoods sind nichts
anderes als funktionelle Lebensmittel, die von traditionellen Kulturen
schon seit Jahrtausenden zur Förderung der Gesundheit und zu hei-
lenden Zwecken verwendet werden. Sie stammen oft aus abgelegenen
Gebirgsregionen und wurden erst vor relativ kurzer Zeit weltweit be-
kannt und erhältlich. Hier habe ich Ihnen eine Übersicht verschiedener
Lebensmittel zusammengestellt, die besonders nahrhaft und reich an
Antioxidantien, Mineralstoffen, Phytochemikalien und Vitaminen
sind. Da viele von ihnen aus Entwicklungsländern stammen, sollten
Sie sicherstellen, dass alles, was Sie kaufen, aus zertifizierter Fair-Trade-
Herstellung stammt.

1. GETROCKNETE GOJIBEEREN 2. CHIASAMEN
3. BIENENPOLLEN 4. GOJIBEEREN 5. MACAWURZELPULVER
6. FRISCHE PHYSALISBEEREN 7. GOJIPULVER
8. GETROCKNETE PHYSALISBEEREN 9. HANFSAMEN
10. GETROCKNETE MAULBEEREN 11. GRANATAPFELPULVER
12. LEINSAMEN 13. GRANATAPFELSAFT

BIENENPOLLEN

Bienenpollen sind ein sehr nährstoffreiches und wirkungsstarkes Lebensmittel und werden schon seit Jahrhunderten dafür eingesetzt, die Energie und Vitalität zu erhöhen und das Wachstum und die Entwicklung zu fördern. Sie enthalten fast alle Nährstoffe, die für den menschlichen Körper wichtig sind, einschließlich Eiweiß, Vitamin B, Antioxidantien und Aminosäuren. Da sie von Baum- und Blütenpollen stammen, kann der Verzehr von regionalen Bienenpollen dabei helfen, jahreszeitlich auftretende Allergien effektiv zu bekämpfen. Der Geschmack ist sehr intensiv, bittersüß und honigähnlich. Genau wie bei Honig variiert auch bei Bienenpollen die Farbe, je nachdem, von welcher Pflanze sie stammen. Bienenpollen können einfach über Smoothies, Obst, Joghurt oder Frühstücksgerichte gestreut und gegessen werden.

CHIASAMEN

Chiasamen haben nach Leinsamen den zweithöchsten Gehalt an Omega-3-Fettsäuren, die zu den am einfachsten verdaulichen pflanzlichen Eiweißen gehören, und sind eine hervorragende Quelle von Aminosäuren, Mineralstoffen und Antioxidantien. Schon seit Jahrhunderten werden sie von den Ureinwohnern des amerikanischen Kontinents als Energie und Ausdauer verleihendes Lebensmittel verwendet. Chiasamen sollten roh und nach dem Einweichen in ausreichend Flüssigkeit gegessen werden (Seite 75). Sie quellen in allen Flüssigkeiten auf, dicken diese dadurch ein und lassen eine puddingähnliche Konsistenz entstehen. Das macht sie zur perfekten Grundlage für mein beliebtestes Dessert, den *Vanille-Chiapudding* (Seite 115), und zu einer wunderbaren Zutat in meinem Sommerfrühstücksbrei aus eingeweichten Haferflocken und Chiasamen (Seite 90). Da sie schleimbildende Samen sind und die Flüssigkeiten binden, in denen sie eingeweicht werden, sind sie besonders gesund für die Verdauungsorgane. Sie können ganz bleiben und müssen nicht wie Leinsamen vor dem Verwenden gemahlen werden, wodurch ihr kompletter Nährwert erhalten bleibt.

GETROCKNETE MAULBEEREN

Maulbeeren stammen ursprünglich aus Asien und wurden in der chinesischen Medizin dafür verwendet, Leber und Nieren zu stärken und die Blutbildung anzuregen. Genau wie Wein enthalten auch sie das herzgesunde und vor dem Altern schützende Antioxidans Resveratrol. Darüber hinaus sind sie eine gute Eisen- und Kalziumquelle und entwickeln beim Kochen einen süßen, karamellartigen Geschmack. Ich verwende Maulbeeren in meinem *Superfood-Haferbrei* (Seite 89) und meinen *goldenen Amaranth-Superfood-Riegeln* (Seite 353). Sie schmecken auch wunderbar als Zutat von Studentenfutter-Snackmischungen.

GOJIBEEREN

Gojibeeren gehören zu den nährreichsten Lebensmitteln überhaupt. Sie stecken randvoll mit Antioxidantien, Spurenelementen, essenziellen Aminosäuren, Vitamin C und Beta-Carotin und haben jede Menge immunstärkende und das Altern verlangsamende Eigenschaften. In der asiatischen Kräutermedizin werden sie bereits seit Jahrtausenden zum Erhalt von Jugend und Schönheit und zur Steigerung des Wohlbefindens eingesetzt. Gojibeeren haben einen eigentümlichen erdig-säuerlichen, mild süßen Geschmack, an den man sich schnell gewöhnt, besonders wenn man um ihre vielen gesundheitlichen Vorteile weiß. Schon eine Portion von 30 Gramm pro Tag versorgen Sie mit all ihren wertvollen Nährstoffen. Ich habe Gojibeeren in jeder erdenklichen Form zu Hause: getrocknet zum Kochen für Frühstücksbrei-Varianten oder nach dem Einweichen als Smoothie-Zutat, soft getrocknet, d. h. noch leicht feucht und mit gummiartiger Konsistenz, zum Knabbern für zwischendurch und als Zutat für (Knusper-)Müslis, und als Pulver, das sich in kaltem oder warmem Wasser auflöst und dieses in einen knallig orangefarbenen immunkräftigenden Drink verwandelt.

GRANATAPFEL

Granatäpfel werden schon seit Jahrtausenden von traditionellen Heil- und Gesundheitssystemen gepriesen und zur Verlängerung der Lebensdauer und Verbesserung der Fruchtbarkeit eingesetzt. Sie enthalten viele Antioxidantien, haben entzündungshemmende Eigenschaften und sind sehr reich an Vitamin C, Mineralstoffen und Aminosäuren. Granatäpfel haben im Herbst Saison. Peppen Sie Ihren Joghurt oder Salat mit den leuchtend roten Kernen auf oder garnieren Sie vom Frühstück bis zum Dessert alle Gerichte großzügig damit. Sie können Granatäpfel halbieren, wie Orangen entsaften und dann den frischen Saft genießen, oder aber *Granatapfel-Kanten* (Seite 357) daraus machen. Im Winter, Frühling und Sommer können Sie reinen, ungesüßten Bio-Granatapfelsaft (kein Konzentrat) kaufen und als vitalisierenden Gesundheitstrank genießen. Gefriergetrocknetes Granatapfelpulver ist ebenfalls praktisch, weil es sich für ein köstliches Getränk leicht in kaltem oder warmem Wasser auflösen oder als Smoothie-Zutat verwenden lässt.

HANFSAMEN

Geschälte Hanfsamen enthalten viel leicht verdauliches Eiweiß und alle essenziellen Aminosäuren, Omega-3-Fettsäuren sowie Gamma-Linolensäure (GLA), eine Omega-6-Fettsäure, die entzündungshemmend wirkt, die Hirnfunktion verbessert, die Knochen stärkt und das Abnehmen unterstützt. Hanfsamen haben eine wunderbare cremige Konsistenz und einen milden, leicht grasigen Geschmack, der süße wie auch herzhafte Gerichte perfekt abrundet. Streuen Sie sie über Ihr Frühstück, verwenden Sie sie als Smoothie-Zutat oder probieren Sie meinen *einfachen grünen Salat mit fein säuerlichem Hanfsamendressing* (Seite 96) aus. Genießen Sie Hanfsamen nur roh, da die in ihnen enthaltenen ungesättigten Fettsäuren sonst zerstört werden. So wie alle Hanfprodukte, z. B. auch Hanföl oder Hanfbutter, sollten Sie die Samen im Kühlschrank aufbewahren. Hanfsamen enthalten keine Phytinsäure (siehe Seite 60) und müssen daher nicht eingeweicht werden, bevor sie Gerichten hinzugefügt oder zu Hanfmilch verarbeitet werden.

LEINSAMEN

Leinsamen sind das pflanzliche Lebensmittel mit dem höchsten Gehalt an Omega-3-Fettsäuren und fördern dank dieser Tatsache die Gesundheit des Herz-Kreislauf-Systems, hemmen Entzündungen, stärken das Immunsystem und tragen zu einer gesunden Hirnfunktion bei. Sie müssen vor dem Verzehr gemahlen werden, damit ihre Nährstoffe vom Körper absorbiert werden können. Am besten mahlen Sie etwa eine halbe Tasse davon in einer sauberen elektrischen Kaffee- oder Gewürzmühle, lagern die gemahlenen Samen in einem fest verschließbaren Schraubglas im Kühl- oder Gefrierschrank, um ein Oxidieren zu vermeiden, und brauchen sie innerhalb einiger Wochen auf. Streuen Sie sie über Haferbrei, Knuspermüslis, Obstsalate oder gedünstetes Gemüse und genießen sie ihren nussigen Geschmack. Ganze Leinsamen können über Nacht in Wasser eingeweicht und morgens als Smoothiezutat verwendet werden, um Ihre Smoothies dickflüssiger und nährreicher zu machen. Gemahlene Leinsamen sind mit Wasser vermischt außerdem ein wunderbarer Eiersatz beim veganen Backen (siehe Seite 75). Wenn Sie vorgemahlene Leinsamen kaufen, halten Sie nach gekeimtem Leinsamenpulver Ausschau.

MACAPULVER

Die Macawurzel ist ein sehr kraftvolles Superfood und stammt aus Peru und Bolivien, wo sie traditionell zur Steigerung der Ausdauer und zur Bekämpfung von Erschöpfung eingesetzt wird. Maca hat adaptogene Eigenschaften, die dem Körper dabei helfen, Stress auszugleichen. Ihre Alkaloide unterstützen und nähren das endokrine System (Schilddrüse, Nebennieren und das Drüsensystem). Maca steckt voller Vitamine, Mineralstoffe, Fett- und Aminosäuren und wird zum Hormonausgleich und zur Förderung der Fruchtbarkeit verwendet. Macawurzel ist als Pulver, entweder roh oder geliert, erhältlich. Geliert bedeutet, dass der Wurzel Stärke entzogen wird, wodurch die aktiven Inhaltsstoffe konzentriert werden und das Pulver leichter verdaulich ist. Ich mag den malzigen Geschmack von Maca sehr und streue es gern über mein Frühstück (siehe *Superfood-Frühstückstopping,* Seite 116). Es ist auch eine gute Smoothie- oder Nussmilch-Ergänzung. Beginnen Sie mit einer kleinen Menge, bis Sie sich an den Geschmack gewöhnt haben, und erhöhen Sie sie dann auf einen Teelöffel pro Tag, um in den vollen Genuss aller gesundheitlichen Vorteile zu kommen.

PHYSALISBEEREN

Die auch als Inka- oder Andenbeeren bezeichneten kleinen Früchte haben im Sommer und Herbst Saison und sind auch getrocknet erhältlich. Frisch schmecken sie süß und nur leicht säuerlich, getrocknet aber erfrischend sauer. Physalis sind reich an Antioxidantien und Beta-Carotin und enthalten überraschend viel Eiweiß. Ich habe immer getrocknete Physalis zu Hause, um sie als Snack zwischendurch, als Zugabe zu meinem Knuspermüsli oder als kleine saure Geschmacksexplosion in meinem Studentenfutter zu genießen.

WEIZENKEIME

Der Weizenkeim ist der nährstoffreichste Bestandteil des ganzen Weizenkorns und wird entfernt, wenn die Körner zu Weißmehl weiterverarbeitet werden. Er enthält eine konzentrierte Menge unverzichtbarer Nährstoffe wie Folsäure, Magnesium, Vitamin E, essenzielle Fettsäuren und B-Vitamine. Ich liebe den leichten, dezent nussigen Geschmack und verwende Weizenkeime gern in meinem *Superfood-Frühstückstopping* (Seite 116). Weizenkeime sind roh oder geröstet erhältlich. Das Rösten intensiviert ihren Geschmack, verringert aber auch ihren Nährwert. Lagern Sie sowohl rohe wie auch geröstete Weizenkeime im Kühlschrank, damit sie frisch bleiben und ihre Nährstoffe behalten.

ÖLE

Hochwertige unraffinierte Öle sind aus einer gesunden Vollwert-Küche nicht wegzudenken. Öl wirkt nicht nur wärme- und energiespendend, sondern schützt und nährt auch unsere Organe. Darüber hinaus ist es ein Geschmacksträger und verwöhnt den Körper mit einem wohligen und sättigenden Gefühl. Unraffinierte Öle schmecken so wie die Lebensmittel, aus denen sie gepresst wurden, und sehen manchmal trüb aus. Sie sollten in dunklen Glasflaschen und geschützt vor Licht und Hitze gelagert werden. Einige Öle, wie z.B. Leinsamenöl, müssen im Kühlschrank aufbewahrt werden, damit sie ihren hohen Omega-Fettsäure-Gehalt nicht verlieren. Stellen Sie auch andere Öle, die Sie nur ab und zu verwenden, in den Kühlschrank. Bei sehr heißem Wetter ist es sinnvoll, alle unraffinierten Öle im Kühlschrank zu lagern. Öle, die fest werden, bewahren Sie am besten in Gläsern mit großen Öffnungen auf, damit Sie die benötigte Menge mit einem Löffel entnehmen können und nicht immer wieder das gesamte Glas erhitzen müssen, da dies die Ölqualität vermindern kann.

Raffinierte Öle haben eine längere Haltbarkeit und werden durch hohe Temperaturen nicht beeinträchtigt. Im besten Fall verlieren sie beim Raffinierprozess „nur" ihren Geschmack, ihr Aroma und ihre lebenswichtigen Nährstoffe; im schlimmsten Fall werden sie mit erdölbasierten Lösungsmitteln extrahiert, gebleicht und erneut chemisch behandelt. Raffinierte Öle bewirken ein unangenehmes Mundgefühl und können ernste gesundheitliche Schäden hervorrufen, da sie die Immunfunktion unterdrücken, die Verdauung stören und den Körper frühzeitig altern lassen.

Hochwertige Öle zu konsumieren kann, wenn Sie nicht selbst kochen, leicht zu einer Herausforderung werden, da die meisten Restaurants und auch Hersteller „gesunder" Fertiggerichte bei allen Zubereitungsschritten raffinierte Öle verwenden.

Die Kennzeichnungen auf Öletiketten können verwirrend sein. Achten Sie besonders auf Prädikate wie „unraffiniert" (bei Sesamöl) und „nativ" oder „extra virgine" (bei Oliven- und Kokosöl).

Expeller-gepresst bedeutet einfach nur, dass das Öl nicht mithilfe von Chemikalien aus dem jeweiligen Lebensmittel extrahiert wurde.

Suchen Sie nach Ölen, die bei Temperaturen unter 48 °C gepresst und vor Hitze und Licht geschützt werden. Viele vertrauenswürdige Hersteller geben das Pressdatum auf der Flasche mit an. So wie Nüsse speichern auch Öle Pestizide, also ist es auf jeden Fall sinnvoll, Bio-Produkte zu kaufen. Machen Sie sich mit dem Geruch von frischem Öl vertraut, denn so können Sie selbst feststellen, ob ein Öl bereits ranzig ist. Wenn Öle nicht mehr frisch und nussig riechen, sollten Sie sie nicht mehr verwenden. Meine Liste empfohlener Öle ist ziemlich kurz, da es schwer ist, wirklich unraffinierte Öle zu bekommen, auch wenn ich meine Augen immer danach offen halte. Neben den in der Liste angegebenen Ölen verwende ich auch hin und wieder Kürbiskern- und Macadamiaöl.

Für das Kochen bei hohen Temperaturen, z.B. beim Braten, ist natives Kokosöl oder Ghee am besten, da beide sehr stabil sind. Natives Oliven- und unraffiniertes Sesamöl können eine moderate Hitze vertragen, da sie keine empfindlichen Omega-3-Fettsäuren enthalten. Diese Öle sollten nur so weit erhitzt werden, bis sie duften. Wenn sich das Öl in der Pfanne kräuselt oder raucht, hat es bereits Giftstoffe entwickelt und sollte entsorgt werden.

1. LEINSAMENÖL 2. KOKOSÖL 3. UNGERÖSTETES SESAMÖL 4. GHEE 5. GERÖSTETES SESAMÖL 6. NATIVES OLIVENÖL 7. KOKOSMUS

GERÖSTETES SESAMÖL

Geröstetes Sesamöl verleiht Dressings, Marinaden und Gemüse eine fantastisch intensive Geschmacksnote und passt besonders gut zu asiatisch inspirierten Gerichten wie z. B. meinem *Vollkorn-Udon-Nudelsalat mit geschmorter Paprika, Zuckermais und scharfer Sesammarinade* (Seite 192). Schon ein paar Tropfen dieses stark aromatischen Öls machen viel aus, also kosten Sie lieber während des Kochens. Auch wenn man es im Regal oder auf dem Küchentresen stehen lassen kann, bewahre ich Sesamöl lieber im Kühlschrank auf, damit es sich länger hält, da eine Flasche sehr ergiebig ist. Wenn Sie Ihren Gerichten oder Dressings einen Schärfekick verpassen möchten, probieren Sie doch einmal Sesamöl mit Chilischoten aus.

GHEE

Ghee wird ähnlich wie geklärte Butter hergestellt, bei der feste Milchbestandteile entfernt werden, bis am Ende nur noch reines Butterfett übrig bleibt. Ghee wird jedoch noch länger geköchelt als Butter, wodurch die Milchtrockenmasse schließlich karamellisiert. Dieser Prozess bewirkt den einzigartigen und aromatischen Butterscotch-Geschmack. Ghee wird vor allem in der indischen und ayurvedischen Küche wegen seiner Fähigkeit verwendet, die heilenden Kräfte von Nahrungsmitteln zu aktivieren und die Verdauung anzuregen. Der Rauchpunkt von Ghee ist dank der fehlenden festen Milchbestandteile sehr hoch, weshalb es hervorragend für das Kochen bei sehr hohen Temperaturen geeignet ist. Ich mag die reichhaltige, verwöhnende Note, die Ghee Gerichten wie meiner *Curry-Socca mit Koriander-Kokos-Chutney* (Seite 212) oder *Kitchari* (Seite 93) verleiht. Halten Sie nach Ghee Ausschau, der aus hochwertiger Bio-Butter von Weidekühen stammt.

KALT GEPRESSTES LEINSAMENÖL

Leinsamenöl hat einen intensiven grasigen Geschmack, der allem, worüber Sie es träufeln, eine besondere Note gibt – sei es Salat, gedämpftes Gemüse, Getreide oder Toast. Dieses Öl verwende ich am häufigsten zum Verfeinern meiner Gerichte. Leinsamenöl ist eine hervorragende Quelle von Omega-3-Fettsäuren, die eine gesunde Hirnfunktion fördern, das Immunsystem stärken und dabei helfen, den Cholesterinwert zu senken. Leinsamenöl sollte niemals erhitzt oder zu viel Licht ausgesetzt werden. Am besten bewahren Sie es in einer dunklen Glasflasche im Kühlschrank auf, um seine wertvollen Nährstoffe zu schützen.

KOKOSMUS

Kokosmus enthält sowohl Kokosfleisch wie auch Kokosöl und ist daher ein wirklich vollwertiges Produkt. Kokosmus kann so wie Nussbutter einfach zu Hause gemacht werden, indem Sie getrocknete Kokosraspel pürieren. Es ist eine wunderbare Ergänzung in Desserts wie meinem *Vanille-Chiapudding* (Seite 115) und auch eine gute Smoothie- und Shake-Zutat,

wie z. B. in meinem *Pfirsich-Chia-Frühstücksshake* (Seite 141). Kokosmus schmilzt nicht so einfach wie Kokosöl und eignet sich daher nicht zum Braten oder Rösten. Umgekehrt aber können Sie Kokosmus bei den Rezepten in diesem Buch mit Kokosöl ersetzen.

NATIVES OLIVENÖL

Natives Olivenöl wird schon seit Jahrtausenden als schmackhaftes und gesundes Lebensmittel verwendet. Es unterstützt die Funktion von Leber und Gallenblase und enthält viel Vitamin E. Ich liebe seinen vollmundigen fruchtigen Geschmack und seine vielseitige Verwendbarkeit in allen möglichen Gerichten von Dressings bis hin zu Desserts. Ich habe immer zwei unterschiedliche Olivenöle zu Hause: eines mit einem milderen Geschmack zum Kochen, und ein weiteres mit einem intensiveren, grasigeren Geschmack zum Verfeinern, Beträufeln, Dippen und für Dressings. Olivenöl hält sich geschützt vor Licht und Hitze bis zu einem Jahr lang. Auch einige der besten nativen Olivenöle werden mit raffinierten Olivenölen gemischt. Achten Sie beim Kauf daher auch auf die Kennzeichnung „unraffiniert".

UNRAFFINIERTES NATIVES KOKOSÖL

Kokosöl in seiner reinsten Form hat antioxidative und antibakterielle Eigenschaften. Es enthält 50 Prozent Laurinsäure, eine mittelkettige Fettsäure, die auch in Muttermilch vorkommt. Laurinsäure stärkt das Immunsystem und unterstützt eine gesunde Hirnfunktion. Kokosöl ist eines der wenigen Öle, dem hohe Temperaturen nichts ausmachen, und deshalb ideal zum Kochen mit hoher Hitze, wie z. B. Braten und Rösten. Es ist zwar cholesterinfrei, aber dennoch ein gesättigtes Fett (und fest bei Raumtemperatur), und sollte deshalb von Menschen mit einem hohen Cholesterinspiegel nur in geringen Mengen verwendet werden. Der Anteil gesättigter Fettsäuren macht Kokosöl zu einem großartigen Butterersatz in Gebäck, vor allem aber Tortenböden und Keksen. Ganz nebenbei lässt sich natives Kokosöl auch als Make-Up-Entferner und Feuchtigkeitsspender für die Haut verwenden. Da es bei Raumtemperatur fest ist, muss es für ein genaues Abmessen geschmolzen werden. Setzen Sie das Glas dafür einige Minuten lang in eine mit heißem Wasser gefüllte Schüssel und messen Sie dann die Menge ab, die Sie brauchen. Sie können auch ein paar Löffel festes Öl aus dem Glas nehmen, in einem kleinen Topf erhitzen und das, was Sie nicht brauchen, wieder zurück ins Glas gießen.

UNRAFFINIERTES SESAMÖL (UNGERÖSTET)

Unraffiniertes Sesamöl ist für den asiatischen Raum, was Olivenöl für den Mittelmeerkulturraum ist. Es hat einen lieblich-milden Duft und eine Röst-Note und eignet sich perfekt zum Braten und Kochen bei mittleren Temperaturen. Unraffiniertes Sesamöl enthält die Antioxidantien Sesamol und Sesamin, die es haltbar machen und davor bewahren, ranzig zu werden.

ESSIG

Natürlich fermentierter, unpasteurisierter und ungefilterter Bio-Essig sollte als wunderbare Zutat nicht im Vorratsschrank fehlen. Mit ihm kann man schnelle köstliche Dressings, Marinaden und sauer eingelegtes Gemüse zaubern. Ein Spritzer Essig verleiht Bohnen- und anderen reichhaltigen Gerichten gegen Ende des Kochens mehr Lebendigkeit und harmonisiert den Geschmack. Traditionell hergestellter Essig wird auch medizinisch sowohl äußerlich wie auch innerlich angewendet, u. a. zum Lindern von Insektenstichen oder Sonnenbrand, zur Verbesserung des Kreislaufs und zum Ausschwemmen von Giftstoffen aus der Leber. Hochwertiger Essig enthält Aminosäuren und Spurenelemente, unterstützt die Verdauung und hilft beim Entgiften. Neben den unten aufgelisteten Essigsorten habe ich meistens auch Rotweinessig zu Hause.

BALSAMICO-ESSIG (ROT UND WEISS)

Roter Balsamico-Essig ist fantastisch, um Gerichten eine vollmundige und leicht süße Note zu verleihen. Ich gebe immer ein paar Spritzer an meine Suppen und Soßen, auf Tomaten oder an meine karamellisierten Zwiebeln.

Traditionell hergestellter Balsamico reift mindestens zwölf bis zu fünfzig Jahre lang und wird mit der Zeit immer süßer und samtiger. Ein paar Tropfen guter Balsamico machen alles vom Käse bis zum Dessert zu einem himmlischen Geschmackserlebnis. Achten Sie beim Kauf darauf, dass Ihr Balsamico keine Verdickungsmittel oder Farbstoffe enthält.

Weißer Balsamico ist leichter und süßer als roter und immer dann die richtige Wahl, wenn Sie die Farbe eines Gerichts beibehalten wollen.

BRAUNER REISESSIG

Traditionell gebrauter brauner Reisessig hat einen milden, subtilen Geschmack und wird mit Koji, einer natürlichen Hefeart, hergestellt, die auch für Miso und Sake verwendet wird. Dieser Essig ist perfekt für den täglichen Gebrauch. Ich liebe seinen erfrischenden Geschmack auf braunen Reis- und Nudelsalaten, wie z. B. meinem *braunen Reissalat mit Petersilie und Samen* (Seite 99). Außerdem verleiht er Tofukäse eine leicht süß-säuerliche Note. Achten Sie wie bei allen fermentierten Produkten darauf, dass Sie natürlich fermentierten Essig kaufen, um zugesetzten Zucker oder eine chemische Verarbeitung auszuschließen.

UME-ESSIG

Der traditionell gebraute japanische Aprikosenessig *Ume Su* ist die kostbare Lake, die nach dem Einlegen von Umeboshi (japanische Ume-Pflaumen mit Shiso-Blättern) übrig bleibt. Dieser Essig ist das perfekte Würzmittel, da er gleichzeitig salzig und sauer ist. Einige Tropfen Ume-Essig runden Bohnensuppen, Eintöpfe oder Salatdressings perfekt ab. Vergessen Sie nicht, dass er sehr intensiv ist und Sie daher die Salzmenge verringern müssen, die Sie normalerweise verwenden würden. Traditionell hergestellter Ume Su hat wegen der Shiso-Blätter eine zartrosa Farbe. Industriell hergestellte Versionen enthalten chemische rote Farb-, Konservierungs- und Zusatzstoffe, auf die Sie verzichten sollten.

UNPASTEURISIERTER APFELESSIG

Apfelessig ist meine Lieblingssorte für den täglichen Gebrauch. Sein heller, frischer Geschmack macht ihn zu einem fantastischen Würzmittel in Dressings und Marinaden. Wie bei allen Essigsorten lege ich auch bei Apfelessig beim Kauf darauf Wert, dass er natürlich fermentiert, unpasteurisiert und ungefiltert ist. Nur so komme ich in den Genuss all seiner heilenden Eigenschaften, die von der Wiederherstellung des Säure-Basen-Gleichgewichts über die Stärkung des Immunsystems bis hin zur Gewichtsreduktion reichen. Apfelessig wird auch als Hausmittel zur Beruhigung der Haut und zur Desinfektion von Insektenbissen verwendet.

WÜRZMITTEL, -SOSSEN UND -PASTEN

Hochwertige Würzmittel, -soßen und -pasten sind genauso wichtig wie gute Zutaten. Durch sie werden Gerichte spannend und entwickeln eine geschmackliche Tiefe, ohne dass der Eigengeschmack der Hauptzutaten übertrumpft wird. Ich persönlich habe immer Tamarisoße, eine Pfeffermühle und ein paar verschiedene Salzsorten in Greifnähe, die ich während des Kochens oder danach zum Abrunden verwende. Miso und Umeboshi (Paste, Pflaumen oder Essig) sind fabelhafte Salzalternativen.

MEERSALZ

Unraffiniertes, sonnengetrocknetes Meersalz enthält wichtige und vom Körper leicht aufnehmbare Mineralstoffe (einschließlich Jod), die ein wichtiger Teil einer gesunden Ernährung sind. Herkömmliches Tafelsalz enthält keine dieser Mineralstoffe mehr, ist dafür aber oft mit Trennmitteln versetzt. Hochwertiges Meersalz verbessert und intensiviert nicht nur den Geschmack, sondern hilft, wenn ein bisschen davon beim Kochen zugegeben wird, auch der Verdauung. Koscheres Salz ist in der Regel raffiniert, aber es gibt auch Meersalz, das als koscher gekennzeichnet ist. Meine eigene Salzauswahl ist sehr überschaubar: Beim Kochen verwende ich fein gemahlenes Celtic Meersalz, zum Verfeinern von Salaten oder Desserts aber benutze ich gern Fleur de Sel oder ein flockiges Meersalz wie Maldon.

MIRIN

Traditionell hergestellter Mirin ist ein süßer Reiswein der japanischen Küche. Er entsteht durch das Brauen und Fermentieren von braunem Reis mit Koji (einem natürlich vorkommenden Schimmelpilz, der bei der Miso- und Sakeherstellung eingesetzt wird). Normalerweise verwende ich ungern süße Zutaten in herzhaften Gerichten, mache bei Mirin aber eine Ausnahme. Sein feiner Geschmack rundet besonders Gerichte mit Algen wie z. B. *Arame mit Möhren und Sesam* (Seite 109) perfekt ab. Natürlich gebrauter und fermentierter Mirin ist zwar teurer, seinen Preis aber unbedingt wert, da eine Flasche sehr ergiebig ist und die meisten industriell hergestellten Mirin-Reisweine, die man im Asialaden findet, mit Glukose oder Maissirup versetzt sind und mithilfe von Chemikalien gebraut werden, um die Herstellungszeit zu verkürzen.

NATÜRLICH FERMENTIERTE TAMARISOSSE- ODER SHOYU-SOJASOSSE

Ich bin sprichwörtlich mit Tamarisoße aufgewachsen: Bei unserer Familie stand diese immer auf dem Tisch und wir würzten damit so ziemlich alles, was wir aßen. Auch heute noch verwende ich sie fast täglich und mag sie besonders auf Getreide und gedünstetem Gemüse. Schon ein paar Tropfen davon können ein paar einfache Zutaten in etwas Magisches verwandeln. Die besten Tamarisoße- und Shoyusoßen werden auf traditionelle japanische Art hergestellt, indem die Sojabohnen über achtzehn Monate lang fermentiert werden. Shoyu wird mithilfe von Weizen fermentiert, Tamarisoße

hingegen ist weizen- und daher glutenfrei. Beide Soßen verleihen herzhaften Gerichten einen wunderbar warmen und tiefgründigen Geschmack. Achten Sie darauf, dass Sie nur natürlich fermentierte Tamarisoße- oder Shoyusoße kaufen, da diese wichtige Aminosäuren enthalten und förderlich für die Verdauung sind.

SENF

Ich liebe alles, was in irgendeiner Weise mit Senf zu tun hat, egal ob es sich dabei um Senfblätter, Senfsamen oder Tafelsenf handelt. Senf gehört botanisch zur Familie der Kohlgemüse. Seine Blätter und Samen stecken voller krebsbekämpfender Eigenschaften. Senf kurbelt den Kreislauf an und wirkt blutreinigend. Dijon-Senf mit ganzen Samen hat eine großartige Konsistenz, einen milden Geschmack und ist meine absolute Lieblingszutat für Dressings und auf Sandwiches. Wenn ich Lust auf etwas mehr Schärfe habe, nehme ich fein gemahlenen Dijon-Senf, der perfekt für meinen *Dijon-Senf-marinierten Tempeh* (Seite 107) ist. Es gibt unzählig viele Arten und noch mehr Marken und Hersteller. Achten Sie darauf, dass Ihr Senf ungesüßt und frei von künstlichen Konservierungsstoffen ist. In meinem Gewürzregal steht außerdem ein Gläschen mit schwarzen Senfsamen, die ich in meinen Currys verwende. Sie geben Gerichten nicht nur einen angenehmen Schärfekick und einen spannenderen körnigen Biss, sondern bringen auch farblich einen schönen Kontrast ins Spiel.

UMEBOSHI-PFLAUMEN ODER-PASTE

Diese salzig eingelegten japanischen Früchte sind nicht nur eine großartige Kochzutat, sondern auch Medizin. Schon ein kleines Fruchtstückchen auf der Zunge oder etwas in warmem Wasser aufgelöste Paste hilft gegen Übelkeit, Verdauungsbeschwerden oder einen schlimmen Kater. Umeboshi-Pflaumen sind ganz oder als Paste erhältlich. Ich gebe gern ganze Pflaumen in meinen braunen Reis oder in Congees, statt Salz zu verwenden. Genau wie Ume-Essig verleiht eine kleine Menge Umesboshi-Paste Dressings und Soßen eine sauer-salzige Note und perfektioniert den Geschmack von Norirollen und Reisbällchen. Kaufen Sie nur natürlich fermentierte und zusatzstofffreie Umeboshi-Produkte. Einmal geöffnet werden die Paste oder die Pflaumen am besten im Kühlschrank gelagert, wo sie sich jahrelang halten.

MEERESALGEN

Meeresalgen haben überraschende heilende Eigenschaften und werden schon seit Jahrtausenden zur Krankheitsvorbeugung, Entgiftung, Blutalkalisierung und auch zur Bewahrung der Schönheit eingesetzt. Sie bekämpfen die Rückstände schädlicher Umwelteinflüsse im Körper, unterstützen Gewichtsverlust, wirken lindernd bei Leberversagen und helfen beim Senken des Cholesterinspiegels und von Bluthochdruck. Meeresalgen sind ein wahres Schönheitselixier: Sie enthalten Thiamin und Niacin, die für glänzendes Haar, gesunde Nägel und Augen sowie eine strahlende Haut sorgen. Sie sind eines der Lebensmittel mit der höchsten Nährstoffdichte überhaupt. Neben einem Mineralstoffgehalt, der bis zu zwanzigmal höher als der von Landgemüse ist, sind sie auch noch reich an Eisen, Kalzium und Aminosäuren. Meeresalgen können in kleinen und größeren Mengen vielen verschiedenen Gerichten hinzugefügt werden, angefangen bei Suppen bis hin zu Desserts. Getrocknete Meeresalgen sollten Sie an einem dunklen, kühlen Ort lagern, wo sie sich unbegrenzt halten. Halten Sie nach nachhaltig geernteten Meeresalgen Ausschau. Viele kleinere Betriebe, die ihre Meeresalgen von Hand ernten, bieten je nach ihrer Lage besondere regionale Sorten an, die Sie anstatt der hier aufgelisteten Sorten verwenden können.

1. KOMBU 2. DULSE 3. ARAME 4. WAKAME 5. AGAR-AGAR-FLOCKEN 6. GETROCKNETE SHIITAKE-PILZE 7. WAKAME-FLOCKEN 8. NORI

AGAR-AGAR

Agar-Agar wird wie vegetarische Gelatine verwendet. Es ist farblos und durchsichtig, geschmacklos und kalorienfrei und daher eine perfekte Dessertzutat. In Japan wird es für ein Obstdessert namens Kanten benutzt. In diesem Buch finden Sie gleich zwei Kanten-Rezepte: mein *Erdbeer-Rosen-* (Seite 332) und mein *Granatapfel-Kanten* (Seite 357). Agar-Agar wirkt entzündungshemmend, beruhigt den Verdauungstrakt und unterstützt gleichzeitig die Verdauung und ist wie alle Algen reich an Eisen und Kalzium. Darüber hinaus hilft es dabei, Giftstoffe aus dem Körper abzutransportieren. Im Dessert-Kapitel dieses Buchs werden Sie viele Rezepte mit Agar-Agar finden. Tipps zur Verwendung finden Sie auf Seite 298.

ARAME

Arame-Algen haben einen sehr milden Geschmack. Ich bereite sie deshalb oft für Menschen zu, die Algen noch nicht kennen. Die dünnen, schwarzen Algenstreifen sehen außerdem toll in Salaten und Nudelgerichten aus. Zusammen mit Möhren, Sesam und Mirin (Seite 109) gekocht ergeben sie eine köstliche Beilage. Arame müssen vor dem Verwenden eingeweicht und abgegossen werden. Das Einweichwasser ist danach voller Mineralstoffe und kann als Gießwasser für Zimmerpflanzen verwendet werden. Wollen Sie die Algen ungekocht z. B. im Salat essen, weichen Sie sie 20 Minuten lang ein. Wollen Sie damit kochen, weichen Sie sie nur 10 Minuten ein. Arame-Algen enthalten besonders viel Eisen, Kalzium und Jod.

DULSE

Dulse-Algen haben eine wunderschöne erdig rote Farbe und einen salzig-sauren Geschmack. Man kann sie klein schneiden und so essen, beim Kochen hinzufügen oder in einer Pfanne rösten und als angenehm rauchiges Gewürz über Salate, Suppen und Getreide krümeln. Dulse-Algen enthalten außergewöhnlich viel Jod und sind ein fantastischer Salzersatz.

GETROCKNETE SHIITAKE-PILZE

Getrocknete Shiitake-Pilze sind natürlich keine Meeresalgen, auch wenn sie in meinem Vorratsschrank neben ihnen stehen. Ich verwende Shiitake und Algen zusammen in Dashi, der Brühengrundlage für meine Misosuppen (Seite 162 und 174). Shiitake-Pilze spielen in der traditionellen asiatischen Medizin schon seit mehr als sechstausend Jahren eine wichtige Rolle. Sie haben eine ganze Reihe gesundheitsfördernder Eigenschaften und senken z. B. den Cholesterinspiegel und das Blutfett. Sie sind reich an Selen, Eisen und den Vitaminen B, C und D. Ihr intensiver, leicht holziger Geschmack verleiht Gerichten eine interessante geschmackliche Tiefe und eine Vielzahl an Nährstoffen. Wieder eingeweichte getrocknete Shiitake-Pilze haben eine festere Konsistenz als frische, können aber immer anstatt frischer Shiitake verwendet werden. Sie können sie entweder über Nacht einweichen oder vor dem Verwenden in Wasser köcheln, bis sie weich sind.

KOMBU-ALGEN

Kombu-Algen werden zuweilen als die asiatischen Lorbeerblätter bezeichnet und lassen sich ganz einfach zu einem Teil der täglichen Ernährung machen. Schon ein kleines Stück, das in Brühen, Suppen, Eintöpfen, mit Bohnen oder Getreide gekocht wird, reichert die Gerichte mit Mineralstoffen an und erhöht deren Nährwert enorm. Kombu-Algen enthalten Glutaminsäure, die den Geschmack auf natürliche Weise verstärkt und Lebensmittel zarter macht. Ich verwende Kombu meistens, wenn ich Bohnen koche, da ihre Mineralstoffe dabei helfen, Eiweiße, Öle und Kohlenhydrate in den Bohnen aufzuspalten und sie dadurch leichter verdaulich machen.

NORI-ALGEN

Noriblätter werden am häufigsten zum Einrollen von Sushi oder Reis verwendet, sind aber auch eine hübsche und einfache Garnierung, wie z. B. bei auf meiner *Bento Bowl* (Seite 284) oder meiner *Kabocha-Maronen-Suppe mit Nori-Sesam-„Blättern"* (Seite 174). Nori haben von allen Algen den höchsten Eiweißgehalt. Sie können die Blätter vorgeröstet oder roh kaufen. Das Rösten von Nori verstärkt ihren milden, grasigen Geschmack und macht sie eher kross statt fest. Wenn Sie rohe Blätter kaufen, können Sie sie selbst rösten, indem Sie sie einzeln über eine niedrige Flamme halten, bis sich ihre Farbe von einem dunklen zu einem hellen Grün verändert. Suchen Sie nach Nori-Flocken, um sie über Ihre Gerichte zu streuen, oder reißen Sie einfach ein geröstetes Blatt in kleinere Stücke und verwenden es wie Fladenbrot als Beilage zu Getreide- und Gemüsegerichten oder Salaten. Die Vielseitigkeit von Nori macht es leicht, sie vielen Gerichten hinzuzufügen und von ihren zahlreichen gesundheitlichen Vorteilen zu profitieren.

WAKAME-ALGEN

Wakame sind die schönen smaragdgrünen Algen, die hauptsächlich in Misosuppen verwendet werden (siehe *Frühlingsmisosuppe mit Zitrone* auf Seite 162.). Ich mag die feine Konsistenz und die einfache Anwendbarkeit von Wakame-Flocken (auch Instant Wakame genannt), die vor dem Trocknen in Meerwasser geköchelt werden. Wenn Sie Wakame kaufen, weichen Sie sie ein, bis sie mit Wasser vollgesogen und weich sind, entfernen Sie den harten Stamm, schneiden Sie die Blätter klein, geben Sie sie in Ihre köchelnden Suppen und lassen Sie sie darin weich werden. Wakame-Algen können wie Kombu-Algen auch beim Kochen von Bohnen und Getreide verwendet werden.

GEWÜRZE

Meine Gewürzschublade ist randvoll mit Gewürzen aus der ganzen Welt. Ich ziehe sie oft heraus, um zu schauen, was mich gerade anlacht oder mich zu einem bestimmten Gericht inspiriert. Ich liebe es, strahlend gelben Kurkuma neben grünen Kardamomkapseln und roten Chiliflocken zu sehen.

Außer einer Za'tar-Mischung aus Israel und etwas türkischem Oregano habe ich keine getrockneten Kräuter, weil frische Kräuter einfach besser schmecken und sich teilweise wochenlang im Kühlschrank halten, was sehr praktisch ist, da ich kaum einem frischem Bund Rosmarin, Thymian oder Salbei vom Bauernmarkt widerstehen kann. Es ist am besten getrocknete Gewürze ganz zu kaufen und selbst zu mahlen, mit Ausnahme von Kurkuma, Cayennepfeffer, Zimt und Ingwer. Das geht am schnellsten mit einer elektrischen Gewürz- oder Kaffeemühle. Es ist ein kleiner zusätzlicher Aufwand, doch der Geschmack von frisch gerösteten und gemahlenen Gewürzen ist überwältigend und sehr intensiv. Ich mahle oft ein paar Esslöffel mehr, als ich im jeweiligen Moment brauche, und bewahre alles, was zu viel ist, in einem kleinen Schraubglas auf. Selbst gemahlene Gewürze halten sich einige Monate lang und schmecken immer besser als fertige aus dem Laden. In diesem Buch finden Sie z. B. Rezepte für selbst gemachtes *Currypulver* (Seite 119) und *Harissa* (Seite 118). Ich kaufe alle meine Gewürze (ganz oder vorgemahlen) in Reformhäusern und Bioläden, die diese in großen Mengen kaufen. Sie schmecken wesentlich frischer und sind günstiger als Gewürze in kleinen Dosen oder Beutelchen. Die Gewürze in der folgenden Auflistung verwende ich täglich.

GETROCKNETE CHILISCHOTEN

Eine Prise getrocknete Chilischoten belebt das Essen mit feuriger Schärfe und passt zu Soßen, Suppen, Eintöpfen, Marinaden und sogar warmen Getränken und kalten Drinks. Scharfe Chilischoten haben antioxidative und entgiftende Eigenschaften und regen außerdem den Blutfluss und die Verdauung an. Das Essen von Chilischoten bringt den Körper zum Schwitzen, was ihn schlussendlich wieder abkühlt. Denken Sie daran, dass Chilischoten durch das Kochen schärfer werden können, also fügen Sie sie am besten erst gegen Ende des Kochens hinzu.

Es gibt Hunderte verschiedener Chili-Arten. Ich habe immer die drei folgenden vorrätig:

- **Ganze getrocknete Chilis**, entweder thailändische oder andere rote Chilis, zum Marinieren von Oliven und Käse (siehe *marinierter Ziegenkäse*, Seite 120). Sie können vor dem Hinzufügen zu den Gerichten auch zerbröselt oder in Wasser eingeweicht werden.
- **Rote Chiliflocken** für einfache Pastagerichte oder selbst gemachtes *Kimchi* (Seite 127). Für einen belebenden Schärfekick gebe ich auch gern eine Prise davon an Tomatensuppen und -soßen oder streue sie über Pizza.
- **Cayennepfeffer** ist fantastisch, um Bohnengerichte aufzupeppen. Außerdem verwende ich Cayenne in meinem *selbst gemachten Currypulver* (Seite 119) und *Harissa* (Seite 118). Eine Prise davon in einer Misosuppe hilft, wenn Sie erkältet sind und der Kopf dicht ist.

KURKUMA

Der einzigartig aromatische Geschmack und die intensive gelbe Farbe von Kurkuma sind sagenhaft. Am beeindruckendsten aber ist seine starke entzündungshemmende, antioxidative und immunstärkende Wirkung. Kurkuma ist darüber hinaus als Quelle von Beta-Carotin bekannt und wirkt unterstützend beim Entstauen der Leber, Auflösen von Gallensteinen und beim Aufspalten und Verdauen von Eiweiß. Ich verwende es in all meinen Currys und gebe beim Kochen von roten Linsen und Getreide ebenfalls eine Prise zu. In diesem Buch finden Sie Kurkuma auch als tollen Farbgeber in Zitronendesserts und als Zutat meiner *Kurkuma-Limonade* (Seite 228). Besorgen Sie sich frischen Kurkuma in Reform-, Bio- oder Asialäden. Er sieht aus wie frischer Ingwer, nur etwas kleiner. Wenn die Schale etwas beschädigt ist, blitzt ein orange leuchtendes festes Fruchtfleisch hervor. Der Geschmack von frischem Kurkuma ist süßer und facettenreicher als von getrocknetem. Geschält und fein geraspelt können Sie in Ihren Gerichten bis zu dreimal so viel frischen wie getrockneten Kurkuma verwenden.

LORBEERBLÄTTER

Lorbeerblätter verleihen Suppen, Eintöpfen und Bohnengerichten einen milden aromatischen Geschmack. Wann immer es geht, verwende ich frische statt getrockneter Lorbeerblätter. Die tief dunkelgrüne Farbe und einzigartige Form ihrer Blätter machen meinen *marinierten Ziegenkäse* (Seite 120) zu einer Augenweide. Frische Lorbeerblätter gibt es in Reformläden und Feinkostgeschäften. Im Kühlschrank halten sie sich mehrere Wochen. Getrocknete Lorbeerblätter sind sehr günstig. In einem Schraubglas und vor Licht und Hitze geschützt sind sie mehrere Jahre lang haltbar.

SCHWARZER PFEFFER

Meine Pfeffermühle steht gleich neben meinem Herd, damit ich sie immer in Reichweite habe, um meinen Gerichten vor dem Servieren den sprichwörtlichen „Pep" zu verleihen. Frisch gemahlener schwarzer Pfeffer unterstützt die Verdauung, regt den Blutfluss an und stimuliert den Entgiftungsprozess in der Leber. Vorgemahlener Pfeffer schmeckt nicht nur eintönig und streng, sondern ist oft auch vorgeröstet. Das Rösten verwandelt Pfeffer in ein Reizmittel. In diesem Buch finden Sie keine Mengenangaben für Pfeffer, weil ich ihn immer gleich mit der Pfeffermühle in meine Gerichte mahle. Drehen Sie die Pfeffermühle anfangs nur ein paarmal und erhöhen Sie die Menge später bei Bedarf. Der Geschmack von schwarzem Pfeffer verändert sich beim Kochen und wird intensiver und leicht bitter. Geben Sie Pfeffer deshalb immer erst am Ende zu.

ZIMT

Eine Prise Zimt rundet Ihre süßen und herzhaften Gerichte mit einer warmen, tiefgründigeren und pikant-süßen Note ab. Zimt wird schon seit ewigen Zeiten sowohl in der westlichen wie auch der östlichen Medizin eingesetzt, um den Kreislauf und die Verdauung anzuregen, die Vitalität zu erhöhen und Entzündungen zu hemmen. Ich habe sowohl Zimtstangen als auch gemahlenen Zimt im Haus, um damit meine Lieblingsrezepte zu verfeinern – meinen Haferbrei kann ich mir ohne gar nicht vorstellen! Außerdem ist es eine unverzichtbare Zutat in *Currypulver* (Seite 119) und in vielen Desserts und Süßspeisen.

GEMÜSEVORRÄTE

Mein Kühlschrank ist für mich eine Art erweiterter Vorratsschrank. Deshalb habe ich immer frisches Gemüse zu Hause, das sich einige Wochen oder sogar länger hält. Das ist vor allem in den Wintermonaten sehr praktisch, wenn es keine große Auswahl an saisonalem regionalem Gemüse gibt. So wie das Gemüse, das bei mir im Regal oder auf dem Küchentresen liegt, verarbeite ich auch das aus dem Kühlschrank: Es wird gedünstet, geröstet oder gegrillt, in Salate verwandelt, mariniert und als Suppen- oder Eintopfzutat verwendet. Sie finden in diesem Buch jede Menge Rezepte mit diesen Grundzutaten.

AVOCADOS

Mit einer reifen Avocado lässt sich fast alles in eine köstliche Mahlzeit verwandeln. Ich liebe Avocados besonders als Würfel zusammen mit Quinoa, verfeinert mit gerösteten schwarzen Sesamsamen und ein paar Spritzern Tamarisoße, oder ganz einfach zerdrückt, auf eine Scheibe Toast gestrichen und mit Zitrone und Pfeffer gewürzt. Avocados sind reich an Kupfer und gesunden Fetten, helfen bei der Bildung roter Blutkörperchen und sind eine gute Quelle von Eiweiß, Magnesium und Vitamin B. Lassen Sie harte Avocados einfach auf Ihrem Küchentresen nachreifen und legen Sie sie in den Kühlschrank, wenn sie reif, aber noch fest sind, denn so halten sie sich noch eine weitere Woche.

FRISCHER INGWER

Ingwer passt gut zu Currys, Suppen, Brühen aber auch Tees und Desserts. Ich kaufe immer große frische Ingwerknollen und lasse sie auf meinem Küchentresen liegen, um sie etwa innerhalb einer Woche zu verbrauchen. Wenn Sie Ihren Ingwer nicht so schnell aufbrauchen, bewahren Sie ihn einfach im Kühlschrank auf, wo er sich bis zu einem Monat lang hält. Ingwer wärmt den Körper, regt den Blutkreislauf und die Verdauung an und wird oft als Mittel gegen Übelkeit und Reise- bzw. Seekrankheit eingesetzt.

FRISCHE KRÄUTER

Frische Kräuter veredeln auch die einfachsten Gerichte und halten sich, eingewickelt in ein Tuch oder Küchenpapier und in luftdichten Behältern aufbewahrt, sehr lange im Kühlschrank. Rosmarin und Thymian können so mehrere Wochen, Oregano und Salbei über eine Woche lang gelagert werden. Im Sommer habe ich Töpfe mit Basilikum, Minze und den schon erwähnten Kräutern draußen auf meiner Feuertreppe stehen. Sie sehen nicht nur hübsch aus, sondern bringen auch ein bisschen frischen und aromatischen Geschmack ins Essen.

FRÜHLINGSZWIEBELN UND SCHNITTLAUCH

Ich habe immer entweder Frühlingszwiebeln oder Schnittlauch im Haus, weil ich damit jedes Gericht spannender und leckerer machen kann. Genau wie bei Petersilie schneide ich auch bei Frühlingszwiebeln und Schnittlauch etwa eine Tasse voll klein und hebe Reste in einem Glas im Kühlschrank auf. Gehackte Frühlingszwiebeln halten sich bis zu vier Tage lang, während Schnittlauch und Knoblauch-Schnittlauch in wenigen Tagen aufgebraucht werden sollten. Schnittlauch und Schnittlauchblüten verwende ich am liebsten im Frühling und Frühsommer. Den Rest des Jahres über greife ich zu Frühlingszwiebeln. So wie Knoblauch haben diese eine mikroben- und pilzbekämpfende Wirkung und können dabei helfen, eine Erkältung schon im Keim zu ersticken.

GRÜNES BLATTGEMÜSE

Grün-, Braun-, Kraus- und Schwarzkohl gehören vor allem im Herbst und Winter zu meinen Grundnahrungsmitteln. Sie sind eine fantastische Quelle von Kalzium, Beta-Carotin, Chlorophyll und Eisen. Als Kreuzblütler haben alle dieser Kohlvarianten viele krebsbekämpfende Eigenschaften, und ihr hoher Schwefelgehalt hilft dabei, das Blut zu reinigen und häufig vorkommende Parasiten abzutöten. In diesem grünen Blattgemüse ist mehr Kalzium als in Milch enthalten, und es lässt sich in dieser Form auch noch leichter vom Körper aufnehmen. Wenn Sie täglich Grünkohl essen, können Sie damit Osteoporose und Arthritis vorbeugen. Grünkohl hält sich normalerweise etwa eine Woche lang und sogar länger, wenn er regionalen Ursprungs ist und Sie ihn frisch gekauft haben. Am liebsten esse ich ihn gedünstet und mit etwas Leinsamenöl, *schwarzem Sesam-Leinsamen-Dressing* (Seite 95) oder *würzigem Leinsamendressing* (Seite 95) beträufelt. Auch in Suppen oder Eintöpfen schmeckt er sehr gut, wenn er gegen Ende des Kochens zugegeben wird. Viele Rezepte empfehlen, Strunk und Stiel komplett zu entfernen, wobei aber viele Nährstoffe, die besonders in diesen

Teilen enthalten sind, verloren gehen. Schneiden Sie also nur die harten Strunkenden ab und schneiden Sie die ganzen Blätter klein. Andere Mitglieder der Kreuzblütler-Familie wie Senf-, Brokkoli- und Steckrübenblätter, Mizuna, Rucola, Wasserkresse und Pak Choy können auf ähnliche Weise zubereitet werden und haben ein ähnliches Nährstoffprofil. Sie halten sich allerdings nicht so lang wie der robustere Grün- oder Schwarzkohl.

KNOBLAUCH

Knoblauch ist das intensivste und wirkungsstärkste Mitglied der Zwiebelfamilie und hat zahlreiche gesundheitliche Vorteile: Er schützt vor Infektionen und Viren, neutralisiert Giftstoffe, reduziert Cholesterin, regt den Stoffwechsel an, unterstützt das Wachstum einer gesunden Darmflora, bekämpft Krebs und vieles mehr. Knoblauch, den Sie gegen Herbstende auf dem Bauernmarkt kaufen, hält sich bis Februar oder März, wenn Sie ihn an einem luftigen, dunklen Ort aufbewahren. Suchen Sie beim Kauf nur Knollen mit fester, papierartiger Haut aus.

KOHL

Kohl ist so wie auch andere Mitglieder der Kreuzblütlerfamilie (wie z. B. Grünkohl, Brokkoli, Blumenkohl und Steckrüben) für seine krankheitsbekämpfenden Eigenschaften bekannt, vor allem in Verbindung mit Krebs und Herzleiden. Die äußeren grünen Blätter von Weißkohl enthalten mehr Chlorophyll, Vitamin E und Kalzium als die hellen, innen liegenden, also werfen Sie sie nicht weg! Ich verwende auch oft Rotkohl wegen seiner wunderschönen roten Farbe und seiner antioxidativen Eigenschaften. Weißkohl ist eine großartige Ergänzung für Bohnen- und Linsensuppen, schmeckt aber auch gedünstet mit meinem *würzigen Leinsamendressing* (Seite 95) fabelhaft. Aus einer Kombination aus Rot- und Weißkohl mache ich *rosa Kraut* (Seite 125), und wenn ein Gericht zusätzlichen Pfiff braucht, garniere ich es gern mit ein bisschen *schnellem mariniertem Rotkohl* (Seite 104). Kohl hält sich im Kühlschrank mehrere Wochen lang frisch.

KÜRBISSE

Vom Spätsommer bis in den Winter hinein gibt es bei mir in der Küche immer eine große Auswahl an Kürbissen: festfleischiger Kabocha oder tief orangefarbener Uchiki Kuri (Hokkaido), pudding-ähnlicher Delicata, cremig-zarter Butternuss- oder dunkelgrüner Eichelkürbis – ich liebe sie alle. Sobald die Luft kühler wird, werden Kürbisse zu einem festen Teil meines Speiseplans. Ob gedünstet, gegrillt oder als Salatzutat verwendet, cremig in Suppen, süß und weich in Nishime oder als Lasagne, ich werde ihrer nie überdrüssig. Sie gehören zu den Gemüsesorten mit dem höchsten Beta-Carotin-Gehalt. Kürbisse sind außerdem voller Vitamin C

und Magnesium und unterstützen das gesunde Funktionieren von Milz und Bauchspeicheldrüse. Sie halten sich monatelang in einer kühlen, dunklen Ecke in der Küche und sogar noch länger im Vorratskeller. Halten Sie im späten Frühling und Sommer nach Zucchini und Sommerkürbissen verschiedener Formen und Farben Ausschau. Diese müssen im Kühlschrank aufbewahrt werden, wo sie sich ein bis zwei Wochen lang halten.

MÖHREN

Möhren verwöhnen uns das ganze Jahr über mit ihrer Süße, ihren vielen Nährstoffen und ihrem hübschen Orangeton. Sie sind perfekt für schnelle Last-Minute-Gerichte wie bspw. meinen *Möhren-Petersilie-Salat* (Seite 104) oder gedünstet und mit *Harissa* gewürzt (Seite 118), und eine verlässliche süße Zutat für Brühen und Suppen. Sie enthalten viel immunstärkendes und krebsbekämpfendes Beta-Carotin und stärken außerdem die Nieren, verbessern die Leberfunktion, stärken Milz und Bauchspeicheldrüse, hemmen Entzündungen und wirken einer Übersäuerung des Blutes entgegen.

PETERSILIE

Eigentlich zählt Petersilie ja zu den Kräutern, aber ich verwende sie eher wie ein Gemüse und habe immer einen Bund im Kühlschrank. Wenn es kein anderes Grünzeug mehr gibt, kann eine Handvoll Petersilie mit ihrer sattgrünen Farbe und ihrem frischen, grasigen Geschmack alltägliche Getreide-, Bohnen- und Pastagerichte wie auch Salate spannend und attraktiv machen. Petersilie wirkt blutreinigend, ist reich an Eisen und Kalzium und enthält dreimal so viel Vitamin C wie Zitrusfrüchte. Bewahren Sie Petersilie genauso wie Ihre anderen Kräuter auf (siehe „Frische Kräuter" auf Seite 34) und sie hält sich bis zu zwei Wochen lang. Ich hacke oft ungefähr eine Tasse voll klein und bewahre Reste in einem Schraubglas im Kühlschrank auf, um sie, wann ich immer Lust habe, vor dem Servieren über meine Gerichte zu streuen.

RADIESCHEN

Diese hübschen kleinen Knollen sind perfekt zum Knabbern, Einlegen, Dünsten, Grillen oder als Salatzutat. Ihre Blätter können ebenfalls gedünstet oder als Suppenzutat verwendet werden. Radieschen halten sich ohne ihre Blätter einige Wochen lang im Kühlschrank. Daikon, ein langer, weißer Rettich, wird in der japanischen Küche als Zutat in einer Dipsoße für Tempura verwendet, weil er die Fettverdauung anregt. Radieschen haben entgiftende Eigenschaften und sind ein altes Hausmittel zur Reinigung der Gallenblase, wenn über einen Monat lang täglich zwei davon zwischen den Malzeiten gegessen werden. Besonders hübsch sind die länglich geformten französischen Radieschen, die bunten Ostereier-Radieschen oder die wunderschöne Sorte „Wassermelone".

ROTE BETE

Es ist ein wahrer Segen, dass Rote Bete von Sommer bis Herbst wächst und sich den größten Teil des Winters über lagern lässt. Rote Bete ist schmackhaft, vielseitig und unglaublich nährreich. Sie finden in diesem Kochbuch jede Menge Rezepte, die meine Liebe zu roter Bete zelebrieren. Meistens koche und mariniere ich sie allerdings (siehe Seite 106). So zubereitet hält sie sich bis zu einer Woche im Kühlschrank und ist ein fantastischer Farbtupfer und geschmacklicher Genuss, der als Beilage, Vorspeise oder mit Kichererbsen und frischem Blattsalat gleichermaßen begeistert. Die frischen Blätter von roter Bete lassen sich so wie Mangold kochen (siehe *Rote-Bete-Quinoa-Salat mit Feta, Chili, Knoblauch und geschmorten Rote-Bete-Blättern* auf Seite 195). Ich mag auch gelbe und Ringelbete sehr gern, aber gerade Rote Bete wird schon seit dem Altertum für medizinische Zwecke eingesetzt. Sie reinigt das Blut, hilft bei der Bildung roter Blutkörperchen, bekämpft Lebererkrankungen und ist reich an Silizium, Kalzium und Eisen.

SELLERIE

Sellerie verleiht Suppen, Brühen und Eintöpfen eine aromatische Frische und ist eine wunderbar knackige Zutat für Wintersalate. Er wird schon lange Zeit bei der Behandlung von Bluthochdruck, zur Verbesserung der Verdauung und zur Blutreinigung eingesetzt. Sein hoher Siliziumgehalt fördert das Wachstum von Bindegewebe, Knochen und Gelenken. Im Kühlschrank hält er sich mehrere Wochen lang.

ZITRUSFRÜCHTE

Zitronen unterstützen eine gesunde Leberfunktion, reinigen das Blut und helfen beim Abnehmen. Sie sind eine unverzichtbare Zutat von Dressings, Soßen, Suppen, Desserts und einem beliebten morgendlichen Entgiftungstrank: Zitronensaft in warmem Wasser aufgelöst, gleich als Erstes früh am Morgen getrunken. Zitrusfrüchte im Haus sind wunderbar, wenn Sie spontan backen möchten: Ich verwende frisch gepressten Orangensaft in Muffins, Kuchen und Waffeln für mehr Geschmack und um die Menge von konzentrierten Süßungsmitteln zu verringern. Außerdem gibt er Salatdressings und Soßen eine herrlich süße Note und Leichtigkeit.

Zitrusfrüchte haben im Winter Saison, bringen Farbe in den grau-kalten Alltag, tropisch-frische Noten in schwere herzhafte Wintergerichte und helfen uns, die kalte Jahreszeit zu überstehen. Blutorangen, Meyer-Zitronen und rote Grapefruits geben allem, vor allem aber Frühstück und Desserts, Farbe und einen tollen Geschmack. In einer kühlen Küche können Zitrusfrüchte auf dem Tresen oder im Regal aufbewahrt werden. Im Kühlschrank halten sie sich wochenlang.

ZWIEBELN

Mit einer großen Schüssel Zwiebeln in Ihrer Küche können Sie nichts falsch machen, vor allem dann nicht, wenn Sie sie auf dem Bauernmarkt oder im Bioladen gekauft haben. Sie sind nicht nur eine beliebte Basis von Rezepten, sondern können karamellisiert jedes einfache marinierte Bohnen-, Kichererbsen- oder Getreidegericht in einen großartigen Genuss verwandeln. Zwiebeln werden für ihre gesundheitsfördernden Eigenschaften gepriesen: Ihr hoher Antioxidantien- und Schwefelgehalt hilft bei der Blutreinigung, beim Senken des Cholesterinspiegels und bei der Bekämpfung von Entzündungen. Rote und gelbe Zwiebeln können auf dieselbe Weise verwendet werden, es sei denn, Sie kochen mit hellem, leicht verfärbbarem Kochgeschirr; dann sollten Sie lieber auf Gelb setzen. Zwiebeln haben im Frühherbst Saison und sind dann am frischesten. Lagern Sie sie in Ihrer Küche, wenn sie kühl ist, oder aber im Kühlschrank – so halten sie sich wochen-, wenn nicht sogar monatelang.

KOMPOST

Wenn unsere Essensreste ohne Zufuhr von Sauerstoff verrotten, wie bspw. auf einer Mülldeponie, entsteht Methan, ein schädliches Gas, das Kohlendioxid ähnlich ist und genauso zu einem Treibhauseffekt in der Atmosphäre führt, was schließlich eine Erderwärmung zur Folge hat.

Das Kompostieren ist möglicherweise die beste und einfachste Methode, mit der wir alle einen Beitrag dazu leisten können, Abfall und Treibhausgase zu verringern und gleichzeitig den Boden fruchtbar zu halten, was wiederum unsere Lebensmittel nährreicher macht. Aus diesen Gründen liegt mir das Kompostieren sehr am Herzen und ich werbe dafür, wann immer es geht.

Wenn Sie keine Möglichkeit haben, ihre organischen Reste selbst zu kompostieren, verwenden Sie die braune Bio-Tonne oder kontaktieren Sie Kleinbauern oder Nachbarschaftsgärten in Ihrer Nähe, um herauszufinden, ob und wann Sie Ihre Abfälle dorthin bringen können. Wenn Sie eine große Gefriertruhe haben, können Sie Essensreste auch einfrieren – dadurch stinkt nichts mehr, der Transport wird einfacher und obendrein der Zersetzungsprozess beschleunigt.

IM KÜHLSCHRANK

Auch wenn ich gerade kein frisches Gemüse eingekauft habe, ist mein Kühlschrank, diese wunderbare moderne Erfindung, die das ununterbrochene Kühlen und Lagern von Lebensmitteln möglich macht, voller Lebensmittel, die sich wochen- oder monatelang, einige sogar jahrelang halten. Wenn ich etwas Schnelles kochen möchte, schaue ich einfach nach, was ich gerade an Gemüse da habe, und verwende es je nach Saison als Zutat im Salat, in einer Suppe oder einem Eintopf, dünste oder grille es. Wenn ich irgendein Getreide zubereite, suche ich im Kühlschrank nach einer Zutat, die es zu einer vollständigen Mahlzeit macht, wie bspw. Sauerkraut, gehackter Petersilie und Frühlingszwiebeln, Avocado, Leinsamenöl oder vielleicht etwas zerkrümeltem Feta, wenn ich welchen da habe. Im Kühlschrank halten sich nicht nur Gemüsesorten, sondern auch Eingelegtes und Würzsoßen länger, wie z. B. *rosa Kraut* und *Kimchi* (Seite 125 und 127) oder *Miso-Mayonnaise* (S. 118). Damit lassen sich Snacks, Getreidegerichte und gedünstetes Gemüse schnell und unkompliziert geschmacklich veredeln.

BIO-EIER AUS FREILANDHALTUNG

Obwohl ich Eier nicht zur Deckung meines Eiweißbedarfs brauche, würde sich mein Kühlschrank ohne sie leer anfühlen. Ich verwende sie gern in Pancakes, Waffeln und einigen anderen Backwaren und ab und zu für ein wunderbares pochiertes Ei mit grünem Blattgemüse auf Toast. Wenn Sie Eier kaufen, sollten Sie unbedingt darauf achten, dass diese nicht nur aus verantwortlicher biologischer Landwirtschaft und Freilandhaltung stammen, sondern dass die Hühner auch tatsächlich genügend Auslauf im Freien haben, Vitamin D durch genügend Sonneneinstrahlung aufnehmen können und auf Wiesen nach Käfern, Würmern, Samen und Gras picken können. All das brauchen sie, um nährstoffreiche Eier mit viel Geschmack legen zu können. Sogenannte „Freilandhühner" sind unter Umständen nicht wirklich oft draußen, sehen eventuell nur selten das Tageslicht und werden vielleicht nur mit Körnern gefüttert. Diese Hühner sind weder gesund noch glücklich und nehmen auch nicht alle Nährstoffe auf, die sie brauchen. Am besten ist es, Sie kennen die Hühnerhalter persönlich oder Sie kaufen Ihre Eier auf einem Bio-Bauernmarkt. Fragen Sie nach, wie die Hühner gehalten werden, und kaufen Sie bei dem Bauern, dessen Haltungsbedingungen die besten sind.

EIER ERSETZEN

Eier übernehmen in Backwaren die Funktion eines feucht haltenden Trieb- und Bindemittels. Wenn Sie sich vegan ernähren oder einfach auf Eier verzichten möchten, können Sie sie folgendermaßen ersetzen:

- Verquirlen Sie 1 EL gemahlene Leinsamen mit 60 ml gefiltertem Wasser. Lassen Sie die Mischung 5 bis 10 Minuten eindicken. Sie können diesen Eiersatz zwei bis drei Tage lang im Kühlschrank aufbewahren.

- Verquirlen Sie 1 TL Chiasamen mit 60 ml gefiltertem Wasser. Lassen Sie die Mischung 15 Minuten eindicken. Sie hält sich im Kühlschrank bis zu vier Tage lang.

EINGELEGTES GEMÜSE

Eingelegtes bzw. fermentiertes Gemüse ist immer praktisch, da es tägliche Mahlzeiten mit aktiven Enzymen bereichert und Farbe ins Spiel bringt. Sauerkraut, Kimchi oder saure Gurken sollten, wenn Sie sie kaufen, natürlich fermentiert sein und aus der Region stammen. Sie können Gemüse aber auch einfach selbst einlegen (siehe Seite 124 bis 127). Da fermentiertes Gemüse voller Probiotika steckt, kann schon eine halbe Tasse davon pro Tag u. a. Ihre Verdauung erheblich verbessern, die Nährstoffaufnahme unterstützen und Ihr Immunsystem stärken. Das Gemüse wird im Kühlschrank weiter fermentieren, aber nur sehr langsam, und sich viele Monate lang halten. Bewahren Sie die beim Einlegen entstehende Gewürzbrühe für Dressings wie bspw. mein *würziges Leinsamendressing* (Seite 95) auf, und verfeinern Sie Salate oder gedünstetes Gemüse damit.

MISO

Miso wird aus Sojabohnen und Reis oder Gerste hergestellt, die bis zu drei Jahre lang mit Koji (einem natürlichen Schimmelpilz, der bei der Herstellung von Reisessig und Sake eingesetzt wird) fermentiert werden. Manchmal besteht die Miso-Grundlage statt aus Sojabohnen und Reis oder Gerste aber auch aus Kichererbsen, Adzukibohnen oder Hirse. Unpasteurisierte Misopaste enthält so wie andere natürlich fermentierte Lebensmittel auch jede Menge Probiotika, die ein gesundes Verdauungssystem fördern. Miso ist außerdem eine gute Eiweißquelle und enthält alle für die menschliche Ernährung wichtigen Aminosäuren. In der traditionellen japanischen Küche wird Miso schon seit Jahrhunderten wegen seiner gesundheits- und vitalitätsfördernden Eigenschaften eingesetzt. Um in den Genuss all dieser gesundheitlichen Vorteile und des besten, unverfälschtesten Geschmacks zu kommen, kaufen Sie nur natürlich fermentierte und unpasteurisierte Misopaste. Die Farbe von Miso kann Aufschluss darüber geben, welchen Geschmack die Paste hat und wie lange sie fermentiert wurde. Hellere Paste ist süßlicher und wurde nicht so lange fermentiert wie dunkle, die intensiver schmeckt und medizinisch wirksamer ist. Der kräftige, einzigartige Geschmack von Miso eignet sich wunderbar zum Würzen von

1. EIER 2. UMEBOSHI-PASTE
3. TEMPEH 4. TOFU 5. DILLGURKEN
6. KÖRNIGER DIJON-SENF 7.
ADZUKIBOHNEN-MISO 8. FRISCHER
ZIEGENKÄSE 9. UMEBOSHI-
PFLAUMEN 10. KICHERERBSEN-
MISO 11. GEREIFTER ZIEGENKÄSE
12. CASHEWBUTTER
13. LEINSAMENÖL

Dressings, Soßen, Eintöpfen und Suppen. Wenn Sie es außergewöhnlich mögen, probieren Sie meine *Miso-Mayonnaise* (Seite 118) aus. Ich persönlich verwende am liebsten weiße Misopaste sowie Kichererbsen- und Gerstenmiso.

NUSSBUTTER

Ich liebe Nussbutter, vor allem aber *geröstete Mandelbutter* (Seite 116), die ich auf jeden Fall im Kühlschrank habe. Ich streiche sie zum Frühstück auf meinen Toast oder für einen Snack zwischendurch aufs Brot, oder verwende sie in köstlichen Rezepten wie z. B. meinen *Mandelbutter-Brownies mit Meersalz* (Seite 346). Für Dressings wie mein *cremiges Senfdressing* (Seite 196) oder Süßes wie mein *Zimt-Karamell-Popcorn* (Seite 350) nehme ich gern rohe Cashewbutter, die schön cremig, aber geschmacklich nicht zu dominant ist (wie es Tahini manchmal sein kann). Macadamiabutter hat einen mild-süßen Geschmack und ist ebenfalls sehr reichhaltig und von buttriger Konsistenz. Sie kommt z. B. in meiner *Macadamia-Limetten-Soße* (Seite 210) zum Einsatz. Wenn Sie Nussbutter kaufen, halten Sie nach solcher Ausschau, die mit aktivierten Nüssen (siehe Seite 18) hergestellt wurde, die vor dem Mahlen eingeweicht und schonend getrocknet werden. Wenn Sie einen Dörrautomat haben, können Sie dies auch selbst machen.

TEMPEH

Tempeh ist ein gesunder und praktischer Eiweißlieferant und fantastisch für schnelle, nährstoffreiche Gerichte wie *schneller geschmorter Tempeh* (Seite 110). Tempeh stammt ursprünglich aus Indonesien. Er wird aus ganzen gekochten Sojabohnen hergestellt, die leicht zerdrückt und mit dem Schimmelpilz Rhizopus oligosporus geimpft werden. Dieser produziert ein natürliches, hitzebeständiges Antibiotikum, das die Immunfunktion unterstützt und die Verdauung anregt. Tempeh ist reich an Omega-3-Fettsäuren und B-Vitaminen und hat einen intensiven, nussartigen Geschmack.

Industriell hergestellter Tempeh ist pasteurisiert und hält sich im Kühlschrank wochenlang. Er kann auch bis zu 6 Monate lang eingefroren werden. Selbst gemachter oder unpasteurisierter Tempeh ist ein unvergleichliches kulinarisches Geschmackserlebnis und so aromatisch, dass er nur in etwas Öl angebraten werden muss. Tempeh ist pur (meine Lieblingssorte) oder mit Getreidekörnern, Samen und manchmal auch mit Gemüse- oder Algenstückchen erhältlich. Kaufen Sie Tempeh am besten in Bio- oder Reformläden, da Sojabohnen aus herkömmlichem Anbau ähnlich wie Mais bisweilen nicht gentechnikfrei sind.

TOFU

Tofu wird eigentlich nicht viel anders als Käse hergestellt: Zuerst wird geronnene Sojamilch ausgepresst und nach dem Abtropfen wird die Masse in Blöcke geformt. Tofu hat eine unglaublich zart-sämige Konsistenz, einen neutralen Geschmack und die Fähigkeit, jeden Geschmack anzunehmen, den Sie hinzufügen. Er ist eine fantastische Eiweiß- und Mineralstoffquelle und muss nicht erst aufwendig zubereitet werden. Traditionell wurde Tofu immer nur in kleinen Mengen (denken Sie z. B. an Misosuppe in japanischen Restaurants) und nie als Hauptgericht oder in den riesigen Mengen verzehrt, wie es heutzutage oft getan wird. Wegen ihres hohen Phytinsäuregehalts (siehe Seite 60) sollten Sojabohnen am besten fermentiert wie in Tempeh, Miso, Natto oder Tamarisoße verwendet werden, da beim Fermentieren mehr Phytinsäure als beim Einweichen neutralisiert wird. Ich hebe mir Tofu daher als gelegentlichen Last-Minute-Eiweißlieferanten auf oder verwende ihn, wenn ich bei bestimmten Gerichten eine käseartige Konsistenz erzeugen will, ohne dabei Milchprodukte zu verwenden, wie z. B. bei meiner *Butternusskürbis-Lasagne* (Seite 276). *Mit Knoblauch und Tamarisoße geschmorter Knoblauch* (Seite 113) schmeckt sensationell auf Sandwiches, als Salatzutat oder zusammen mit gekochtem Getreide. Im Sommer können Sie Tofu und frisches Sommergemüse grillen und mit *Chimichurri-Soße* (Seite 122) servieren. Kaufen Sie nur in Wasser abgepackten Bio-Tofu, der mit dem traditionellen Gerinnungsmittel Niagari und nicht mit einem chemischen Zusatzstoff und aus gentechnikfreien Sojabohnen hergestellt wurde. Bewahren Sie Tofu nach dem Öffnen mit Wasser bedeckt in einem Glasbehälter auf und wechseln Sie das Wasser nach einigen Tagen. Sie sollten Tofu am besten innerhalb einer Woche aufbrauchen.

ZIEGENKÄSE

Ich kaufe nur regional hergestellten Bio-Ziegenkäse (sowohl Frisch- wie auch gereiften Hartkäse), um einfachen Gerichten und Snacks eine besondere und interessante Note zu verleihen. Ziegenmilch lässt sich wegen ihrer kleineren Fettglobuli leichter verdauen als Kuhmilch. Ihr chemischer Aufbau ist dem von Muttermilch ähnlicher als Kuhmilch. Ziegenmilch wird in vielen traditionellen Kulturen zur Behandlung einer geschwächten Gesundheit eingesetzt. Ziegenmilchfeta hält sich in Salzlake bis zu einem Monat und schmeckt fantastisch, wenn man ihn etwas zerkrümelt und zusammen mit viel gehackter Petersilie und Frühlingszwiebeln über Bohnen- und Getreidegerichte oder Salate streut. Ziegenkäse, der sechs Monate oder älter ist, kann so wie Parmesan verwendet werden.

IM GEFRIERSCHRANK

Ein Gefrierschrank ist der beste Platz für Dinge, die Sie nur selten benutzen, wie z. B. Vollkorngetreide und Nüsse, da sie sich darin viel länger frisch halten. In meinem finden Sie außerdem auch gefrorene Erbsen, Mais und Beeren. Diese Zutaten können den Tag retten, wenn im Kühlschrank gähnende Leere herrscht. Außerdem können Sie auch saisonales Obst einfrieren, das gerade vollreif ist, wie z. B. Pfirsichspalten, enthülste Favabohnen, vom Kolben geschnittene Maiskörner, entsteinte Kirschen oder alle möglichen Sommerbeeren, die an dunklen Wintertagen einen Hauch von Sommer ins Haus bringen. Ich bewahre auch Kaffir- und Curryblätter im Gefrierschrank auf. Sie halten sich darin monatelang und geben schnellen Suppen, Eintöpfen und Currys eine spannende Note. Essensreste friere ich nicht ein, weil ich frisches Essen bevorzuge, auch wenn es ganz einfache Mahlzeiten sind. Pürierte Suppen, gekochte Bohnen und Getreide lassen sich aber gut einfrieren.

ERBSEN

Zuckererbsen gehören zu den wenigen Gemüsesorten, die ich einfriere, da ihnen die Kälte nichts ausmacht. Sie verleihen einfachen Gerichten eine wunderbar knackig-süße Note und heben mit ihrer frischen grünen Farbe die Laune. Da frische Erbsen aus der Region nur eine relativ kurze Saison haben, kaufe ich bereits gefrorene Erbsen, die in allen Rezepten, in denen sie in diesem Buch vorkommen, eine gute Figur machen.

GEKEIMTES BROT, ENGLISCHE MUFFINS UND TORTILLAS

Das Einfrieren von Brot ist eine gute Idee, wenn Sie es nicht täglich essen und es nicht altbacken werden soll. Für ein schnelles Frühstück habe ich immer gekeimtes Brot und englische Muffins (flache Weizen-Toastbrötchen) im Gefrierschrank. Auch Roggensauerteigbrot friere ich in Scheiben ein. Es schmeckt fantastisch mit pochierten Eiern und geschmorten Tomaten oder Avocado. Gekeimte Vollkorn- oder Maistortillas sind wunderbar für schnelle Quesadillas und eine tolle Suppenbeilage, wenn sie schnell in der Pfanne aufgewärmt und mit etwas Leinsamenöl beträufelt werden. Brot, das aus gekeimtem Getreide hergestellt wird, hat einen höheren Nährwert und Antioxidantiengehalt. Der Keimprozess spaltet die Enzymhemmstoffe auf und macht es leichter verdaulich.

HEIDEL- UND ANDERE BEEREN

Ihre herrliche tiefblaue Farbe verdanken Heidel- und Blaubeeren dem Pigment Anthocyanin, das auch anderen dunklen Beeren, schwarzem Reis, Rotkohl und dunklen Trauben eine wunderbare Farbe verleiht. Dieses Pigment ist ebenfalls für den hohen Anteil an Antioxidantien in diesen Lebensmitteln verantwortlich. Heidelbeeren stärken die Blutgefäße und das Herz. Auch wenn nichts über den Geschmack frischer, saftiger Heidelbeeren geht, lassen sie sich gut einfrieren und können das ganze Jahr über gegessen werden, ob in den Haferbrei gerührt, als Pancake- oder Muffinzutat, zu Kompott verarbeitet oder in den Smoothie gemixt. Auch die etwas empfindlicheren Himbeeren, Brombeeren und Erdbeeren lassen sich gut einfrieren, also decken Sie sich gut ein, wenn gerade Saison ist, damit Sie sie auch im Winter genießen können. Alle Beeren haben einen hohen Vitamin-C-Gehalt, der Ihrem Immunsystem auf die Sprünge hilft.

SAUERRAHMBUTTER

Sauerrahmbutter wird aus gesäuerter Sahne hergestellt. Die natürlich in der Milch vorkommenden Bakterien fermentieren die Sahne, bevor diese zu Butter weiterverarbeitet wird. Die so entstehende Butter hat einen volleren Geschmack und ist leichter verdaulich. Kaufen Sie Bio-Sauerrahmbutter von Freilandkühen, die auf der Weide grasen. Diese Butter hat einen höheren Vitamingehalt und mehr konjugierte Linolsäure (CLA). Ich habe ein paar kleine Butterstücke im Gefrierschrank, wo sie sich monatelang halten. Frische „Weidebutter" ist nur von Frühling bis Herbst erhältlich, also kaufen Sie sie während dieser Zeit auf regionalen Bio-Bauernmärkten oder in Reformhäusern. Keines der Rezepte in diesem Buch verwendet Butter als Zutat, aber meine *Dattel-Pistazien-Pralinen-Tarte* (Seite 318) wird dadurch noch leckerer. Ich habe Butter für die Momente im Haus, wenn es einfach mal ein Toast mit guter, reichhaltiger Butter sein muss, oder wenn Gäste kommen.

ZUCKERMAIS

Zuckermais aus der Region ist im Spätsommer oft in Hülle und Fülle erhältlich, also esse ich ihn dann, sooft ich kann. Wenn er vollreif ist, schneiden Sie die Kerne vom Kolben, geben Sie sie in luftdichte Behälter und frieren Sie sie ein. Ich greife zu gefrorenem Mais, wenn ich schnelle Mahlzeiten wie mein *Curry-Quinoa-Pilaw mit gerösteten Cashewkernen* (Seite 111) oder meine *knusprige Maispolenta* (Seite 270) mit ein bisschen Süße abrunden und schönen gelben Farbtupfern versehen will. Wenn ich nicht mehr genug im Gefrierschrank habe, kaufe ich gefrorenen Mais, der sich ebenso gut eignet.

BACKEN

Eine kleine Auswahl von Backzutaten im Vorratsschrank zu haben macht es leicht, schnell ein paar Kekse, Muffins oder gebackene Frühstücksleckereien zu zaubern. Sich hin und wieder mit etwas Süßem zu verwöhnen, gehört zu den kleinen Freuden des Lebens, und wenn Sie es dann noch mit gekeimtem Vollkornmehl, unraffiniertem Öl und natürlichen Süßungsmitteln machen, ist es auch nicht so schädlich für Ihre Gesundheit. Neben den aufgelisteten Mehlsorten habe ich normalerweise auch immer braunes Reis- und Gerstenmehl zu Hause.

BACKPULVER UND NATRON

Backpulver kann Spuren von Aluminium enthalten, das nicht nur einen metallischen Geschmack hat, sondern sich auch im Körper ansammeln und neurologische Störungen verursachen kann. Kaufen Sie daher aluminiumfreies Backpulver, das mit gentechnikfreier Speisestärke hergestellt wurde. Lagern Sie es in einem luftdichten Behälter an einem kühlen Ort und brauchen Sie es innerhalb eines Jahres auf. In diesem Buch gibt es nur eine Handvoll Rezepte, die Natron enthalten. Es ist aber immer eine gute Idee, Backpulver im Haus zu haben, da es sich wunderbar zum giftfreien Putzen und Beseitigen von Gerüchen eignet.

GEKEIMTES MEHL

Gekeimtes Mehl wird aus Getreide gemahlen, das zuerst gekeimt und dann getrocknet wird. Das Keimen aktiviert die Enzyme und beseitigt die in Getreide natürlich vorkommende Phytinsäure, die die Aufnahme von Nährstoffen beeinträchtigt (siehe Seite 60). Durch das Keimen wird Getreide zu einem sehr nährstoffreichen und leicht verdaulichen Lebensmittel. Manche Menschen mit Glutenunverträglichkeit können Mehl aus gekeimtem Getreide essen, da der Glutengehalt dadurch reduziert werden kann. Aus diesen Gründen backe ich am liebsten mit gekeimtem Mehl. Diese Mehlsorten haben einen angenehmen, leicht fermentierten Geruch, der Sauerteig ähnelt, und ich finde, dass sie sogar noch besser als normale Vollkornmehle schmecken. Da gekeimtes Mehl gesünder ist, kommt es als Zutat in all meinen Frühstücksrezepten vor. In den Dessertrezepten ist es zwar nicht ausdrücklich angegeben, aber ich verwende auch dafür gekeimtes Mehl. Kekse, Kuchen oder Tortenböden brauchen dann aber ein paar Extraminuten im Ofen. Gekeimtes Weizen- und Dinkelmehl ist in Reformhäusern oder im Internet erhältlich, wo man mitunter auch gekeimtes braunes Reismehl, Gerste-, Kichererbsen- oder Buchweizenmehl findet.

KUDZU

Kudzu oder Kuzu ist eine wild wachsende japanische Kletterpflanze aus der Gebirgsregion, deren Wurzel als Verdickungsmittel eingesetzt wird. Es wird ähnlich wie Pfeilwurz verwendet, ist aber stärker und hat mehr Eigengeschmack. Kudzu kann anders als Pfeilwurz längere Zeit geköchelt werden, ohne dass es ausdünnt. Die Pflanze kam ursprünglich in die USA, um der Bodenerosion vorzubeugen, vermehrte sich dann aber so schnell, dass sie mittlerweile als schädliches Unkraut eingestuft wird. Seltsamerweise ist amerikanische Kudzuwurzel auf dem Markt aber nicht erhältlich. In der traditionellen asiatischen Medizin wird Kudzu zur Behandlung von Verdauungsbeschwerden, Fieber, Erkältungen, Kopfschmerzen und Katzenjammer eingesetzt. Erhältlich ist es in weißen, kreideartigen Klümpchen, die zunächst in Wasser oder Saft aufgelöst werden, bevor man sie zu köchelnden Soßen, Eintöpfen oder Desserts gibt.

MANDELMEHL

Mandelmehl gibt Kuchen, Muffins und Waffeln eine leicht feuchte und zarte Textur. Wenn Sie es nicht ständig verwenden, bewahren Sie es im Kühl- oder Gefrierschrank auf, um es länger frisch zu halten. Manchmal bilden sich beim Einfrieren harte Klumpen. Zerbrechen Sie diese vor dem Abmessen einfach mit den Fingerkuppen. Sie können Ihr Mandelmehl auch selbst herstellen, indem Sie kalte oder gefrorene gehäutete Mandeln im Mixer fein mahlen. Seien Sie dabei vorsichtig, da sie schnell zu Nussbutter werden. Selbst gemachtes Mandelmehl wird meist nicht so fein wie gekauftes, und da es schwer ist, enthäutete Bio-Mandeln zu finden, kaufe ich bereits gemahlenes Mehl.

PFEILWURZ

Pfeilwurz ist eine zu Pulver vermahlene tropische, sehr stärkehaltige Wurzel und wird als Verdickungsmittel verwendet. Viele ziehen es Speisestärke vor, da Pfeilwurz gentechnikfrei und nicht stark industriell weiterverarbeitet ist. Lösen Sie das Pulver in kaltem Wasser oder Saft auf und geben Sie es am Ende des Kochens zu Ihren Desserts oder Soßen. Es kann auch unter Obstfüllungen für Obsttorten oder Streuselkuchen gemischt werden, da es den Saft bindet, der während des Backens aus den Früchten austritt. Mehr Informationen und viele Rezepte mit Pfeilwurz finden Sie auf den Seiten 293 bis 359. Pfeilwurz beruhigt außerdem den Magen und ist leicht vielerorts erhältlich.

UNGESÜSSTE GETROCKNETE KOKOSRASPEL

Aus medizinischer Sicht wirkt Kokosnuss wärmend und stärkend und ist außerdem ein guter Lieferant von Eiweiß, Ballaststoffen und gesunden Fettsäuren. Sie wirkt blutbildend, erhöht die Energie und unterstützt ein gesundes Herz-Kreislauf-System. In den USA werden importierte frische Kokosnüsse bestrahlt, weshalb ich immer zu getrockneten Kokosprodukten greife, die ich in zwei Formen kaufe: als Kokosraspel und als Kokosflocken. Vom Frühstück bis hin zum Dessert kommen sie überall zum Einsatz. Geraspelte Kokosnuss lässt sich am leichtesten abmessen, und ich gebe meistens eine Handvoll davon hinzu, wenn ich Zutaten für Tortenböden, Kuchen oder Kekse mahle, um etwas mehr Feuchtigkeit, Reichhaltigkeit und Süße ins Spiel zu bringen. Aus getrockneter Kokosnuss können Sie auch Kokosmilch selbst herstellen, so wie in meinem Rezept für *Kokoscurry* (Seite 359). Diese Milch ist wesentlich dünner und leichter als Kokosmilch aus der Dose. Ein bisschen getrocknete Kokosnuss gibt auch Mandel- oder Paranussmilch eine tolle Note. Kokosnuss muss vor dem Verwenden nicht unbedingt eingeweicht werden. Das Einweichen hilft aber, wenn Sie Kokosmilch herstellen wollen. Das Rösten von Kokosraspeln oder -flocken verstärkt ihren süßen Geschmack und ergibt eine schön knusprige Garnierung, z. B. für *schwarzen Frühstücksreispudding mit Kokosnuss und Banane* (Seite 149). Ich habe außerdem auch Kokosmehl für glutenfreies Backen zu Hause.

VOLLKORNDINKELMEHL

Wenn ich kein gekeimtes Mehl mehr zu Hause habe und auch keines kaufen kann, nehme ich Vollkorndinkelmehl. Ich finde, dass man in jedem Rezept Weizenmehl sehr gut durch Vollkorndinkelmehl ersetzen kann. Es macht den Kuchen etwas feuchter und krümeliger und geht beim Backen wegen seines geringeren Glutengehalts nicht ganz so stark auf. Bei allen Rezepten in diesem Buch, die Dinkelmehl verlangen, lässt sich auch Vollkorndinkelmehl verwenden.

1. MEDJOOL-DATTELN 2. TRADITIONELL
HERGESTELLTER BRAUNER REISSIRUP
3. KOKOSBLÜTENZUCKER 4. AHORNZUCKER
5. BRAUNER REISSIRUP 6. YAKONSIRUP
7. KOKOSBLÜTENSIRUP 8. AHORNSIRUP

NATÜRLICHE SÜSSUNGSMITTEL

Der tiefgründige, runde und facettenreiche Geschmack von natürlichen Süßungsmitteln wie braunem Reissirup, Datteln (und anderen Trockenfrüchten), Ahorn- und Yakonsirup und Kokosblütenzucker ist viel spannender und beglückender als der von herkömmlichem weißem Zucker. Weißer Zucker und andere stark raffinierte Süßungsmittel werden chemisch weiterverarbeitet und sind Wegbereiter einer Vielzahl von Beschwerden. Da sie keine Nährstoffe enthalten, ist der Körper gezwungen, für die Verdauungsarbeit die eigenen Vitamin- und Mineralstoffdepots anzuzapfen, was zu Defiziten führt. Die meisten hier erwähnten Süßungsmittel sind zwar konzentriert, enthalten aber dennoch Nährstoffe und gehen, wie bspw. brauner Reissirup, wesentlich langsamer in die Blutbahn über als raffinierte Süßungsmittel, wodurch ein plötzliches Ansteigen des Insulinspiegels verhindert wird. Nichtsdestotrotz ist jede Art von Süßungsmitteln in hohen Mengen gesundheitsschädlich und sie sollten daher nur zu bestimmten Anlässen und in Maßen verwendet werden.

Im Folgenden liste ich die Süßungsmittel auf, die ich selbst oft verwende. Darüber hinaus habe ich oft auch ein Glas Honig von Bio-Imkern aus der Region (oder aus Gegenden, die ich besucht habe) zu Hause, den ich gern zum Süßen von Getränken verwende. Zum Backen nehme ich andere Süßungsmittel, da die gesunden Enzyme von Honig bei hohen Temperaturen zerstört werden.

AHORNSIRUP UND -ZUCKER

Ahornsirup, der eingekochte Saft von Ahornbäumen, macht vegane Backwaren wunderbar feucht, bindet sie und verleiht ihnen einen himmlisch erdig-süßen Geschmack. Ahornsirup enthält Zink, Mangan und Spuren von Aminosäuren. Grad-A-Sirup ist der hochwertigste und am vielseitigsten verwendbare, da seine helle Farbe helle Cremes und Füllungen nicht dunkel verfärbt und sein milder Geschmack Gerichte elegant abrundet, statt sie zu dominieren. Grad-B-Sirup ist dunkler und schmeckt intensiver. Er wird aus Saft hergestellt, der später in der Saison gezapft wurde. Ahornzucker ist großartig, wenn Sie ein trockenes Süßungsmittel brauchen oder herkömmlichen Zucker ersetzen möchten. Ich liebe Ahornprodukte besonders, weil ich sie mir regional von kleinen Familienunternehmen aus dem Bundesstaat New York besorgen kann. Achten Sie darauf, dass Sie reinen Ahornsirup kaufen, der nicht mit Maissirup mit hohem Fruchtzuckergehalt gestreckt wurde.

BRAUNER REISSIRUP

Brauner Reissirup ist ein Süßungsmittel aus Vollkornreis, das den Mineralstoffhaushalt des Körpers weniger belastet als raffinierter Zucker oder andere Süßungsmittel. Er enthält 50 Prozent Maltose, einen Zweifachzucker, der langsam verdaut wird und langsam ins Blut übergeht. Traditionell hergestellter Reissirup wird aus braunem Reis gewonnen, der mit Koji (einem natürlichen Schimmelpilz, der zur Herstellung von Miso und Sake verwendet wird) fermentiert und gekocht wird, bis ein dicker Sirup entsteht. Viele Hersteller verwenden künstlich produzierte Enzyme, um den Fermentationsprozess zu beschleunigen. Brauner Reissirup hat eine honigähnliche Farbe und einen milden, malzigen Geschmack. Ich verwende ihn in Rezepten wie meinem *Kirsch-Kokos-Knuspermüsli* (Seite 155) und *Zimt-Karamell-Popcorn* (Seite 350).

KOKOSBLÜTENSIRUP UND -ZUCKER

Kokosblütensirup und -zucker wird aus dem Saft der Kokosblüte gewonnen, der zunächst gezapft und dann durch Eindampfen oder Kochen eingedickt und in Sirup verwandelt wird. Dieser Sirup kann weiter eingedampft, getrocknet und dann zu Kokosblütenzucker vermahlen werden. Beide Süßungsmittel haben einen niedrigen glykämischen Index und enthalten Aminosäuren, Mineralstoffe und B-Vitamine. Einige Hersteller dampfen den Kokosblütensirup bei niedrigen Temperaturen ein, sodass die darin enthaltenen aktiven Enzyme intakt bleiben. In diesem Buch finden Sie mehrere Rezepte, die Kokosblütenzucker verwenden. Er hat einen milden tropischen Geschmack und ist nicht so süß wie Ahornzucker oder -sirup, den Sie einfach durch Kokosblütenzucker oder -sirup ersetzen können. Da die Anzahl der Hersteller von Kokosnussprodukten auf dem Markt gerade explodiert, achten Sie darauf, dass Sie nur Produkte kaufen, die biologisch und unter fairen Produktionsbedingungen hergestellt werden.

MEDJOOL-DATTELN

Die saftig-feuchten Medjool-Datteln stammen ursprünglich aus Marokko, werden aber auch in Kalifornien angebaut. Sie sind perfekt zum Süßen von Smoothies oder Nussmilch, weil ihr süßes, weiches Fruchtfleisch einen reichen karamellartigen Geschmack hat, der nicht zu dominant ist. Ich liebe die erdig-süße Note, die sie meinem *Vanille-Chiapudding* (Seite 115) verleihen. Wenn Sie sich einen dekadenten kleinen Snack gönnen wollen, teilen Sie eine Dattel, entfernen Sie den Kern und streichen Sie etwas Mandelbutter hinein – einfach köstlich! Bewahren Sie Medjool-Datteln einige Monate in einem kühlen Vorratsschrank oder sechs Monate oder länger im Tiefkühlfach auf.

SOJAMILCH

Eine Packung Sojamilch kann den Tag retten, wenn Sie auf die Schnelle etwas backen möchten und keine andere Milch zur Hand haben. Ihre cremige Konsistenz macht auch schwarzen Tee oder Kaffee zum Genuss. Ich kaufe lieber fertige Soja- als fertige Mandelmilch, da es leichter ist, naturbelassene Sojamilch ohne fragwürdige Inhaltsstoffe zu finden. Achten Sie wie bei allen Lebensmitteln auch bei Sojamilch darauf, dass sie biologisch und gentechnikfrei erzeugt wurde.

YAKONSIRUP

Yakonsirup wird aus einer Wurzelknolle aus dem Andengebirge gewonnen. Dieses Süßungsmittel mit niedrigem glykämischem Index enthält Mineralstoffe, Kalium und Aminosäuren und hat probiotische Eigenschaften, die das Verdauungssystem unterstützen. Da Yakonsirup nur halb so viele Kalorien wie Zucker hat, erhöht sich der Blutzuckerspiegel nur allmählich. Die Farbe und die Konsistenz von Yakonsirup erinnern an Karamellsoße, sein Geschmack aber ist mild süß mit einer tropischen Note. Er kann statt braunem Reis- oder Ahornsirup verwendet werden. Ich verwende Yakonsirup in meinen *goldenen Amaranth-Superfood-Riegeln* (Seite 353).

TROCKENFRÜCHTE

Trockenfrüchte sind fantastisch zum Süßen von Keksen, Riegeln und Knuspermüsli. Achten Sie darauf, nur ungeschwefelte Bio-Früchte zu kaufen. Viele Trockenfrüchte werden mit Schwefeldioxid behandelt, damit sie länger haltbar sind und ihre Farbe nicht ausbleicht. Schwefelsulfit darf in den USA bei frischem Obst nicht mehr eingesetzt werden, wird aber großzügig zur Konservierung von Trockenobst verwendet, besonders bei Aprikosen, Sultaninen und anderen hellen Früchten. Halten Sie daher nach Bio-Trockenfrüchten Ausschau, auch weil Pestizide durch das Trocknen konzentriert werden.

GLAS- UND DOSENKONSERVEN

Gerichte aus frischen Zutaten schmecken natürlich am besten, aber es gibt ein paar Lebensmittel, die ich in Schraubgläsern oder Dosen zu Hause aufbewahre, weil sie Leben und Geschmack in schnelle Mahlzeiten, Snacks und verführerische Desserts bringen. Achten Sie darauf, dass Sie nur BPA-freie Dosen und Verpackungen kaufen (siehe Seite 55 für mehr Informationen zu Plastik).

- Kokosmilch verfeinert Suppen, Currys und Puddings wie meinen *schwarzen Frühstücksreispudding* (Seite 149) auf wunderbar cremig-reichhaltige Weise. Sie ist auch fantastisch für das Zubereiten von dicken, fast buttrigen veganen Cremes, wie z. B. meinem *Zitronen-Frosting* (Seite 344) oder meiner *Schokoladenganache* (Seite 339).

- Frisch gekochte Bohnen sind geschmacklich nicht zu übertreffen, aber es ist natürlich unglaublich praktisch, für blitzschnelle Gerichte wie Dips, Aufstriche, Soßen oder Pâtés ein paar Dosen schwarze und weiße Bohnen sowie Kichererbsen im Haus zu haben. Besonders gut sind solche, bei denen Kombu oder Kelp in der Zutatenliste auftaucht, da dadurch die Verdauung gefördert wird und die Bohnen zusätzliche Mineralstoffe und mehr Geschmack haben. Dosenbohnen sollten Sie immer abgießen und gut spülen, um den metallischen Dosengeschmack loszuwerden. Wenn Sie sie nach dem Abgießen in reichlich frisches Wasser geben und 5 bis 10 Minuten köcheln, können Sie den Geschmack noch einmal wesentlich verbessern, was Sie besonders in Salaten oder bei Gerichten wie meinem *Kichererbsenmus* (Seite 72) schmecken werden.

- Ganze und stückige Tomaten sind die perfekte Grundlage für Soßen, Suppen, Eintöpfe und Currys.

- Es lohnt sich auch, eine Flasche reinen Apfelsaft im Haus zu haben, um Marinaden und Dressings abzurunden. Nach dem Öffnen hält er sich im Kühlschrank mindestens noch eine Woche. Statt Apfelsaft können Sie auch regionalen Apfelwein oder Apfel-Cidre verwenden, den Sie allerdings schnell aufbrauchen müssen.

- Artischockenherzen sind eine wunderbare Ergänzung zu meinem *Weiße-Bohnen-Artischocken-Aioli* (Seite 219). Ich habe außerdem auch immer ein Glas mit in nativem Olivenöl eingelegten gerösteten Artischockenherzen im Vorratsschrank, um Toast, Snacks, Salaten oder Käseplatten eine besondere Note zu geben.

Ausrüstung

Als ich noch durch die Welt zog und unterschiedliche Städte entdeckte, leisteten mir der eine Kochtopf und das eine Messer, die ich beim Reisen dabei hatte, sehr gute Dienste. Seit ich mich in New York niedergelassen habe, ist meine Küche, vor allem auch dank meiner Partnerin, sehr gut ausgerüstet. Trotzdem habe ich mir tatsächlich erst vor kurzer Zeit ein zweites Messer zugelegt: ein japanisches Gemüsemesser, das etwas kleiner ist als mein erstes. Was Küchengeräte und anderes technisches Zubehör anbelangt, versuche ich alles so einfach wie möglich zu halten. Ungenutzte Küchengeräte oder Dinge, die nur für einen bestimmten Zweck verwendbar sind, nehmen wertvollen Platz weg und lenken nur ab. Ich bevorzuge es, nur sehr wählerisch und nach und nach hochwertige Töpfe und Küchengeräte zu kaufen, die ich sehr mag und häufig benutze. Gute Qualität hält oft ein Leben lang, führt zu besseren Ergebnissen und ist es wert, an die Orte mitgenommen zu werden, an die es mich in Zukunft verschlägt.

Wenn ich neue Kunden bekoche oder ihnen Kurse gebe, gehen wir zunächst zusammen die Liste mit den Dingen durch, die ich im Folgenden näher beschreibe, damit sie (und auch Sie!) in der Lage sind, jedes Rezept nachzukochen, ohne groß darüber nachdenken zu müssen. Ich habe zwei Dinge aufgelistet, die eigentlich zur Luxusausstattung gehören, aber täglich von mir verwendet werden: einen Schnellkochtopf und einen Vitamix Blender. Ich kann beides nicht wärmstens genug empfehlen: Diese Geräte revolutionieren das Kochen und liefern Ihnen in kürzester Zeit die fantastischsten Ergebnisse. Dennoch sind sie nicht unbedingt nötig, um die Rezepte aus diesem Buch nachzukochen.

BACKBLECHE

Backbleche sind in der Regel 40 × 60 cm groß und passen in die meisten Öfen mit Standardmaß. Sie sind ideal zum Rösten von Gemüse, Nüssen und Samen und zum Backen von Keksen und Veggie-Burgern. Backbleche aus Edelstahl sind nur sehr schwer zu finden. Die meisten sind aus Aluminium, weshalb ich immer empfehle, sie mit Backpapier auszulegen. Vermeiden Sie wie auch bei Töpfen und Pfannen beschichtete Backbleche, das diese beim Erhitzen giftige Gase freisetzen. Ich habe außerdem ein kleines Backblech (22 × 33 cm), das ich zum Backen von Brownies und Riegeln benutze.

....

ALUMINIUM

Aluminium ist ein giftiges Metall, das beim Kochen freigesetzt wird, wenn aluminiumhaltige Kochgeräte zerkratzt werden oder mit sauren Lebensmitteln in Kontakt kommen. Die Alzheimer-Krankheit wird mit einer Ablagerung von Aluminium im menschlichen Körper in Zusammenhang gebracht. Aluminiumgerätschaften können beim Kochen schnell zerkratzt werden, wenn bspw. Essen an Backblechen anhaftet oder Sie Pfannenwender oder anderes Besteck aus Metall verwenden. Vermeiden Sie dies einfach, indem Sie Backbleche immer mit Backpapier auslegen und beim Backen von Muffins ungebleichte Muffinförmchen aus Papier in die Muffinform geben. Auf diese Weise hat Ihr Essen keinen direkten Kontakt mit dem Metall und Sie vermeiden ein mögliches Zerkratzen, wenn Sie Backwaren vom Blech nehmen oder aus der Form lösen. Wenn Sie Aluminiumfolie verwenden, legen Sie zwischen Folie und Essen eine Lage Back- oder Butterbrotpapier, um einen direkten Kontakt zu vermeiden. Ich empfehle, beim Kochen gänzlich auf Töpfe und Pfannen aus Aluminium zu verzichten, weil diese mit sauren Lebensmitteln reagieren und dadurch Metall herausgelöst wird und in Ihr Essen gelangen kann.

....

BACKFORMEN

Auch wenn ich einige Backformen und Pfannen habe, die sich zum Boden hin verjüngen, geben die meisten Hersteller nur den Durchmesser des oberen Formrands an. Damit keine Verwirrung entsteht, habe ich meine Backformen auf die gleiche Weise ausgemessen.

- Eine 12er-Muffinform für Muffins und Cupcakes. Ich verwende beim Backen ungebleichte und recycelte Papiermuffinförmchen, damit der Teig nicht mit dem Aluminium in Berührung kommt, und weil vegane Muffins leicht auseinanderbrechen können, wenn man sie ohne Papierförmchen aus der Form lösen will.

- Eine Springform mit 24 cm Durchmesser ist perfekt für Kuchen und Torten, die einen hohen oder gar keinen Rand haben. Diese Form lässt sich sehr vielseitig einsetzen. Eine Form mit 20 cm Durchmesser ist aber auch sehr praktisch, z. B. für Torten mit mehreren Schichten.

- Eine kleine Kastenform zum Backen von Brot – meine ist 22 x 11 × 8 cm groß.

- Eine französische Tarteform mit 22 cm Durchmesser (2,5 cm hoch) mit herausnehmbarem Boden, die ich für die meisten Tartes und Torten in diesem Buch verwende. Herzhafte Tartes oder Quiches mache ich gern etwas größer und nehme dafür eine größere Form (25 cm Durchmesser, etwa 3 cm hoch).

- Tarteletteformen sind hübsch und praktisch, weil alle Gäste so ihre eigene herzhafte Vor- oder süße Nachspeise bekommen. Am besten kaufen Sie welche mit einem Durchmesser von 10 oder 12 cm und herausnehmbaren Böden, da sich die Tarelettes dadurch leichter aus der Form lösen lassen.

BACKPAPIER

Legen Sie Ihre Backbleche oder Backformen aus Aluminium mit Backpapier aus, damit Ihr Essen nicht in direkten Kontakt mit dem Aluminium kommt. Dank Backpapier ist das Saubermachen danach ein Kinderspiel. Kaufen Sie wenn möglich ungebleichtes und recyceltes Backpapier.

ELEKTRISCHE GEWÜRZMÜHLE

Eine elektrische Gewürz- oder Kaffeemühle verwandelt Leinsamen und Gewürze innerhalb von Sekunden in feines Pulver. Waschen Sie zum Säubern nur den Deckel und wischen Sie die Mühle gleich nach dem Verwenden lediglich mit einem trockenen Geschirrtuch aus. Um ölige Überreste stark aromatischer Gewürze zu entfernen, füllen Sie die Gewürzmühle mit getrocknetem Reis, mahlen Sie ihn fein und kompostieren Sie ihn danach. Wischen Sie die Gewürzmühle wieder nur mit einem trockenen Geschirrtuch aus.

FORMEN AUS KERAMIK, GLAS ODER GUSSEISEN MIT EMAILLE-BESCHICHTUNG

Diese Back- bzw. Auflaufformen sind fantastisch für Lasagne oder ofengeröstetes Gemüse. Da sie höhere Ränder als Backbleche haben, lassen sie sich einfach mit Backpapier oder Backfolie abdecken, um den Dampf einzuschließen und das Gemüse schneller gar werden zu lassen. Praktische Größen sind z. B. 20 × 30 cm, 20 × 20 cm und 16 × 25 cm.

GEMÜSEHOBEL MIT KERAMIKKLINGE ODER JAPANISCHE MANDOLINE

Mit einer Gemüsemandoline oder einem Gemüsehobel lässt sich Gemüse blitzschnell in papierdünne Scheiben oder Streifen schneiden. Sie sind erschwinglich, klein und leicht und lassen sich ganz einfach säubern und verstauen. Keramikklingen bleiben sehr lange scharf und rosten nicht. Japanische Gemüsemandolinen gibt es mit einer Auswahl verschiedener austauschbarer Klingen, die in unterschiedlicher Dicke und verschiedenem Stil schneiden.

GLASBEHÄLTER

Durchsichtige Glasbehälter in allen Größen und Formen eignen sich wunderbar zum Aufbewahren von gekochtem Getreide, Bohnen und anderen Speiseresten. Halten Sie nach hitze- und kältebeständigen Behältern Ausschau, damit Sie Ihr Essen darin einfrieren, aber auch aufwärmen können.

GUSSEISERNE PFANNEN

Am Boden einer gut eingebrannten gusseisernen Pfanne haftet nichts an, und Sie können sie vom Anbraten, Braten, Schmoren übers Karamellisieren bis hin zum Backen von Pancakes und Rösten von Gewürzen für fast alles verwenden. Sie ist nicht nur auf dem Herd, sondern auch im Ofen einsetzbar und wird mit jedem Gebrauch noch besser. Ich habe drei verschiedene Größen zwischen 15 bis 25 cm Durchmesser, wobei ich die größte Pfanne am häufigsten verwende. Wenn Sie eine neue guss- oder schmiedeeiserne Pfanne kaufen, brennen Sie sie gemäß den Herstellerangaben ein und verzichten Sie beim Säubern auf Spülmittel. Verwenden Sie nur heißes Wasser und eine Bürste, trocknen Sie die Pfanne danach ab und reiben Sie sie ab und zu mit etwas Kokosöl ein, vor allem dann, wenn sich kleine Rostflecken bilden.

KOMPAKTE KÜCHENMASCHINE

Eine mittelgroße Küchenmaschine mit einem Fassungsvermögen von etwa 2 Litern eignet sich zum Zermahlen von Nüssen und Zerkleinern von Tofu (bspw. zur Käseherstellung), zum Häckseln von Haferflocken für Tortenböden und Kekse und zum Pürieren von sämigen Dips und Pâtés. Diese Größe ist perfekt zum Zermahlen von Zutaten für einen Tortenboden und zum Mixen von Güssen oder Frostings für Cupcakes oder Schichttorten.

MESSER

Ein mittelgroßes Gemüsemesser ist eigentlich alles, was Sie zum vegetarischen Kochen brauchen. Ich mag japanische Messer, aber es gibt auch viele andere gute Marken auf dem Markt. Für Brot brauchen Sie ein Messer mit Zackenschliff, das Ihnen auch beim Schneiden von Tomaten gute Dienste leistet, wenn Ihr Gemüsemesser nicht mehr sehr scharf ist. Je nachdem, wie oft Sie Ihre Messer verwenden, sollten Sie sie etwa einmal im Jahr schärfen lassen. Für das Schärfen zu Hause benutze ich einen Handschleifer aus Keramik. Waschen und trocknen Sie Ihre Messer nach dem Benutzen immer per Hand, damit die Holzgriffe nicht beschädigt werden, da diese sich sonst verziehen, spalten oder sogar faulen können.

NUSSMILCHBEUTEL

Diese aus robustem, feinmaschigem Gewebe genähten Beutel machen das Abseihen von Nussmilch und das Auffangen von Nussrückständen zu einem Kinderspiel, wodurch Ihre Milch eine seidenweiche Konsistenz bekommt. Spülen Sie sie nach dem Benutzen nur aus und hängen Sie sie danach zum Trocknen auf. Wenn Sie keinen Entsafter haben, können Sie zur Saftherstellung auch einfach rohes Gemüse pürieren und dann durch einen Nussmilchbeutel passieren.

PASSIER- ODER ABSEIHTÜCHER

Diese dünnen, schnell trocknenden Tücher lassen sich nicht nur zum Abseihen von Nussmilch, sondern auch zum Trocknen von Geschirr, Abdecken von Sauerkraut zum Schutz vor Ungeziefer, Abseihen von Labneh, Trocknen von Salat und vielem mehr verwenden. Sie sind recht erschwinglich und auch aus Bio-Baumwolle erhältlich.

PFEFFERMÜHLE

Pfeffer einfach direkt frisch in Gerichte zu mahlen ist die allerbeste Würzmethode. Vorgemahlener Pfeffer hat oft einen etwas abgestandenen und sehr eindringlichen Geschmack. Investieren Sie gern in eine hochwertige Pfeffermühle aus Holz, da diese Ihnen über Generationen hinweg gute Dienste leisten wird.

REIBEN

Es lohnt sich, in zwei Arten von Reiben zu investieren: Eine Standreibe zum Raspeln von Gemüse und Zubereiten schneller Salate wie meinem *Möhren-Petersilie-Salat* (Seite 104), und eine Feinreibe zum Reiben von hartem Käse, frischem Kurkuma, Ingwer und Muskat sowie zum Abreiben der Schalen von Zitrusfrüchten. Mit einer Feinreibe lässt sich auch Knoblauch direkt ins Essen reiben, wodurch man sich eine Knoblauchpresse spart.

RÜHRSCHÜSSELN

Kleine, mittelgroße und große Schüsseln können für fast alles verwendet werden, sei es das Waschen von Salat, das Vermischen und Verrühren von Kuchenteig oder Tortenbodenzutaten, das Einweichen von Nüssen und das Vermischen von Salat mit Dressing. Wenn Sie hübsche Keramikschüsseln kaufen, können Sie diese auch gleich zum Servieren benutzen.

SCHNEIDEBRETTER

Gut behandelte und oft benutzte Schneidebretter aus Holz in verschiedenen Größen geben Ihrer Küche eine einladende Atmosphäre und lassen sich für weit mehr als nur fürs Schneiden einsetzen. Ich verwende sie gern statt Tellern oder zum Servieren. Sie sind außerdem fantastische Untersetzer für heiße Töpfe, wenn der Herd zu voll ist. Beim Schneiden von Gemüse ist Holz der angenehmere und sicherere Untergrund, da Ihr Messer nicht verrutscht. Außerdem sind hölzerne Schneidebretter von Natur aus bakterienresistent – ein großer Vorteil gegenüber Plastik. Schrubben Sie sie nach dem Gebrauch mit einer Gemüsebürste (siehe Tipps Seite 52) und sehr heißem Wasser sauber, und lassen Sie sie vor dem Wegräumen vollständig trocknen. Das Einsprühen oder Abwischen mit weißem Essig ist eine großartige Methode, um Ihre Bretter natürlich zu desinfizieren und von Gerüchen zu befreien. Bestreuen Sie sie zum Entfernen von Flecken oder zum Auffrischen mit grobem Salz und reiben Sie dann kräftig mit einer halben Zitrone darüber. Spülen Sie die Bretter ab und trocknen Sie sie danach gut ab. Zum Einölen von Schneidebrettern aus Holz wird oft Mineralöl empfohlen, aber ich bevorzuge und empfehle Kokosöl, das nicht aus Erdöl gewonnen wird und Bakterien auf natürliche Weise bekämpft.

SCHNELLKOCHTOPF

Ein hochwertiger Schnellkochtopf ist das Geheimnis köstlicher, perfekt gekochter und wunderbar cremiger Bohnen. Außerdem kann man mit ihm in weniger als 10 Minuten Gemüsesuppen und Risotto zaubern. Der luftdichte Verschluss am Deckel erhöht den Druck und die Temperatur im Inneren, wodurch das Essen schneller gart und der Geschmack eingeschlossen wird. Vor sechzehn Jahren schenkte mir meine beste Freundin einen Schnellkochtopf mit 5 Liter Fassungsvermögen, den ich immer noch mindestens einmal pro Woche benutze. Das ist die perfekte Größe, um etwa 2 Tassen getrocknete Bohnen oder Suppen für bis zu vier Personen zu kochen. Wenn Sie einen großen Topf Suppe oder Bohnen zubereiten möchten, ist ein Schnellkochtopf mit 7 Liter Fassungsvermögen ideal. Viele Schnellkochtöpfe werden mit zusätzlichen Glasdeckeln verkauft, damit sie auch wie normale mittelgroße oder große Töpfe verwendet werden können. Von Schnellkochtöpfen mit „Wackelaufsatz" rate ich ab, weil sie komplizierter im Gebrauch und teilweise sogar gefährlich sind.

HINWEIS: Jedes Rezept in diesem Buch wurde ohne Schnellkochtopf entwickelt und getestet, Sie brauchen sich also nicht unbedingt einen zuzulegen. Trotzdem ist ein Schnellkochtopf eine fantastische Investition und wird Ihre Einstellung zum Kochen von Bohnen für immer verändern.

SIEBE

Ich habe drei unterschiedlich große Siebe (klein, mittelgroß und groß) zu Hause, die ich für alltägliche Dinge wie das Spülen von Getreide, Sieben von Mehl, Abgießen von Algen nach dem Einweichen oder zum Herstellen von Nussmilch benutze. Sie können auch Getreide und Bohnen darin keimen lassen (siehe Seite 81).

STANDMIXER

Ein Mixer ist unverzichtbar, wenn Sie Nussmilch, Smoothies oder Dressings und Suppen zubereiten möchten. Je leistungsstärker Ihr Mixer ist, umso cremiger und glatter wird das Ergebnis. Die beste Konsistenz in der kürzesten Zeit erreichen Sie mit einem Vitamix Blender, der zwar ziemlich teuer ist, Sie aber ein Leben lang begleiten wird. Der einzige etwas kostengünstigere Mixer, den ich empfehlen kann, ist der Waring Profiblender.

TAWASHI-BÜRSTEN (JAPANISCHE GEMÜSEBÜRSTEN)

Mit diesen Bürsten macht das Sauberbürsten von Gemüse richtig Spaß. Dank ihrer ovalen Form sind sie perfekt für das Bürsten von Wurzelgemüse wie Möhren oder Pastinaken geeignet. Eine Tawashi-Bürste entfernt nicht nur Schmutz und Dreck vom Gemüse, sondern auch eine sehr feine Schicht der Außenhaut, wodurch man sich das Schälen spart und wertvolle Nährstoffe, die oft weggeschnitten oder -geschält werden, erhalten bleiben. Tawashi-Bürsten halten länger als jede andere Gemüsebürste, die ich bisher ausprobiert habe, und eignen sich auch wunderbar zum Säubern von Schneidebrettern und gusseisernen Pfannen.

TÖPFE UND PFANNEN

Es gibt eigentlich nur zwei Arten von Töpfen, die es zu kaufen lohnt: hochwertige Edelstahltöpfe mit dickem Boden oder emaillierte gusseiserne Töpfe. Beide speichern und verteilen die Hitze gleichmäßig, wodurch das Essen lange und langsam kocht, ohne am Boden anzuhaften. Ihre fest schließenden Deckel schließen Geschmack und Dampf ein, was perfekt zum Kochen von Getreide und Eintöpfen ist. Vermeiden Sie Töpfe mit synthetischer oder Antihaftbeschichtung: Diese Materialien setzen beim Erwärmen giftige Gase frei und lösen sich mit der Zeit ab, wodurch kleine Teilchen in Ihrem Essen landen können. Die folgenden Töpfe benutze ich täglich:

- Einen kleinen Edelstahltopf mit 1 oder 1,5 Liter Fassungsvermögen zum Kochen von Haferbrei oder Getreide und zum Aufwärmen von Suppen oder Eintöpfen.
- Einen emaillierten gusseisernen Topf (auch Feuertopf oder „Dutch Oven" genannt) mit 2 Liter Fassungsvermögen, der die beste Wahl zum Kochen von etwa 150 bis 250 g braunem Reis und anderem Getreide ist.

- Einen mittelgroßen Topf mit 3,5 bis 4 Liter Fassungsvermögen für Suppen, Eintöpfe und größere Getreide- oder Congee-mengen.
- Einen großen Edelstahltopf mit 5,5 Liter Fassungsvermögen und dickem Boden mit Garbehälter, der sich perfekt zum Dünsten von Gemüse und Aufwärmen von Resten eignet. Ich verwende diesen Topf auch zum Zubereiten von Brühen, Suppen und Eintöpfen sowie zum Kochen von Nudeln oder Pasta.
- Eine Sautierpfanne mit 25 cm Durchmesser (oder eine breite Pfanne mit Deckel). Der 5 bis 8 cm hohe Rand macht diese Pfanne perfekt zum Karamellisieren einer großen Zwiebelmenge, dem Braten von Gemüse und dem Kochen von allem, was zu irgendeinem Zeitpunkt abgedeckt werden muss.

VORRATS- UND SCHRAUBGLÄSER

Einmachgläser, z. B. von Weck oder Mason, sowie alle Arten von ausgespülten Marmeladen-, Gurken-, Senf- oder sonstigen Schraubgläsern sind unverzichtbar in meiner Küche. Ich verwende sie zum Aufbewahren von Suppen, Nussmilch, gekochtem und getrocknetem Getreide und Bohnen, gerösteten Samen, Gewürzen, Salatdressings, Suppen- und Eintopfresten und vielem mehr. Man kann nie zu viele Vorratsgläser haben!

WASSERFILTER

Sauberes Wasser ist ebenso wie vollwertige Bio-Zutaten unerlässlich für das Zubereiten gesunder Mahlzeiten, die den Körper nähren und heilen können. Daher ist ein guter Wasserfilter vermutlich die wertvollste Kücheninvestition, da Sie Wasser nicht nur zum Kochen, sondern auch mehrmals täglich zum Trinken benötigen. Viele Wasserfilter entfernen Chlor, aber es gibt nur sehr wenige, die auch Fluorid herausfiltern können (siehe Seite 54). Da Trinkwasser in Deutschland anders als z. B. in den USA, Brasilien, Irland oder Australien nicht fluoridiert wird, ist dies hierzulande kein Problem. Bei Wasserfiltern, die auch Fluorid entfernen, sollten Sie nachfragen, ob nützliche Spurenelemente im Wasser verbleiben und während des Filterns kein Wasser verschwendet wird. Beim Prinzip der Umkehrosmose werden z. B. 95 Prozent der Fluoride, gleichzeitig aber auch andere wichtige Spurenelemente entfernt. Zudem gehen pro gefiltertem Liter Wasser gleich mehrere Liter Wasser verloren.

WIEDERVERWENDBARE STOFFBEUTEL ODER NETZE MIT KORDELZUG

Je weniger Plastik Sie verwenden, umso besser ist es für Sie und unsere Umwelt. Dünne Stoffbeutel oder -netze mit Kordelzug sorgen dafür, dass Sie weder Plastik- noch Papiertüten brauchen, wenn Sie im Laden loses Getreide, Nüsse, Samen oder Bohnen kaufen. Es gibt sie in vielen verschiedenen Größen, und sie können auch zum Aufbewahren von bereits gewaschenem Blattgemüse und Salat oder zum Passieren von Nussmilch verwendet werden. Dickere Stoffbeutel eignen sich zum Aufbewahren von Lebensmitteln und empfindlicherem Blattgemüse über einen längeren Zeitraum. Dank dieser kleinen Helfer werden Sie weniger wegwerfen und gleichzeitig weder Plastik- noch Papiermüll produzieren.

GEFILTERTES WASSER

Sauberes Wasser ist eine unermesslich wichtige Zutat beim Kochen und wirkt sich positiv auf Ihre Gesundheit und Ihren Körper aus. Wenn Ihr Wasser nicht vollkommen ursprünglich, natürlich und rein wie sauberes Quellwasser ist, enthält es sehr wahrscheinlich Chemikalien von Pestizidrückständen, ist mit Schwermetallen verunreinigt und mit Chlor und je nach Land eventuell auch mit Fluorid versetzt. Fluorid hat wissenschaftlichen Untersuchungen zufolge eine schädliche Wirkung auf die inneren Organe und kann, wenn es über einen längeren Zeitraum konsumiert wird, das Immunsystem schwächen, die Wahrscheinlichkeit degenerativer Erkrankungen erhöhen, das Altern beschleunigen und das Abnehmen erschweren. In vielen europäischen Ländern, Deutschland eingeschlossen, ist die Fluoridierung von Trinkwasser verboten. Chlor zerstört nicht nur die Darmflora, sondern auch Vitamin E im Körper. Es kann sich mit bestimmten organischen Substanzen, die in Ihrem Trinkwasser enthalten sein können, zu Chloroform verbinden, einer krebserregenden Chemikalie.

Das Einrichten eines Wasserfilters ist eine Investition, die sich täglich auszahlt, und die Sie nicht nur ruhig schlafen lässt, sondern auch den Geschmack von allem, was Sie essen oder trinken, immens verbessert. Auch wenn Sie nur sehr selten kochen, werden Sie dank eines Wasserfilters nie wieder Wasser kaufen müssen. Ganz abgesehen davon, wie schädlich in Flaschen abgefülltes Wasser für die Umwelt ist, ist es in vielen Fällen auch nichts anderes als gefiltertes Leitungswasser, das durch den Kontakt mit der Plastikflasche ebenfalls giftige Chemikalien enthalten kann.

ZUSATZAUSRÜSTUNG

GASFLAMMSIEB
Einen solchen Flammenverteiler empfehle ich allen, die einen Gasherd haben und die kleinste Stufe schlecht regulieren können. Das flache Sieb sitzt beim Kochen zwischen Flamme und Topf. Es verteilt die Flamme gleichmäßig und ist besonders hilfreich beim Kochen von Getreide oder allem, was sehr lang auf sehr niedriger Flamme geköchelt werden muss.

KNOBLAUCHPRESSE
Gepresster Knoblauch hat eine pastenartige Konsistenz, ist perfekt für Marinaden und Dressings und spart Ihnen das Knoblauchschneiden und das Säubern des Schneidebretts. Wenn Sie keine Knoblauchpresse haben, können Sie auch eine Feinreibe benutzen oder aber den Knoblauch sehr fein schneiden und mit einer Prise Salz vermischt mit der flachen Messerseite zu einer Paste zerdrücken.

OFENTHERMOMETER
Ofentemperaturen weichen stark voneinander ab. Ich empfehle Ihnen daher, sich ein Ofenthermometer zuzulegen, mit dem Sie die Genauigkeit Ihres Ofens überprüfen können, damit Sie beim Backen die besten Ergebnisse erzielen. Die meisten Thermometer kosten nur ein paar Euro und sind vor allem dann nützlich, wenn Sie in fremden Küchen kochen und backen.

SURIBACHI
Suribachi sind japanische Mörser mit Stößel. Der Mörser ist aus Keramik hergestellt und hat feine Rillen im unglasierten Mörserinneren, die das Zerstoßen von Zutaten wie bspw. schwarzen Sesamsamen für *schwarzes Sesamgomasio* (Seite 119) erleichtern. Der Stößel besteht zumeist aus Holz und nicht aus Stein oder Keramik. In Japan werden Suribachi zum Herstellen von Miso, Tahini und cremigen Tofu-Dressings und -soßen verwendet.

SUSHIMATTE
Diese Matten sind nicht nur zum Rollen von Norirollen praktisch, sondern auch wunderbare Abdeckungen beim Einweichen von Bohnen, Getreide und Nüssen und für Gerichte, die Sie vor dem Kaltstellen noch abkühlen lassen möchten.

PLASTIK

Es gibt viele gute Gründe, warum Sie weitestgehend auf Plastik verzichten sollten, z. B. die unersetzlichen und rapide zurückgehenden Ressourcen, die bei der Herstellung verbraucht werden, der Produktionsprozess, der krebserregende Dioxine freisetzt, die giftigen Chemikalien, die in unser Essen übergehen und die extrem schädlichen Auswirkungen auf Tiere, Umwelt und unsere gesamte Nahrungskette in den über tausend Jahren, die es bis zur endgültigen Zersetzung von Plastik braucht.

Untersuchungen haben ergeben, dass die Hormonregulation im Körper durch eine langanhaltende Einwirkung von Bisphenol A (BPA), einer in Plastik vorkommenden chemischen Verbindung, und Phtalaten, in Plastik enthaltenen Weichmachern, gestört wird und zu Krebs sowie einer Schädigung der Fortpflanzungsorgane führen kann. Diese Chemikalien sind besonders für Schwangere und Babys sehr schädlich.

Plastik zu vermeiden ist keine einfache Aufgabe, aber eine sehr wichtige – nicht nur Ihrer Gesundheit, sondern auch der Umwelt zuliebe. Lesen Sie hier einige Tipps, wie Sie den Plastikgebrauch in Ihrer Küche einschränken können:

- Kochen und essen Sie vollwertige frische Bio-Zutaten, kaufen Sie auf Bio-Bauernmärkten ein und verwenden Sie Stoff- statt Plastikbeutel.
- Benutzen Sie beim Einkauf loser Zutaten kleine Stoffnetze oder -beutel.
- Installieren Sie einen Wasserfilter zu Hause und verwenden Sie unterwegs Ihre eigene Glasflasche oder Thermoskanne.
- Investieren Sie zum Aufbewahren von Essensresten und zum Transport Ihres Mittagessens in wiederverwendbare Glas- oder Edelstahlbehälter, anstatt Plastikdosen oder verschließbare Plastikbeutel zu verwenden.
- Halten Sie nach Alternativen für Plastikfolie Ausschau, wie z. B. Schüsselabdeckungen aus Stoff oder Bienenwachstüchern.
- Bewahren Sie niemals heiße, ölhaltige oder fermentierte Lebensmittel in Plastik auf, da sich dabei leichter Giftstoffe aus dem Plastik lösen und ins Essen übergehen.
- Kaufen Sie statt Lebensmitteln in Dosen lieber in Schraubgläser abgefüllte, waschen Sie die Gläser später aus und verwenden Sie sie zum Aufbewahren loser Lebensmittel oder Reste weiter.
- Kaufen Sie Dosenbohnen nur von Herstellern, die bei ihren Konserven eine BPA-freie Innenbeschichtung verwenden.
- Verbannen Sie alte Plastikbehälter aus Ihrer Küche und benutzen Sie sie zum Aufbewahren anderer Dinge, nicht aber für Lebensmittel.
- Legen Sie sich zum Frischhalten von Gemüse wiederverwendbare Obst- und Gemüsebeutel aus Stoff zu.

Mit Vorräten kochen

GETREIDE / 62

Brauner Reis und Klebreis / 65

Brauner Reis mit Amaranth / 66

Einfache Quinoa / 66

Buchweizen mit Zwiebeln / 67

Dinkel- und Weizenkörner / 67

BOHNEN / 68

Bohnen kochen / 70

Kichererbsenmus / 72

Einfache marinierte Bohnen / 73

Zitronenmarinierte Linsen / 73

NÜSSE UND SAMEN / 75

Frische Nussmilch / 76

Geröstete Mandeln / 78

Geröstete Sesamsamen / 79

Geröstete Kürbis- und Sonnenblumenkerne / 79

Geröstete Walnüsse / 80

Geröstete Pistazien / 80

Geröstete Haselnüsse / 80

Geröstete Pecannüsse / 80

GEMÜSE RÖSTEN / 82

Geröstetes Gemüse / 85

In diesem Kapitel finden Sie die Rezepte, die ich am häufigsten zubereite. Sie gehören zu den ersten Gerichten, die ich meinen Kursteilnehmern zeige, und zu denen, die ich immer dann koche, wenn mir nicht einfällt, was ich zubereiten soll. Sie sind die Basis vieler großartiger Mahlzeiten und können unendlich erweitert, verändert und sogar über mehrere Tage hinweg genossen werden.

Je nachdem, was ich an Getreide, Nüssen und Bohnen in meinen Regalen finde, fällt meine Auswahl dessen aus, was ich für den folgenden Tag einweiche. Das hat sich mit der Zeit zu meinem kleinen abendlichen Ritual entwickelt, das mir in unserer hektischen, schnelllebigen Zeit sehr wichtig ist. Es hilft mir dabei Mahlzeiten zu planen und erspart mir das Kopfzerbrechen am nächsten Tag, welches gesunde Gericht ich zubereiten soll.

Perfekt gekochtes Getreide und Bohnen sind wie eine weiße Leinwand – eine wunderbare Grundlage für köstliche Gerichte, die sich in jeder Jahreszeit genießen lassen. Mit etwas Leinsamenöl, Frühlingszwiebeln, Avocado, Samen und einer fermentierten Delikatesse aus dem Vorratsschrank werden diese Grundlagen im Handumdrehen zu einer kompletten Mahlzeit. Sie können aber auch einen Schritt weiter gehen und sie mit *geröstetem Gemüse* (Seite 85), *Arame mit Möhren und Sesam* (Seite 109) oder *Dijon-Senf-mariniertem Tempeh* (Seite 107) ergänzen. Diese einfache Art zu essen nährt und stärkt mich im Alltag. Ich muss dafür weder Stunden in der Küche zubringen noch extra einkaufen gehen, sondern brauche nur ein paar Minuten zum Planen am Vorabend.

Sie finden hier auch meine einfachen Frühstücksvarianten für Sommer und Winter und ein Topping, das sowohl Obstsalate wie auch Joghurt oder Knuspermüslis mit einer Extraportion Superfoods versorgt.

Außerdem verrate ich die Rezepte für meine selbst gemachten Lieblingswürzmischungen wie mein *Currypulver* (Seite 119) zum Verfeinern von Suppen und Currys, mein *Harissa* (Seite 118), das Salaten, Marinaden, einfachen Gemüsegerichten und Suppen oder Eintöpfen eine wunderbar aromatische Schärfe verleiht, und meine *Miso-Mayonnaise* (Seite 118), die fantastisch auf Sandwiches, Toast oder Crackern schmeckt. Mit diesen Rezepten haben Sie eine fantastische Grundlage für gesunde und köstliche Gerichte, die Sie endlos variieren und kombinieren können.

EIN GROBER WOCHENPLAN

Dieser Wochenplan ist nichts weiter als eine ungefähre Richtlinie, da immer mal etwas dazwischenkommen kann, sei es ein Essen im Restaurant, ein Event oder eine Einladung bei Freunden. Da alle diese Gerichte sich mindestens ein paar Tage lang halten, sind übrig gebliebene Reste eine tolle Grundlage für spontane Mahlzeiten oder Snacks.

FRÜHSTÜCK

In den kälteren Monaten weiche ich jeden Abend beim Zubereiten des Abendessens oder beim Aufräumen nach dem Essen die Zutaten für meinen *Superfood-Haferbrei* (Seite 89) ein. Wenn das Wetter wärmer wird, bereite ich für drei bis vier Tage meine *eingeweichten Haferflocken und Chia* (Seite 90) vor. Ich beginne jede Woche mit der Zubereitung frischer Mandelmilch, die bei mir zu jedem Frühstück gehört. Wenn ich das Einweichen der Zutaten einmal vergesse, esse ich auch gern Toast zum Frühstück – entweder mit Brot aus gekeimtem Getreide mit Mandelbutter oder mit Roggensauerteigbrot mit Avocado bzw. im Sommer mit Tomate.

MITTAG- UND ABENDESSEN

SONNTAG: Nach einem Blick auf die Vorräte entscheide ich, ob mir nach Getreide oder Bohnen ist und weiche das Gewählte dann ein. Normalerweise nehme ich *braunen und Klebreis* (Seite 65) oder eine alte Bohnensorte. Dies wird dann die Grundlage für mein Abendessen am Montag und das Mittagessen am Dienstag und Mittwoch.

MONTAG: Erst spüle und koche ich die eingeweichten Bohne oder das Getreide, dann dünste ich Gemüse, je nachdem, was es an saisonaler Auswahl in meinem Kühlschrank gibt, und garniere es dann entweder mit *schwarzem Sesam-Leinsamen-Dressing* (Seite 95) oder einigen Tropfen Leinsamenöl und Tamarisoße. Gern gebe ich auch noch etwas Sauerkraut oder Kimchi und, wenn ich beides gerade da habe, Avocado und Tomate darauf. Wenn ich Zeit und Appetit darauf habe, mache ich mir noch schnellen *geschmorten Tempeh* (Seite 110) dazu.

DIENSTAG: In kälteren Monaten bereite ich mir öfter einen Topf *einfache Rote-Linsen-Suppe mit Spinat, Zitrone und Pfeffer* (Seite 93) oder eine Variante davon mit Currypulver aber ohne Zitrone zu. Das kann auch gleich das Abendessen für Mittwoch sein. Wenn es Sommer ist und ich keinen Reis zum Mittagessen hatte, nehme ich übrigen Reis vom Vortag als Salatgrundlage und gebe Schnittlauch, geröstete Samen, Avocado und Tamarisoße hinzu und mache mir zusätzlich einen *Möhren-Petersilie-Salat* (Seite 104), den ich mit einem gerösteten Noriblatt esse.

MITTWOCH: Es gibt entweder Suppe vom Vortag oder *Vollkorn-Fettuccine mit Grünkohl, karamellisierten Zwiebeln und mariniertem Ziegenkäse* (Seite 100) zum Abendessen. Für den nächsten Tag weiche ich eine reichliche Menge Kichererbsen ein.

DONNERSTAG: Mittags gibt es Getreide- oder Bohnenreste der letzten Tage, die mit gerösteten Samen, Sauerkraut und anderen Extras aufgepeppt werden. Die eingeweichten Kichererbsen werden gekocht und mariniert (Seite 73) oder zu *Kichererbsenmus* (Seite 72) verarbeitet und beim Abendessen mit Salat oder gedünstetem Gemüse serviert. Reste können für ein leichtes Mittagessen oder Snacks in den kommenden Tagen aufgewärmt oder auf Toast oder Cracker gestrichen und mit Sauerkraut belegt werden. Am Abend wird Quinoa (Seite 66) als Basis für das Abendessen am Freitag eingeweicht.

FREITAG: Gedünsteter Grünkohl macht sich wunderbar als Ergänzung bei einem schnellen Mittagessen zu übrig gebliebenen Kichererbsen und Avocado. Jetzt wird die eingeweichte Quinoa gekocht. Wenn es kalt ist, wärme ich die Küche auf und röste Gemüse (Seite 85). Dazu gibt es ein *würziges Leinsamendressing* (Seite 95) für gedünsteten Brokkoli. Wenn es warm ist, gebe ich saftige Kirschtomaten, eine Menge gehackte Petersilie, ein paar frische Sprossen und einige Krümel Ziegenmilchfeta oder Avocado über die Quinoa, und natürlich auch etwas Leinsamenöl. Wenn ich Zeit habe, mariniere ich außerdem Rote Bete (Seite 106) als Beilage, die auch in Salaten und auf Sandwiches fantastisch schmeckt.

WOCHENENDE: Mit etwas mehr Zeit bin ich am Wochenende flexibel genug, etwas aufwendigere Gerichte zu kochen, sei es nur für uns als Paar oder für ein Abendessen mit Freunden. Normalerweise steht samstags oder sonntags immer der Besuch eines Bio-Bauernmarkts an. Dort kaufe ich dann die meisten Zutaten für die kommende Woche. Das Waschen und Verstauen von frischem Blattgemüse, das ich später zusammen mit gedünstetem Gemüse in Suppen oder Salaten verwende, ist ein erster Arbeitsschritt, der das Kochen unter der Woche schon ein bisschen einfacher und schneller macht.

PHYTINSÄURE

Ganze Bohnen, Getreide, Nüsse und Samen haben von Natur aus ein überaus intelligentes Design, das es ihnen ermöglicht, sich zu schönen und gesunden Pflanzen zu entwickeln. Dieses Potenzial schlummert so lange in ihnen, bis sie in die perfekte Umgebung zum Keimen gelangen. Phytinsäure, die in den Schalen und Hülsen all dieser Lebensmittel enthalten ist, schützt sie und hindert sie gleichzeitig daran, schon im Vorratsschrank mit dem Keimen zu beginnen. Dieses natürliche Schutzgift beeinträchtigt auch die Aufnahme von Zink, Magnesium, Eisen und Kalzium und hemmt die Enzymfunktion. Das Einweichen von Getreide und ganzen Bohnen, Nüssen und Samen löst den Keimprozess aus, neutralisiert die Phytinsäure und führt dazu, dass mehr Mineral- und aktivierte Nährstoffe sowie die Verdauung unterstützende Enzyme vom Körper aufgenommen werden können.

Phytinsäure bindet Mineralstoffe im Körper, was im Falle einiger Krankheiten therapeutisch wirken kann. Wenn eine Ernährung aber auf Bohnen und Getreide basiert, kann dies den Körper im Laufe der Zeit auslaugen. Neben dem Einweichen und Keimen entfernt auch das Fermentieren und Rösten zu einem gewissen Grad die Phytinsäure. In allen traditionellen Kulturen sind Bohnen und Getreide immer auf diese Art zubereitet worden. Erst in unserer jüngeren Geschichte haben wir auf diese notwendigen Schritte verzichtet. Beim Kochen von Getreide und Bohnen kann das Hinzufügen von Algen das Deaktivieren der Phytinsäure unterstützen. Das Einweichen von Getreide kann auch bei Glutenunverträglichkeit bei Weizen und anderen glutenhaltigen Getreidearten helfen. Nach dem Einweichen ist es wichtig, das Einweichwasser abzugießen und das Getreide, die Bohnen, Nüsse oder Samen gründlich zu spülen, um alle Rückstände der Phytinsäure zu entfernen. Das Hinzufügen einer kleinen Menge saurer Flüssigkeit zu eingeweichtem Getreide soll das Enzym Phytase aktivieren, das Phytinsäure abbaut. Sie können dafür Essig, Zitronensaft, Molke oder Sauerkrautsaft verwenden.

GETREIDE

Getreide ist das Lebensmittel, was ich mit auf eine einsame Insel nehmen würde. Ich könnte es zu jeder Mahlzeit essen. Getreide ist ein wichtiger Bestandteil meines täglichen Kochens und meiner Ernährung. Damit Getreide seinen vollen Geschmack, seinen kompletten Nährwert und seine wunderbare Konsistenz gut entfalten kann, muss es richtig zubereitet werden. Dafür finden Sie hier alle Informationen, die Sie brauchen – vom Waschen, Einweichen und Kochen bis hin zu Möglichkeiten, was Sie tun können, wenn sich Ihre Pläne ändern, während das Getreide schon einweicht. Auch wenn ich selbst jeden Tag nur einfachen braunen Reis oder Quinoa essen könnte, habe ich etwas Abwechslung in die Rezepte für die verschiedenen Jahreszeiten gebracht, damit es für Sie geschmacklich spannend bleibt. Informationen zum Nährwert von Getreide finden Sie im Kapitel „Meine wichtigsten Vorräte", das auf Seite 7 beginnt.

GETREIDE EINWEICHEN

Vollkorngetreide muss vor dem Kochen 12 bis 24 Stunden einweichen, damit die Phytinsäure (siehe Seite 60) neutralisiert wird. Dieser Schritt macht das Getreide nahrhafter, aktiviert seine Nährstoffe und macht es leichter verdaulich. Da Quinoa schneller als anderes Getreide keimt, reicht eine Einweichzeit von 10 bis 12 Stunden aus, wobei ein längeres Einweichen aber auch nicht schadet. Der Einweichprozess verbessert zudem die Konsistenz und den Geschmack und macht das Getreide noch besser.

Anfangs wird Ihnen das Einweichen noch wie ein lästiger Schritt erscheinen, der Sie von Ihrem Essen trennt, bzw. wie eine weitere Aufgabe, die Sie von der Tagesliste streichen müssen, bevor Sie endlich zu Bett gehen oder morgens das Haus verlassen können. Die aktivierten Nährstoffe und der wesentlich bessere Geschmack aber sind eine wunderbare Belohnung. Eigentlich lässt sich das Einweichen schnell zur Gewohnheit machen: Sobald Sie über das Essen am nächsten Tag oder Abend nachdenken, schauen Sie einfach Ihre Vorräte an, suchen sich ein Getreide aus und geben ohne viel nachzudenken die benötigte Menge in einen mittelgroßen Topf, in dem Sie es auch kochen werden, gießen dann mindestens doppelt so viel Wasser zu, und fertig! Im Idealfall waschen Sie das Getreide vor dem Einweichen kurz (siehe S.63), aber ehrlich gesagt lasse auch ich diesen Schritt oft weg und spüle das Getreide dafür gründlich nach dem Einweichen. Wenn Sie Ihr Getreide vor dem Zubettgehen einweichen und am nächsten Tag zum Mittagessen kochen, hat es etwa 14 Stunden Zeit zum Einweichen. Wenn Sie es erst zum Abendessen zubereiten, sind es schon fast 20 Stunden.

Wenn Sie wie ich in einer Klimazone mit vier Jahreszeiten leben, können Sie Ihr eingeweichtes Getreide neun bis zehn Monate im Jahr auf dem Küchentisch oder -tresen stehen lassen. Im Hochsommer oder wenn es in Ihrer Küche sehr warm ist, stellen Sie es einfach in den Kühlschrank. Das Getreide kann bei sehr warmen Temperaturen oder wenn es länger als einen Tag einweicht beginnen, Blasen zu bilden und leicht zu fermentieren, was aber nicht schlimm ist; im Gegenteil, es wird dadurch sogar noch leichter verdaulich. (Es schmeckt allerdings irgendwann sauer, wenn Sie es zu lange einweichen lassen.) Spülen Sie Ihr Getreide ein paarmal gründlich und kochen Sie es den Zubereitungsangaben entsprechend.

GETREIDE WASCHEN UND KOCHEN

Gießen Sie das Getreide nach einer langen Einweichzeit ab und fangen Sie es in einem Sieb auf. Geben Sie es zurück in den Einweichtopf und füllen Sie diesen mit frischem Wasser. Rühren Sie das Getreide mit Ihren Fingern um, lassen Sie es sich wieder setzen und gießen Sie das Wasser erneut durch das Sieb ab. Wiederholen Sie diesen Schritt und verwenden Sie beim letzten Waschen am besten gefiltertes Wasser. Gießen Sie Ihr Getreide ein letztes Mal ab und kochen Sie es dann je nach Kochanweisung.

Verwenden Sie zum Kochen am besten einen schweren Topf mit etwa 2 Litern Fassungsvermögen – dies ist die beste Größe für etwa 1,5 Tassen rohes Getreide. Lassen Sie es bei sehr niedriger Hitze leicht köcheln. Decken Sie, sobald das Wasser kocht, den Topf ab und reduzieren Sie die Hitze. Das Getreide sollte ganz leicht blubbern, nicht aber zu schnell und zu wild kochen. Wenn Sie Ihre Gasflamme nicht niedrig genug einstellen können, sollten Sie sich ein Gasflammensieb zulegen (siehe Seite 54). Wenn das Getreide gar ist, nehmen Sie den Topf vom Herd und lassen Sie es vor dem Servieren abgedeckt 5 bis 15 Minuten ziehen.

Geben Sie beim Kochen von Getreide ein etwa 2 cm großes Stück Kombu hinzu. Dieses kleine Algenstückchen reichert Ihr Getreide mit Mineralstoffen an, hilft beim weiteren Abbau von Phytinsäure und verbessert den Geschmack. Sie können das Kombustückchen mitessen oder vor dem Servieren entfernen. Kombu kann bei einer salzarmen Ernährung das Salz in gekochtem Getreide ersetzen.

SPONTANE PLANÄNDERUNGEN

Vielleicht befürchten Sie jetzt, dass Sie beim Einweichen von Getreide immer auch schon einen Plan, ein Rezept und auch die Zutaten dafür haben müssen. Oder Sie denken, dass Sie Getreide verschwenden, wenn sich Ihre Pläne plötzlich ändern. Zerbrechen Sie sich nicht den Kopf darüber! Wenn Sie es nicht schaffen, das Getreide gleich nach dem Einweichen zu kochen, gibt es auch andere Möglichkeiten. Hier sind drei Beispiele:

1. Gießen Sie die Einweichflüssigkeit ab und ersetzen Sie sie mit frischem Wasser. Stellen Sie den Topf in den Kühlschrank, wenn Sie nicht wissen, wann Sie Ihr Getreide kochen werden. Es kann dort zwei bis drei Tage bleiben. Wenn Sie es nicht in den Kühlschrank stellen und einige Tage lang draußen stehen lassen (bei sehr warmem Wetter weniger), kann es anfangen, Blasen zu bilden. Dann hat der Fermentationsprozess begonnen, der Ihr Getreide noch leichter verdaulich macht. Waschen Sie es dann einige Male gründlich und kochen Sie es wie gewohnt.

2. Gießen Sie die Einweichflüssigkeit ab, spülen Sie das Getreide, lassen Sie es in einem Sieb abtropfen und danach keimen (siehe Seite 81). Quinoa wird in weniger als 24 Stunden beginnen zu keimen und durch das Sieb zu wachsen, was sehr spannend zu beobachten ist. Andere Getreidearten brauchen etwas länger. Sie werden nach einigen Tagen die ersten winzigen Keimlinge entdecken. Gekeimtes Getreide kann wie hier beschrieben gekocht werden und wird dadurch feuchter und klebriger.

3. Kochen Sie es! Sie können Ihr Getreide nach dem Kochen warm verzehren, abkühlen lassen und bei Zimmertemperatur genießen oder es in den Kühlschrank stellen, um es später zu essen. Gekochtes Getreide hält sich im Kühlschrank bis zu vier Tage lang und ist die perfekte Basis für viele schnelle und einfache Mahlzeiten wie z. B. meinen *braunen Reissalat mit Petersilie und Samen* (Seite 99).

GRUNDREZEPTE FÜR DAS KOCHEN VON GETREIDE

Die folgenden Rezepte beinhalten meine Lieblingsgetreidesorten, die ich eigentlich ständig zubereite. Sollten Sie das Einweichen vergessen, können Sie auf Vollkornpasta oder Polenta ausweichen oder aber die Flüssigkeitsmenge so erhöhen, wie ich es je nach Getreidesorte im Rezept empfehle, wenn das Einweichen weggelassen wurde.

BRAUNER REIS UND KLEBREIS

Dieses einfache Gericht gehört zu meinen wöchentlichen Grundnahrungsmitteln. Auch wenn ich Reis auf viele verschiedene Arten zubereite, gehört diese Version, die braunen und Klebreis mischt und über Nacht einweichen lässt, zu meinen Lieblingsvarianten. Das Ergebnis ist wunderbar nussig und leicht süß mit einem perfekten Grad an Klebrigkeit. Immer wenn ich mir unsicher bin, welches Getreide ich kochen soll, greife ich zu braunem Reis. Wenn Sie das Einweichen vergessen haben, aber trotzdem gleich mit dem Kochen beginnen wollen, waschen und spülen Sie Ihren Reis wie auf Seite 63 beschrieben, erhöhen Sie die Kochwassermenge auf 650 ml und kochen Sie den Reis 60 Minuten lang.

ERGIBT ETWA 750 G GEKOCHTEN REIS

190 g brauner Rundkornreis
95 g Klebreis
560 ml gefiltertes Wasser, plus Einweichwasser
1 Prise Meersalz

Waschen Sie den Reis und weichen Sie ihn 12 bis 14 Stunden in mindestens 720 ml Wasser ein. Gießen Sie den Reis ab und spülen Sie ihn. Geben Sie ihn in einen Topf mit 2 Liter Fassungsvermögen und fügen Sie das gefilterte Wasser und das Salz hinzu. Bringen Sie ihn auf hoher Flamme zum Kochen, decken Sie den Topf ab, stellen Sie die Flamme niedrig und kochen Sie den Reis 50 Minuten bzw. so lange, bis das gesamte Wasser absorbiert ist. Prüfen Sie, ob der Reis gar ist, indem Sie eine Gabel oder einen Löffel in der Topfmitte bis zum Topfboden hineinstecken. Der Reis sollte leicht klebrig sein und kein Wasser sollte mehr zu sehen sein. Wenn noch Wasser zu sehen ist, kochen Sie den Reis weitere 5 bis 10 Minuten. Nehmen Sie danach den Topf vom Herd und lassen Sie den Reis 10 bis 15 Minuten vor dem Servieren abgedeckt durchziehen. Abgekühlt hält er sich im Kühlschrank bis zu vier Tage lang.

VARIATIONEN

BRAUNER REIS UND KLEBREIS MIT ROTER ODER SCHWARZER QUINOA

Ich liebe den wunderbaren farbigen Kontrast, den kleine rote oder schwarze Quinoasamen zusammen mit beigefarbenem Reis ergeben, und auch die spannende Textur und den Biss, die der Reis durch sie erhält.

Geben Sie 2 Esslöffel Quinoa vor dem Waschen, Einweichen und Spülen zu beiden Reissorten. Kochen Sie alles wie oben angegeben.

BRAUNER REIS UND KLEBREIS MIT TEFF

Geben Sie für eine Extraportion Eiweiß ein paar Esslöffel Teff zu Ihrem Reis. Da Teffkörner so winzig sind, dass sie auch durch ein feinmaschiges Sieb fallen, verzichte ich auf das Einweichen oder Waschen. Geben Sie sie einfach zum gewaschenen, eingeweichten und gespülten braunen und Klebreis und kochen Sie alles wie im vorherigen Rezept angegeben.

BRAUNER REIS UND KLEBREIS MIT MARONEN

Reis und Maronen sind eine traumhafte Kombination. Die Maronen verstärken die süße Reisnote und ergeben eine perfekte Beilage zu jedem herzhaften Gericht, das Sie damit servieren. Da frische Maronen nur sehr kurz Saison haben, verwende ich meistens getrocknete. Sie können aber auch frische geröstete und geschälte Maronen (siehe Hinweise zum Rösten auf Seite 174) zum eingeweichten und gespülten Reis geben und wie hier angegeben kochen.

Geben Sie 50 g getrocknete Maronen in den Topf mit dem braunen Reis und Klebreis, waschen Sie alles und weichen Sie die Zutaten in mindestens einem Liter Wasser 12 bis 24 Stunden ein. Nehmen Sie die Maronen heraus, entfernen Sie eventuell noch anhaftende dunkle Schalenreste und spülen Sie sie. Brechen Sie jede Marone in 6 oder 8 Stücke und legen Sie sie beiseite. Spülen Sie den Reis, gießen Sie ihn ab und geben Sie ihn zurück in den Topf. Fügen Sie die Maronenstückchen, 600 ml gefiltertes Wasser sowie eine Prise Salz hinzu. Kochen Sie alles wie im vorherigen Rezept angegeben.

BRAUNER REIS MIT AMARANTH

Wenn ich braunen Reis mit Amaranth kombiniere, verzichte ich auf Klebreis, weil Amaranth ähnlich süß und klebrig ist. Sollten Sie das Einweichen vergessen, erhöhen Sie die Kochwassermenge auf 540 ml.

ERGIBT ETWA 600 G GEKOCHTES GETREIDE

190 g brauner Rundkornreis
50 g Amaranth
480 ml gefiltertes Wasser, plus Einweichwasser
1 Prise Meersalz

Waschen Sie beide Getreidesorten und weichen Sie sie 12 bis 24 Stunden in mindestens 720 ml Wasser ein. Gießen Sie sie ab und spülen Sie sie. Benutzen Sie dafür ein sehr feinmaschiges Metallsieb, da Amaranthsamen winzig klein sind. Geben Sie das Getreide in einen Topf mit 1 bis 2 Liter Fassungsvermögen und geben Sie das gefilterte Wasser und die Prise Salz hinzu. Bringen Sie das Getreide auf hoher Flamme zum Kochen, decken Sie den Topf ab, stellen Sie die Flamme niedrig und kochen Sie es 50 Minuten bzw. so lange, bis das gesamte Wasser absorbiert ist. Prüfen Sie, ob der Reis gar ist, indem Sie eine Gabel oder einen Löffel in der Topfmitte bis zum Topfboden hineinstecken. Die Mischung sollte leicht klebrig sein und kein Wasser sollte mehr zu sehen sein. Wenn noch Wasser zu sehen ist, kochen Sie das Getreide weitere 5 bis 10 Minuten. Nehmen Sie danach den Topf vom Herd und lassen Sie das Getreide 10 bis 15 Minuten vor dem Servieren abgedeckt durchziehen. Abgekühlt hält es sich im Kühlschrank bis zu vier Tage lang.

Probieren Sie es beim Kochen von Reis anstelle von Salz mit einer Umeboshi-Aprikose aus. Der Geschmack wird vom Getreide absorbiert und verleiht ihm einen milden salzig-sauren Geschmack. Das weiche Fruchtfleisch der gekochten Aprikose ist beim Essen eine schöne aromatische Überraschung. Passen Sie aber auf den Kern auf, der sich auch noch irgendwo im Reis versteckt.

EINFACHE QUINOA

Quinoa ist ein weiteres Getreide, das ich jede Woche zubereite. Nach dem Einweichen braucht sie nur 15 Minuten zum Kochen und ist daher perfekt für schnelle Gerichte unter der Woche. Da Quinoa eine Quelle für vollständiges Eiweiß ist, ist sie die perfekte Beilage, wenn Sie gerade weder Bohnen noch ein anderes eiweißreiches Lebensmittel zur Hand haben. Meine schnelle Lieblingsmahlzeit ist eine Schüssel Quinoa mit etwas Leinsamenöl, Tamarisoße, gerösteten schwarzen Sesamsamen, Avocadostückchen, gehackter Petersilie und Sauerkraut oder Kimchi. Waschen Sie die Quinoa gründlich, um das natürlich vorkommende, bitter schmeckende Pflanzenschutzmittel Saponin zu entfernen. Merken Sie sich am besten, dass eingeweichte Quinoa mit der gleichen Menge Wasser gekocht wird – das ist vor allem dann praktisch zu wissen, wenn Sie sie abweichende oder vorher nicht abgemessene Mengen einweichen. Das Wasser sollte gerade so die Oberfläche der eingeweichten Quinoa bedecken. Sollten Sie das Einweichen vergessen, waschen Sie sie wie auf Seite 63 angegeben, erhöhen Sie die Kochwassermenge auf 420 ml und kochen Sie sie 20 Minuten.

HINWEIS: Quinoa gibt es in drei Farben: beige bzw. weiß, rot und schwarz. Alle drei Sorten werden auf die gleiche Weise gekocht. Schwarze und rote Quinoa haben im Vergleich zur weißen aber einen herzhafteren Geschmack, eine samenartige, bissfestere Konsistenz und öffnen sich nicht so leicht.

ERGIBT ETWA 720 G GEKOCHTE QUINOA

170 g Quinoa
240 ml gefiltertes Wasser, plus Einweichwasser
1 Prise Meersalz

Waschen Sie die Quinoa und weichen Sie sie in mindestens 720 ml Wasser 8 bis 24 Stunden ein. Gießen Sie sie ab und spülen Sie sie. Geben Sie sie in einen Topf mit 2 Liter Fassungsvermögen und fügen Sie das gefilterte Wasser und das Salz hinzu. Bringen Sie die Quinoa auf hoher Flamme zum Kochen, decken Sie den Topf ab, stellen Sie die Flamme niedrig und lassen Sie sie 15 Minuten köcheln bzw. bis das gesamte Wasser absorbiert ist. Nehmen Sie den Topf vom Herd und lassen Sie die Quinoa 5 bis 10 Minuten durchziehen, bevor Sie sie mit einer Gabel lockern und servieren. Abgekühlt hält sie sich im Kühlschrank bis zu vier Tage lang.

BUCHWEIZEN MIT ZWIEBELN

Buchweizen ist eine fantastische Erweiterung Ihrer Getreideauswahl. Er ist eigentlich gar kein Getreide, wird aber genauso zubereitet. Mit einer Handvoll gerösteten Sonnenblumenkernen bestreut und mit ein paar Tropfen Tamarisoße gewürzt ergibt er eine leichte, satt machende Mahlzeit mit einem angenehm herzhaft-kernigen Geschmack. Nach dem Einweichen kann der Buchweizen leicht schleimig sein. Spülen Sie ihn einfach gut und lassen Sie ihn vor dem Kochen gut abtropfen.

Für dieses Rezept können Sie auch gerösteten Buchweizen (Kasha) verwenden. Kasha hat einen tollen nussigen Geschmack und muss, weil es schon vorgeröstet ist, vor dem Kochen nicht eingeweicht werden.

HINWEIS: Sollten Sie das Einweichen vergessen haben, waschen und kochen Sie Ihren Buchweizen wie hier angegeben (mit Zwiebeln), aber erhöhen Sie das Kochwasser auf 480 ml.

ERGIBT 750 G GEKOCHTEN BUCHWEIZEN

160 g Buchweizen
1 EL natives Olivenöl
1 mittelgroße Zwiebel, geviertelt und in Scheiben geschnitten
1 Prise Meersalz
360 ml gefiltertes Wasser, plus Einweichwasser

Waschen Sie den Buchweizen und weichen Sie ihn in mindestens 480 ml Wasser 12 bis 24 Stunden ein. Gießen Sie ihn ab und spülen Sie ihn. Lassen Sie ihn in einem Sieb abtropfen, während Sie die Zwiebel anbraten. Erwärmen Sie das Öl in einem Topf mit 2 Liter Fassungsvermögen auf mittlerer Flamme. Geben Sie die Zwiebel hinein und braten Sie sie 5 Minuten an bzw. bis die Stückchen goldbraun sind. Rühren Sie die Prise Salz, den abgetropften Buchweizen und das gefilterte Wasser ein. Bringen Sie alles auf hoher Flamme zum Kochen, decken Sie den Topf ab und stellen Sie die Flamme niedrig. Kochen Sie den Buchweizen 15 bis 20 Minuten oder bis das gesamte Wasser absorbiert ist. Nehmen Sie den Topf vom Herd und lassen Sie den Buchweizen vor dem Servieren 10 bis 15 Minuten durchziehen. Abgekühlt hält er sich im Kühlschrank bis zu vier Tage lang.

DINKEL- UND WEIZENKÖRNER

Dinkel- und Weizenkörner gehören nicht zu meinen wöchentlichen Grundnahrungsmitteln, aber ich liebe ihre erdig-robuste Note und ihren kernigen Biss, der Salate in spannende Geschmackserlebnisse verwandelt. Weizenkörner sind etwas runder geformt als Dinkelkörner. Beide schmecken auch als Beilage mit etwas Olivenöl, Tamarisoße und gehackter Petersilie fantastisch. Anders als die anderen Getreidesorten in diesem Kapitel werden sie ähnlich wie Pasta in reichlich Wasser gekocht und danach abgegossen. Kamut, Vollkorngerste und Emmer können auch auf diese Weise gekocht werden. Zwei großartige Gerichte mit diesen Körnern sind z. B. mein *Dinkelkörner-Kräuter-Salat mit Zuckererbsen und Feta* (Seite 187) und mein *Salat aus geröstetem Eichel- und Delicata-Kürbis mit Weizenkörnern und bitterem Blattsalat* (Seite 199).

HINWEIS: Sie können mit dieser Methode jede von Ihnen gewünschte Menge Weizen- oder Dinkelkörner kochen. Achten Sie aber darauf, die Menge des Kochwassers entsprechend zu erhöhen. Ich verwende beim Kochen kein Salz, da meiner Erfahrung nach das Getreide so schneller gar und zart wird.

ERGIBT ETWA 550 G GEKOCHTES GETREIDE

175 g Dinkel- oder Weizenkörner
960 ml gefiltertes Wasser, plus Einweichwasser

Waschen Sie die Körner und weichen Sie sie in mindestens 720 ml Wasser 12 bis 24 Stunden ein. Gießen Sie sie ab und spülen Sie sie. Geben Sie sie in einen Topf und fügen Sie 960 ml gefiltertes Wasser hinzu. Decken Sie den Topf ab und bringen Sie das Getreide auf hoher Flamme zum Kochen. Stellen Sie die Flamme niedrig und köcheln Sie die Körner 1½ Stunden bzw. bis sie weich und prall sind. Geben Sie während des Kochens ggf. mehr Wasser hinzu, damit die Körner immer damit bedeckt sind. Nehmen Sie den Topf vom Herd und gießen Sie die Körner ab. Abgekühlt halten sich die Dinkel- und Weizenkörner im Kühlschrank bis zu vier Tage lang.

GETREIDE AUFWÄRMEN

Am besten wärmen Sie Getreide im Dampfgarer auf. Geben Sie die Menge, die Sie essen möchten, in den Dämpfeinsatz oder in einen hitzebeständigen Behälter, wenn Sie kleinkörniges Getreide wie Quinoa aufwärmen möchten. Decken Sie den Dampfgarer ab und dämpfen Sie das Getreide, bis es durchgewärmt ist. Je nachdem, wieviel Sie aufwärmen, dauert dies 5 Minuten oder länger. Beim Aufwärmen in einem hitzebeständigen Behälter müssen Sie etwas mehr Zeit einplanen und ab und zu umrühren, damit alles gleichmäßig erwärmt wird. Wenn Sie Ihr Getreide in einem hitzebeständigen Behälter aufbewahren, kann es darin direkt vom Kühlschrank in den Dampfgarer. Sie können während des Aufwärmens von Getreide auch gleichzeitig Blattgemüse oder anderes Gemüse in den Dampfgarer geben und so schnell eine komplette Mahlzeit zubereiten.

BOHNEN

So wie Getreide gehören auch Bohnen zu den wichtigsten Stützpfeilern einer vollwertigen pflanzlichen Ernährung. Auch sie können eingeweicht werden, ohne dass Sie vorher einen konkreten Plan dafür haben. Weichen Sie einfach vor dem Zubettgehen ein bis zwei Tassen davon ein und lassen Sie sich beim Träumen davon inspirieren, auf welche Weise Sie sie zubereiten wollen. Ich überlege mir meist erst im Laufe des folgenden Tages, was ich mit den eingeweichten Bohnen anstellen möchte, je nachdem, wozu ich Lust habe, welches Gemüse da ist oder was ich auf dem Heimweg schnell einkaufen kann. Was am Ende aus den Bohnen wird, hängt auch stark von der jeweiligen Saison ab.

In wärmeren Monaten habe ich meist Appetit auf große, cremige Bohnen in einer würzigen Marinade. In einer Schüssel mit Kirschtomaten, eingelegter Rote Bete, reichlich gehackter Petersilie oder Schnittlauch und auf einem Bett aus mit Leinsamenöl beträufeltem gedünstetem Blattgemüse schmecken sie einfach köstlich. Eine andere großartige Zubereitungsalternative ist es, die Bohnen oder Kichererbsen mit hochwertigem grasigem Olivenöl zu einem leckeren Mus oder Aufstrich zu verarbeiten und mit gekochtem Getreide auf Vollkorncrackern oder mit Knoblauch eingeriebenem Toast zu genießen.

Bei kaltem Wetter mache ich mir am liebsten Bohnensuppen und -eintöpfe. Es gibt nichts, was an einem eiskalten Abend mehr wärmt oder sich schneller zubereiten lässt, als eine Schüssel voll dampfender Suppe oder Eintopf. Bohnen machen solche Herbst- und Wintersuppen oder -eintöpfe zu einem herzhaften und sättigenden Genuss und lassen sich wunderbar mit den verschiedensten Gemüsesorten und auch Meeresalgen kombinieren.

BOHNEN EINWEICHEN

So wie Getreide enthalten auch Bohnen Phytinsäure (siehe Seite 60) und müssen mindestens 12 Stunden vor dem Kochen eingeweicht werden. Das Einweichen entfernt nicht nur die Phytinsäure, sondern erleichtert auch die Aufnahme von Mineralstoffen und führt dazu, dass die Bohnen schneller gar werden und leichter verdaulich sind. Die Blähungen verursachenden Enzyme in Bohnen gehen ins Einweichwasser über. Deshalb ist es wichtig, dass Sie Ihre Bohnen abgießen und vor dem Kochen gut spülen.

Geben Sie Ihre getrockneten Bohnen in einen mittelgroßen bis großen Topf oder Schnellkochtopf. Schauen Sie nach, ob sich zwischen den Bohnen noch kleine Steinchen oder Erdklümpchen befinden und entfernen Sie diese. Füllen Sie den Topf mit Wasser, rühren Sie die Bohnen mit Ihren Fingern um und gießen Sie das Wasser danach durch ein Sieb ab. Geben Sie genug gefiltertes Wasser in den Topf, dass die Bohnen mindestens 8 cm hoch damit bedeckt sind, und weichen Sie sie dann 12 bis 24 Stunden ein. Sollte es in Ihrer Küche sehr warm sein, stellen Sie sie zum Einweichen in den Kühlschrank.

Sollten sich Ihre Pläne ändern und Sie keine Zeit zum Kochen der Bohnen haben, gießen Sie das Einweichwasser ab, geben Sie frisches gefiltertes Wasser in den Topf, stellen Sie den Topf in den Kühlschrank und kochen Sie die Bohnen am nächsten Tag. Eingeweichte Bohnen können auch gekeimt (siehe Seite 81) und in Salaten oder Pfannengerichten verwendet oder gekocht werden. Das Kochen gekeimter Bohnen macht diese noch besser verdaulich.

SCHNELLES EINWEICHEN

Es ist am besten, Bohnen mindestens 12 Stunden einzuweichen. Wenn Sie dies aber vergessen haben und trotzdem Bohnen kochen möchten, können Sie diese Methode anwenden, oder alternativ auf andere köstliche Eiweißquellen wie bspw. rote Linsen in meiner *einfachen Rote-Linsen-Suppe mit Spinat, Zitrone und Pfeffer* (Seite 93) oder *schnellem geschmortem Tempeh* (Seite 110) ausweichen.

Geben Sie die Bohnen in einen mittelgroßen bis großen Topf oder Schnellkochtopf und gehen Sie wie oben beschrieben vor. Fügen Sie genug gefiltertes Wasser hinzu, dass die Bohnen mindestens 8 cm hoch damit bedeckt sind, und bringen Sie sie auf hoher Flamme zum Kochen. Decken Sie den Topf ab und nehmen Sie ihn vom Herd. Lassen Sie die Bohnen eine Stunde im Kochwasser weichen, gießen Sie sie dann ab, spülen Sie sie und kochen Sie sie wie unten beschrieben.

BOHNEN KOCHEN

Egal welche der zwei folgenden Methoden Sie wählen, um Ihre Bohnen zu kochen, achten Sie unbedingt darauf, dass die Bohnen wirklich gar sind. Auch fast gare Bohnen sind schwer verdaulich und absorbieren keinen Geschmack, sei es in Marinaden, Suppen, Eintöpfen oder Salaten. Bohnen werden außerdem nach dem Abgießen und Abkühlen wieder fester, also kochen Sie sie auf jeden Fall so lange, bis sie wirklich weich sind. Manchmal zerfallen sie, aber das ist nicht weiter schlimm. Ihr Gericht schmeckt so trotzdem wesentlich besser als mit Bohnen, die nicht vollständig gar sind.

Je nach Bohnensorte unterscheidet sich auch die Menge, die Sie nach dem Kochen herausbekommen: Einige Bohnen verdoppeln ihr Volumen, andere verdreifachen es sogar. Da Bohnen sich bis zu vier Tage lang im Kühlschrank halten, kochen Sie am besten gleich eine etwas größere Menge für spätere Gerichte.

Geben Sie nach dem Kochen eine Prise Salz zu den Bohnen und lassen Sie sie im Kochwasser weiter weichen, bis Sie sie verwenden. Das Salz intensiviert ihren Geschmack.

Das Kochwasser von Bohnen ist sehr gesund für die Nieren, besonders wenn es sich um schwarze oder Adzukibohnen handelt. Wenn Sie die Bohnen mit etwas Kombu gekocht haben, ist das Kochwasser danach zusätzlich mit Mineralstoffen angereichert. Mit ein paar Tropfen Tamarisoße können Sie sich und Ihren Küchenhelfern aus dem Bohnenwasser eine schöne kleine Vorsuppe zaubern.

BOHNEN KOCHEN

IM TOPF

Der einzige Haken bei dieser Kochmethode besteht darin, dass die Kochzeit je nach der Frische der Bohnen stark variieren kann. Man kann Bohnen nicht ansehen, ob sie schon alt sind. Ältere Bohnen brauchen mitunter aber mehrere Stunden Kochzeit. Es ist also besser, wenn Sie einen sehr großzügigen Zeitpuffer einplanen.

175 bis 350 g getrocknete Bohnen, verlesen und gewaschen
1 Stück Kombu (5 cm lang)
gefiltertes Wasser
Meersalz

Geben Sie die Bohnen in einen mittelgroßen bis großen Topf, fügen Sie 1 bis 1,5 Liter Wasser hinzu und weichen Sie sie 12 bis 24 Stunden ein. Gießen Sie die Bohnen ab und spülen Sie sie. Geben Sie das Kombustück und frisches gefiltertes Wasser hinzu, bis dieses mindestens 8 cm hoch über den Bohnen steht. Bringen Sie die Bohnen auf hoher Flamme zum Kochen. Entfernen Sie sich bildenden Schaum mit einem kleinen Sieb oder einem Schaumlöffel. Decken Sie den Topf ab, stellen Sie die Flamme niedrig und kochen Sie die Bohnen 45 Minuten. Überprüfen Sie hin und wieder, ob die Bohnen auch köcheln und noch mit reichlich Wasser bedeckt sind. Geben Sie ggf. mehr Wasser hinzu, bringen Sie die Bohnen erneut zum Kochen und stellen Sie danach die Flamme wieder herunter. Sollten die Bohnen überkochen, verschieben Sie den Deckel ein bisschen, damit ein kleiner Spalt entsteht.

Probieren Sie ein paar Bohnen. Wenn Sie weich, durch und durch cremig sind und sich leicht zerdrücken lassen, sind sie fertig. Falls nicht, kochen Sie sie weitere 10 Minuten und testen Sie sie erneut. Manche Bohnen brauchen bis zu 2 Stunden, um weich zu werden.

Nehmen Sie den Topf danach vom Herd, entfernen Sie das Kombustückchen und rühren Sie eine Prise Salz ein. Lassen Sie die Bohnen bis zum Servieren im Topf durchziehen. Nach dem Abkühlen können Sie sie mit oder ohne Kochflüssigkeit bis zu vier Tage lang im Kühlschrank aufbewahren.

IM SCHNELLKOCHTOPF

Für gleichmäßig gekochte, weiche und cremige Bohnen ist ein Schnellkochtopf die beste Wahl (siehe Seite 52). In nur 25 Minuten werden Ihre Bohnen weich und prall und liegen glücklich in einer wunderbar aromatischen Kochflüssigkeit. Mit einem Schnellkochtopf scheint es nicht darauf anzukommen, wie

alt die Bohnen sind. In dem seltenen Fall, dass Ihre Bohnen doch nicht ganz weich geworden sind, setzen Sie einfach wieder den Deckel auf, bringen Sie sie zum Kochen und lassen Sie sie weitere 5 Minuten garen.

Waschen Sie die Bohnen, weichen Sie sie ein, gießen Sie sie ab (siehe Anweisungen auf Seite 69) und geben Sie sie in einen Schnellkochtopf. Fügen Sie ein Stückchen Kombu und gefiltertes Wasser hinzu, bis die Bohnen 4 bis 5 cm hoch damit bedeckt sind. Denken Sie daran, dass Sie Ihren Schnellkochtopf bis zu zwei Drittel hoch füllen können, da sonst das Wasser bis zum Druckventil hochkocht, herausfließt und dadurch kein Druck aufgebaut werden kann. Bringen Sie die Bohnen auf hoher Flamme zum Kochen. Entfernen Sie sich bildenden Schaum mit einem kleinen Sieb oder einem Schaumlöffel, verschließen Sie danach den Deckel, bis er einrastet, und lassen Sie den Topf Druck aufbauen, bis zwei farbige Ringe auf dem Druckanzeiger erscheinen. Reduzieren Sie die Hitze und lassen Sie kleine Bohnen, z.B. schwarze oder kleine weiße Bohnen, 20 Minuten garen. Kichererbsen benötigen etwa 25 Minuten, sehr große Bohnen wie Feuer- oder Borlottibohnen 28 bis 30 Minuten Kochzeit.

Wenn die Druckanzeige während des Kochens unter einen angezeigten Ringe fällt, erhöhen Sie die Hitze, bis sich wieder genug Druck aufgebaut hat. Reduzieren Sie die Hitze wieder und lassen Sie die Bohnen weiter garen. Sie müssen die Kochzeit nicht verlängern, da der Innendruck im Topf trotzdem sehr hoch bleibt.

Nehmen Sie den Topf vom Herd und lassen Sie den Druck auf natürliche Weise von selbst entweichen. Dies kann 5 bis 10 Minuten dauern. Die Bohnen garen so lange weiter, bis Sie den Deckel abnehmen. Wenn Sie nicht auf die Zeit geachtet haben und fürchten, dass Sie die Bohnen zu lange gekocht haben, können Sie das Druckentweichen beschleunigen, indem Sie den Schnellkochtopf unter fließendes kaltes Wasser halten. Sobald der Dampfdruck vollständig entwichen ist, können Sie den Deckel gefahrlos abnehmen. Tun Sie das aber keinesfalls, wenn der Topf noch unter Druck steht, da dabei sehr heißer Dampf entweicht, an dem Sie sich verbrennen können.

VARIATION

BOHNEN FÜR EINTÖPFE UND SUPPEN KOCHEN

Wenn ich Bohnen für Eintöpfe und Suppen koche, verwende ich die Kochflüssigkeit als Brühenbasis. Ich gebe deshalb Lorbeerblätter und Kräuter zu, die ich gern in meinem

Eintopf oder meiner Suppe haben möchte. Wenn ich Kräuter für das Gericht klein schneide, werfe ich oft die Stiele in den Topf mit den Bohnen. Die Kochflüssigkeit verleiht Suppen und Eintöpfen mehr Geschmack und Substanz als Wasser und hilft dabei, eine cremige und vollmundige Mahlzeit zu zaubern. Achten Sie darauf, dass beim Kochen der Bohnen immer genug Flüssigkeit im Topf ist,

und füllen Sie Ihren Schnellkochtopf bis zur möglichen Obergrenze (bzw. zwei Drittel voll). Je nach dem von mir gewünschten Aroma gebe ich gern folgende Zutaten zur Kochflüssigkeit: Lorbeerblätter, Sellerieblätter, Kombu, geschälte Knoblauchzehen, sonnengetrocknete Tomaten, in ein kleines Tuch gewickelte Salbei-, Thymian-, Rosmarin- oder Oreganozweige oder auch Petersilienstängel.

KICHERERBSENMUS

Kichererbsenmus ist eine der beliebtesten Beilagen bei mir zu Hause. Wenn es aus frisch gekochten Kichererbsen gemacht und noch warm serviert wird, hat es eine unglaublich cremig-lockere Konsistenz. Kichererbsenmus ist besonders an heißen Sommertagen wunderbar, wenn Bohnengerichte zu schwer und reichhaltig sind. Ich genieße es am liebsten zusammen mit einem saftigen Tomaten-Gurken-Salat, als Beilage zu einfachen Getreidegerichten, als Aufstrich für Toast, Brot und Cracker und auch sonst zu allem Möglichen. Auch wenn es nach Hummus klingt, schmeckt es viel leichter und ist vielseitiger verwendbar, da es weder Zitronensaft noch Knoblauch oder Tahini enthält.

Wenn Sie keinen Schnellkochtopf haben, nehmen Sie für dieses Rezept am besten Kichererbsen aus der Dose, da sie beim Kochen im normalen Topf nicht weich genug werden, um sie in dieses köstlich cremige Mus zu verwandeln. Schauen Sie auf Seite 47 nach, wie Sie den Geschmack von Bohnendosen und -kichererbsen verbessern können, und verwenden Sie beim Zerstampfen der Kichererbsen Wasser statt der Kochflüssigkeit.

ERGIBT ETWA 840 ML

960 g gekochte warme Kichererbsen, plus 240 ml aufbewahrte Kochflüssigkeit (siehe Seite 70) oder Wasser
3 EL natives Olivenöl
½ TL Meersalz, plus mehr nach Geschmack

ZUM GARNIEREN:

gehackte Petersilie oder Schnittlauch
kalt gepresstes Leinsamen- oder natives Olivenöl

Geben Sie die Kichererbsen und 120 ml der Kochflüssigkeit oder des Wassers in einen mittelgroßen Topf auf mittlerer Flamme. Rühren Sie die Kichererbsen um, bis sie vollständig durchgewärmt sind, und nehmen Sie dann den Topf vom Herd. Fügen Sie Olivenöl und Salz hinzu und zerdrücken Sie die Kichererbsen mit einem Kartoffelstampfer, bis Sie cremig sind. Geben Sie je nach gewünschter Konsistenz nach und nach mehr Kochflüssigkeit oder Wasser hinzu. Würzen Sie das Mus nach Belieben, geben Sie es in eine Schüssel und servieren Sie es garniert mit gehackter Petersilie oder Schnittlauch und einigen Tropfen Öl.

Übrig gebliebenes Kichererbsenmus hält sich im Kühlschrank bis zu vier Tage lang. Es wird durch das Abkühlen fest und muss aufgewärmt werden, um wieder cremig zu werden. Geben Sie es dafür in einen Topf auf mittlerer Flamme, fügen Sie einen Spritzer Wasser hinzu, rühren Sie es cremig und würzen Sie es nach Belieben.

EINFACHE MARINIERTE BOHNEN

Wenn ich Bohnen mariniere, verwende ich größere Sorten, da diese meist cremiger sind, Aromen besser aufnehmen und in Marinaden eine sehr gute Figur machen. Probieren Sie es mit Kidneybohnen, meinen beiden alten Lieblingssorten Feuer- oder Borlottibohnen oder mit Kichererbsen. Am aromatischsten werden die Bohnen, wenn Sie sie noch warm marinieren. Dieses Rezept ist eine köstliche Salatgrundlage.

ERGIBT ETWA 400 G

360 g frisch gekochte Bohnen, gut abgetropft
1 EL unpasteurisierter Apfelessig
1 TL Balsamico- oder Rotweinessig
2 EL natives Olivenöl
Meersalz nach Geschmack
gehackte Petersilie und Frühlingszwiebeln zum Garnieren

Geben Sie die Bohnen in eine mittelgroße Schüssel und fügen Sie beide Essigsorten, das Olivenöl und eine gute Prise Salz hinzu. Rühren Sie alles gut um und lassen Sie es marinieren, oder servieren Sie es sofort mit Frühlingszwiebelringen und reichlich gehackter Petersilie garniert. Bewahren Sie die Bohnen bis zu vier Tage lang im Kühlschrank auf und servieren Sie sie in Raumtemperatur oder wärmen Sie sie leicht in einem Topf auf.

ZITRONENMARINIERTE LINSEN

Linsen haben einen faszinierenden, leicht erdigen Geschmack, der fantastisch mit Zitrone harmoniert. Gekochte Puy-Linsen behalten ihre Form und sind daher perfekt zum Marinieren. Besonders gut schmecken sie leicht warm auf einem Bett aus gedünstetem Blattgemüse und mit einem pochierten Ei im Winter oder bei Raumtemperatur im Sommer. Zusammen mit geröstetem Gemüse, Rucola und einigen Krümeln Ziegenkäse ergeben sie einen großartigen herzhaften Salat. Probieren Sie für eine süßere und intensiv duftende Note Meyer-Zitronen aus, wenn sie gerade Saison haben und Sie welche ergattern können.

4 PORTIONEN

200 g Puy-Linsen, verlesen und gewaschen
720 ml gefiltertes Wasser, plus Einweichwasser
3 Lorbeerblätter
3 Knoblauchzehen, geschält
1 Stückchen Kombu (5 cm groß)
Abrieb einer Zitrone
2 El frisch gepresster Zitronensaft
3 EL natives Olivenöl, plus mehr zum Garnieren
½ TL Salz, plus mehr nach Geschmack
frisch gemahlener schwarzer Pfeffer
gehackte frische Petersilie zum Garnieren

Geben Sie die Linsen in einen mittelgroßen Topf, fügen das Wasser hinzu und weichen Sie sie 12 bis 24 Stunden ein. Gießen Sie sie ab, spülen Sie sie und geben Sie sie zurück in den Topf. Geben Sie das gefilterte Wasser, die Lorbeerblätter, den Knoblauch und das Kombustückchen zu und bringen Sie alles auf hoher Flamme zum Kochen. Decken Sie den Topf ab, stellen Sie die Flamme niedrig und köcheln Sie die Linsen 20 Minuten bzw. bis sie innen weich sind, aber nicht auseinanderfallen. Das kann mitunter bis zu 30 Minuten dauern.

Nehmen Sie den Topf vom Herd und entfernen Sie das Kombustück und die Lorbeerblätter. Gießen Sie die Linsen gut ab und geben Sie sie zurück in den Topf. Sie können die Kochflüssigkeit wegschütten oder als Brühenbasis für eine Suppe verwenden. Rühren Sie den Zitronenabrieb, den Zitronensaft, das Olivenöl, das Salz und eine Prise Pfeffer unter die Linsen. Zerdrücken Sie dabei sanft die Knoblauchzehen. Würzen Sie die Linsen nach Belieben und garnieren Sie sie mit gehackter Petersilie und einigen Tropfen Olivenöl. Servieren Sie sie warm oder bei Raumtemperatur. Im Kühlschrank halten sich die Linsen bis zu vier Tage lang.

NÜSSE UND SAMEN

Eine schöne Auswahl an Nüssen und Samen im Vorratsschrank ist für mich einfach unverzichtbar.
Durch sie bekommen Gerichte zu jeder Tageszeit einen wunderbaren Geschmack, eine interessante
Konsistenz und eine Extraportion Eiweiß sowie Antioxidantien und essenzielle Fettsäuren – egal ob
eingeweicht und zu Nussmilch püriert oder geröstet und über Getreide, Gemüse oder Salate gestreut.

NÜSSE UND SAMEN EINWEICHEN

Rohe Nüsse und Samen enthalten wie auch Getreide und Bohnen Enzymhemmer und
unterschiedliche Mengen an Phytinsäure (siehe Seite 60). Das Einweichen ist die
beste Methode, um die Phytinsäure zu neutralisieren und gleichzeitig die Nährstoffe zu
aktivieren und die Verdaulichkeit zu verbessern. Eingeweichte Nüsse und Samen können abgegossen, gespült und bis zu vier Tage lang im Kühlschrank aufbewahrt oder bis
zu sechs Monate lang eingefroren werden. Streuen Sie sie über Ihre Mahlzeiten, essen
Sie sie als Snack oder pürieren Sie sie zu cremiger Nuss- oder Samenmilch. Eingeweichte
Samen lassen sich auch keimen, während Nüsse beim Einweichen keinen Keimling bilden (siehe Seite 81 für Hinweise zum Keimen).

Geben Sie die Nüsse zum Einweichen in eine Schüssel oder ein Glas, bedecken
Sie sie 5 bis 8 cm hoch mit gefiltertem Wasser und weichen Sie sie 8 bis 12 Stunden
bei Raumtemperatur ein. Stellen Sie sie bei sehr warmem Wetter während des
Einweichens in den Kühlschrank. Eine Prise Meersalz im Einweichwasser hilft beim
Neutralisieren der Enzymhemmer. Gießen Sie die Nüsse ab und spülen Sie sie. Machen
Sie frische Nussmilch daraus oder stellen Sie sie in den Kühlschrank und verwenden
Sie sie später.

Cashew- und Pinienkerne, Hanfsamen und Macadamianüsse enthalten keine
Enzymhemmer, also weiche ich sie nur 2 bis 6 Stunden ein, wodurch sie weicher werden und sich zu himmlisch cremigen Desserts, zu Käse oder Milch weiterverarbeiten
lassen. Wenn Sie sie jedoch länger als 8 Stunden einweichen, können sie schleimig werden und ihren Eigengeschmack verlieren.

Wenn Sie einen Dörrautomat zu Hause haben, können Sie eingeweichte Nüsse
und Samen auch 12 bis 24 Stunden dörren, bis sie bissfest und leicht knusprig sind.
So schmecken sie fantastisch, fast wie geröstete Nüsse, während all ihre lebensaktiven
Enzyme intakt bleiben.

FRISCHE NUSSMILCH

Am allerliebsten stelle ich frische Nussmilch aus Mandeln her, die ich meistens noch mit etwas Zimt und Vanille verfeinere. Nussmilch kann aber auch ganz ohne Gewürze mit einem neutralen Geschmack hergestellt und vielseitig verwendet werden. Manchmal verwende ich statt Mandeln Paranüsse, die eine wunderbar cremige, strahlend weiße Milch ergeben. Sie können jede Art von Nüssen oder verschiedene Nusskombinationen sowie getrocknete ungesüßte Kokosraspel zur Herstellung von Milch verwenden. Sie sollten sich nur das folgende Verhältnis merken: 1 Teil Nüsse zu 4 Teilen Wasser. Sie können auch Sonnenblumenkerne, Sesam- oder Hanfsamen im gleichen Verhältnis verwenden.

Das ganze Jahr über mache ich jede Woche neue frische Mandelmilch. In den kälteren Monaten wärme ich sie morgens etwas auf und gieße sie über meinen täglichen *Superfood-Haferbrei* (Seite 89), und im Sommer über meine *eingeweichten Haferflocken und Chia* (Seite 90). Mandelmilch ist außerdem eine großartige Zutat für Smoothies. Zum Frühstück mag ich die etwas gröbere Konsistenz und die schnelle und einfache Zubereitung von ungefilterter Mandelmilch. Für eine glattere und cremigere Milch, die man trinken oder in heiße Getränke rühren kann, filtere ich sie lieber. Das Filtern lässt sich auf viele Arten bewerkstelligen: Sie können dafür ein Geschirrtuch, mehrere Lagen Käsetuch oder einen Nussmilchbeutel verwenden. Geben Sie für eine süße Note vor dem Pürieren eine oder zwei Medjool-Datteln in den Mixer. Nussmilch schäumt beim Pürieren ein bisschen. Wenn Ihr Mixer weniger als 1,5 Liter Fassungsvermögen hat, bereiten Sie die Nussmilch am besten in zwei Durchgängen zu.

ERGIBT ETWA 1,2 L UNGEFILTERTE ODER 950 ML GEFILTERTE NUSSMILCH

140 g ganze rohe Nüsse oder Samen
960 ml gefiltertes Wasser, plus Einweichwasser
1 kleine Prise Meersalz
¼ TL Zimt
1 EL Vanilleextrakt

Geben Sie die Nüsse oder Samen in eine Schüssel und fügen Sie 480 ml gefiltertes Wasser hinzu. Lassen Sie sie je nach Nuss- oder Samenart 6 bis 13 Stunden einweichen. Gießen Sie sie ab und spülen Sie sie. Geben Sie sie in einen Standmixer und fügen Sie 960 ml Wasser, das Salz, den Zimt und den Vanilleextrakt hinzu. Pürieren Sie alles mindestens eine Minute lang auf hoher Stufe oder bis die Milch glatt und schaumig ist. Gießen Sie die Milch in eine große Glasflasche oder ein großes Schraubglas und bewahren Sie sie bis zu 5 Tage lang im Kühlschrank auf. Schütteln Sie sie vor dem Gebrauch.

VARIATION

FEIN-CREMIGE NUSSMILCH

Legen Sie ein großes Sieb mit einem Nussmilchbeutel, einem sauberen Geschirrtuch oder mehreren Lagen Käsetuch aus und hängen Sie es über eine mittelgroße Schüssel. Gießen Sie die Mandelmilch durch das Sieb in die Schüssel. Heben Sie danach die Zipfel des Nussmilchbeutels, Geschirr- oder Käsetuchs nach oben, verdrehen Sie sie und drücken Sie langsam die noch verbliebene Milch aus dem Nusstrester heraus. Sie können den Trester kompostieren oder für andere Zwecke weiterverwenden (siehe unten). Gießen Sie die Milch in eine saubere Glasflasche oder ein Glas mit Deckel und stellen Sie sie in den Kühlschrank. Schütteln Sie sie vor dem Gebrauch.

Sie können Nussmilchtrester unter ihren Hafer- oder andere Frühstücksbreivarianten rühren oder als Zutat von Pancakes, Brot oder anderen Backwaren verwenden. Wenn Sie eine neutrale Nussmilch (ohne Zimt und Vanilleextrakt) zubereitet haben, können Sie den Trester auch in herzhaften Dips, Pâtés oder Burger-Pattys verwenden. Nusstrester hält sich bis zu 5 Tage lang im Kühlschrank und eingefroren bis zu 6 Monate lang.

NÜSSE UND SAMEN RÖSTEN

Selbst geröstete Nüsse und Samen schmecken nicht nur köstlich, sondern sind durch den Röstprozess auch frei von Phytinsäure und daher leichter verdaulich als rohe, nicht eingeweichte. Geröstete Nüsse und Samen aus dem Laden werden oft mit minderwertigem Öl und raffiniertem Salz hergestellt. Sie schmecken selten frisch und sind kein Vergleich zu selbst gerösteten Nüssen und Samen.

Das Rösten von Nüssen und Samen braucht etwas Übung, doch wenn Sie meinen Anweisungen folgen, werden sie Ihnen jedes Mal wunderbar gelingen. Benutzen Sie immer einen Timer bzw. Kochwecker und denken Sie daran, dass die Nüsse auch dann noch etwas weiter rösten, wenn Sie sie schon aus dem Ofen genommen haben. Mit einer Lage Backpapier lassen sich die Nüsse schnell vom Backblech herunter und in Gläser schütten, was gerade dann praktisch ist, wenn sie etwas zu lang im Ofen waren und schnell vom Blech herunter müssen. Heben Sie das Backpapier auf, um es später noch einmal zu verwenden. Die Röstzeit variiert je nachdem, wie sehr die von Ihnen verwendete Menge von der hier angegebenen abweicht. Breiten Sie die Nüsse oder Samen in einer Schicht verteilt auf dem Backpapier aus, damit sie gleichmäßig rösten.

Alle Nüsse und Samen, egal ob roh oder geröstet, halten sich im Kühlschrank länger. Sollten Sie darin aber keinen Platz mehr haben, bewahren Sie sie an einem kühlen, dunklen Ort auf. Viele halten sich länger als in meinen Rezepten angegeben. Sollten Ihre gerösteten Nüsse oder Samen ihren knusprigen Biss und viel von ihrem Röstgeschmack verloren haben, schieben Sie sie einfach noch einmal 5 Minuten bei 150 °C in den Ofen und probieren Sie dann eine Nuss. Sollte diese immer noch nicht knusprig sein, lassen Sie sie weitere 2 bis 3 Minuten im Ofen und probieren Sie danach noch einmal eine.

Bei den folgenden Rezepten werden Sie bemerken, dass ich Samen vor dem Rösten spüle. Sie bekommen dadurch einen frischeren Geschmack, weil sich manchmal Staub und Schmutz auf ihnen ansammelt. Nüsse müssen meiner Meinung nach vor dem Rösten nicht gespült werden. Achten Sie aber darauf, dass Sie die Samen nach dem Spülen gut abtropfen lassen. Ich mache dies meistens, während ich meinen Ofen vorheize. Denken Sie daran, dass gespülte Samen eine etwas längere Röstzeit benötigen als ungespülte.

VEGAN

GERÖSTETE MANDELN

Geröstete Mandeln haben einen vollen, leicht süßen Geschmack und sind allein oder mit Ihren Lieblingstrockenfrüchten kombiniert ein leckerer und glücklich machender Snack. Wenn ich reise, habe ich immer eine kleine Tüte geröstete Mandeln dabei, da sie sich nicht nur einfach überall knabbern lassen, sondern auch nährreich und gesund sind. Sie sind außerdem eine tolle Salatzutat und vervollkommnen Getreide- oder Frühstücksgerichte und Desserts mit einer interessanten und kernigen Note.

280 g rohe Mandeln

Heizen Sie den Ofen auf 150 °C vor und legen Sie ein Backblech mit einem Stück Backpapier aus. Geben Sie die Mandeln gut verteilt in einer Schicht darauf. Schieben Sie das Blech auf die mittlere Schiene und rösten Sie die Mandeln 10 Minuten. Wenden Sie die Mandeln und rösten Sie sie weitere 8 bis 10 Minuten bzw. bis sie anfangen zu duften. Sie sollten innen leicht braun sein; falls nicht, lassen Sie sie weitere 2 Minuten im Ofen und testen Sie sie noch einmal. Nehmen Sie die Mandeln aus dem Ofen und lassen Sie sie abkühlen. Geben Sie die abgekühlten Mandeln in ein Schraubglas und bewahren Sie sie bis zu einem Monat lang im Kühlschrank auf.

VEGAN

GERÖSTETE SESAMSAMEN

Geröstete schwarze Sesamsamen verwende ich fast jeden Tag als Gewürz. Über Getreide oder Gemüse gesprenkelt sehen sie nicht nur hübsch aus, sondern haben auch noch einen höheren Mineralstoffgehalt als braune Sesamsamen. Wenn Sie gerade welche geröstet haben, probieren Sie doch einmal *schwarzes Sesam-Gomasio* (Seite 119) oder *schwarze Sesam-Reis-Cracker* (Seite 224) aus. Ich verwende geröstete ungeschälte Sesamsamen auch für mein *Tahini aus ungeschältem Sesam* (Seite 121).

HINWEIS: Wenn Sie kleinere Mengen rösten möchten, können Sie dies auch einfach in einer Pfanne auf niedriger bis mittlerer Flamme tun. Rösten Sie die Sesamsamen unter ständigem Rühren etwa 8 bis 10 Minuten lang bzw. bis Sie sie leicht mit den Fingern zerdrücken können.

---

260 g rohe schwarze oder ungeschälte Sesamsamen

Heizen Sie den Ofen auf 150 °C vor.

Geben Sie die Sesamsamen in eine mittelgroße Schüssel und füllen Sie diese mit Wasser. Rühren Sie die Samen mit Ihren Fingern um und warten Sie, bis sie sich setzen. Gießen Sie das Wasser ab und fangen Sie die Samen in einem feinmaschigen Sieb auf. Spülen Sie sie unter laufendem Wasser und lassen Sie sie gut abtropfen, während der Ofen vorheizt.

Legen Sie ein Backblech mit Backpapier aus und verteilen Sie die Sesamsamen in einer Schicht darauf. Schieben Sie das Blech auf die mittlere Schiene und rösten Sie die Sesamsamen 10 Minuten. Wenden Sie sie und lassen Sie sie weitere 10 Minuten im Ofen rösten. Sie sind fertig, wenn sie sich leicht zwischen den Fingern zerdrücken lassen und duften. Nehmen Sie die Samen aus dem Ofen und lassen Sie sie abkühlen. Geben Sie die abgekühlten Samen in ein Schraubglas und bewahren Sie sie bis zu einem Monat lang im Kühlschrank auf.

VEGAN

GERÖSTETE KÜRBIS- UND SONNENBLUMENKERNE

Geröstete Kürbiskerne gehören zu meinen Lieblingssnacks. Sie schmecken fantastisch auf Getreide- und Bohnengerichten oder als Frühstücksgarnierung, wie z. B. in meinem *Amaranth-Müsli* (Seite 134). Eine Handvoll geröstete Sonnenblumenkerne sind ebenfalls eine wunderbare Ergänzung für viele Gerichte. Ihr süßer Geschmack und ihr zarter Biss passen perfekt zu Salaten oder morgens zu Müsli oder Haferbrei. Sie sind ein Genuss in meinem *braunen Reissalat mit Petersilie und Samen* (Seite 99) und meinem *Sprossensalat mit gerösteten Sonnenblumenkernen und Umeboshi-Vinaigrette* (Seite 186).

---

280 g rohe Kürbis- oder Sonnenblumenkerne

Heizen Sie den Ofen auf 150 °C vor.

Geben Sie die Kerne in eine mittelgroße Schüssel und füllen Sie diese mit Wasser. Rühren Sie die Kerne mit Ihren Fingern um und warten Sie, bis sie sich setzen. Gießen Sie das Wasser ab und fangen Sie die Kerne in einem Sieb auf. Spülen Sie sie unter laufendem Wasser und lassen Sie sie gut abtropfen, während der Ofen vorheizt.

Legen Sie ein Backblech mit Backpapier aus und verteilen Sie die Kerne in einer Schicht darauf. Schieben Sie das Blech auf die mittlere Schiene und rösten Sie die Kerne 12 Minuten. Wenden Sie sie und lassen Sie sie weitere 10 bis 12 Minuten im Ofen rösten. Sie sind fertig, wenn sie etwas aufgepufft sind und aromatisch duften. Nehmen Sie die Kerne aus dem Ofen und lassen Sie sie vollständig abkühlen. Geben Sie die Samen in ein Schraubglas und bewahren Sie sie bis zu 3 Wochen lang im Kühlschrank auf.

VARIATIONEN

WÜRZIGE KÜRBISKERNE

Diese pikante Kombination ist ein großartiger Snack, passt aber auch hervorragend zu allen möglichen Salaten oder Getreidegerichten. Dieses Rezept lässt sich auch einfach verdoppeln oder verdreifachen, je nachdem, welche Menge Sie zubereiten möchten.

Spülen Sie 150 g Kürbiskerne und gießen Sie sie ab. Vermischen Sie die Kerne mit 4 TL frischem Limetten- oder Zitronensaft, ¼ TL Cayennepfeffer und ½ TL Meersalz. Verteilen Sie die Kerne auf einem mit Backpapier ausgelegten Backblech und rösten Sie sie so wie oben beschrieben. Lassen Sie die Kerne abkühlen, geben Sie sie in ein Schraubglas und bewahren Sie sie bis zu 3 Wochen lang im Kühlschrank auf.

TAMARISOSSE-GERÖSTETE KERNE

Diese Würzmischung passt besonders gut zu braunem Reis oder Quinoa, ist aber auch sehr lecker als Snack zwischendurch. Ich verwende normalerweise Kürbis- oder Sonnenblumenkerne dafür, aber Sie können es auch mit Sesamsamen oder einer Kombination aus verschiedenen Samen und Kernen ausprobieren.

Rösten Sie die Kerne wie oben im Hauptrezept beschrieben. Nehmen Sie sie aus dem Ofen und heben Sie die Ränder des Backpapiers an, damit die Kerne in die Mitte und zu einem Haufen zusammenrutschen. Geben Sie über je 150 g Kerne einen Teelöffel Tamarisoße und rühren Sie gut um. Breiten Sie die Kerne wieder aus und lassen Sie sie abkühlen. Geben Sie die Kerne nach dem Abkühlen und Trocknen in ein Schraubglas und bewahren Sie sie zwei bis drei Wochen lang im Kühlschrank auf.

VEGAN

GERÖSTETE WALNÜSSE

Walnüsse sind eine tolle Möglichkeit, mehr Geschmack und Biss in Salate wie meinen *Salat aus geröstetem Wintergemüse und Rucola mit Senfdressing* (Seite 203) zu bringen. Sie verleihen Desserts und Süßspeisen eine buttrige Note, sind eine leckere Zutat von Studentenfuttermischungen und ein köstliches Joghurt-Topping.

120 bis 240 g Walnussstücke oder Walnusshälften

Heizen Sie den Ofen auf 150 °C vor. Legen Sie ein Backblech mit Backpapier aus und verteilen Sie die Walnüsse in einer Schicht darauf. Schieben Sie das Blech auf die mittlere Schiene und rösten Sie die Walnussstücke 5 Minuten (die Walnusshälften 6 Minuten). Probieren Sie ein Stück. Wenn es noch nicht knusprig ist und duftet, lassen Sie die Walnüsse weitere 2 Minuten im Ofen. Nehmen Sie die Walnüsse aus dem Ofen und lassen Sie sie abkühlen. Reiben Sie sie zwischen Ihren Fingern, bis sich die bittere papierne Haut ablöst. Geben Sie die Walnüsse in ein Schraubglas und bewahren Sie sie bis zu einem Monat lang im Kühlschrank auf.

VEGAN

GERÖSTETE PISTAZIEN

Pistazien verleihen sowohl herzhaften wie auch süßen Gerichten mit ihrer intensiven grünen Farbe und ihrem tollen Geschmack eine lebendige Note. Streuen Sie sie über *marinierte Rote Bete* (Seite 106), vermengen Sie sie mit ein paar Krümeln Ziegenfeta und einigen zerpflückten Minzblättern zu einer kleinen Salatmischung oder probieren Sie sie in meinem *Pistazien-Kürbiskern-Dukkah* (Seite 221) aus.

140 g bis 280 g ganze rohe Pistazien

Heizen Sie den Ofen auf 150 °C vor. Legen Sie ein Backblech mit Backpapier aus und verteilen Sie die Pistazien in einer Schicht

darauf. Schieben Sie sie auf die mittlere Ofenschiene und rösten Sie sie 6 bis 8 Minuten bzw. bis sie duften und etwas dunkler werden. Nehmen Sie die Pistazien aus dem Ofen und lassen Sie sie abkühlen. Geben Sie sie in ein Schraubglas und bewahren Sie sie bis zu einem Monat lang im Kühlschrank auf.

VEGAN

GERÖSTETE HASELNÜSSE

Der Geschmack gerösteter Haselnüsse ist vollmundig und ausdrucksstark. Ihr warmes Aroma entfaltet sich besonders gut in meiner *Schokoladen-Haselnuss-Torte mit Kirschfüllung und Schokoladenganache* (Seite 339). Auch in Wintersalaten wie meinem *Rote-Bete-Fenchel-Salat mit Blutorangen und gehackten Haselnüssen* (Seite 200) schmecken sie fantastisch.

150 bis 300 g rohe Haselnüsse

Heizen Sie den Ofen auf 150 °C vor. Legen Sie ein Backblech mit Backpapier aus und verteilen Sie die Haselnüsse in einer Schicht darauf. Schieben Sie das Blech auf die mittlere Schiene und rösten Sie die Haselnüsse 10 Minuten. Wenden Sie sie und lassen Sie sie weitere 4 Minuten rösten. Prüfen Sie, ob die Haselnüsse innen leicht gebräunt sind. Falls nicht, lassen Sie sie weitere 2 Minuten im Ofen. Nehmen Sie sie aus dem Ofen und lassen Sie sie abkühlen. Reiben Sie sie zwischen Ihren Fingern, bis sich die bittere papierne Haut ablöst. Sie werden nicht alles abreiben können, aber der größte Teil wird sich recht leicht entfernen lassen. Geben Sie die Haselnüsse in ein Schraubglas und bewahren Sie sie bis zu einem Monat lang im Kühlschrank auf.

VEGAN

GERÖSTETE PECANNÜSSE

Geröstete Pecannüsse haben einen köstlichen süß-buttrigen Geschmack und können leicht anstelle von Walnüssen in Salaten und Süßspeisen verwendet werden. Bei Pecannüssen muss ich immer sofort an Desserts denken, vor allem aber an *Kirsch-Pecannuss-Cookies* (Seite 356).

Rösten Sie Pecannüsse auf die gleiche Weise wie oben für die Walnusshälften beschrieben. Da sie keine bittere Haut haben, müssen Sie sie nach dem Rösten nicht abreiben. Geben Sie die abgekühlten Nüsse in ein Schraubglas und bewahren Sie sie bis zu einem Monat lang im Kühlschrank auf.

KEIMEN

Meine Erfahrung auf diesem Gebiet hat ihren Ursprung in einem kleinen glücklichen Zwischenfall mit zu lange eingeweichten Bohnen und Getreide. Wenn Getreide, Bohnen oder Samen eingeweicht werden, können sie innerhalb weniger Tage keimen. (Nüsse tun dies nicht.) Das Keimen entfernt nicht nur die Phytinsäure, sondern erhöht auch den Vitamin- und Enzymgehalt von Getreide, Bohnen und Samen erheblich und verwandelt diese Lebensmittel in kleine Nährstoffkraftpakete. Das Keimen macht aus Getreide leicht verdauliches Gemüse, da die Stärke dabei in einfache Zucker und die Eiweiße in Aminosäuren aufgebrochen werden. Das Keimen kann zudem eine allergische Reaktion auf weitverbreitete Allergene wie Weizen abmildern oder sogar verhindern.

Die meisten denken bei gekeimten Bohnen und Getreide an Rohkost, doch kann beides auch gekocht werden, wodurch weichere, süßere und leichter verdauliche Gerichte entstehen. Sprossen und Keime haben eine kühlende, reinigende und entgiftende Wirkung auf den Körper und sollten deshalb besonders während der wärmeren Monate gegessen werden, wobei die kühlende Wirkung durch das Kochen aber abgeschwächt wird.

Durch das Ziehen eigener Sprossen haben Sie das ganze Jahr über einen nährstoffreichen kleinen Minigarten in Ihrer Küche. Je nachdem, was Sie keimen möchten, können die ersten Sprossen nach dem Einweichen schon nach zwei bis drei Tagen gegessen werden. Dafür brauchen Sie keine spezielle Ausrüstung, sondern nur ein Glas und ein Käsetuch oder ein Sieb.

1. Weichen Sie ½ bis 1 Tasse Vollkorngetreide, Bohnen oder Samen 10 bis 12 Stunden in 500 ml gefiltertem Wasser bei Raumtemperatur ein. Nehmen Sie bei kleineren Samen wie z. B. Alfalfa, Brokkoli oder Senf nur einige Teelöffel, da diese längere Sprossen entwickeln und deshalb mehr Platz benötigen.

2. Gießen Sie das Getreide, die Bohnen oder die Sprossen ab und spülen Sie sie. Lassen Sie sie entweder in einem Sieb über einer Schüssel abtropfen und decken Sie diese mit einem Geschirrtuch ab, oder geben Sie sie in ein Einweckglas, das Sie mit mehreren Lagen eines Käsetuchs abdecken, welches Sie mit einem Gummi befestigen. Stellen Sie sicher, dass das Keimgut gut abtropfen kann und nicht im Wasser sitzt. Wenn Sie es in ein Glas gegeben haben, kippen Sie dieses leicht an und stellen Sie es in schrägem Winkel in eine Schüssel oder aufs Abtropfgestell. Ihre Sprossen sollten an einem gut belüfteten Ort stehen und keinem direkten Sonnenlicht ausgesetzt sein.

3. Spülen Sie Ihre Sprossen immer morgens und abends, bei sehr warmem Wetter drei- bis viermal täglich, und lassen Sie sie gut abtropfen. Je gründlicher Sie sie spülen und abtropfen lassen, umso besser und frischer schmecken Ihre fertigen Sprossen.

4. Sie können die Sprossen essen, wenn sie mindestens so groß sind wie die Körner oder die Bohnen, aus denen sie wachsen. Manche Samen, wie z. B. Alfalfa, haben sehr lange Sprossen. Das Keimen braucht oft nicht mehr als ein bis drei Tage, je nach Keimgut manchmal aber einen oder zwei Tage länger.

5. Wenn die Sprossen fertig sind, spülen Sie sie nicht noch einmal, da sie sich trocken länger halten. Geben Sie sie in ein Schraubglas und bewahren Sie sie bis zu einer Woche lang im Kühlschrank auf. Wenn Sie sie in einem Einweckglas gekeimt haben, achten Sie darauf, dass Sie sie gut abtropfen lassen, bevor Sie das Glas verschließen und es in den Kühlschrank stellen.

GEMÜSE RÖSTEN

Immer wenn ich ratlos in der Küche stehe und etwas Einfaches, aber Leckeres machen möchte, entscheide ich mich für geröstetes Gemüse. Ohne viel nachzudenken werfe ich den Ofen an und sammle zusammen, was ich gerade da habe: Wurzelgemüse, Blumenkohl oder Kürbis im Winter; Spargel, Radieschen, überreife Tomaten, Zucchini und Paprika im Frühling und Sommer. Richtig geröstet schmeckt fast jedes Gemüse fantastisch, und meine Gäste überraschen mich oft mit ihrer Begeisterung. „Richtig geröstet" bedeutet, dass das Gemüse so lange im Ofen bleibt, bis es eine dunkle, goldbraune Farbe angenommen hat, an den Ecken karamellisiert und innen weich ist. Geröstetes Gemüse ist eine köstliche Zutat für Salate und Eintöpfe und auch als Fingerfood unschlagbar. Es hält sich gut drei bis vier Tage lang im Kühlschrank und ist toll für spontane Gerichte und Snacks.

GERÖSTETES GEMÜSE

BACKBLECH(E), MIT BACKPAPIER AUSGELEGT, ODER EINE TIEFE AUFLAUFFORM FÜR FESTERES WURZELGEMÜSE

Gemüse der Saison

2 EL geschmolzenes natives Kokosöl (oder Ghee für eine nicht-vegane Variante) oder Olivenöl pro Blech

Meersalz und frisch gemahlener Pfeffer nach Belieben

frische Kräuter (Salbei, Rosmarin, Thymian), ganz oder gehackt, optional

WASCHEN

Waschen Sie das Gemüse und lassen Sie es vor dem Schneiden abtropfen. Bürsten Sie Wurzelgemüse gründlich mit einer Gemüsebürste ab, um Schmutz und eine dünne Schicht der äußeren Schale zu entfernen. Sie müssen es nur schälen, wenn die Schale sehr alt und runzelig ist.

SCHNEIDEN UND WÜRZEN

Schneiden Sie Süßkartoffeln, Zucchini, Sommerkürbisse und Thai-Auberginen in 3 bis 4 cm dicke Scheiben (siehe Seite 176). Kratzen Sie die Samen aus Winterkürbissen heraus und schneiden Sie sie in 3 cm dicke Spalten. Möhren, Topinambur, Pastinaken und Rote Bete können diagonal in 1,5 cm dicke Scheiben oder Spalten geschnitten werden; Brokkoli und Blumenkohl in mittelgroße Röschen. Vierteln Sie große Tomaten und halbieren Sie Kirschtomaten, oder verwenden Sie sie ganz. Bei Spargel müssen Sie nur die Enden abschneiden. Gemüsepaprika schneiden Sie am besten in 2,5 cm dicke Streifen oder Dreiecke.

Legen Sie ein Backblech mit Backpapier aus und verteilen Sie das Gemüse in einer Schicht darauf. Beträufeln Sie es mit Öl, geben Sie eine Prise Salz und Pfeffer darüber und alle Kräuter hinzu, die Sie gern verwenden möchten. Vermischen Sie das Gemüse gut mit den Gewürzen und breiten Sie es danach wieder in einer Schicht aus. Wenn das Gemüse übereinanderliegt, können die Ränder nicht karamellisieren und weicheres Gemüse wird schnell matschig. Wenn Sie sehr viel Gemüse rösten möchten, tun Sie es in mehreren Durchgängen. Legen Sie die Schnittseiten nach unten, damit es gut bräunen kann. Nur Tomaten rösten besser mit der Schnittseite nach oben. Wenn Sie große Stücke härterer Gemüsesorten rösten, wie z. B. Rote Bete, Topinambur oder Zwiebeln, geben Sie diese in eine tiefe Auflaufform, würzen Sie sie wie oben beschrieben, verteilen Sie sie gleichmäßig in einer Schicht und decken Sie sie mit einer Schicht Backpapier und einer weiteren Schicht Aluminiumfolie darüber ab.

RÖSTEN

Heizen Sie den Ofen auf 200 °C vor. Schieben Sie das Blech auf die mittlere Schiene und rösten Sie das Gemüse 20 Minuten. Prüfen Sie dünnen Spargel schon nach 15 Minuten, da er schneller gart und dann wahrscheinlich fertig ist. Dickere Spargelstangen brauchen meistens etwa 20 Minuten. Nehmen Sie das Gemüse aus dem Ofen und wenden Sie alle Stücke (bis auf Tomaten, da diese dabei zerfallen). Drehen Sie das Blech um 180 Grad und schieben Sie es für weitere 10 bis 20 Minuten in den Ofen, bis die Gemüseränder gebräunt und karamellisiert sind. Je nach Art und Größe der Gemüsestücke und der Anzahl der Bleche im Ofen kann die Röstzeit etwas variieren. Wenn Sie mehr als ein Blech im Ofen haben, tauschen Sie nach 20 Minuten die Ofenschienen, damit das Gemüse gleichmäßig bräunt.

Wenn Sie zum Rösten eine tiefe Auflaufform verwenden, lassen Sie das Gemüse 20 bis 30 Minuten im Ofen bzw. bis es weich ist, nehmen Sie dann die Abdeckung ab, wenden Sie das Gemüse und rösten Sie es weiter, bis die Ränder gebräunt sind.

SERVIEREN ODER AUFBEWAHREN

Nehmen Sie das Blech aus dem Ofen, heben Sie die Backpapierränder an und lassen Sie das Gemüse zum Servieren in eine Schüssel oder auf einen großen Teller gleiten. Bewahren Sie das Gemüse nach dem Abkühlen bis zu vier Tage lang in einem Schraubglas im Kühlschrank auf.

GEMÜSE BEI UMLUFT RÖSTEN

Die meisten Öfen haben eine Umluftfunktion, die den Ofen trocken hält und besonders fürs Backen, aber auch fürs schnelle Rösten und für Gemüse mit einem höheren Wassergehalt wie z. B. Tomaten oder Zucchini praktisch ist. Wenn Sie mit Umluft rösten wollen, heizen Sie Ihren Ofen auf 190 °C vor und testen Sie das Gemüse schon nach 15 Minuten, da es schnell braun werden kann. Bei dieser Methode ist günstiger, hartes Gemüse etwas dünner zu schneiden, da sonst das Innere noch hart bleibt, während die Ränder schon bräunen. Wenden Sie das Gemüse oder rühren Sie es um und schieben Sie es für weitere 10 bis 15 Minuten in den Ofen.

Grundrezepte

Superfood-Haferbrei mit Gojibeeren, Chia und Maulbeeren / 89

Eingeweichte Haferflocken und Chia mit Mandelmilch, Leinsamen und Weizenkeimen / 90

Einfache Rote-Linsen-Suppe mit Spinat, Zitrone und Pfeffer / 93

Hirse-Blumenkohl-Stampf / 94

Gedünstetes Blattgemüse mit würzigem Leinsamendressing / 95

Schwarzes Sesam-Leinsamen-Dressing / 95

Einfacher grüner Salat mit fein säuerlichem Hanfsamendressing / 96

Brauner Reissalat mit Petersilie und Samen / 99

Vollkorn-Fettuccine mit Grünkohl, karamellisierten Zwiebeln und mariniertem Ziegenkäse / 100

Schneller marinierter Rotkohl / 104

Möhren-Petersilie-Salat / 104

Marinierte Rote Bete / 106

Dijon-Senf-marinierter Tempeh / 107

Arame mit Möhren und Sesam / 109

Schneller geschmorter Tempeh / 110

Curry-Quinoa-Pilaw mit gerösteten Cashewkernen / 111

Delikatessen-Sandwich / 112

Mit Knoblauch und Tamarisoße geschmorter Tofu / 113

Vanille-Chiapudding / 115

WÜRZMISCHUNGEN / 116

Superfood-Frühstückstopping / 116

Geröstete Mandelbutter / 116

Miso-Mayonnaise / 118

Harissa / 118

Currypulver / 119

Schwarzes Sesam-Gomasio / 119

Marinierter Ziegenkäse / 120

Tahini aus ungeschältem Sesam / 121

Tahini-Soße / 121

Chimichurri-Soße / 122

FERMENTIERTE KÖSTLICHKEITEN / 124

Rosa Kraut / 125

Kimchi / 127

SUPERFOOD-HAFERBREI
MIT GOJIBEEREN, CHIA UND MAULBEEREN

Eine Schüssel dieses Haferbreis an einem kalten Wintermorgen fühlt sich fast so an wie das Einkuscheln in eine warme Decke. Immer wenn ich ihn esse, genieße ich jeden einzelnen Bissen in vollen Zügen. Wenn ich meinen Schülern zeige, wie schnell und einfach sich dieser Haferbrei, der voller fantastischer Superfoods steckt, zubereiten lässt, sind auch sie gleich Feuer und Flamme. Wenn Sie selbst gemachte ungefilterte Mandelmilch vor dem Darübergießen etwas aufwärmen, schmeckt er gleich noch viel besser.

Das Geheimnis eines leckeren Haferbreis ist das Einweichen am Abend zuvor. Dadurch werden die Haferflocken weich und die morgendliche Kochzeit verkürzt sich erheblich. Da Haferflocken vorgedämpft werden, führt ihr Einweichen nicht zum Keimen wie bei anderem Getreide. Auch Goji- und Maulbeeren sollten Sie einweichen, da diese dadurch weicher und samtiger werden. Der karamellige Geschmack der Maulbeeren verleiht diesem Haferbrei genau den richtigen Grad an Süße.

HINWEIS: Sollten Sie vergessen, die Haferflocken einzuweichen, erhöhen Sie einfach die Kochzeit um 5 Minuten und rühren Sie öfter um, um ein Anhaften zu vermeiden.

---

2 PORTIONEN

65 g Haferflocken
¼ TL gemahlener Zimt
2 EL Gojibeeren
1 bis 2 EL getrocknete Maulbeeren
480 ml gefiltertes Wasser
1 kleine Prise Meersalz
80 g frische oder gefrorene
 Heidelbeeren
2 bis 4 EL eingeweichte Chiasamen
 (Rezept folgt)

ZUM GARNIEREN:

Superfood-Frühstückstopping
 (Seite 116)
Selbst gemachte Mandelmilch,
 ungefiltert (Seite 76)
frische Himbeeren, Erdbeeren oder
 Heidelbeeren
 (je nach Saison)

Verrühren Sie in einem kleinen Topf Haferflocken, Zimt, Gojibeeren, Maulbeeren, Wasser und Salz. Decken Sie den Topf ab und lassen Sie alles über Nacht einweichen (oder 8 bis 12 Stunden).

Bringen Sie die Mischung am nächsten Morgen auf hoher Flamme zum Kochen, rühren Sie um, decken Sie den Topf ab und lassen Sie alles unter ein- bis zweimaligem Umrühren etwa 10 Minuten köcheln. Heben Sie die Heidelbeeren unter und köcheln Sie den Brei eine weitere Minute bzw. bis er durchgewärmt ist. Nehmen Sie den Topf vom Herd und rühren Sie die eingeweichten Chiasamen ein.

Verteilen Sie den Brei auf zwei Schüsseln und gießen Sie großzügig Mandelmilch darüber. Garnieren Sie jede Portion mit 1 EL Superfood-Frühstückstopping und frischen Beeren.

EINGEWEICHTE CHIASAMEN

Eingeweichte Chiasamen sind immer praktisch, nicht nur für Haferbrei, sondern auch für eine Extraportion Omega in Smoothies. Das Vorbereiten dauert nur ein paar Sekunden, und schon nach 10 Minuten Einweichzeit können die Chiasamen verwendet werden. Wenn Sie frische Mandelmilch dafür benutzen, können Sie die eingeweichten Chiasamen bis zu fünf Tage lang im Kühlschrank aufbewahren; wenn Sie Wasser benutzen, sogar noch länger.

ERGIBT ETWA 300 ML

40 g Chiasamen
240 ml selbst gemachte Mandelmilch, ungefiltert (Seite 76), oder gefiltertes
 Wasser

Geben Sie die Chiasamen in ein Glas mit 500 ml Fassungsvermögen oder eine Schüssel und gießen Sie die Mandelmilch darüber. Rühren Sie die Samen gut um und lassen Sie sie 10 bis 15 Minuten quellen. Rühren Sie sie noch einmal um, verwenden Sie sie sofort oder decken Sie sie ab und stellen Sie sie in den Kühlschrank.

EINGEWEICHTE HAFERFLOCKEN UND CHIA
MIT MANDELMILCH, LEINSAMEN UND WEIZENKEIMEN

Dieses leichte, cremige und sättigende Frühstück ist schon seit Jahren mein morgendlicher Begleiter bei warmem Wetter. So wie mein Superfood-Haferbrei mich gestärkt durch den Herbst und den Winter bringt, ist dieses Frühstück meine liebste Wahl im Frühling und Sommer und besonders an hektischen Morgen, weil es sich, wenn man es schon vorher zubereitet hat, leicht in einem Schraubglas mitnehmen lässt. Sie können das Rezept verdoppeln oder auch verdreifachen, damit Sie gleich genug für die ganze Woche vorbereiten können. Essen Sie es am besten bei Raumtemperatur. Wenn Sie es gleich nach dem Aufstehen aus dem Kühlschrank nehmen, hat es zur Frühstückszeit genau die richtige Temperatur. Kaufen Sie, wenn Sie eine Glutenunverträglichkeit haben, glutenfreie Haferflocken und ersetzen Sie die Weizenkeime durch gemahlenen Leinsamen oder lassen Sie sie einfach weg.

2 PORTIONEN

65 g Haferflocken
2 EL Chiasamen
1 EL gemahlene Leinsamen
1 EL Weizenkeime
¼ TL Zimt
480 ml selbst gemachte
  Mandelmilch, ungefiltert
  (Seite 76)

ZUM GARNIEREN:

frische Beeren
selbst gemachte Mandelmilch
Macawurzelpulver, optional
Hanfsamen, optional

Vermischen Sie Haferflocken, Chia- und Leinsamen, Weizenkeime und Zimt in einer Schüssel. Gießen Sie die Mandelmilch darüber und verrühren Sie alles gut miteinander. Lassen Sie die Mischung 20 bis 30 Minuten bei Raumtemperatur einweichen, oder geben Sie alles in ein Glas und stellen Sie es für 8 bis 12 Stunden in den Kühlschrank. Im Kühlschrank hält sich der Mix bis zu vier Tage lang. Garnieren Sie Ihr Frühstück mit frischen Beeren, einem großen Spritzer Mandelmilch und wenn Sie mögen mit je 1 TL Macawurzelpulver und Hanfsamen.

EINFACHE ROTE-LINSEN-SUPPE
MIT SPINAT, ZITRONE UND PFEFFER

Was ich am meisten an roten Linsen liebe, ist ihre Fähigkeit, sich in relativ kurzer Zeit aufzulösen und zu einem cremigen Topf voller köstlichem Geschmack zu werden, was sonst keine andere Hülsenfrucht schafft.

Als ich in Istanbul war, nahm mich meine Freundin Sila zu einem fantastischen Restaurant namens Ciya Sofrasi im Osten der Stadt mit, wo ich eine absolut fantastische Rote-Linsen-Suppe aß. Sie enthielt getrocknete Minze und war mit einer Zitronenspalte garniert, und ich konnte kaum fassen, wie lecker und nahrhaft sie schmeckte. Das folgende Rezept hat zwar einen ganz anderen Geschmack, aber eine ähnliche Wirkung. Ich mache es oft, wenn ich Lust auf eine Suppe habe, aber kein Gemüse dafür schnippeln will.

4 PORTIONEN

2 EL natives Olivenöl

1 mittelgroße Zwiebel, fein gehackt

5 Knoblauchzehen, fein gehackt

400 g rote Linsen, gewaschen und
   abgegossen

1,4 l Wasser, plus ggf. mehr zum
   Verdünnen der Suppe

1½ TL Meersalz, plus mehr auf Wunsch

¼ bis ½ TL frisch gemahlener Pfeffer

100 g Babyspinat

60 ml frisch gepresster Zitronensaft,
   plus mehr auf Wunsch

ZUM GARNIEREN:

natives Olivenöl

frisch gemahlener schwarzer Pfeffer

Erwärmen Sie das Olivenöl in einem mittelgroßem Topf auf mittlerer Flamme. Geben Sie die Zwiebel hinein und braten Sie sie 5 Minuten an bzw. bis sie goldbraun ist. Rühren Sie den Knoblauch ein und braten Sie alles 2 bis 3 weitere Minuten. Geben Sie die Linsen und das Wasser in den Topf und bringen Sie die Linsen auf hoher Flamme zum Kochen. Decken Sie den Topf ab, stellen Sie die Flamme niedrig und köcheln Sie die Linsen 30 bis 35 Minuten bzw. bis sie weich sind und cremig werden. Rühren Sie sie alle 10 Minuten um, damit sie nicht anhaften. Nehmen Sie den Deckel ab und rühren Sie das Salz und je nach gewünschter Konsistenz mehr Wasser ein. Decken Sie den Topf wieder ab und kochen Sie die Suppe weitere 5 bis 10 Minuten bzw. bis sich die Linsen komplett aufgelöst haben und die Suppe cremig ist.

Rühren Sie den Pfeffer und den Spinat unter und lassen Sie die Suppe 1 Minute länger köcheln, bis der Spinat zusammenfällt. Nehmen Sie den Topf vom Herd und rühren Sie den Zitronensaft unter. Würzen Sie die Suppe nach Geschmack und servieren Sie sie mit ein paar Tropfen Olivenöl und frisch gemahlenem Pfeffer garniert.

HIRSE-BLUMENKOHL-STAMPF

Dieses Gericht ist eine wärmende Wohltat, das die Seele verwöhnt und bei mir zu Hause besonders beliebt ist. Es lässt sich kinderleicht und im Handumdrehen zubereiten. Ich mache es immer dann, wenn die Luft draußen kühler wird und Blumenkohl wieder Saison hat. Zusammen mit etwas Blattgemüse und ein paar Tropfen Leinsamenöl und Tamarisoße schmeckt es fantastisch. Als Beilage zu einer Bohnensuppe oder einem Bohneneintopf wird daraus eine reichhaltige und sehr sättigende herzhafte Mahlzeit.

4 PORTIONEN

180 g Hirse, gewaschen und 12 bis 24 Stunden in 720 ml gefiltertem Wasser eingeweicht

1 mittelgroßer Blumenkohl (1 kg), in Röschen geschnitten

600 ml gefiltertes Wasser

1 TL Meersalz

ZUM GARNIEREN:

kalt gepresstes Leinsamenöl
Tamarisoße
Frühlingszwiebelringe

Waschen Sie die Hirse und gießen Sie sie ab. Geben Sie sie in einen mittelgroßen Topf und fügen Sie Blumenkohl, Wasser und Salz hinzu. Bringen Sie alles auf hoher Flamme zum Kochen. Decken Sie den Topf ab, stellen Sie die Flamme niedrig und köcheln Sie Hirse und Blumenkohl 25 Minuten bzw. bis die Hirse weich und flockig und alles Wasser absorbiert ist. Nehmen Sie den Topf vom Herd und lassen Sie die Hirse und den Blumenkohl 5 Minuten durchziehen, bevor Sie beides mit einem Kartoffelstampfer zerdrücken. Decken Sie den Topf ab und lassen Sie den Stampf vor dem Servieren nochmals 5 Minuten durchziehen. Richten Sie den Stampf in Schüsseln an und garnieren Sie ihn mit ein paar Tropfen Leinsamenöl und Tamarisoße sowie ein paar Frühlingszwiebelringen. Der Stampf dickt beim Abkühlen ein und ist kalt ziemlich fest. Bewahren Sie Reste bis zu vier Tage lang im Kühlschrank auf und erwärmen Sie den Stampf in einem Dampfeinsatz.

HINWEIS: Wenn Sie den Stampf im Schnellkochtopf zubereiten wollen, geben Sie alle Zutaten hinein und bringen Sie alles auf hoher Flamme zum Kochen. Verschließen Sie den Topf mit dem Deckel so, dass er richtig einrastet, und bauen Sie hohen Druck auf. Stellen Sie die Flamme niedrig und kochen Sie die Zutaten 10 Minuten. Nehmen Sie den Topf vom Herd und lassen Sie den Druck natürlich entweichen. Nehmen Sie den Deckel ab und stampfen Sie alles zu einem cremigen Brei.

GEDÜNSTETES BLATTGEMÜSE MIT WÜRZIGEM LEINSAMENDRESSING

Dieses Gericht mache ich oft unter der Woche, wenn ich ein schnelles, leichtes und gesundes Abendessen brauche. Es gibt wirklich keine schnellere und köstlichere Art, gedünstetes Blattgemüse zu essen. Ich variiere das Dressing oft ein bisschen, indem ich einige Spritzer Kimchi-Saft oder etwas Sauerkraut hinzufüge. Sie können es außerdem auch gern mit gerösteten Sesamsamen, Hanfsamen und gehackten Frühlingszwiebeln oder Petersilie probieren. Wenn Sie anderes Gemüse dünsten, z. B. Zucchini, Brokkoli, junge weiße Rüben oder anderes Gemüse der Saison, bereiten Sie genug für 2 Portionen vor und vermischen Sie es mit dem Dressing.

2 PORTIONEN

2 EL kalt gepresstes Leinsamenöl
1 TL Tamarisoße
1 kleine Knoblauchzehe, gepresst
2 TL frisch gepresster Zitronensaft
1 Prise Cayennepfeffer
560 g in 1 bis 2 cm dicke Streifen geschnittenes
   Blattgemüse, z. B. Grün- oder Schwarzkohl, Rübstiele,
   Mangold oder eine Mischung daraus

Geben Sie Leinsamenöl, Tamarisoße und Knoblauch in eine große Schüssel und verquirlen Sie alles gut miteinander. Rühren Sie Zitronensaft und Cayennepfeffer unter. Geben Sie gefiltertes Wasser in einen Topf (etwa 2,5 cm hoch) und bringen Sie es zum Kochen. Stellen Sie einen Dämpfeinsatz in den Topf, geben Sie das Blattgemüse hinein, decken Sie den Topf ab und dünsten Sie das Gemüse 2 Minuten bzw. bis es hellgrün und zart ist. Geben Sie das gedünstete Gemüse in die Schüssel mit dem Dressing, vermischen Sie alles gut miteinander und servieren Sie es.

SCHWARZES SESAM-LEINSAMEN-DRESSING

Dieses fantastische, geradezu süchtig machende Dressing habe ich für meine Kunden entwickelt, um damit einfache Getreidegerichte und gedünstetes Gemüse aufzupeppen. Es ist eines meiner Lieblingsdressings und enthält alles, was ich gern über meine Gerichte streue oder träufele, in einer perfekt abgestimmten Kombination: Leinsamenöl, Tamarisoße, geröstete schwarze Sesamsamen und Frühlingszwiebelringe. Etwas brauner Reisessig erweckt die Aromen zu zusätzlichem Leben und macht alles, worüber Sie das Dressing geben, spannend und lebendig. Bereiten Sie das Dressing am besten schon etwas im Voraus zu. Es hält sich im Kühlschrank bis zu fünf Tage lang.

ERGIBT ETWA 120 ML

60 ml kalt gepresstes Leinsamenöl
4 TL Tamarisoße
4 TL brauner Reisessig
1 EL geröstete schwarze Sesamsamen (Seite 79)
2 Frühlingszwiebeln, in dünne Ringe geschnitten

Geben Sie alle Zutaten in ein Schraubglas, verschließen Sie es fest und schütteln Sie es kräftig. Träufeln Sie es über Getreide oder gedünstetes Gemüse, oder bewahren Sie es bis zu vier Tage lang im Kühlschrank auf.

EINFACHER GRÜNER SALAT
MIT FEIN SÄUERLICHEM HANFSAMENDRESSING

Die frische Kombination von Apfelessig, Zitrone und Leinsamenöl gehört zu meinen Lieblingsgeschmacksnoten, die ich sehr gern für alle möglichen Salate oder zartes Blattgemüse vom Bauernmarkt verwende. Die Hanfsamen bringen eine Extraportion Eiweiß und Omega-Fettsäuren sowie einen leichten Biss und weiße Farbtupfer ins Spiel.

2 PORTIONEN

1 EL unpasteurisierter Apfelessig
1 TL frischer Zitronensaft
1 Prise Meersalz
2 EL kalt gepresstes Leinsamenöl
1 EL Hanfsamen
140 g gemischter Blattsalat (Babyspinat, Mesclun-Salatmischung, Sprossen oder andere, auch wilde Blattsalate der Saison)

Geben Sie Apfelessig, Zitronensaft und Salz in eine große Schüssel und verquirlen Sie die Zutaten. Rühren Sie das Leinsamenöl unter. Fügen Sie nun die Salatmischung und die Hanfsamen hinzu und vermischen Sie alles gut miteinander. Servieren Sie den Salat sofort.

BRAUNER REISSALAT
MIT PETERSILIE UND SAMEN

Ich vergesse oft, wie gut diese einfachen Zutaten zusammen schmecken. Der frische säuerlich-salzige Geschmack der Ume-Aprikosen harmoniert fantastisch mit dem nussigen braunen Reis und den aromatischen gerösteten Samen. Dieser Salat ist ein ideales leichtes und sättigendes Sommergericht und kann mit den verschiedensten Zutaten ergänzt werden. Versuchen Sie es doch einmal mit Avocado, zerkrümeltem Feta oder Kichererbsen.

4 BIS 6 PORTIONEN

900 g gekochter brauner und Klebreis (Seite 65), abgekühlt
2 TL Ume-Essig
2 EL brauner Reisessig
1 TL Tamarisoße, plus mehr auf Wunsch
1 EL natives Olivenöl oder kalt gepresstes Leinsamenöl
2 EL geröstete Sonnenblumenkerne (Seite 79)
2 EL geröstete ungeschälte Sesamsamen (Seite 79)
1 Bund Petersilie, plus mehr zum Garnieren
35 g fein gehackte Frühlingszwiebeln (Wurzel und Lauch), plus mehr zum Garnieren
300 g Kirschtomaten, halbiert
2 mittelgroße Gurken, gewürfelt
kalt gepresstes Leinsamenöl, zum Garnieren

Geben Sie den abgekühlten Reis in eine große Schüssel. Gießen Sie Ume-Essig, braunen Reisessig, Tamarisoße und Olivenöl darüber und verrühren Sie alles gut miteinander. Fügen Sie Sonnenblumenkerne, Sesamsamen, Petersilie und Frühlingszwiebeln hinzu und rühren Sie um. Schmecken Sie den Salat mit etwas mehr Tamarisoße ab. Richten Sie ihn in Schüsseln an und garnieren Sie ihn mit Kirschtomaten, Gurken, gehackter Petersilie und Frühlingszwiebeln. Beträufeln Sie den Salat mit etwas Leinsamenöl und servieren Sie ihn.

VOLLKORN-FETTUCCINE
MIT GRÜNKOHL, KARAMELLISIERTEN ZWIEBELN UND MARINIERTEM ZIEGENKÄSE

In Victoria in Australien gibt es eine Farm namens Meredith Dairy, die sich auf Ziegen- und Schafsmilchprodukte spezialisiert hat. Der dort hergestellte marinierte Käse ist einfach göttlich. Er schmeckt wie weicher Ziegenfrischkäse, ist aber durch die zugegebene Schafsmilch noch cremiger und macht aus jedem Pastagericht einen unerhört leckeren Genuss. Dieser Käse wird auch in den USA in einigen wenigen Feinkostläden und Lebensmittelgeschäften verkauft. Er ist ein so wunderbares kulinarisches Erlebnis, dass ich dafür sogar meine Regel, nur regionalen Käse zu verwenden, breche.

In diesem Rezept kommt mein eigener *marinierter Ziegenkäse* (Seite 120) zum Einsatz, der von dem der Meredith Dairy Farm inspiriert wurde und ebenfalls fantastisch schmeckt. Sie können dieses Gericht aber auch mit einem anderen hochwertigen Ziegenfrischkäse zubereiten.

Dieses Rezept entstand vor allem wegen Melinda Dimitriades, einer talentierten australischen Lebensmittelexpertin und Köchin, die vor vielen Jahren mit einer kleinen Packung dieses wunderbaren Käses in das winzige New Yorker Apartment meiner Schwester kam und uns damit ein Pastagericht kochte, von dem wir alle nicht genug bekommen konnten. Seitdem haben wir dieses Gericht immer wieder in verschiedenen Variationen nachgekocht. Dieses Rezept verwendet Grünkohl als weitere gesunde und stärkende Zutat und ist vor allem bei kaltem Wetter ein kulinarischer Lichtblick.

---

4 BIS 6 PORTIONEN

2 EL natives Olivenöl

3 mittelgroße rote Zwiebeln, in dünne Scheiben geschnitten

Meersalz

340 g Vollkorn-Fettuccine

700 g klein geschnittener Grünkohl

230 g marinierter Ziegenfrischkäse (Ölmarinade aufbewahren, Seite 120), in Raumtemperatur

frisch gemahlener schwarzer Pfeffer

Erwärmen Sie das Olivenöl in einer großen Pfanne auf mittlerer Flamme und geben Sie die Zwiebelringe hinein. Braten Sie sie 10 Minuten an bzw. bis sie zu bräunen beginnen. Rühren Sie 1 TL Salz ein, stellen Sie die Flamme niedrig und braten Sie die Zwiebeln weitere 15 bis 20 Minuten, bis sie weich und karamellisiert sind. Bringen Sie in der Zwischenzeit einen großen Topf Wasser mit einer reichlichen Prise Salz zum Kochen. Geben Sie, wenn die Zwiebeln karamellisiert sind, die Fettuccine ins kochende Wasser und kochen Sie sie 10 bis 12 Minuten oder gemäß Packungsangabe al dente. Gießen Sie sie ab und geben Sie sie zurück in den Topf.

Rühren Sie, während die Pasta kocht, die Grünkohlstücke unter die Zwiebeln. Decken Sie die Pfanne ab und schmoren Sie den Grünkohl unter ein- bis zweimaligem Rühren 6 bis 8 Minuten bzw. bis er weich ist. Geben Sie den Zwiebel-Grünkohl-Mix, drei Viertel des Ziegenkäses und reichlich schwarzen Pfeffer zur Pasta in den Topf und rühren Sie gut um. Träufeln Sie 1 EL der Ölmarinade oder mehr darüber und würzen Sie nach Belieben. Richten Sie die Pasta in Schüsseln an, garnieren Sie sie mit dem restlichen zerkrümelten Ziegenkäse und servieren Sie sie.

HINWEIS: Bei diesem Rezept verwende ich am liebsten Fettuccine oder Farfalle, aber Sie können auch gern Penne oder andere Vollkornpasta dafür nehmen.

1. ARAME MIT MÖHREN UND SESAM 2. MIT KNOBLAUCH UND TAMARISOSSE GESCHMORTER TOFU 3. MARINIERTE GELBE BETE 4. MÖHREN-PETERSILIE-SALAT 5. MARINIERTE KIDNEYBOHNEN 6. DIJON-SENF-MARINIERTER TEMPEH 7. KICHER-ERBSENMUS 8. SCHNELLER MARINIERTER ROTKOHL

SCHNELLER MARINIERTER ROTKOHL

Diese Beilage lässt sich in wenigen Minuten zaubern und ergänzt jedes Gericht von einfachem warmem Getreide und geröstetem Gemüse bis zu Bohnengerichten, Currys und Tacos mit jeder Menge Geschmack, Farbe und Biss.

ERGIBT ETWA 360 G

360 g dünn geschnittener Rotkohl (etwa ¼ Kopf)
½ TL Meersalz
2 EL unpasteurisierter Apfelessig

Vermischen Sie Rotkohl, Meersalz und Essig in einer großen Schüssel. Massieren Sie die Marinade einige Minuten mit den Händen in den Rotkohl ein, bis er beginnt weich zu werden. Genießen Sie ihn sofort oder lassen Sie ihn vor dem Essen noch bis zu einer Stunde marinieren. Der Rotkohl wird dadurch noch weicher und absorbiert mehr von der Marinade. Reste halten sich in einem Schraubglas im Kühlschrank bis zu fünf Tage lang.

MÖHREN-PETERSILIE-SALAT

Dieser farbenfrohe und leckere Salat bringt zu jeder Jahreszeit frisches Leben in jede Mahlzeit. Er war für mich oft die Rettung, wenn ich spontan ein Mittag- oder Abendessen aus dem Ärmel schütteln musste, aber nicht viel Gemüse zu Hause hatte. Ich liebe diesen Salat zusammen mit Feta oder Avocado auf Quinoa oder braunem Reis. Er ist außerdem eine tolle Sandwich-Zutat und weicht das Brot nicht auf (siehe *Delikatessen-Sandwich*, Seite 112). Frischer Koriander passt auch sehr gut zu diesem Salat. Sie können ihn nach Belieben statt oder zusammen mit der Petersilie verwenden.

ERGIBT ETWA 600 G

4 mittelgroße Möhren
1 Bund gehackte Petersilie
1 Frühlingszwiebel, Knolle und Lauch, in dünne Ringe geschnitten
2 EL frisch gepresster Zitronensaft
1 EL unpasteurisierter Apfelessig
3 bis 4 EL kalt gepresstes Leinsamenöl oder natives Olivenöl
¼ TL Meersalz, plus mehr auf Wunsch
3 EL geröstete ungeschälte Sesamsamen (Seite 79), optional

Raspeln Sie die Möhren und verwenden Sie dabei die gröbsten Löcher Ihrer Standreibe. Geben Sie die Möhrenraspel in eine mittelgroße Schüssel und fügen Sie die restlichen Zutaten hinzu. Vermischen Sie alles gut und würzen Sie nach Geschmack. Dieser Salat schmeckt frisch gemacht am besten, hält sich aber auch ein bis zwei Tage lang im Kühlschrank.

MARINIERTE ROTE BETE

Mit marinierter roter Bete im Kühlschrank steht dem nächsten farbintensiven und leckeren Mahl nichts mehr im Wege. Ich esse sie gern mit einfachem gekochten Getreide, mische sie mit Kichererbsen, lege sie auf mein Sandwich, püriere sie und vermische sie mit Pasta und Ziegenkäse oder verwende sie als Salatzutat. Sie schmeckt auch traumhaft zusammen mit *Cashewkäse* (Seite 223) auf einer Reiswaffel.

HINWEIS: Wenn Sie gelbe oder rosa Bete marinieren, verwenden Sie statt Balsamico- lieber Apfel- oder braunen Reisessig, damit die Bete nicht fleckig wird.

---

4 BIS 6 PORTIONEN ALS BEILAGE

3 mittelgroße Rote Bete (etwa 1 Pfund)
1 EL unpasteurisierter Apfelessig
1 EL Balsamico-Essig
1 EL natives Olivenöl
¼ TL Meersalz, plus mehr auf Wunsch

Geben Sie die Rote Bete in einen mittelgroßen Topf, bedecken Sie sie mit gefiltertem Wasser und bringen Sie sie auf hoher Flamme zum Kochen. Decken Sie den Topf ab, stellen Sie die Flamme niedrig und köcheln Sie die Rote Bete 40 bis 50 Minuten bzw. bis ein Zahnstocher oder die Spitze eines scharfen Messers sich leicht bis zur Mitte der Kugeln durchstechen lässt. Gießen Sie das Wasser ab und lösen Sie die Schalen unter fließendem kaltem Wasser ab. Halbieren Sie die Bete-Kugeln und schneiden Sie die Hälften in etwa 1 cm dicke Spalten.

Geben Sie die Spalten in eine Schüssel und fügen Sie die restlichen Zutaten hinzu. Vermischen Sie alles gut miteinander, würzen Sie nach Geschmack nach und genießen Sie Ihren marinierten Snack sofort. In einem Schraubglas hält sich die marinierte Rote Bete bis zu fünf Tage lang im Kühlschrank.

DIJON-SENF-MARINIERTER TEMPEH

Tempeh scheint auf den ersten Blick wenig reizvoll. Die meisten Leute sind oft skeptisch und scheuen vor seiner Textur und seinem Geschmack zurück. Für mich aber ist Tempeh unwiderstehlich köstlich. Wenn Sie zu den Zweiflern gehören, sollten Sie unbedingt dieses Rezept ausprobieren. Die Kombination aus Dijon-Senf, Apfelsaft und Tamarisoße passt perfekt zum nussigen Geschmack von Tempeh. Durch das Backen karamellisieren die Ränder und es entsteht eine fantastisch komplexe, herzhafte Geschmacksnote. Nach diesem Rezept zubereiteter Tempeh lässt sich in vielen verschiedenen Gerichten verwenden und ist schnell gemacht. Sie können ihn warm direkt aus dem Ofen genießen oder abkühlen lassen und als Sandwichbelag, in Salaten, Sushi-Rollen oder als eiweißreichen würzigen Snack verwenden. Ich verdopple das Rezept oft, damit ich gleich mehrere Tage lang Tempeh auf Vorrat habe.

2 BIS 4 PORTIONEN

225 g Tempeh (pur)
120 ml veganer Apfelsaft oder Apfelcidre
1 EL Dijon-Senf
1 EL Tamarisoße
2 EL natives Olivenöl
2 TL unpasteurisierter Apfelessig

Schneiden Sie den Tempeh in 4 gleichmäßige Rechtecke. Halbieren Sie die Rechtecke so, dass Sie 8 dünne Rechtecke herausbekommen. Halbieren Sie nun die 8 Rechtecke, sodass 16 Dreiecke entstehen. Legen Sie die Dreiecke in einer Schicht eng nebeneinander in eine Auflaufform (etwa 25 × 16 cm).

Verquirlen Sie Apfelsaft, Dijon-Senf, Tamarisoße, Öl und Apfelessig in einer Schüssel. Gießen Sie die Mischung über den Tempeh und lassen Sie ihn 30 Minuten bis zu 1 Stunde darin marinieren. (Wenn Sie den Tempeh nicht sofort backen wollen, können Sie ihn auch abgedeckt bis zu drei Tage lang im Kühlschrank aufbewahren.)

Heizen Sie den Ofen auf 180 °C vor. Backen Sie den Tempeh 35 bis 40 Minuten bzw. bis die Marinade vollständig absorbiert, die Oberfläche goldbraun und der Rand der Stücke dunkel und karamellisiert ist. Nehmen Sie den Tempeh aus dem Ofen und servieren Sie ihn. Reste halten sich im Kühlschrank abgedeckt bis zu vier Tage lang.

ARAME MIT MÖHREN UND SESAM

Mit Meeresalgen können Sie Ihrer Gesundheit und Ihrer Vitalität viel Gutes tun (siehe Seite 29). Am besten wäre es, wenn Sie täglich Algen essen könnten, doch ist es natürlich eine Herausforderung, jeden Tag Gerichte mit Algen zuzubereiten. Dieses leckere Rezept lässt sich wunderbar im Voraus kochen und ermöglicht es Ihnen, im Laufe einer Woche immer wieder ein bisschen gesundes Meeresgemüse zu essen. Der salzige Geschmack der Arame harmoniert wunderbar mit der milden Note der Möhren, Zwiebeln und des Mirin-Reisweins. Geröstete Sesamsamen runden das Ganze perfekt ab. Im Sommer hebe ich vor dem Servieren oft noch ein paar gedämpfte Maiskörner unter.

6 PORTIONEN

35 g getrocknete Arame
800 ml gefiltertes Wasser
1 EL unraffiniertes,
    ungeröstetes Sesamöl
1 mittelgroße Zwiebel,
    in dünne Ringe geschnitten
2 mittelgroße Möhren,
    in Julienne geschnitten
¼ TL Meersalz
2 EL Mirin
2 TL Tamarisoße, plus mehr
    auf Wunsch
2 EL geröstete, ungeschälte
    Sesamsamen (Seite 79)
geröstetes Sesamöl oder scharfes
    Chili-Sesamöl nach Belieben,
    optional

Geben Sie die Arame in eine mittelgroße Schüssel und bedecken Sie sie mit 720 ml gefiltertem Wasser. Lassen Sie sie 15 Minuten einweichen bzw. so lange, bis sie weich sind. Gießen Sie sie ab und stellen Sie sie beiseite.

Erhitzen Sie das Sesamöl in einer breiten Pfanne auf mittlerer Flamme. Geben Sie die Zwiebel hinein und braten Sie sie 4 Minuten an bzw. bis sie goldbraun ist. Rühren Sie die Möhren und das Meersalz ein und braten Sie alles 2 weitere Minuten. Fügen sie die Arame, die restlichen 80 ml Wasser, Mirin und Tamarisoße hinzu und verrühren Sie alles gut miteinander. Decken Sie die Pfanne ab, stellen Sie die Flamme niedrig und braten Sie alles 10 weitere Minuten. Nehmen Sie den Deckel ab und lassen Sie die Mischung einige Minuten länger schmoren bzw. so lange, bis alle Flüssigkeit verdampft ist.

Lassen Sie die Mischung vollständig abkühlen, bevor Sie die gerösteten Sesamsamen einrühren. Richten Sie die geschmorten Arame auf Tellern an und garnieren Sie sie mit ein paar Tropfen geröstetem oder scharfem Sesamöl und nach Belieben mit Tamarisoße. Servieren Sie sie in Raumtemperatur oder bewahren Sie sie in einem Schraubglas bis zu vier Tage lang im Kühlschrank auf.

JULIENNE SCHNEIDEN

Mittelgroße bis große Möhren (oder anderes langes Gemüse) lässt sich am einfachsten in Julienne schneiden. Legen Sie die Möhre auf Ihr Schneidebrett und schneiden Sie sie längs und etwas diagonal in etwa 3 bis 5 mm dicke Scheiben. Legen Sie fünf bis sechs Scheiben übereinander und schneiden Sie diese längs in etwa 3 bis 5 mm dicke Stäbchen. Wiederholen Sie dies mit den restlichen Möhrenscheiben.

SCHNELLER GESCHMORTER TEMPEH

Wenn ich schnell einen eiweißreichen Snack oder ein un-kompliziertes Mittagessen machen möchte, ist mein schneller geschmorter Tempeh genau das Richtige. Am besten essen Sie ihn sofort, denn frisch gemacht schmeckt er am besten. Kombinieren Sie ihn mit einfachen Getreidegerichten oder verwenden Sie ihn als Zutat für Sushi-Rollen oder mit Avocado als Belag für Reiswaffeln oder Sandwiches. Wenn Sie etwas mehr Tempeh für mehrere Tage zubereiten wollen, probieren Sie meinen *Dijon-Senf-marinierten Tempeh* (Seite 107) aus, da sich dieser etwas länger hält.

2 BIS 4 PORTIONEN

1 EL unraffiniertes, ungeröstetes Sesamöl, natives Olivenöl oder zerlassenes Kokosöl

225 g Tempeh (pur), längs in etwa 5 mm dicke Scheiben geschnitten

1 EL Tamarisoße

1 EL Mirin

120 ml gefiltertes Wasser

Erhitzen Sie das Öl in einer breiten gusseisernen Pfanne auf mittlerer Flamme. Legen Sie die Tempehscheiben nebeneinander in die Pfanne und braten Sie sie 4 bis 5 Minuten goldbraun an. Wenden Sie die Scheiben und braten Sie auch die andere Seite 3 bis 4 Minuten goldbraun. Stellen Sie die Flamme niedrig und geben Sie Tamarisoße, Mirin und am Ende das Wasser hinein. Erhöhen Sie die Flamme auf mittlere Stufe und schmoren Sie den Tempeh etwa 5 Minuten bzw. bis alles Wasser verdampft ist und der Tempeh zu karamellisieren beginnt. Wenden Sie die Scheiben ein letztes Mal und schmoren Sie die andere Seite etwa 1 Minute oder bis beide Seiten karamellisiert sind. Nehmen Sie die Pfanne vom Herd und servieren Sie den geschmorten Tempeh.

CURRY-QUINOA-PILAW MIT GERÖSTETEN CASHEWKERNEN

Dieses Pilaw entstand, als meine Vorräte bis auf ein bisschen verlorenes Gemüse und eingeweichte Quinoa, der bereits mit dem Keimen begonnen hatte, völlig erschöpft waren. In weniger als einer halben Stunde erweckte ich dieses aromatische Gericht in einem Topf zum Leben, das es seitdem fast jede Woche bei uns gibt.

4 PORTIONEN

170 g Quinoa, gewaschen und
    12 bis 24 Stunden in 480 ml
    gefiltertem Wasser eingeweicht
1 EL natives Kokosöl (oder Ghee für
    eine nicht-vegane Variante)
1 mittelgroße Zwiebel, gewürfelt
3 Knoblauchzehen, fein gehackt
1 EL geschälter und fein gehackter
    frischer Ingwer
¾ TL Meersalz
4 TL selbst gemachtes Currypulver
    (Seite 119)
1 mittelgroße Möhre, in 1 cm große
    Würfel geschnitten
130 g Maiskörner, frisch oder gefroren
75 g rohe Cashewkerne, pfannen-
    geröstet und grob gehackt
    (siehe Hinweis)
300 ml kochendes gefiltertes Wasser
100 g gefrorene Erbsen, aufgetaut
90 g Babyspinat

ZUM GARNIEREN:

Kalt gepresstes Leinsamenöl
Tamarisoße

Gießen Sie die Quinoa ab und lassen Sie sie in einem Sieb gut abtropfen, während Sie die anderen Zutaten vorbereiten.

Erhitzen Sie das Kokosöl oder Ghee in einem mittelgroßen Topf auf mittlerer Flamme. Geben Sie die Zwiebel hinein und schwitzen Sie sie 3 Minuten glasig an. Fügen Sie Knoblauch, Ingwer und Salz hinzu und braten Sie alles 2 weitere Minuten an. Rühren Sie Currypulver und Möhrenwürfel ein und braten Sie sie 1 bis 2 Minuten. Geben Sie Quinoa, Mais, die gerösteten Cashewkerne und kochendes Wasser in die Pfanne, rühren Sie um und bringen Sie alles zum Kochen. Decken Sie den Topf ab, stellen Sie die Flamme niedrig und köcheln Sie die Quinoa-Mischung 20 Minuten bzw. bis alles Wasser absorbiert ist. Nehmen Sie den Topf vom Herd und geben Sie die Erbsen und danach den Spinat über die Quinoa. Decken Sie den Topf wieder ab und warten Sie 5 bis 7 Minuten, bis der Spinat zusammengeschrumpft ist. Rühren Sie vorsichtig um, decken Sie den Topf ab und lassen Sie die Mischung 5 Minuten ziehen. Servieren Sie die Curry-Quinoa warm und garnieren Sie sie vorher mit ein paar Tropfen Leinsamenöl und Tamarisoße.

HINWEIS: Um Cashewkerne schnell zu rösten, ohne dafür den Ofen anwerfen zu müssen, erhitzen Sie einfach eine Pfanne auf mittlerer Flamme, geben Sie die Cashewkerne hinein und rösten Sie sie 4 bis 5 Minuten bzw. bis sie duften und beginnen zu bräunen. Rühren Sie dabei alle 30 Sekunden um oder schütteln Sie die Pfanne leicht. Nehmen Sie die fertigen Cashewkerne gleich aus der Pfanne und lassen Sie sie abkühlen.

DELIKATESSEN-SANDWICH

In den Sommerferien wurden in meiner Familie traditionell die sensationellsten Sandwichkreationen zum Leben erweckt. Wenn meine Freunde und ich nach stundenlangem Spielen und Schwimmen im nahe gelegenen Fluss ausgehungert nach Hause liefen, stellten uns meine Eltern die verschiedensten Sandwichzutaten hin: marinierte Rote Bete, geschmorten Tofu, Senf und Avocado, Tomaten, Gurken und Blattsalat aus dem Garten und auch einen Salat aus geraspelten Möhren. Wir Kinder stellten damit auf Roggen- oder Pitabrot unsere ganz eigenen Sandwichkunstwerke zusammen und stapelten so viele Zutaten übereinander, dass wir Mühe hatten, überhaupt von den Sandwiches abbeißen zu können, und uns dabei der Saft der roten Bete die Arme hinablief und von unseren Ellenbogen tropfte. Nach diesem opulenten Festmahl rannten wir zurück zum Fluss, um die Spuren des Gelages abzuwaschen. Sollten Sie zufällig einen Laib meines Dinkelbrots mit *braunem Reis und Sesam* (Seite 138) gebacken haben, nehmen Sie unbedingt ein paar Scheiben davon als Sandwichgrundlage!

ERGIBT 1 SANDWICH

2 Scheiben Ihres Lieblingsvollkornbrots (auf Wunsch leicht getoastet)
1 EL Miso-Mayonnaise (Seite 118)
¼ Avocado, in Scheiben geschnitten
2 TL körniger Dijon-Senf
2 Scheiben mit Knoblauch und Tamarisoße geschmorter Tofu (Rezept links), oder
  4 Scheiben schneller geschmorter Tempeh (Seite 110)
2 EL Möhren-Petersilien-Salat (Seite 104)
6 Scheiben marinierte Rote Bete (Seite 106)
1 Handvoll Blattsalat, Kräuter oder Sprossen Ihrer Wahl

Bestreichen Sie eine Brotscheibe mit Miso-Mayonnaise und die andere mit Senf. Legen Sie die Avocadoscheiben auf die Senfschicht. Schichten Sie die Tofuscheiben und den Möhrensalat gleichmäßig auf die Avocadoscheiben. Legen Sie die Rote-Bete-Scheiben auf den Möhrensalat, den Salat oder die Sprossen darüber und zum Schluss die mit Mayonnaise bestrichene Brotscheibe darauf. Halbieren Sie das Sandwich und genießen Sie es; wenn es sehr dick belegt ist, am besten draußen.

MIT KNOBLAUCH UND TAMARISOSSE GESCHMORTER TOFU

Als ich klein war, würzte mein Vater so ziemlich alles mit Tamarisoße – und mit „alles" meine ich tatsächlich alles! Ich erinnere mich, wie er dieses Rezept sehr häufig zubereitete, als ich noch ein Kind war. Bis heute esse ich Tofu so am liebsten. Es ist ein kinderleichtes Rezept, benötigt keine spezielle Marinade und ist sehr praktisch, wenn Sie einen schnellen, eiweißreichen Snack brauchen. Ich bereite Tofu auch auf diese Weise vor, wenn ich ihn im Sommer draußen grille. Vergessen Sie dann aber nicht, ihn außerdem mit Öl zu bepinseln, bevor Sie ihn auf den Grill legen. Mit *Chimichurri-Soße* (Seite 122) und gegrilltem Gemüse serviert ist er ein fantastisches Sommergericht, schmeckt aber auch im *Delikatessen-Sandwich* (Rezept links) toll. Am besten verwenden Sie für dieses Rezept ganz frischen, regional hergestellten Tofu.

2 BIS 4 PORTIONEN

425 g fester Tofu (pur)
2 EL Tamarisoße
2 Knoblauchzehen, gepresst
1 EL natives Olivenöl oder unraffiniertes, ungeröstetes Sesamöl

Spülen Sie den Tofu ab und tupfen Sie ihn mit einem sauberen Geschirrtuch trocken. Schneiden Sie ihn in 8 Rechtecke und legen Sie diese nebeneinander in eine Auflaufform oder eine flache Schüssel. Träufeln Sie Tamarisoße darüber und reiben Sie die Rechtecke mit dem gepresstem Knoblauch ein. Wenden Sie sie und reiben Sie auch die zweite Seite ein. Marinieren Sie den Tofu 20 Minuten bei Raumtemperatur oder decken Sie ihn ab und bewahren Sie ihn bis zu drei Tage lang im Kühlschrank auf.

Erhitzen Sie das Öl in einer breiten gusseisernen Pfanne auf mittlerer Flamme und legen Sie die Tofurechtecke in einer Schicht hinein. Stellen Sie die Flamme niedrig und schmoren Sie den Tofu 5 bis 6 Minuten bzw. bis die Unterseite zu bräunen beginnt. Drehen Sie die Rechtecke mit einem Pfannenwender um und schmoren Sie sie weitere 3 Minuten, bis die andere Seite goldbraun ist. Nehmen Sie die Pfanne vom Herd und servieren Sie den Tofu warm oder bewahren Sie ihn abgedeckt bis zu drei Tage lang im Kühlschrank auf.

VANILLE-CHIAPUDDING

Wenn Chiasamen mit Flüssigkeiten vermischt werden, quellen sie auf und dicken die Flüssigkeit ein, wodurch eine tapiokaähnliche Konsistenz entsteht. Wenn Sie die Samen wie in diesem Rezept in köstlicher Vanille-Cashewmilch einweichen, die mit prallen Medjool-Datteln gesüßt und mit Kokosmus abgerundet wurde, entsteht dabei ein himmlisches Dessert, das jeden hellauf begeistern wird. Dieser Pudding ist das am häufigsten von meinen Kunden bestellte Gericht, da er nicht nur ein herrlich leichtes und erfrischendes Dessert ist, sondern auch zwischendurch als Nachmittagssnack oder zum Frühstück genossen werden kann. Wenn Sie ihn als ein etwas süßeres Dessert servieren möchten, träufeln Sie auf jede Portion noch etwas Ahornsirup. Mit frischen Beeren garniert ist er auch optisch eine Verführung. In den kälteren Monaten können Sie ihn auch mit *geschmorten Pflaumen* (Seite 335), Apfel- oder Rhabarberkompott servieren. Dieser Pudding lässt sich im Handumdrehen zubereiten, und Sie müssen dafür nicht einmal den Herd anstellen.

6 BIS 8 PORTIONEN

80 g Chiasamen
1 Vanilleschote
150 g rohe Cashewkerne,
	2 bis 6 Stunden in 480 ml
	gefiltertem Wasser eingeweicht
960 ml gefiltertes Wasser
7 Medjool-Datteln, entkernt
1 Prise Meersalz
¼ TL Zimt
2 EL Kokosmus oder natives
	Kokosöl
4 TL Vanilleextrakt
frische Beeren zum Garnieren

Geben Sie die Chiasamen in eine mittelgroße Schüssel. Schneiden Sie die Vanilleschote auf, kratzen Sie das Mark heraus und geben Sie es in einen Mixer. Legen Sie die aufgeschnittene Vanilleschote in die Schüssel mit den Chiasamen.

Gießen Sie die Cashewkerne ab, spülen Sie sie und geben Sie sie zusammen mit 720 ml gefiltertem Wasser, den Medjool-Datteln, Salz, Zimt, Kokosmus und Vanilleextrakt in den Mixer. Pürieren Sie alles auf höchster Stufe 1 bis 2 Minuten seidig glatt. Geben Sie die Mischung zusammen mit den restlichen 240 ml Wasser in die Schüssel mit den Chiasamen und verquirlen Sie alles gut miteinander. (Sollten Sie einen großen Mixer mit 1,5 Liter Fassungsvermögen haben, können Sie auch alles Wasser auf einmal hineingeben.) Lassen Sie die Chiasamen 10 Minuten in der Mischung weichen und rühren Sie einige Male um, damit die Samen nicht klumpen. Stellen Sie die Schüssel für 1,5 bis 2 Stunden in den Kühlschrank bzw. bis der Pudding vollkommen durchgekühlt ist. Entfernen Sie vor dem Servieren die Vanilleschote. Richten Sie den Pudding in Schüsseln an und servieren Sie ihn kalt und mit Beeren garniert. Puddingreste halten sich in einem Schraubglas im Kühlschrank bis zu fünf Tage lang.

VARIATION

SCHOKOLADEN-CHIAPUDDING

Nehmen Sie, nachdem der Pudding durchgekühlt ist, die von Ihnen gewünschte Schokoladenpuddingmenge aus der Schüssel und geben Sie sie in eine zweite Schüssel. Sieben Sie pro Portion (etwa 1 Tasse voll) 4 EL ungesüßtes Kakaopulver über den Chiapudding, rühren Sie gut um und servieren Sie ihn gekühlt und mit Himbeeren garniert.

WÜRZMISCHUNGEN

VEGAN

SUPERFOOD-FRÜHSTÜCKSTOPPING

Jahrelang habe ich verschiedene Zutaten, die in diesem Topping verwendet werden, einzeln über meinen Haferbrei gestreut, bis ich sie irgendwann kombiniert habe. Ich liebe den Geschmack all dieser nährstoffreichen Zutaten und verwende 1 bis 2 EL davon für mein Frühstück, um sicherzustellen, dass ich von allem eine gute Portion abbekomme. Wenn die Zutaten noch neu für Sie sind, beginnen Sie am besten mit etwas weniger, bis Sie mit dem Geschmack vertraut sind. Bald wird Ihnen beim Frühstück ohne dieses Topping etwas fehlen. Es ist nicht nur auf meinem *Superfood-Haferbrei* (Seite 89) und *Amaranth-Müsli* (Seite 134), sondern auch auf Joghurt und einem sommerlichen Obstsalat köstlich.

ERGIBT ETWAS ÜBER 175 G (1 TASSE VOLL)

90 g gemahlene Leinsamen
55 g Weizenkeime, roh oder geröstet
30 g Macawurzelpulver

Geben Sie alle Zutaten in ein Schraubglas mit großer Öffnung und verrühren Sie sie gut miteinander. Verschließen Sie das Glas und bewahren Sie es bis zu 3 Monate lang im Kühlschrank auf.

Der Geschmack frisch gemahlener Leinsamen ist um Längen besser als der von vorgemahlenen und abgepackten Leinsamen, die Sie kaufen können. Geben Sie dafür bis zu 60 g in eine elektrische Gewürzmühle und mahlen Sie sie etwa 5 Sekunden lang fein. Geben Sie die gemahlenen Samen in ein fest verschließbares Glas und bewahren Sie sie bis zu drei Monate lang im Kühlschrank auf.

VEGAN

GERÖSTETE MANDELBUTTER

Ob zum Frühstück auf englische Muffins geschmiert, zusammen mit Medjool-Datteln als Snack oder gleich vom Löffel direkt aus dem Glas, geröstete Mandelbutter finde ich einfach unwiderstehlich. Frisch gemacht schmeckt sie so unglaublich gut, dass Sie von nun an bestimmt immer welche im Kühlschrank haben wollen.

ERGIBT ETWA 240 ML

280 g ganze rohe Mandeln, geröstet (Seite 78)

Geben Sie die frisch gerösteten und abgekühlten Mandeln in eine Küchenmaschine und häckseln Sie sie 30 Sekunden. Schaben Sie die Innenwände der Küchenmaschine nach unten frei und pürieren Sie die Masse glatt. Das kann einige Minuten dauern. Sollte sich eine Kugel formen, zerteilen Sie diese in mehrere Stückchen, pürieren Sie sie weiter und schaben Sie die Innenwände der Küchenmaschine immer wieder frei. Tun Sie dies so lange, bis eine glatte Mandelbutter mit einem leichten Glanz entsteht. Geben Sie die Mandelbutter in ein Schraubglas und verbrauchen Sie sie innerhalb eines Monat.

1. TAHINI AUS UNGESCHÄLTEM SESAM 2. CURRYPULVER
3. HARISSA 4. MARINIERTER ZIEGENKÄSE 5. SCHWARZES
SESAM-GOMASIO 6. MISO-MAYONNAISE 7. GERÖSTETE
MANDELBUTTER 8. SUPERFOOD-FRÜHSTÜCKSTOPPING

MISO-MAYONNAISE

Eine dicke, lockere Mayonnaise ohne Eier oder Tofu herzustellen ist eine ziemliche Herausforderung ist. Ich war deshalb richtig begeistert, als ich beim Experimentieren gleich beim ersten Versuch Erfolg hatte, und testete mein Ergebnis sofort auf einer Scheibe Toast, die ich noch mit ein paar Tomatenscheiben belegte. So esse ich diese Mayonnaise bis heute am liebsten. Diese fein säuerlich-salzige und seidige Köstlichkeit verfeinert alles, womit sie in Berührung kommt, sei es eine einfache Reiswaffel mit Avocado oder einen herzhaften *Tempeh-Portobello-Burger* (Seite 261).

HINWEIS: Ich habe diese Mayonnaise schon in vielen verschiedenen Küchen zubereitet. Meiner Erfahrung nach müssen Sie das Rezept verdoppeln, wenn Sie einen größeren Mixer verwenden, damit die Zutaten fein genug püriert werden.

ERGIBT 240 ML

3 EL unpasteurisierte weiße Miso-Paste
3 EL brauner Reisessig
3 EL frischer Zitronensaft
1 TL Tamarisoße
1 TL Mirin
1 EL fein gehackte Frühlingszwiebeln,
    nur die weiße Knolle
¼ Knoblauchzehe
120 ml natives Olivenöl

Geben Sie alle Zutaten bis auf das Olivenöl in einen Standmixer und pürieren Sie sie 1 Minute lang auf höchster Stufe bzw. so lange, bis eine glatte Konsistenz erreicht ist. Nehmen Sie den Deckel ab und schaben Sie die Mixerinnenwände nach unten frei. Fügen Sie, während der Mixer auf niedrigster Stufe läuft, nach und nach das Olivenöl zu, bis die Mayonnaise nach etwa 30 Sekunden dick und cremig ist. Nach dem Abkühlen wird die Mayonnaise weiter eindicken. Stellen Sie sie vor dem Servieren am besten über Nacht oder aber mindestens 2 Stunden im Kühlschrank kalt. Die Mayonnaise hält sich in einem Schraubglas im Kühlschrank bis zu 3 Wochen lang.

HINWEIS: Manchmal trennt sich die Mayonnaise mit der Zeit. Lassen Sie sie einfach 5 Minuten auf dem Küchentresen stehen und quirlen Sie sie vor dem Servieren noch einmal gut durch. Wenn Sie Raumtemperatur erreicht, wird sie sich verflüssigen, also lassen Sie sie nicht zu lange draußen stehen und bewahren Sie sie im Kühlschrank auf.

HARISSA

Harissa ist eine scharfe Würzpaste, die ursprünglich aus Tunesien stammt, aber auch gern in Marokko und in Israel verwendet wird. Sie finden Harissa in vielen Variationen: Einige sind unglaublich scharf, andere aromatischer, und wieder andere haben eine starke rauchige Note. Meine Variation ist aromatisch und mit einer ordentlichen Prise Cayennepfeffer gewürzt. Ich verfeinere damit gern Linsensuppen oder Bohneneintöpfe und mag sie am liebsten in meiner *Quinoa mit geröstetem Sommergemüse und Harissa-Marinade* (Seite 191).

Harissa hält sich im Kühlschrank gut bis zu zwei Monate lang und ist, wenn Sie den Zitronensaft weglassen, nahezu endlos haltbar. Lassen Sie es vor dem Verwenden Raumtemperatur erreichen und rühren Sie dann den Zitronensaft ein.

ERGIBT ETWA 80 ML

1 EL Kreuzkümmelsamen
1 EL Koriandersamen
1 EL Kümmel
2 TL scharfes Paprikapulver
½ TL Cayennepfeffer, auf Wunsch mehr
1 Knoblauchzehe, gepresst
⅛ TL Meersalz
60 ml natives Olivenöl
1 EL frischer Zitronensaft

Erhitzen Sie eine mittelgroße Pfanne auf mittlerer Flamme. Geben Sie die Kreuzkümmel- und Koriandersamen und den Kümmel hinein. Rösten Sie die Samen unter ständigem Rühren 2 Minuten bzw. bis sie aromatisch duften. Geben Sie die Samen in eine elektrische Gewürzmühle und zermahlen Sie sie. Löffeln Sie das Pulver in eine Schüssel. Fügen Sie Paprikapulver, Knoblauch, Cayennepfeffer, Salz, Olivenöl und Zitronensaft hinzu und verrühren Sie alles zu einer glatten Paste. Bewahren Sie Ihr Harissa bis zu 2 Monate lang in einem Schraubglas im Kühlschrank auf oder lassen Sie den Zitronensaft weg (siehe oben) und lagern Sie es solange Sie möchten.

CURRYPULVER

Immer wenn ich beginne, für einen neuen Kunden zu kochen, bereite ich ein neues Glas mit diesem aromatischen Würzpulver zu, um es für schnelle Suppen und Eintöpfe zur Hand zu haben. Ich weiß, Sie haben es schon oft gehört, aber es ist wirklich wahr: Sobald Sie anfangen, Ihr eigenes Currypulver zuzubereiten, werden Sie nie wieder fertiges kaufen wollen! Der Geschmack und der Duft frisch gerösteter und gemahlener Gewürze ist eine kraftvolle und sinnliche Verführung. Das Currypulver hält sich außerdem gleich einige Monate lang.

ERGIBT ETWA 50 G

**1 kleines Stück Zimtstange (2,5 cm),
in kleine Stückchen gebrochen**

20 g Koriandersamen

1 EL Kreuzkümmelsamen

1 TL Bockshornkleesamen

6 ganze Nelken

6 Kardamomkapseln

1 TL schwarze Pfefferkörner

2 EL Kurkuma

2 EL Ingwerpulver

¼ TL Cayennepfeffer, optional

Erhitzen Sie eine mittelgroße Pfanne auf mittlerer Flamme. Geben Sie Zimt, Koriander-, Bockshornklee- und Kreuzkümmelsamen, Nelken und Kardamomkapseln hinein und rösten Sie die Gewürze unter ständigem Rühren 2 bis 3 Minuten bzw. bis sie aromatisch duften. Nehmen Sie die Pfanne sofort vom Herd, geben Sie die gerösteten Gewürze zusammen mit den Pfefferkörnern in eine Kaffee- oder Gewürzmühle und mahlen Sie sie fein. Löffeln Sie das Pulver in eine Schüssel und verrühren Sie es mit dem Kurkuma, dem Ingwerpulver und falls verwendet dem Cayennepfeffer. Geben Sie das Currypulver in ein fest verschließbares Glas und brauchen Sie es innerhalb von drei Monaten auf.

SCHWARZES SESAM-GOMASIO

Gomasio ist eine japanische Sesamgewürzmischung, die aus zermahlenen gerösteten Sesamsamen und Meersalz hergestellt wird. Der nussige Geschmack macht aus einer einfachen Schüssel Reis eine himmlische Erfahrung. Schwarze Sesamsamen sind für die Nieren besonders gut und reich an Kalzium, Eisen und den Vitaminen A und B. Dieses Rezept kann auch mit gerösteten ungeschälten Sesamsamen zubereitet werden und schmeckt damit genauso gut.

In Japan wird Gomasio traditionell mit einem Suribachi hergestellt, einem speziellen Mörser mit in den Boden eingearbeiteten Rillen, in denen die Samen mit einem Stößel leicht zerdrückt werden können. Sie können aber auch einen normalen Mörser und Stößel verwenden oder die Sesamsamen einige Male in Ihrer Gewürzmühle häckseln. Eine Küchenmaschine tut es auch, aber wenn diese nicht sehr klein ist, müssen Sie das Rezept verdoppeln oder verdreifachen, damit die Samen gut genug von den Klingen zerkleinert werden.

ERGIBT ETWA 65 G

65 g geröstete schwarze Sesamsamen (Seite 79)

¼ TL Meersalz

Geben Sie die gerösteten Sesamsamen und das Salz in einen Suribachi oder Mörser. Zerstoßen Sie die Samen mit kreisförmigen Bewegungen des Stößels im Mörser, bis sie grob zermahlen sind. Geben Sie die Mischung in ein Schraubglas und bewahren Sie es im Kühlschrank auf. Verbrauchen Sie das Gomasio am besten innerhalb eines Monats, da sonst das Aroma verloren geht.

MARINIERTER ZIEGENKÄSE

Als ich ein Kind war, marinierte meine Mutter oft und gern Fetakäse. Wie in viele andere ihrer Kochprojekte investierte sie auch in dieses viel Liebe und Mühe. Sie füllte mehrere litergroße Gläser mit Fetawürfeln, Olivenöl, Kräutern aus dem Garten, roten Chilischoten und Knoblauch und stellte sie auf die große Kommode in unserer Küche, wo sie mich Tag für Tag in Versuchung führten. Wenn meine Mutter nicht da war, kletterten meine Freunde und ich zu den Gläsern hinauf, schraubten die Deckel ab und vertilgten gleich mehrere der köstlichen, vor Öl triefenden Käsewürfel.

Ich selbst habe erst in New York angefangen, Ziegenkäse zu marinieren, hauptsächlich weil ich den göttlichen Ziegen- und Schafskäse von Meredith Dairy aus Australien (mehr über meine Leidenschaft für diesen Käse und zu meinen Lieblingsrezepten damit finden Sie auf Seite 100) und die kulinarischen Experimente meiner Mutter vermisste. Hier in New York verwende ich Ziegenfrischkäse, den ich auf dem Union Square Greenmarket von Lynn Fleming kaufe, die eine Ziegenkäserei namens Lynnhaven in Pine Bush, New York betreibt. Ihr Käse schmeckt frisch und leicht und hat nicht die von vielen gefürchtete starke „Ziegennote", die abgepackter Ziegenkäse manchmal hat. Da Ziegenfrischkäse sehr schnell zerkrümelt, sollten Sie ihn im Kühlschrank aufbewahren, bevor Sie ihn in Scheiben schneiden.

---

230 g Ziegenfrischkäse (Rolle),
    in etwa 1 cm dicke Scheiben
    geschnitten
120 ml natives Olivenöl
8 Zweige frischer Thymian
½ TL ganze Pfefferkörner
3 Knoblauchzehen, längs halbiert
4 Lorbeerblätter

Legen Sie die ersten Käsescheiben in einer Schicht auf den Boden eines trockenen Schraub- oder Einweckglases mit breiter Öffnung und etwa 350 ml Fassungsvermögen. Gießen Sie genug Olivenöl darüber, um die Scheiben damit zu bedecken. Geben Sie einige Zweige Thymian, ein paar Pfefferkörner, 2 Knoblauchstückchen und ein Lorbeerblatt ins Glas. Schichten Sie die restlichen Käsescheiben und Gewürze übereinander und gießen Sie Öl zu, bis alle Zutaten aufgebraucht sind. Drücken Sie die obere Käseschicht leicht nach unten, damit auch diese von Öl bedeckt ist. Verschließen Sie das Glas und lassen Sie den Käse eine Woche lang im Kühlschrank marinieren. Der Ziegenkäse hält sich mindestens 2 Monate. Lassen Sie ihn vor dem Servieren Raumtemperatur erreichen.

Auch das Öl schmeckt wunderbar, wenn Sie es z. B. auf Toast oder Pasta träufeln (mit oder ohne Käse) oder es in Salatdressings verwenden. Bewahren Sie Reste bis zur nächsten Verwendung immer im Kühlschrank auf.

HINWEIS: Wenn der Käse nicht die ganze Zeit über mit Öl bedeckt ist, wird er schlecht. Wenn Sie einige Scheiben herausnehmen, achten Sie darauf, dass der restliche Käse weiterhin gut mit Öl bedeckt ist oder gießen Sie noch etwas hinzu, bevor Sie das Glas wieder verschließen.

TAHINI AUS UNGESCHÄLTEM SESAM

Tahini können Sie in Australien und in Europa sowohl aus geschälten wie auch aus ungeschälten Sesamsamen kaufen. Die Schale ungeschälter Sesamsamen ist noch intakt, wodurch Sie in den Genuss aller gesundheitlichen Vorteile des ganzen Samens kommen, wie z. B. Eisen, Kalzium, Mineralstoffe und Ballaststoffe, die Ihnen bei der Verdauung der pflanzlichen Samenfette helfen. Tahini aus ungeschältem Sesam hat einen intensiveren Geschmack und eine gröbere Konsistenz als das aus geschältem. Wenn Sie die Paste kaufen, nehmen Sie nur die Varianten, die aus gerösteten Sesamsamen hergestellt wurden, oder machen Sie Ihre eigene. Das Rösten hilft beim Entfernen der Phytinsäure (siehe Seite 60), die in den Schalen enthalten ist.

Immer wenn mich Freunde aus Australien oder Holland besuchen, bringen Sie mir Gläser mit Tahini aus ungeschältem Sesam mit, da es diese in den USA nicht gibt. Als ich das letzte Mal nichts mehr davon übrig hatte, beschloss ich einfach, mein eigenes Tahini zu machen. Es ist nicht ganz so cremig glatt wie industriell hergestelltes Tahini (oder Sesambutter, wie es auch manchmal genannt wird), aber mir gefällt der leichte Biss und der großartige frische Geschmack. Das Salz ist optional, bringt aber das tiefgründige Röstaroma der Sesamsamen erst richtig zur Geltung. Tahini ist eine wunderbare Soßengrundlage für geröstetes Gemüse oder gekochtes Getreide. Sie können es auch als Reiswaffelaufstrich zusammen mit etwas Miso und Avocadoscheiben für einen leckeren Snack verwenden.

ERGIBT ETWA 240 ML

260 g ungeschälte geröstete Sesamsamen (Seite 79)
knapp ½ TL Meersalz
4 bis 6 EL unraffiniertes, ungeröstetes Sesamöl

Geben Sie die Sesamsamen zusammen mit dem Meersalz in eine Küchenmaschine und häckseln Sie sie 1 Minute lang klein. Schaben Sie die Innenwände der Küchenmaschine mit einem Teigschaber nach unten frei und pürieren Sie die Samen erneut. Geben Sie, während die Küchenmaschine läuft, nach und nach 4 EL Sesamöl hinzu und pürieren Sie die Paste einige weitere Sekunden. Gießen Sie je nach gewünschter Konsistenz mehr Öl hinzu und pürieren Sie die Paste etwa 1 Minute lang glatt. Schaben Sie ggf. wieder die Innenwände der Küchenmaschine frei. Geben Sie Ihr Tahini in ein Schraubglas und bewahren Sie es bis zu drei Monate lang im Kühlschrank auf.

TAHINI-SOSSE

Diese in nur 2 Minuten zubereitete Soße verwandelt einfaches gedünstetes oder geröstetes Gemüse in eine köstliche Mahlzeit. Besonders unwiderstehlich schmeckt sie mit ofengerösteten Süßkartoffeln. Ich bereite sie immer mit Tahini aus ungeschältem Sesam (siehe Rezept links) zu, weil es gesünder ist und gleichzeitig einen vollmundigen nussigen Geschmack hat.

Es gibt endlose Variationen für dieses einfache Rezept. Probieren Sie es mit etwas fein geriebenem Ingwer, einer Prise Cayennepfeffer oder Zitronen- statt Orangensaft aus. Wenn Sie ungesalzenes Tahini verwenden, fügen Sie eine Prise Meersalz oder ein paar Spritzer Tamarisoße hinzu, damit sich die Aromen besonders gut entfalten.

ERGIBT ETWA 120 ML

60 ml Tahini aus ungeschältem Sesam
2 EL gefiltertes Wasser
1 TL körniger Dijon-Senf
1 TL unpasteurisiertes weißes Miso
1 kleine Knoblauchzehe, gepresst
3 EL frisch gepresster Orangensaft

Geben Sie das Tahini mit dem Wasser in eine kleine Schüssel und verquirlen Sie beides gut. Fügen Sie Senf, Miso, Knoblauch und Orangensaft hinzu und rühren Sie alles glatt. Verwenden Sie die Soße sofort oder geben Sie sie in ein Schraubglas und bewahren Sie sie zwei bis drei Tage lang im Kühlschrank auf.

CHIMICHURRI-SOSSE

Egal wo ich gerade bin, der belebende würzige Kräutergeschmack von Chimichurri-Soße lässt mich sofort an lange Sommernächte und das Essen im Freien denken. Chimichurri stammt ursprünglich aus Argentinien, wird traditionell mit Petersilie, Olivenöl, Knoblauch und Essig zubereitet und als Beilage zu gegrilltem Fleisch serviert. Mittlerweile gibt es diese Soße mit den unterschiedlichsten Kräuter- und Essigkombinationen. Ihr säuerlicher Geschmack ist eine kulinarische Offenbarung und bringt Leben in alles, was Sie damit verfeinern, seien es einfacher gegrillter Tofu und gegrilltes Gemüse oder Bohnen- und Getreidegerichte. Sie können Chimichurri sehr schnell machen, indem Sie alle Zutaten in eine Küchenmaschine geben und fein häckseln. Ich bevorzuge allerdings den rustikaleren Geschmack, wenn alles von Hand klein geschnitten wird – das können Sie sogar schnell im Freien gleich neben dem Grill tun.

ERGIBT ETWA 300 ML

1 kleiner Bund gehacktes Koriandergrün
1 kleiner Bund gehackte glattblättrige Petersilie
4 EL gehackte Minze
1 EL gehackter Oregano
4 Knoblauchzehen, fein gehackt
¾ TL gemahlener Kreuzkümmel
½ TL rote Chiliflocken
60 ml Rotweinessig
¾ TL Meersalz, plus mehr auf Wunsch
180 ml mildes natives Olivenöl

Geben Sie alle gehackten Kräuter, Knoblauch, Kreuzkümmel und Chiliflocken in eine mittelgroße Schüssel und verrühren Sie alles gut miteinander. Rühren Sie Rotweinessig und Salz und am Ende das Olivenöl unter. Schmecken Sie die Chimichurri-Soße ab, würzen Sie nach Belieben nach und servieren Sie sie, oder bewahren Sie sie einige Tage lang in einem Schraubglas im Kühlschrank auf. Lassen Sie sie vor dem Verwenden Raumtemperatur erreichen.

FERMENTIERTE KÖSTLICHKEITEN

Die magische Welt fermentierter Lebensmittel entdeckte ich dank Sandor Katz, einem leidenschaftlichen Liebhaber des Fermentierens, der zwei meiner Lieblingskochbücher geschrieben hat: Die Kunst des Fermentierens *und So einfach ist Fermentieren. Nach einem inspirierenden fünftägigen Workshop mit ihm träumte ich davon, aufs Land in ein Haus mit einer großen Küche und viel Platz für große Steinguttöpfe voller blubbernder fermentierender Köstlichkeiten zu ziehen. Von Sandor lernte ich nicht nur, wie die folgenden zwei Rezepte zubereitet werden, sondern konnte auch eine ganz neue Welt neuer und aufregender kulinarischer Möglichkeiten entdecken.*

Sandors Philosophie besteht darin, dass jeder überall und zu jeder Zeit jede Art von Gemüse, das gerade in Greifnähe ist, in jeder Art von Gefäß fermentieren kann. Um uns dies zu beweisen, brachte er am ersten Tag einen kleinen Eimer mit seinem neuesten Experiment mit: eine Mischung aus Kohl und Wildkräutern, die er auf dem Weg zum Workshop von seinem Haus in Tennessee gefunden hatte. Lactobacillus acidophilus ist die Bakterienart, die Lebensmittel in fermentierte Köstlichkeiten verwandelt. Sie bringt die Darmflora ins Gleichgewicht und hilft beim Aufnehmen wichtiger Nährstoffe während des Verdauungsprozesses. Darüber hinaus unterstützt sie die Produktion krebsbekämpfender Wirkstoffe und natürlicher körpereigener Antibiotika, die das Immunsystem schützen. Einige Fermentationsarten werden traditionellerweise in verschiedenen Kulturen dafür genutzt, bestimmte Lebensmittel länger haltbar, nährreicher und interessanter zu machen. Auch wir essen immer wieder oft unbewusst vieles, was fermentiert wurde, wie z. B. Sauerteigbrot, Misopaste, Käse, Schokolade, Wein und Kaffee, um nur einige Dinge zu nennen. Seitdem wir dank moderner Technologie Kühlgeräte bei uns zu Hause haben, sind wir nicht mehr wie unsere Vorfahren auf die natürliche Fermentation angewiesen, um Lebensmittel länger haltbar zu machen. Natürliche bzw. wilde Hefen aus der Luft machen jede fermentierte Nahrung je nach ihrer Herkunft zu etwas Einzigartigem. Beim Fermentieren wird der Geschmack vielschichtiger und komplexer. Unterschiede beim Klima und der Temperatur wirken sich ebenfalls auf den Geschmack aus: So schmeckt z. B. Sauerkraut, das in einer Stadt im Flachland gemacht wird, anders als Sauerkraut aus einer ländlichen Region im Gebirge.

Diese zwei Rezepte sind perfekt dafür geeignet, das Fermentieren auszuprobieren und dann zu variieren. Experimentieren Sie einfach mit Gemüse, von dem Sie reichlich da haben, und folgen Sie meinen Hinweisen auf der nächsten Seite.

- Fangen Sie mit Kohl an, wenn Sie das erste Mal Gemüse einlegen und fermentieren. Sein geringer Zuckergehalt und seine robusten Blätter führen mit wenig Aufwand zu einem tollen Ergebnis.
- Achten Sie darauf, dass Ihre Hände und Ihre Ausrüstung sauber sind. Sie müssen nichts sterilisieren, sollten aber vorher alles gründlich reinigen und abtrocknen. Achten Sie darauf, dass das Gemüse beim Fermentieren nicht mit Metall in Berührung kommt, da dieses durch das Salz und die Säure rosten kann.
- Beim Experimentieren mit verschiedenen Gemüsesorten sollten Sie beim Salzen folgende Faustregel beachten: Das Gemüse sollte vor dem Einfüllen in Weckgläser oder Steinguttöpfe etwas salziger schmecken, als Sie es nach dem Fermentieren haben möchten.
- Achten Sie beim Abfüllen in Gläser oder Steinguttöpfe darauf, dass Sie so viel Luft wie möglich aus dem Gemüse herauspressen. Sie können das mit Ihrer Faust, dem flachen Griffende eines Nudelholzes oder mit einem hölzernen Stößel tun. Je dichter Sie das Gemüse in das Gefäß pressen, umso mehr Flüssigkeit steigt nach oben, und dadurch auch eventuell entstandene Luftblasen, die so entweichen können. Gerade in Luftblasen kann schnell Schimmel entstehen.
- Nach dem Salzen bildet das Gemüse seine eigene Lake. Achten Sie darauf, dass Ihr Gemüse immer mit Lake bedeckt ist. Sollte das Gemüse, das Sie einlegen, während des Einmassierens mit Salz und beim Abfüllen nicht genug eigenen Saft abgeben, müssen Sie etwas Lake hinzufügen. Mischen Sie dafür 240 ml Wasser mit 2 TL Meersalz und gießen Sie dies über das Gemüse, bis die gesamte Oberfläche damit bedeckt ist. Beschweren Sie danach das Gemüse mit einem Gewicht (stellen Sie z. B. ein mit Wasser gefülltes Glas darauf), da dadurch die Flüssigkeit an die Oberfläche steigt und das Gemüse daran gehindert wird, nach oben zu schwimmen.
- Sie können die Rezepte in breiten Weckgläsern oder Steinguttöpfen zubereiten. Wenn ich Weckgläser verwende, nehme ich kleinere mit Wasser gefüllte Schraubgläser als Gewichte zum Beschweren. Bei großen Steinguttöpfen ver-

wende ich einfach kleine Teller bzw. Untertassen, die kleiner als die Öffnung sind, und beschwere diese dann mit einem Gewicht, das ich auf den Teller stelle.

- Die Temperatur in Ihrer Küche bestimmt, wie schnell Ihr Gemüse fermentiert. In einer kühlen Küche oder an einem kühlen Ort (etwa 18 °C) fermentiert es langsam und entwickelt einen vielschichtigen Geschmack. Kontrollieren Sie das Gemüse vor allem im Sommer öfter, indem Sie ein bisschen davon aus dem Glas oder Topf nehmen und kosten. Sobald es den von Ihnen gewünschten sauer-salzigen Geschmack erreicht hat, ist es fertig und kann in den Kühlschrank gestellt werden, wodurch das weitere Fermentieren verlangsamt wird.

Ich mag es am liebsten, wenn mein Gemüse nach der erfolgreichen Geschmacksprobe noch ein paar Tage im Kühlschrank durchzieht, da sein Geschmack und seine Konsistenz dadurch noch besser werden.

- Werfen Sie alle Gemüseteilchen weg, die an der Oberfläche schwimmen, und entfernen Sie Schimmel, sofern sich welcher gebildet hat. Keine Angst: Solange der Schimmel nicht zwischen dem Gemüse, sondern nur an der Oberfläche entstanden ist, können Sie das Gemüse ohne Bedenken essen. Sie können die Lake trinken, als Zutat für Salatdressings verwenden oder für Ihr nächsten Experiment mit sauer eingelegtem Gemüse aufbewahren.

VEGAN

ROSA KRAUT

Sauerkraut, das sogar im Englischen unter seinem deutschen Namen bekannt ist, wird traditionell mit Wacholderbeeren hergestellt. Die Kombination aus vorwiegend weißem mit einem bisschen Rotkohl führt bei diesem Rezept zu einer hübschen rosa Farbe. Wenn es keinen Rotkohl gibt, nehmen Sie einfach nur weißen. Sie können es auch mit einigen weiteren Gewürzen ausprobieren, z. B. Kümmel, Jalapeño-Scheiben, Knoblauch, Senf- oder Fenchelsamen oder was immer Sie sonst gern mögen.

ERGIBT ETWA 400 G

1 kleiner Kopf Weißkohl, vom Strunk befreit und in dünne Streifen geschnitten

¼ kleiner bis mittelgroßer Rotkohl, vom Strunk befreit und in dünne Streifen geschnitten

2-3 TL Meersalz

Geben Sie die Krautstreifen und das Salz in eine große Schüssel. Massieren Sie das Salz einige Minuten mit den Händen ein, bis das Kraut saftig und weicher wird. Wenn Sie Gewürze verwenden, mengen Sie sie jetzt unter. Kosten Sie das Kraut. Es sollte etwas salziger sein, als Sie es am Ende gern haben möchten. Wenn Sie Gewürze verwenden, schmecken Sie auch diese noch einmal ab.

Geben Sie die ersten beiden Handvoll Kraut in einen Steinguttopf oder jeweils eine Handvoll in zwei breite Einweckgläser. Drücken Sie es fest nach unten, damit keine Luftblasen entstehen. Wiederholen Sie dies mit dem restlichen Kraut. Nehmen Sie immer jeweils eine Handvoll und gießen Sie dann immer etwas von der Flüssigkeit aus der Schüssel nach. Am Ende sollte das Kraut vollständig mit Flüssigkeit bedeckt sein (Tipps zur Herstellung von Lake siehe oben, wenn Sie mehr davon brauchen). Drücken Sie alle Krautstreifen an den Gefäßseiten nach unten, damit auch diese von Lake bedeckt sind. Wenn Sie zwei Einweckgläser benutzen, füllen Sie zwei kleinere saubere Schraubgläser oder Glasflaschen mit Wasser und stellen Sie sie als Gewicht auf das Kraut, um es unter die Flüssigkeit zu drücken. Nehmen Sie bei einem Steinguttopf einen kleinen Teller, um es nach unten zu drücken, und beschweren Sie diesen mit einem Gewicht. Decken Sie den Topf oder die Gläser mit einem sauberen Geschirrtuch ab, um das Kraut vor Staub und Insekten zu schützen, und stellen Sie es an einen kühlen, gut belüfteten Ort. Lassen Sie das Kraut fünf bis zehn Tage fermentieren.

Kosten Sie es nach fünf Tagen und danach jeden Tag, bis der Geschmack Sie überzeugt. Verschließen Sie die Gläser dann mit einem Deckel bzw. füllen Sie das Kraut vom Steinguttopf in verschließbare Gläser um und bewahren Sie diese im Kühlschrank auf. Das Sauerkraut hält sich darin monatelang, und sein Geschmack wird sich über die Zeit hinweg langsam weiter entfalten und intensiver werden.

KIMCHI

Kimchi ist eine koreanische Spezialität mit einem sehr durchdringenden Geschmack. Es wird traditionell aus fermentiertem Kohl, Radieschen, Möhren, Chili, Knoblauch, Ingwer, Frühlingszwiebeln und manchmal auch getrocknetem Fisch hergestellt. Ich gebe gern jede Menge Chili dazu, weil ich die rote Farbe liebe, aber Sie können die Menge einfach an Ihren persönlichen Geschmack anpassen. Sollten Sie frische Chilischoten zu Hause haben, probieren Sie es damit, anstatt Chilipulver zu verwenden. Der Geruch von fermentierendem Kimchi in Ihrer Küche ist durchaus gewöhnungsbedürftig, dafür aber werden Sie mit einem vielschichtigen, einzigartigen sauer-salzig-würzigen Geschmack belohnt, der jede Mahlzeit und jeden einfachen Snack sofort mit Leben und Energie erfüllt.

ERGIBT ETWA 900 G

1 mittelgroßer Chinakohl (etwa 800 g), äußere Blätter entfernt

2 mittelgroße Möhren, halbiert und diagonal in dünne Scheiben geschnitten

6 Radieschen, in dünne Scheiben geschnitten

7 Frühlingszwiebeln, in dünne Ringe geschnitten

2½ TL Meersalz

7,5 cm frischer Ingwer, geschält und grob gehackt

8 große Knoblauchzehen

20 g getrocknete rote Chiliflocken

Vierteln Sie den Kohl und entfernen Sie den Strunk. Schneiden Sie jedes Viertel in etwa 2 cm dicke Streifen. Geben Sie die Streifen zusammen mit den Möhren, Radieschen, Frühlingszwiebeln und dem Salz in eine große Schüssel und vermengen Sie alles gut miteinander.

Geben Sie Ingwer, Knoblauch und Chiliflocken in eine Küchenmaschine und häckseln Sie alles klein. Schaben Sie die Innenseiten der Küchenmaschine nach unten frei und pürieren Sie die Zutaten erneut. Geben Sie sie in die Schüssel mit dem Gemüse und vermischen Sie alles gut mit den Händen. Vermengen und massieren Sie das Gemüse noch ein paar Minuten, bis es saftig und weicher wird. Kosten Sie die Mischung. Sie sollte etwas salziger sein, als Sie sie am Ende haben möchten.

Geben Sie die ersten beiden Handvoll der Mischung in einen Steinguttopf oder jeweils eine Handvoll in zwei breite Einweckgläser. Drücken Sie sie fest nach unten, damit keine Luftblasen entstehen. Wiederholen Sie dies mit dem Rest der Mischung. Nehmen Sie immer jeweils eine Handvoll und gießen Sie dann etwas von der Flüssigkeit aus der Schüssel nach. Am Ende sollte alles vollständig mit Flüssigkeit bedeckt sein; falls nicht, pressen Sie das Gemüse so lange nach unten, bis die Flüssigkeit nach oben steigt (siehe Tipps auf Seite 125 zur Herstellung von Lake, wenn Sie mehr davon brauchen). Drücken Sie alle Kohlstreifen an den Gefäßseiten nach unten, damit auch diese von Lake bedeckt sind. Wenn Sie zwei Einweckgläser benutzen, füllen Sie zwei kleinere saubere Schraubgläser oder Glasflaschen mit Wasser und stellen Sie sie als Gewicht auf das Gemüse, um es unter die Flüssigkeit zu drücken. Nehmen Sie bei einem Steinguttopf einen kleinen Teller, um das Gemüse nach unten zu drücken, und beschweren Sie diesen mit einem Gewicht. Decken Sie den Topf oder die Gläser mit einem sauberen Geschirrtuch ab, um das Kimchi vor Staub und Insekten zu schützen, und stellen Sie es an einen kühlen, gut belüfteten Ort. Lassen Sie das Kimchi 5 bis 7 oder bis zu 10 Tage oder auch länger fermentieren.

Kosten Sie das Kimchi nach fünf Tagen und danach jeden Tag, bis der Geschmack Sie überzeugt. Verschließen Sie die Gläser dann mit einem Deckel bzw. füllen Sie das Kimchi vom Steinguttopf in verschließbare Gläser um und bewahren Sie diese im Kühlschrank auf. Das Kimchi hält sich darin monatelang, und sein Geschmack wird sich über die Zeit langsam weiter entfalten und intensiver werden, während das Gemüse immer weicher wird.

TEIL ZWEI

Die Rezepte

Frühstück

Amaranth-Müsli mit gerösteten Samen / 134

Mom's Dinkel-Mandel-Waffeln / 135

Brombeer-Maismehl-Muffins / 137

Dinkelbrot mit braunem Reis und Sesam / 138

Pfirsich-Chia-Frühstücksshake / 141

Hirse-Kürbis-Zuckermais-Pilaw mit Tamari-gerösteten Kürbiskernen / 142

Kürbisbrot mit Walnuss-Zimt-Wirbel / 145

Pflaumen-Hirse-Muffins / 146

Schwarzer Frühstücksreispudding mit Kokosnuss und Banane / 149

Quinoa-Congee / 150

Kokos-Quinoa-Pancakes / 151

Kirsch-Kokos-Knuspermüsli mit nativem Olivenöl / 155

Schwarze Quinoa-Kräuter-Muffins mit Süßkartoffeln
und karamellisierten Zwiebeln / 156

Die frühen Morgenstunden sind für mich seit jeher meine kreativste Zeit. Das ist ein wahrer Glücksfall, da meine Arbeitstage in den Restaurants damals schon um fünf Uhr morgens begannen. Die meisten Entscheidungen zum Menü des Tages wurden gegen 7 Uhr getroffen, und um 8 Uhr war ich meistens schon dabei, die ersten Kuchen aus dem Ofen zu holen und die Tagessuppe abzuschmecken. Auch wenn die Arbeit hart war, liebte ich die freundschaftliche Zusammenarbeit zwischen unserer Morgencrew in der Küche und den Bauern, die bei Sonnenaufgang mit ihren Produkten in die Stadt kamen.

Als Kind wachte ich an vielen Wintermorgen oft vom Geklapper des Schneebesens auf, mit dem meine Mutter in der Küche Eischnee schlug. Dieser Eischnee war eine unverzichtbare Zutat ihres heißgeliebten, himmlischen und fast soufléeartigen Hirse-Milch-Puddings, den sie vor dem Servieren mit warmem Apfelkompott und ein bisschen selbst gemachter Schlagsahne krönte. Dann drängten wir uns um den alten Heizofen in der Küche und genossen eine warme Schüssel dieser Köstlichkeit, bevor es zur Schule ging.

Ich stehe immer noch gern früh auf. Der Tagesanbruch mit seiner friedliche Stille und Ruhe, die dann noch in New York City herrscht, ist meine Lieblingszeit zum Kochen. Manchmal fühle ich förmlich, wie mich die zahllosen Möglichkeiten, die mich in der Küche erwarten, mit voller Macht aus dem Bett und an den Herd ziehen, während der Rest der Stadt noch schläft.

Ich liebe es zwar am frühen Morgen zu kochen und zu backen, habe aber trotzdem für fast jede Jahreszeit ein schnelles Frühstück parat, das sich auch mitnehmen lässt und je nachdem, was ich zu Hause habe, variiert werden kann. Sie finden diese einfachen Frühstücksgerichte im Kapitel „Vorräte" unter „Mit Vorräten kochen" ab Seite 57. Die Rezepte auf den nun folgenden Seiten bereite ich gern zu, wenn eine neue Jahreszeit beginnt, ich etwas mehr Zeit habe oder Gäste zu Besuch sind.

Hier finden Sie Inspirationen für Gerichte, die Sie das ganze Jahr über genießen können, vom leichten eiweißreichen *Amaranth-Müsli* (Seite 134), das mit Beeren und Sommerfrüchten besonders an warmen Sommermorgen perfekt ist, über mein herzhaftes *Hirse-Kürbis-Zuckermais-Pilaw* (Seite 142) bis zu *Quinoa-Congee* (Seite 150, wenn Sie in der kalten Jahreszeit etwas Warmes und Gehaltvolles brauchen.

Der Duft von *Mom's Dinkel-Mandel-Waffeln* (Seite 135) wird Ihre Küche zur ersten Anlaufstation aller machen, die Ihre Wohnung betreten, genauso wie die köstlichen Muffins, deren Rezepte Sie hier finden. Wenn ich vorausplane, mache ich oft reichlich *Kirsch-Kokos-Knuspermüsli mit nativem Olivenöl* (Seite 155) oder einen Laib *Dinkelbrot mit braunem Reis und Sesam* (Seite 138) und einen leckeren Aufstrich. Und ganz egal, ob Sie Ihr Frühstück allein oder in Gesellschaft genießen, mit einer großen Tasse gutem Tee schmeckt es garantiert noch besser.

AMARANTH-MÜSLI MIT GERÖSTETEN SAMEN

Im Hochsommer, wenn die Hitze schon am frühen Morgen Einzug hält, ist dieses leichte und nahrhafte Frühstück eine wahre Wohltat. Der gepuffte Amaranth ist knusprig und steckt voller Eiweiß, und sein Röstgeschmack harmoniert fantastisch mit frischen Sommerfrüchten, Beeren und selbst gemachter Mandelmilch (Seite 76). Wenn Schwarze Johannisbeeren Saison haben, sind sie ein hübscher farblicher Kontrast und eine tolle vitaminreiche Ergänzung.

Wenn Sie es erst einmal raus haben, ist das Puffen von Amaranth ganz leicht, und Sie werden gleich eine größere Menge davon machen wollen, um ihn unter Ihre anderen Lieblingsmüslis zu mischen. Haben Sie zufällig schon geröstete Nüsse und Samen vorrätig, dann ist dieses Knuspermüsli im Handumdrehen fertig. Ich mag die natürliche Süße von Sommerobst und -beeren bei diesem Müsli, aber Sie können auch gern noch getrocknete Früchte wie Kirschen, Datteln, Maulbeeren oder Aprikosen hinzufügen und es noch ein bisschen süßer machen, wenn Sie es z.B. in einer anderen Jahreszeit essen.

4 BIS 6 PORTIONEN

180 g Haferflocken
45 g Amaranth (siehe Erklärung rechts)
70 g geröstete Mandeln (Seite 78), grob gehackt
70 g geröstete Kürbiskerne (Seite 79)
70 g geröstete Sonnenblumenkerne (Seite 79)
3 EL Hanfsamen

ZUM GARNIEREN:

frische Beeren
Pfirsich-, Nektarinen- oder Aprikosenscheiben
Selbst gemachte Mandelmilch (Seite 76) oder
   (pflanzlicher) Joghurt
Superfood-Frühstücks-Topping (Seite 116), optional

Erhitzen Sie eine große Pfanne 1 Minute auf mittlerer Flamme und geben Sie die Hälfte der Haferflocken hinein. Rösten Sie sie unter Rühren 5 Minuten bzw. bis sie goldbraun sind und duften. Geben Sie sie zum Abkühlen in eine mittelgroße Schüssel und rösten Sie nun die zweite Hälfte der Haferflocken.

Geben Sie den gepufften Amaranth und die Mandeln, Kürbis- und Sonnenblumenkerne und Hanfsamen in die Schüssel mit den Haferflocken und vermischen Sie alles gut miteinander. Servieren Sie das Müsli mit frischen Beeren, Obstscheiben und Mandelmilch und garnieren Sie es auf Wunsch mit etwas Superfood-Frühstückstopping. Da dieses Rezept Hanfsamen enthält, bewahren Sie Müslireste am besten in einem Schraubglas im Kühlschrank auf und brauchen sie innerhalb von zwei Wochen auf.

GEPUFFTER AMARANTH

Amaranth ist eine sehr eiweißreiche Samenart und war früher das heilige Korn der Azteken. Es ist ebenfalls reich an Kalzium und Aminosäuren und hat einen süßen, nussigen Geschmack.

Das Puffen der kleinen Samen scheint anfangs ein bisschen schwierig. Verzweifeln Sie nicht, wenn es beim ersten Mal anbrennt – wenn Sie den Dreh erst einmal raus haben, ist es ganz einfach und macht sogar Spaß. Die Samen puffen sehr schnell auf (in etwa 15 Sekunden!). Danach müssen Sie sie sofort aus der Pfanne nehmen, damit sie nicht anbrennen.

Sie können gepufften Amaranth als knusprige Extra-Portion Eiweiß über Obst, Gemüse oder Salate streuen oder als Zutat in meinen goldenen Amaranth-Superfood-Riegeln verwenden (Seite 353).

ERGIBT ETWA 1 TASSE VOLL

45 g Amaranth

Erhitzen Sie eine kleine Pfanne mit dickem Boden und Deckel 2 Minuten auf hoher Flamme. Geben Sie 1 EL Amaranth hinein und decken Sie sie sofort zu. Zählen Sie 5 Sekunden ab und schütteln Sie die Pfanne. Sie werden hören, wie die Samen schnell aufpuffen. Zählen und schütteln Sie noch zweimal oder so lange, bis alle Samen in der Pfanne aufgepufft sind. Geben Sie sie danach schnell in eine Schüssel. Wiederholen Sie diese Schritte mit dem restlichen Amaranth und verwenden Sie wie vorher je 1 EL pro Durchgang. Wenn sie abgekühlt ist, können Sie die gepufften Amaranthsamen in ein Schraubglas geben und innerhalb von zwei Wochen aufbrauchen.

MOM'S DINKEL-MANDEL-WAFFELN

Ein Besuch in Australien wäre nicht perfekt ohne einen langen Sommermorgen mit diesen zarten, duftenden Waffeln auf der Veranda meiner Mutter. Sie garniert sie immer noch mit großen, saftigen Brombeeren aus ihrem Garten, Mangoscheibchen, dem dicksten biodynamischen Joghurt, den ich je gegessen habe, und ein paar Spritzern Ahornsirup. Das ist ein einfach himmlischer Genuss, vor allem im dicht bewachsenen australischen Hinterland, wo die Natur eine wunderbare Geräuschkulisse liefert.

HINWEIS: Meiner Erfahrung nach brauchen Vollkornwaffeln 1 bis 2 Minuten länger beim Backen, als die Empfehlungen auf den meisten Waffeleisen angeben.

ERGIBT 8 MITTELGROSSE WAFFELN
AUSRÜSTUNG: WAFFELEISEN

125 g gekeimtes Dinkelmehl oder
    Dinkelvollkornmehl
½ TL aluminiumfreies Backpulver
80 g Mandelmehl
2 Eier, Eigelb und Eiklar getrennt
60 ml natives Olivenöl oder
    geschmolzenes natives Kokosöl
Abrieb einer Orange
120 ml frisch gepresster
    Orangensaft
180 ml selbst gemachte
    Mandelmilch (Seite 76) oder
    ungesüßte Sojamilch
3 EL brauner Reissirup
natives Kokosöl oder geschmolzene
    Butter zum Einfetten des
    Waffeleisens

ZUM GARNIEREN:
dicker Vollmilchjoghurt
frische Beeren und Obst der Saison
Ahornsirup

Heizen Sie das Waffeleisen vor. Sieben Sie das Dinkelmehl und das Backpulver in eine mittelgroße Schüssel. Rühren Sie das Mandelmehl unter und zerstoßen Sie kleine Klümpchen. Stellen Sie die Schüssel beiseite.

Verquirlen Sie in einer zweiten Schüssel Eigelbe, Olivenöl, Orangenabrieb, Orangensaft und Mandelmilch. Rühren Sie die feuchten unter die trockenen Zutaten. Träufeln Sie den Sirup über den Teig und rühren Sie ihn ein. Schlagen Sie das Eiklar in einer sauberen kleinen Schüssel steif und heben Sie es unter den Teig.

Fetten Sie das Waffeleisen mit geschmolzener Butter oder Kokosöl ein. Geben Sie pro Waffel etwa 120 ml Teig ins Waffeleisen, schließen Sie den Deckel und backen Sie die Waffel etwa 4 Minuten bzw. bis sie goldbraun ist. Verwandeln Sie den restlichen Teig in Waffeln und servieren Sie sie garniert mit Joghurt, frischen Beeren und Obst und etwas Ahornsirup. Übrig gebliebene Waffeln können bis zu drei Monate lang in einem luftdichten Behälter eingefroren und schnell im Toaster oder Ofen aufgewärmt werden.

BROMBEER-MAISMEHL-MUFFINS

Ich liebe es, diese Muffins zu backen, wenn Freunde zum Frühstück oder vormittags auf einen Tee vorbeikommen. Der köstliche süße Duft nach Kokosöl, Orange und Ahornsirup in Verbindung mit nussigem Vollkornmehl lässt alle, die durch die Tür kommen, sofort schwach werden. Diese Muffins sind genauso, wie ich sie liebe: voller saftiger Beeren, leckerem gesundem Vollkorn und nur leicht süß.

Wenn ich sie für Kokosliebhaber backe oder keinen Maisgrieß mehr da habe, verwende ich stattdessen 50 g getrocknete ungesüßte Kokosraspel, die ich in der elektrischen Gewürzmühle einige Male häcksle (wie ich es auch mit dem Maisgrieß mache). Die Muffins werden dadurch wunderbar feucht und duften intensiv.

Dieses besonders vielseitige Rezept können Sie je nach Saison als Grundlage für die verschiedensten Muffins verwenden. Im Frühling können Sie es statt mit Brombeeren mit Rhabarberwürfeln und Erdbeerscheibchen probieren, im Sommer mit Pfirsichen und Himbeeren, und im Herbst diese wunderbare Kombination aus Brombeeren und Maisgrieß. Im Winter oder zu jeder anderen Jahreszeit können Sie sie auch mit gefrorenen Beeren, Apfel- statt Orangensaft und nativem Oliven- statt Kokosöl backen – allerdings hält das Kokosöl die Muffins einen bis zwei Tage länger feucht.

HINWEIS: Ich bevorzuge es, Maisgrieß in meiner elektrischen Gewürzmühle zu mahlen und das Maismehl nicht im Laden zu kaufen, da dieses, wenn es nicht frisch gemahlen ist, oft etwas bitter und abgestanden schmeckt. Außerdem gefällt mir die hellere gelbe Farbe von Maisgrieß besser. Sollten Sie aber oft Maismehl verwenden und es vorrätig haben, können Sie es, wenn Sie mögen, zu gleichen Teilen und anstatt Maisgrieß verwenden.

ERGIBT 10 MUFFINS

2 EL Chiasamen

120 ml selbst gemachte Mandelmilch (Seite 76) oder ungesüßte Sojamilch

55 g gelber Maisgrieß

150 g gekeimtes Dinkelmehl oder Vollkorndinkelmehl

1 EL aluminiumfreies Backpulver

55 g Mandelmehl

Abrieb einer Orange

120 ml frisch gepresster Orangensaft (von 1 Saftorange)

80 ml geschmolzenes natives Kokosöl

80 ml Ahornsirup

1 EL Vanilleextrakt

¼ TL Meersalz

280 g frische Brombeeren

Heizen Sie den Ofen auf 180 °C vor. Geben Sie 10 Muffinförmchen in die Mulden einer Muffinform und stellen Sie sie beiseite.

Verquirlen Sie Chiasamen und Mandelmilch in einer größeren Schüssel und lassen Sie die Samen mindestens 10 Minuten quellen. Mahlen Sie den Maisgrieß 30 Sekunden bzw. bis er die Konsistenz von grobem Mehl hat, in einer elektrischen Gewürzmühle und geben Sie ihn in eine mittelgroße Schüssel. Sieben Sie das Dinkelmehl und das Backpulver in die Schüssel mit dem gemahlenen Maisgrieß. Fügen Sie das Mandelmehl hinzu, verrühren Sie alles und zerstoßen Sie dabei kleine Klümpchen.

Geben Sie Orangenabrieb, Orangensaft, Kokosöl, Ahornsirup, Vanilleextrakt und Salz zu den Chiasamen und verquirlen Sie alles gut miteinander. Rühren Sie mit einem Teigschaber die trockenen kurz unter die feuchten Zutaten. Heben Sie die Brombeeren unter.

Löffeln Sie den Teig bis zum Rand in die Muffinförmchen und backen Sie die Muffins 30 bis 35 Minuten bzw. bis ein Zahnstocher nach dem Einstechen sauber wieder herauskommt. Nehmen Sie die Muffins aus dem Ofen und lassen Sie sie vor dem Servieren 5 Minuten abkühlen. Diese Muffins schmecken am besten, wenn sie noch am selben Tag gegessen werden. Reste halten sich ein bis zwei Tage lang in einem luftdichten Behälter.

DINKELBROT MIT BRAUNEM REIS UND SESAM

Im Amsterdamer Jordaan-Viertel gibt es jeden Samstag einen kleinen lebhaften Bio-Wochenmarkt, den Boerenmarkt. Als ich noch dort lebte, hatte ich das Glück, nur ein paar Straßen weiter zu wohnen, also verbrachte ich meine Samstagvormittage damit, Gemüse, Obst und Blumen zu kaufen und mich dann mit Freunden im Café an der Ecke auf ein Stück heißen Apfelkuchen zu treffen. Auf diesem Markt entdeckte ich mein absolutes Lieblingsbrot: ein Vollkornsauerteigbrot mit braunem Reis. Da ich mich mit Sauerteig nicht so perfekt auskenne, versuchte ich, dieses Brot mit Jim Laheys berühmter Knetfrei-Methode zu backen, und es funktionierte! Immer wenn ich Amsterdam vermisse, mache ich mir einen Laib dieses feuchten und urgesunden Brotes.

HINWEIS: Der Teig muss 14 Stunden bei Raumtemperatur fermentieren. Ich beginne meistens 17 Uhr nachmittags mit der Mischung, mache 19 Uhr weiter und genieße mein Brot am nächsten Morgen gegen 10 Uhr. Das Rezept erfordert bei der Zeit aber keine penible Genauigkeit, also machen Sie sich keine Sorgen, wenn Sie etwas von diesem groben Plan abweichen.

ERGIBT 1 LAIB (ETWA 23 CM LANG)

250 g gekeimtes Dinkelmehl oder
  Vollkorndinkelmehl

80 g Maisgrieß (siehe Hinweis
  auf Seite 137)

½ TL Trockenhefe

1½ TL Meersalz

360 ml warmes gefiltertes Wasser

1 TL unraffiniertes Sesamöl oder natives
  Olivenöl, zum Einfetten der Kastenform

400 g gekochter brauner Reis und Klebreis
  (Seite 65)

30 g ungeschälte Sesamsamen

Geben Sie Dinkelmehl, Maisgrieß, Hefe und Salz in eine große Schüssel. Fügen Sie das Wasser hinzu und verrühren Sie alles gut miteinander. Der Teig wird recht klebrig und feucht werden. Decken Sie die Schüssel mit Plastikfolie ab und befestigen Sie diese mit einem Gummiband. Lassen Sie den Teig 14 Stunden lang bei Raumtemperatur (21 °C) gehen. Er wird aufquellen und Bläschen bilden.

Fetten Sie die Kastenform mit Öl ein. Nehmen Sie die Folienabdeckung von der Schüssel (heben Sie sie für das zweite Abdecken auf) und geben Sie den Reis und die Hälfte der Sesamsamen zum Teig. Verkneten Sie alles gut mit den Händen, bis der Reis und die Sesamsamen gleichmäßig verteilt sind. Geben Sie den Teig in die Kastenform und drücken Sie ihn leicht zurecht, damit er gleichmäßig in der Form liegt. Streuen Sie die restlichen Sesamsamen auf die Teigoberfläche und decken Sie die Kastenform mit der aufbewahrten Folie ab. Lassen Sie ihn 1 Stunde an einem zugfreien Ort gehen.

Heizen Sie den Ofen auf 180 °C vor. Backen Sie das Brot eine 1 Stunde und 15 Minuten bzw. bis sich eine Kruste bildet und das Brot beim Abklopfen hohl klingt. Nehmen Sie das Brot aus der Form und lassen Sie es vor dem Anschneiden mindestens 20 Minuten abkühlen. Danach können Sie es einige Tage lang in einem luftdichten Behälter aufbewahren; im Sommer am besten im Kühlschrank. Sie können es auch in Scheiben schneiden und bis zu drei Monate lang einfrieren.

Beim Fermentieren von Sauerteigbrot entweicht die Phytinsäure aus dem Mehl, wodurch das Brot leichter verdaulich und nährreicher wird (genauere Informationen auf Seite 60). Da dieses Brot nicht nach der klassischen Sauerteigmethode zubereitet wird, verwende ich gekeimtes Mehl, da beim Keimen ebenfalls Phytinsäure neutralisiert wird. Das Rezept funktioniert aber auch mit normalem Vollkornmehl.

PFIRSICH-CHIA-FRÜHSTÜCKSSHAKE

Der Hochsommer ist die einzige Zeit, in der ich einen kühlen Smoothie zum Frühstück trinken möchte. Laut der traditionellen chinesischen und ayurvedischen Medizin und auch makrobiotischen Grundsätzen zufolge sollte alles, was wir essen oder trinken, Raumtemperatur haben oder warm sein, da sonst unser Qi oder Prana geschwächt wird und unsere Fähigkeit, Essen zu verdauen, abnimmt. Doch gerade wenn es sehr heiß und die Luftfeuchtigkeit sehr hoch ist, ist dieser Smoothie eine wunderbare Wohltat. Wenn ich Smoothies mache, gebe ich normalerweise auch jede Menge Superfoods mit in den Mixer. Das ist großartig, kann aber den zarten Obstgeschmack des Smoothies übertrumpfen, wenn ich nicht extra nachsüße. Daher habe ich diesen Shake so unverfälscht wie möglich gelassen, damit das nektarähnliche Aroma der frischen Sommerpfirsiche voll zur Geltung kommt. Auch mit Blaubeeren ist dieser Shake sehr lecker, falls Sie gerade keine Pfirsiche bekommen sollten. Statt Eiswürfel oder gefrorene Banane als Verdicker zu verwenden, sind es hier die Chiasamen, die eine seidig-cremige Konsistenz erzeugen und nebenbei gleich jede Menge Omega-Fettsäuren und Energie für den anbrechenden Tag liefern. Wenn Sie noch eine kleine Superfoodportion hinzufügen möchten, pürieren Sie ein bisschen Macawurzelpulver mit oder streuen Sie Bienenpollen auf den fertigen Smoothie.

HINWEIS: Damit der Smoothie richtig gut schmeckt, verwenden Sie nur selbst gemachte Mandelmilch und reife, regionale Pfirsiche. Je nachdem, wie süß die Pfirsiche sind und wie Sie es am liebsten mögen, ist Honig eine tolle süße Ergänzung.

---

2 PORTIONEN

2 EL Chiasamen

360 ml gefilterte selbst gemachte Mandelmilch (Seite 76)

3 große Pfirsiche, entsteint und halbiert

1 EL Kokosmus oder natives Kokosöl

1 TL Vanilleextrakt

⅛ TL Zimt

2 bis 3 TL roher Honig, optional für eine nicht-vegane Variante

Schütten Sie die Chiasamen in ein sauberes, trockenes und fest verschließbares Schraubglas mit 1 Liter Fassungsvermögen und stellen Sie es beiseite.

Geben Sie Mandelmilch, Pfirsiche, Kokosmus, Vanilleextrakt, Zimt und Honig (wenn verwendet) in einen Standmixer. Pürieren Sie alles mindestens 1 Minute auf höchster Stufe bzw. bis der Smoothie schön glatt ist. Gießen Sie die Hälfte der Mischung in das Glas mit den Chiasamen, schrauben Sie es fest zu und schütteln Sie es kräftig, damit keine Chiasamen am Glasboden haften bleiben. Gießen Sie nun die restliche Flüssigkeit hinein, schrauben Sie das Glas wieder fest zu und schütteln Sie es erneut, bis die Chiasamen gut verteilt sind.

Stellen Sie das Glas für mindestens 2 Stunden oder über Nacht in den Kühlschrank. Der Shake ist fertig, wenn er eingedickt und gut durchgekühlt ist.

VARIATION

PFIRSICH-CHIAPUDDING

Dieser Shake lässt sich kinderleicht in einen Chiapudding mit Pfirsichgeschmack und damit in ein wunderbar leichtes und fruchtiges Sommerdessert verwandeln. Erhöhen Sie die Menge der Chiasamen einfach auf 45 g und garnieren Sie den Pudding mit Pfirsichscheiben.

HIRSE-KÜRBIS-ZUCKERMAIS-PILAW
MIT TAMARI-GERÖSTETEN KÜRBISKERNEN

Ich liebe dieses Gericht zum Frühstück, wenn der Herbst Einzug hält und die Luft frisch und klar wird. Dieses Pilaw schmeckt natürlich auch mittags oder abends großartig, ich aber mag es, wie mich ein herzhaftes Frühstück fast den ganzen Tag über mit Kraft und Energie versorgt. Die Kombination aus süßem Kürbis und erdiger Hirse ist ein guter Start in den Tag. Das Superfood Kurkuma steuert seine heilende und entgiftende Wirkung bei. Und nicht nur das; neben seinen entzündungshemmenden Eigenschaften ist es auch die beste Quelle von Betacarotin, die sich unter allen Lebensmitteln finden lässt. Betacarotin hilft beim Entgiften und Stärken der Leber und unterstützt das Immunsystem. Außerdem verleiht es der Hirse einen schönen Goldton.

Kabocha-, roter Hokkaido- oder Butternusskürbis passen alle gut zu diesem Rezept. Wenn es keinen frischen Zuckermais gibt, können Sie auch gern gefrorenen verwenden.

---

6 PORTIONEN

180 g Hirse, gewaschen und 12 bis 24 Stunden in 480 ml gefiltertem Wasser eingeweicht

1 mittelgroße Zwiebel, gewürfelt

400 g Kürbis, geschält und in 2 cm große Würfel geschnitten

175 g Zuckermaiskörner

¼ TL Kurkuma

½ TL Meersalz

600 ml gefiltertes Wasser

1 TL Tamarisoße, plus mehr zum Garnieren

ZUM GARNIEREN:

kalt gepresstes Leinsamenöl

dünn geschnittene Frühlingszwiebelringe

Tamarisoße-geröstete Kürbiskerne (Seite 79)

Tamarisoße

Gießen Sie die Hirse ab und spülen Sie sie. Geben Sie sie in einen mittelgroßen Topf mit einem fest schließenden Deckel. Fügen Sie Zwiebel, Kürbis, Mais, Kurkuma, Salz und Wasser hinzu. Rühren Sie um und bringen Sie alles auf hoher Flamme zum Kochen. Decken Sie den Topf ab, stellen Sie die Flamme niedrig und kochen Sie Hirse und Gemüse 30 Minuten bzw. bis alle Flüssigkeit absorbiert wurde. Nehmen Sie den Topf vom Herd und träufeln Sie die Tamarisoße darüber. Lassen Sie das Pilaw 10 Minuten durchziehen, bevor Sie es vorsichtig umrühren. Servieren Sie es garniert mit ein paar Tropfen Leinsamenöl, Frühlingszwiebelringen, Tamari-gerösteten Kürbiskernen und Tamarisoße nach Geschmack.

HINWEIS: Wenn Sie das Pilaw im Schnellkochtopf zubereiten möchten, geben Sie alle Zutaten in den Topf und bringen Sie sie auf hoher Flamme zum Kochen. Schließen Sie den Deckel so, dass er einrastet, und lassen Sie den Topf Druck aufbauen. Stellen Sie die Flamme niedrig und kochen Sie das Pilaw 10 Minuten. Nehmen Sie den Topf vom Herd und lassen Sie den Druck langsam natürlich entweichen. Nehmen Sie den Deckel ab, träufeln Sie Tamarisoße über das Pilaw, rühren Sie es vorsichtig um und servieren Sie es. Reste können Sie bis zu vier Tage lang im Kühlschrank aufbewahren und im Dämpfeinsatz des Schnellkochtopfs wieder aufwärmen.

Hirse ist die einzige Getreideart, die alkalisierend wirkt. Sie beruhigt den Magen, die Milz und die Bauchspeicheldrüse, unterstützt die Kräftigung der Nieren und ist eine gute Quelle von Vitamin B und Eisen. Hirse muss sehr gründlich gewaschen werden, da die Körner von einer bitteren Schutzschicht überzogen sind, die den Geschmack beeinträchtigen kann, wenn sie nicht vollständig abgewaschen wird.

KÜRBISBROT MIT WALNUSS-ZIMT-WIRBEL

An einem kühlen Morgen gibt es nichts Schöneres, als in einer warmen Küche zu sitzen, die nach Zimt, Ahornsirup und Kürbis duftet. Da dieses süße Brot aus gekeimtem Mehl gemacht wird, ist es auch als Frühstück nicht zu schwer und eine wunderbare Begleitung zu einer frisch gebrühten Tasse Tee. Wenn Sie den Kürbis schon am Abend zuvor dünsten und alle Zutaten bereitstellen, ist das Brot schnell gemacht. Reste schneiden Sie am besten in Scheiben und toasten sie am folgenden Tag. Bewahren Sie das Kürbisbrot in einem luftdichten Behälter und am besten im Kühlschrank auf, wenn Sie es noch ein paar Tage länger aufheben möchten.

HINWEIS: Sie können fast jede Art von Winterkürbis verwenden, festfleischige Sorten wie Kabocha oder roter Hokkaido eignen sich wegen ihres geringen Wassergehalts aber besonders gut dafür.

ERGIBT 1 LAIB (23 CM LANG)

WALNUSS-ZIMT-WIRBEL:

120 g geröstete Walnusshälften
  (Seite 80), gehackt
2 TL gemahlener Zimt
2 EL Ahornzucker
2 EL Ahornsirup

KÜRBISTEIG:

½ mittelgroßer Kabocha-Kürbis,
  geschält, entsamt und in etwa
  1 cm große Würfel geschnitten
200 g gekeimtes Dinkelmehl oder
  Vollkorndinkelmehl
2 TL aluminiumfreies Backpulver
60 ml plus 2 EL natives Olivenöl
120 ml Ahornsirup
2 EL Mandelmilch oder ungesüßte
  Sojamilch
½ TL Meersalz
2 TL Vanilleextrakt
1 Ei, verquirlt

FÜR DEN WALNUSS-ZIMT-WIRBEL:

Verrühren Sie Walnüsse, Zimt, Ahornzucker und -sirup in einer Schüssel und stellen Sie die Mischung beiseite.

FÜR DEN KÜRBISTEIG:

Dünsten Sie den Kürbis 10 bis 12 Minuten bzw. bis er weich ist. Geben Sie ihn in eine mittelgroße Schüssel und zerdrücken Sie ihn mit einer Gabel. Geben Sie 375 g davon in eine weitere Schüssel und stellen Sie sie beiseite.

Heizen Sie den Ofen auf 180 °C vor. Fetten Sie eine Kastenform leicht ein und kleiden Sie den Boden und die langen Innenseiten mit einer Lage Backpapier aus. Stellen Sie die Form beiseite.

Sieben Sie das Dinkelmehl und das Backpulver in eine große Schüssel und verrühren Sie es miteinander. Geben Sie Olivenöl, Ahornsirup, Mandelmilch, Salz, Vanilleextrakt und das verquirlte Ei in die Schüssel mit dem Kürbismus und verrühren Sie alles zu einer glatten Mischung. Rühren Sie mit einem Teigschaber den Mehlmix unter die Kürbismischung, bis ein glatter Teig entsteht. Streichen Sie die Hälfte des Teigs in die vorbereitete Kastenform. Geben Sie die Walnuss-Zimt-Mischung darüber und bedecken Sie dies mit dem restlichen Teig. Ziehen Sie für den Wirbel einen kleinen Teigschaber oder ein Buttermesser zickzackartig von vorn nach hinten durch den Teig und einmal in einer geraden Bewegung längs durch die Teigmitte.

Schieben Sie die Form in den Ofen und backen Sie das Kürbisbrot 45 bis 50 Minuten bzw. bis ein Zahnstocher nach dem Einstechen sauber wieder herauskommt. Nehmen Sie das Brot aus dem Ofen und lassen Sie es vor dem Stürzen aus der Form 5 Minuten abkühlen. Stürzen Sie es, schneiden Sie es in Scheiben und servieren Sie es warm.

VARIATION

BANANENBROT MIT WALNUSS-ZIMT-WIRBEL

Wenn gerade keine Kürbissaison ist, verwenden Sie stattdessen sehr reife, zerdrückte Bananen und backen Sie ein köstliches Bananenbrot. Sie brauchen dafür 4 große Bananen. Da Bananen wesentlich süßer als Kürbisse sind, können Sie die Menge an Ahornzucker und Ahornsirup im Walnuss-Zimt-Mix halbieren oder beides gleich ganz weglassen.

PFLAUMEN-HIRSE-MUFFINS

Diese Muffins sind zart, überraschend leicht und duften verführerisch. Sie ergeben ein großartiges und sogar gesundes Frühstück, das nur leicht süß ist, aber die Sinne verwöhnt, wenn Sie in ein großes Stück der saftigen gekochten Pflaumen beißen. Die über die Muffinoberfläche gestreute Hirse bildet einen tollen knusprigen Kontrast zu den weichen Früchten. Wenn Sie die Hirse schon im Voraus vorbereiten, lassen sich diese Muffins im Handumdrehen backen. Anstatt Hirse können Sie auch Quinoa verwenden. Nehmen Sie dafür 180 g gekochte Quinoa plus ein paar weitere Esslöffel, um sie über die Muffinoberflächen zu streuen (siehe Seite 66 zur Kochanleitung für Quinoa).

HINWEIS: Wenn Sie sehr saftige Pflaumen verwenden, lassen Sie sie 5 Minuten in einem Sieb über einer Schüssel abtropfen, um überschüssigen Saft aufzufangen. Es kann sein, dass Ihre Muffins dann auch einige Minuten länger im Ofen brauchen. Sollten Sie vergessen haben, die Hirse einzuweichen, erhöhen Sie die Kochwassermenge um 2 EL.

ERGIBT 10 MUFFINS

HIRSE:

45 g Hirse, gewaschen und 12 bis
    24 Stunden in 240 ml gefiltertem
    Wasser eingeweicht
120 ml gefiltertes Wasser
1 Prise Meersalz

MUFFINS:

150 g gekeimtes Dinkelmehl oder
    Vollkorndinkelmehl
1 EL aluminiumfreies Backpulver
Abrieb einer Orange
Abrieb einer Zitrone
120 ml frisch gepresster Orangensaft
60 ml plus 2 EL Ahornsirup
60 ml plus 2 EL natives Olivenöl oder
    geschmolzenes natives Kokosöl
60 ml Mandelmilch oder ungesüßte
    Sojamilch
1 EL Vanilleextrakt
¼ TL Meersalz
4 mittelgroße rote Pflaumen
    (etwa 350 g), entsteint und in
    1 cm dicke Stücke geschnitten
¼ TL Zimt

DIE HIRSE KOCHEN:

Gießen Sie die Hirse ab und spülen Sie sie. Geben Sie sie in einen kleinen Topf und fügen Sie 120 ml Wasser und Salz hinzu. Bringen Sie sie auf hoher Flamme zum Kochen. Decken Sie den Topf ab, stellen Sie die Flamme niedrig und köcheln Sie die Hirse 20 Minuten. Nehmen Sie den Topf vom Herd und lassen Sie die Hirse 10 Minuten durchziehen, bevor Sie den Deckel abnehmen und sie mit einer Gabel lockern. Geben Sie etwa 2 EL der gekochten Hirse auf ein Tellerchen und stellen Sie es beiseite.

FÜR DIE MUFFINS:

Heizen Sie den Ofen auf 180 °C vor. Geben Sie 10 Muffinpapierförmchen in die Mulden einer Muffinform.

Sieben Sie das Mehl und das Backpulver in eine große Schüssel und vermischen Sie es. Verquirlen Sie in einer zweiten Schüssel Orangen- und Zitronenabrieb, Orangensaft, Ahornsirup, Olivenöl, Mandelmilch, Vanilleextrakt und Meersalz zu einer glatten Flüssigkeit. Rühren Sie mit einem Teigschaber vorsichtig die trockenen unter die nassen Zutaten, bis ein Teig entsteht. Heben Sie die Pflaumen und die Hirse (bis auf die separaten 2 EL) unter. Rühren Sie nicht zu stark, da die Muffins sonst zu fest werden.

Gießen Sie den Teig bis zum Rand in die Muffinpapierförmchen. Streuen Sie Zimt und die restliche Hirse über die Muffinoberflächen und backen Sie sie 30 bis 35 Minuten. Die Muffins sind fertig, wenn ein Zahnstocher nach dem Einstechen sauber wieder herauskommt. Nehmen Sie sie aus dem Ofen und lassen Sie sie 5 bis 10 Minuten abkühlen, bevor Sie sie aus der Form nehmen und vollständig auf einem Kuchengitter abkühlen lassen.

Diese Muffins schmecken am besten, wenn sie gleich am Backtag gegessen werden.

SCHWARZER FRÜHSTÜCKSREISPUDDING
MIT KOKOSNUSS UND BANANE

Schwarzen Reispudding aß ich das erste Mal zum Frühstück, als ich noch ein kleines Mädchen war und mit meiner Familie Bali besuchte. Die kleinen Cafés, die sich in den quirligen Straßen aneinanderreihten, servierten ihn mit Joghurt, tropischen Früchten und Palmsirup garniert. Der nussige süße Geschmack und die hübsche violette Farbe des schwarzen Reises faszinierten mich. Erst als ich vor nicht allzu langer Zeit wieder dorthin reiste, erinnerte ich mich daran, wie sehr ich dieses Frühstück gemocht hatte und begann den Pudding auch zu Hause zuzubereiten. Der unverwechselbare tropische Geschmack von Kokosnuss und Banane zusammen mit schwarzem Reis versetzt mich gedanklich sofort wieder zurück an jenen frühen Morgen im exotischen Bali.

Dieser Pudding braucht etwas mehr Zeit als andere Frühstücksbrei- oder Porridge-Gerichte, hält sich aber bis zu vier Tage lang im Kühlschrank und spart dadurch später Zeit. Er wird nach dem Abkühlen dicker, rühren Sie daher also etwas Wasser oder Kokosmilch in die von Ihnen gewünschte Portionsmenge, bis der Pudding die Konsistenz hat, die Sie mögen. Sie können ihn kalt essen oder im Topf aufwärmen.

Dieser Pudding lässt sich auch als Dessert genießen. Verwenden Sie in diesem Fall den optionalen Ahorn- oder Kokosblütensirup.

4 BIS 6 PORTIONEN

200 g schwarzer Reis, gewaschen und 12 bis 24 Stunden in 960 ml gefiltertem Wasser eingeweicht

180 ml Kokosmilch

360 ml selbst gemachte Paranuss- oder selbstgemachte Mandelmilch (Seite 76), plus mehr je nach gewünschter Konsistenz, gefiltert oder ungefiltert

480 ml gefiltertes Wasser

1 Prise Meersalz

60 ml Ahornsirup oder Kokosblütensirup, optional

ZUM GARNIEREN:

Bananenscheiben

35 g geröstete Kokosflocken (siehe Tipp)

gelbst gemachte Mandel- oder Paranussmilch

Ahornsirup, Kokosblütensirup oder Kokoszucker nach Geschmack

Waschen Sie den schwarzen Reis und gießen Sie ihn ab. Geben Sie ihn in einen mittelgroßen Topf mit dickem Boden und fügen Sie Kokos- und Mandelmilch sowie Wasser und Salz hinzu. Bringen Sie den Reis auf hoher Flamme zum Kochen. Decken Sie den Topf ab, stellen Sie die Flamme niedrig und lassen Sie den Reis 1 Stunde köcheln. Rühren Sie ihn alle 15 Minuten, gegen Ende der Kochzeit aber öfter um, damit er nicht am Topfboden anhängt. Geben Sie je nach gewünschter Konsistenz mehr Mandelmilch oder Wasser hinzu, süßen Sie wenn gewünscht mit den angegebenen Alternativen und rühren Sie noch einmal um. Richten Sie den Reis in Schüsseln an und garnieren Sie ihn mit Bananenscheiben, gerösteten Kokosflocken, ein paar Spritzern Mandelmilch und Ahorn- oder Kokosblütensirup.

HINWEIS: Wenn Sie den Pudding im Schnellkochtopf zubereiten wollen, geben Sie alle Zutaten hinein und bringen Sie sie auf hoher Flamme zum Kochen. Verschließen Sie den Deckel so, dass er einrastet, und lassen Sie Druck entstehen. Stellen Sie die Flamme niedrig und köcheln Sie den Reis 20 Minuten. Nehmen Sie den Topf vom Herd und lassen Sie den Druck langsam natürlich entweichen. Nehmen Sie den Deckel ab, rühren Sie gut um und lassen Sie den Reis ohne Deckel weitere 5 Minuten köcheln, bzw. so lange, bis die von Ihnen gewünschte Konsistenz erreicht ist, und fügen Sie nach Bedarf mehr Mandelmilch oder Wasser hinzu.

Erhitzen Sie zum Rösten der Kokosflocken eine große Pfanne auf mittlerer Flamme. Geben Sie die Kokosflocken hinein und rösten Sie sie unter ständigem Rühren etwa 3 bis 4 Minuten bzw. bis sie goldbraun sind und duften. Nehmen Sie die Pfanne vom Herd und lassen Sie die Kokosflocken abkühlen.

QUINOA-CONGEE

Congee ist ein sehr bekömmliches und einfaches heilendes chinesisches suppenähnliches Gericht, das meistens aus Reis gekocht wird, auch wenn sich dafür fast jedes Getreide verwenden lässt. Dieses *Quinoa-Congee* ist etwas dicker als traditionelles Reis-Congee und ähnelt eher einem Brei. Sie können es, wenn Sie es lieber suppenartig mögen, aber auch einfach mit mehr Wasser zubereiten. Es hat auf beide Arten eine heilende und wärmende Wirkung und ist genau das Richtige, wenn Sie sich angeschlagen fühlen.

Wie alle anderen Getreidegerichte auch garniere ich dieses Congee am liebsten mit ein paar Tropfen Leinsamenöl, Tamarisoße, Avocadoscheiben, gerösteten Samen und fermentiertem Gemüse. Im Winter ist es ein wohltuendes herzhaftes Frühstück, das zum Abendessen aber genauso gut schmeckt. Bei dieser Version verwende ich außerdem Kombu-Algen und Shiitake-Pilze für eine Extraportion Mineralien und Nährstoffe und einen pikanteren Geschmack. Wenn Ihnen eher nach einem süßen Frühstück ist, lassen Sie beides weg und verwenden Sie stattdessen geröstete Nüsse und Samen und einige Tropfen Ahornsirup, Yakonsirup oder Honig (für eine nicht-vegane Variante).

4 PORTIONEN

170 g Quinoa, gewaschen und
   12 bis 24 Stunden in 960 ml
   gefiltertem Wasser eingeweicht
2 getrocknete Shiitake-Pilze
1 Stück Kombu (etwa 5 cm breit)
1, 2 l gefiltertes Wasser
½ TL Meersalz

ZUM GARNIEREN (OPTIONAL):

kalt gepresstes Leinsamenöl
Tamarisoße
Kimchi oder Sauerkraut
dünn geschnittene
   Frühlingszwiebelringe
Avocadoscheiben
gehackte Petersilie
geröstete schwarze Sesamsamen
   (Seite 79) oder schwarzes
   Sesam-Gomasio (Seite 119)
Hanfsamen

Gießen Sie die Quinoa ab und spülen Sie sie. Geben Sie sie in einen mittelgroßen Topf mit dickem Boden. Wickeln Sie die Shiitake-Pilze und das Kombustückchen in ein Stück Käsetuch und geben Sie es zusammen mit dem Wasser und dem Salz zur Quinoa. Bringen Sie die Quinoa auf hoher Flamme zum Kochen und rühren Sie um. Decken Sie den Topf ab, stellen Sie die Flamme niedrig und köcheln Sie die Quinoa 1,5 Stunden bzw. bis sie eine dicke und cremige Konsistenz hat. Rühren Sie alle 30 Minuten um. Nehmen Sie den Topf vom Herd und entfernen Sie die Shiitake-Pilze und das Kombustück. Sie können die Pilze auf Wunsch auch klein schneiden und zurück in den Topf geben.

Richten Sie das Congee in Schüsseln an und garnieren Sie es mit den Zutaten Ihrer Wahl. Übrig gebliebenes Congee hält sich abgekühlt und in einem luftdichten Behälter im Kühlschrank bis zu vier Tage lang.

KOKOS-QUINOA-PANCAKES

Als ich diese Pancakes das erste Mal ausprobierte, war ich ganz aufgeregt. Sie enthalten nicht nur zwei meiner Lieblingszutaten (Kokos und Quinoa), sondern sind auch komplett mehl- und glutenfrei – und trotzdem zart-fluffig und lecker! Diese Pancakes sind ein tolles Vollkornfrühstück, das Sie unbedingt in Ihr Frühstücksrepertoire aufnehmen sollten.

Im Sommer schmecken sie wunderbar mit frischen Beeren oder Nektarinenscheiben, im Winter fantastisch mit Obstkompott. Für dieses Rezept müssen Sie die Quinoa über Nacht oder 12 bis 24 Stunden einweichen. Am nächsten Morgen aber werden Sie merken, dass dies die schnellsten Pancakes sind, die Sie je gemacht haben, da Sie sich das Sieben von Mehl und das Eierschlagen sparen können. Zu diesem Rezept wurde ich von den *Overnight Millet, Buckwheat, and Coconut Waffles* in Rebecca Woods fantastischem Kochbuch *The Splendid Grain* inspiriert. Genau wie ihre köstlichen Waffeln haben auch diese Pancakes eine wunderbare Konsistenz.

HINWEIS: Ersetzen Sie für eine vegane Variante dieses Rezepts das Ei durch Chia- oder Leinsamen (siehe Seite 38).

ERGIBT ZEHN MITTELGROSSE PANCAKES (10 CM DURCHMESSER)

85 g Quinoa, gewaschen und 12 bis 24 Stunden in 240 ml gefiltertem Wasser eingeweicht

45 g Haferflocken

75 g getrocknete, ungesüßte Kokosraspel

240 ml selbst gemachte gefilterte Mandelmilch (Seite 76)

1 Ei oder Chia-Samen als Ei-Ersatz (siehe Seite 38)

2 EL geschmolzenes natives Kokosöl, plus mehr zum Ausbacken der Pancakes

2 TL Vanilleextrakt

1 TL aluminiumfreies Backpulver

½ TL Zimt

Abrieb einer großen Zitrone

ZUM GARNIEREN:

Obst und Beeren der Saison
Ahornsirup oder Honig, optional
Zitronenspalten, optional

Gießen Sie die Quinoa ab und spülen Sie sie. Geben Sie die Quinoa und die Haferflocken, 25 g Kokosraspel, Mandelmilch, Ei, Kokosöl, Vanilleextrakt, Backpulver und Zimt in einen Standmixer und pürieren Sie alles auf höchster Stufe 40 Sekunden bzw. bis ein glatter, dünner Teig entsteht. Schaben Sie ggf. die Mixerinnenwände nach unten frei. Fügen Sie die restlichen Kokosraspel und den Zitronenabrieb hinzu und rühren Sie beides mit einem Gummiteigschaber unter den Teig.

Erhitzen Sie eine weite gusseiserne Pfanne auf mittlerer Flamme. Zerlassen Sie 1 TL Kokosöl darin. Löffeln Sie pro Pancake etwa 60 ml Teig in die Pfannenmitte. Verstreichen Sie den Teig spiralförmig mit der Löffelrückseite, bis der Pancake einen Durchmesser von etwa 10 cm hat. Backen Sie den Pancake etwa 3 Minuten bzw. bis die Oberseite Bläschen bildet und die Farbe der Pancake-Unterseite von einem Gold- zu einem Braunton übergeht. Wenden Sie den Pancake und backen Sie die zweite Seite weitere 2 Minuten bzw. bis auch diese goldbraun ist. Nehmen Sie den Pancake aus der Pfanne und backen Sie die restlichen Pancakes aus.

Diese Pancakes schmecken frisch aus der Pfanne am besten. Wenn Sie sie alle zusammen servieren möchten, können Sie sie auch im Backofen bei 110 °C warmhalten. Servieren Sie sie warm mit frischen Beeren und Obst, Ahornsirup und einem Spritzer Zitronensaft.

KIRSCH-KOKOS-KNUSPERMÜSLI MIT NATIVEM OLIVENÖL

Immer wenn wir zum Campen fuhren oder für eine längere Zeit Freunde oder Familie besuchten, machte meine Mutter eine riesige Ladung Knusper- bzw. „geröstetes Müsli", wie sie es nannte. Heute führe ich diese Tradition weiter. Auf die Idee, Reissirup zu verwenden, kam ich durch das Knuspermüsli meiner Cousine Jessica, das sie für ein Familientreffen auf Stadbroke Island im australischen Queensland gemacht hatte. Ich liebe die subtile, malzartige und vollmundige Süße von Reissirup so sehr, dass er seitdem zu einer unverzichtbaren Zutat aller meiner Knuspermüslis geworden ist.

Diese Version ist besonders raffiniert und ich bereite sie normalerweise für besondere Anlässe oder als leckeres Geschenk für die Feiertage zu. Dieses Müsli sieht in Schraubgläser verpackt und mit einem hübschen Geschenkband verziert unwiderstehlich gut aus. Die meisten Leute, die ich kenne, verwenden die gesamte Menge Ahornsirup. Wenn Sie es aber weniger süß möchten, können Sie auch weniger oder gar keinen Ahornsirup verwenden. Ich habe dieses Müsli auch schon mit Kokosblütensirup ausprobiert, wodurch es weniger süß schmeckt. Egal, wie Sie es süßen, mit frischem säuerlichem (pflanzlichem) Joghurt und frischen Beeren oder Feigen (wenn sie Saison haben) ist dieses Müsli ein Gedicht.

HINWEIS: Für einen tropischeren und reichhaltigeren Geschmack können Sie das Olivenöl auch mit Kokosöl ersetzen oder für eine nussigere, weniger süße Note unraffiniertes Sesamöl verwenden.

ERGIBT 24 PORTIONEN

70 g rohe Kürbiskerne

70 g rohe Sonnenblumenkerne

65 g ungeschälte Sesamsamen

450 g Haferflocken

140 g ganze rohe Mandeln, grob gehackt

175 g getrocknete ungesüßte Kokosraspel

1 TL gemahlener Zimt

120 ml brauner Reissirup

60 bis 120 ml Ahornsirup

½ TL Meersalz

120 ml natives Olivenöl

1 EL Vanilleextrakt

60 g in dünne Scheiben geschnittene ungeschwefelte getrocknete Aprikosen

60 g ungeschwefelte Sultaninen

150 g ungesüßte getrocknete Kirschen

Heizen Sie den Ofen auf 150 °C vor. Legen Sie zwei Backbleche mit Backpapier aus und stellen Sie sie beiseite. Geben Sie die Kürbis- und Sonnenblumenkerne und die Sesamsamen in eine mittelgroße Schüssel und füllen Sie diese mit Wasser. Rühren Sie die Samen mit der Hand um und warten Sie, bis sie sich setzen. Gießen Sie das Wasser ab und fangen Sie die Samen in einem feinmaschigen Sieb auf. Spülen Sie sie unter laufendem Wasser ab und lassen Sie sie abtropfen, während Sie die anderen Zutaten vorbereiten.

Geben Sie Haferflocken, Mandeln, Kokosraspel und Zimt in eine große Schüssel und vermischen Sie sie. Stellen Sie die Schüssel beiseite.

Erhitzen Sie Reissirup, Ahornsirup und Salz in einem kleinen Stieltopf auf mittlerer Flamme unter ständigem Rühren, bis die Mischung zu köcheln beginnt. Nehmen Sie den Topf vom Herd, rühren Sie das Olivenöl und den Vanilleextrakt ein und stellen Sie den Topf beiseite. Rühren Sie die abgetropften Samen unter die Haferflocken-Kokosraspel-Mischung. Gießen Sie nun die Olivenöl-Sirup-Mischung zu und verrühren Sie alle Zutaten gut miteinander.

Verteilen Sie die Müslimischung gleichmäßig auf beiden Backblechen und backen Sie sie 15 Minuten. Rühren Sie das Müsli danach um, tauschen Sie die Backblechschienen und backen Sie das Müsli weitere 15 Minuten. Rühren Sie danach wieder um, drehen Sie die Backbleche um 180 Grad und schieben Sie sie für weitere 5 bis 10 Minuten in den Ofen bzw. bis das Knuspermüsli goldbraun und gut durchgeröstet ist.

Geben Sie das warme Müsli in eine große Schüssel und heben Sie die getrockneten Kirschen unter. Lassen Sie es vor dem Abfüllen in Schraubgläser vollständig abkühlen. Das Knuspermüsli hält sich gut bis zu 6 Wochen lang.

SCHWARZE QUINOA-KRÄUTER-MUFFINS
MIT SÜSSKARTOFFELN UND KARAMELLISIERTEN ZWIEBELN

Als ich dieses Rezept das erste Mal ausprobierte und einen Muffin gleich frisch aus dem Ofen kostete, konnte ich gar nicht glauben, wie herrlich er schmeckte. Die zerdrückte Süßkartoffel hält den Teig schön feucht und verleiht ihm eine wunderbare süßliche Grundnote, die perfekt mit den Zwiebeln, Kräutern und dem leichten Biss von schwarzer Quinoa harmoniert.

Sie können statt der Süßkartoffel auch einen Winterkürbis und statt Thymian Rosmarin verwenden. Die schwarze Quinoa lässt sich leicht durch 90 g jedes anderen gekochten Getreides ersetzen. Geröstete Pecan- oder Walnüsse sind ebenfalls eine tolle Ergänzung. Egal welche Zutaten Sie verwenden, der Duft in Ihrer Küche wird jedem das Wasser im Mund zusammenlaufen lassen, und das Ergebnis ist genauso köstlich, wie es riecht.

HINWEIS: Sollten Sie vergessen, die Quinoa einzuweichen, erhöhen Sie die Kochwassermenge um 2 EL und kochen Sie sie 20 Minuten.

ERGIBT 10 MUFFINS

SCHWARZE QUINOA:

40 g schwarze Quinoa, gewaschen und 12 bis 24 Stunden in 240 ml gefiltertem Wasser eingeweicht
60 ml gefiltertes Wasser
1 Prise Meersalz

MUFFINS:

2 EL gemahlene Leinsamen
60 ml ungesüßte Soja- oder Nussmilch
60 ml plus 1 EL natives Olivenöl
1 mittelgroße Zwiebel, gewürfelt
2 EL gehackte Salbeiblätter
2 TL gehackter Thymian, plus Thymianzweige zum Garnieren
1 TL Meersalz
150 g gekeimtes Dinkelmehl oder gekeimtes Weizenvollkornmehl
1 EL aluminiumfreies Backpulver
¼ TL Natron
200 g gekochte und zerdrückte Süßkartoffeln (siehe Tipp rechts)
180 ml gefiltertes Wasser
2 TL unpasteurisierter Apfelessig
1 TL Tamarisoße

SCHWARZE QUINOA KOCHEN:

Gießen Sie die Quinoa ab und spülen Sie sie. Geben Sie sie in einen kleinen Topf, fügen Sie Wasser und Salz hinzu und bringen Sie sie auf hoher Flamme zum Kochen. Stellen Sie die Flamme niedrig, decken Sie den Topf ab und köcheln Sie die Quinoa 15 Minuten bzw. bis alle Flüssigkeit absorbiert ist. Nehmen Sie den Topf vom Herd und lassen Sie die Quinoa abgedeckt 10 Minuten durchziehen, bevor Sie sie mit einer Gabel lockern. Geben Sie 90 g davon in eine kleine Schüssel und stellen Sie sie beiseite. Heben Sie die restliche Quinoa auf, um sie über die Muffins zu streuen.

FÜR DIE MUFFINS:

Heizen Sie den Ofen auf 180 °C vor. Geben Sie 10 Muffinpapierförmchen in die Mulden einer Muffinform.

Verquirlen Sie Leinsamen und Sojamilch in einer mittelgroßen Schüssel und lassen Sie die Mischung eindicken, während Sie die Zwiebel anbraten.

Erhitzen Sie 1 EL Olivenöl in einer Pfanne auf mittlerer Flamme. Braten Sie die Zwiebel darin 5 Minuten an bzw. bis sie goldbraun ist. Fügen Sie Salbei, Thymian und ½ TL Salz hinzu. Stellen Sie die Flamme niedrig, rühren Sie um und lassen Sie die Zwiebel weitere 5 Minuten braten bzw. bis sie karamellisiert. Nehmen Sie die Pfanne vom Herd und stellen Sie sie beiseite.

Sieben Sie Mehl, Backpulver und Natron in eine weitere mittelgroße Schüssel und vermischen Sie alles miteinander. Stellen Sie die Schüssel beiseite.

Geben Sie die zerdrückte Süßkartoffel, Wasser, Essig, Tamarisoße und den restlichen ½ TL Salz zur Leinsamen-Sojamilch-Mischung und verquirlen Sie die Zutaten zu einer glatten Flüssigkeit. Gießen Sie die restlichen 60 ml Olivenöl zu, verquirlen Sie die Zutaten erneut und rühren Sie dann den Mehlmix vorsichtig mit einem Gummiteigschaber ein, bis ein relativ gleichmäßiger Teig entsteht. Heben Sie die Quinoa und die Zwiebeln unter.

Geben Sie den Teig bis zum Rand in die Muffinförmchen. Garnieren Sie jeden Muffin mit einem kleinen Zweig Thymian und streuen Sie etwas von der restlichen Quinoa darüber. Backen Sie die Muffins 45 bis 50 Minuten bzw. bis ein Zahnstocher nach dem Einstechen sauber wieder herauskommt. Nehmen Sie die Muffins aus dem Ofen und lassen Sie sie 5 Minuten in der Form abkühlen, bevor Sie sie stürzen und auf einem Kuchengitter abkühlen lassen. Die abgekühlten Muffins halten sich in einem luftdichten Behälter aufbewahrt bis zu zwei Tage lang im Kühlschrank frisch.

Schälen Sie für 200 g Süßkartoffelmus eine große Süßkartoffel und
schneiden Sie sie in etwa 1 cm große Würfel. Geben Sie die Würfel
in einen Dämpfeinsatz über kochendem Wasser und dämpfen Sie sie
5 Minuten bzw. bis sie weich sind. Geben Sie die weichen Würfel in
eine Schüssel, zerdrücken Sie sie und messen Sie danach 200 g ab.

Suppen

Frühlingsmisosuppe mit Zitrone / 162

Erbsen-Zucchini-Suppe mit Dill / 163

Ume-Shiso-Bouillon mit Soba-Nudeln / 164

Gazpacho mit alten Tomatensorten / 167

Zuckermaissuppe mit schwarzem Sesam-Gomasio und Schnittlauch / 168

Französische Linsensuppe mit Rosmarin, Kürbis und buntem Mangold / 171

Cremige Blumenkohl-Sellerie-Suppe mit gerösteten Shiitake-Pilzen / 172

Kabocha-Maronen-Suppe mit Nori-Sesam-„Blättern" / 174

Herbstliche Gemüsesuppe mit Rübenblättern / 176

Herzhafte Wintermisosuppe mit Adzukibohnen, Kürbis und Ingwer / 178

Kitchari / 179

Feurige Möhrensuppe mit Kaffirblättern und Kokosmilch / 180

Es gibt fast nichts, was Körper und Seele so wärmen, trösten und dabei die Stimmung aufhellen kann wie eine Schüssel selbst gemachte Suppe. Sobald die ersten frischen Windböen die letzten Sommertage abkühlen, bekomme ich Lust, meinen großen Topf herauszukramen und eine leckere Suppe zu kochen. Suppen eignen sich fantastisch dafür die jeweilige Jahreszeit kulinarisch widerzuspiegeln und können bei jedem Wetter wärmende oder kühlende Linderung verschaffen. Probieren Sie in den kalten Monaten meine *Herzhafte Wintermisosuppe mit Adzukibohnen, Kürbis und Ingwer* (Seite 178), um Energie und Wärme zu tanken. An glühend heißen Sommertagen ist meine *Gazpacho mit alten Tomatensorten* (Seite 167) genau das Richtige, um den Appetit zu stillen und den Körper mit etwas Kühlendem zu verwöhnen – und dafür müssen Sie nicht einmal den Herd anwerfen!

Suppen lassen sich schon mit nur zwei bis drei Zutaten zaubern und in cremige pürierte Delikatessen verwandeln. Wenn Sie Brühen als Grundlage verwenden, werden Sie die komplexe Geschmacksvielfalt lieben, die Sie aus Ihrer Suppe herausschmecken können. Suppen sind vielseitig und sehr tolerant: Sie lassen es zu, dass Sie Gemüse einfach austauschen und es sogar dann noch verwenden, wenn es seine besten Tage bereits hinter sich hat. Passen Sie diese Rezepte einfach Ihrer Lust und Laune und Ihren jeweiligen Vorräten an. Geben Sie Gemüsereste, die Sie noch da haben, zu meiner *Französischen Linsensuppe mit Rosmarin, Kürbis und buntem Mangold* (Seite 171), oder ersetzen Sie die Zucchini in meiner *Erbsen-Zucchini-Suppe mit Dill* (Seite 163) durch Spargel oder Brokkoli. Statt der Sellerieknolle in meiner *Cremigen Blumenkohl-Sellerie-Suppe mit gerösteten Shiitake-Pilzen* können Sie Pastinake verwenden, und natürlich schmeckt auch jede andere Art von festfleischigem Kürbis in meiner *Kabocha-Maronen-Suppe mit Nori-Sesam-"Blättern"* (Seite 174) köstlich.

Egal welches Rezept Sie ausprobieren, machen Sie gleich etwas mehr davon, da Suppen perfekt dafür sind, mit anderen geteilt oder über mehrere Tage hinweg gegessen zu werden. Noch etwas Suppe im Kühlschrank zu haben ist eine beruhigende Angelegenheit, da Sie dadurch wissen, dass noch eine leckere und nahrhafte Mahlzeit auf Sie wartet. Genießen Sie sie mit etwas frischem Blattgemüse, das Sie dazu servieren oder kurz vorher in die Suppe einrühren, und zusammen mit einer Scheibe Knoblauchtoast oder einer kleinen herzhaften Tarte, und haben Sie eine komplette, satt und glücklich machende Mahlzeit.

FRÜHLINGSMISOSUPPE MIT ZITRONE

Misosuppe hat wie viele andere japanische Gerichte Dashi als Basis, eine Brühe, die durch das Köcheln von Kombu-Algen und oft auch getrockneten Shiitake-Pilzen entsteht. Dashi verleiht Ihrer Suppe nicht nur geschmackliche Tiefe, sondern reichert sie dank der Kombu-Algen auch mit Mineralstoffen an. Die Shiitake-Pilze steuern ihre heilenden Kräfte bei, da sie nicht nur reich an Antioxidantien und krebshemmenden Eigenschaften sind, sondern auch cholesterinsenkend und immunkräftigend wirken. Wenn Sie die Kombu-Algen und Shiitake-Pilze über Nacht in Wasser einweichen bevor Sie die Suppe kochen, schmeckt Ihr Dashi intensiver, und Sie müssen es nur 10 Minuten köcheln.

Ich verwende in diesem Rezept weißes Miso, da es leichter und süßlich schmeckt. Sie können aber auch Kichererbsenmiso, gelbes Miso oder eine Mischung aus Ihren Lieblingsmisopasten verwenden. Achten Sie darauf, dass das Miso, das Sie kaufen, natürlich fermentiert und unpasteurisiert ist (siehe Seite 38 für weitere Informationen), damit Sie in den gesundheitlichen Genuss seiner lebensaktiven Enzyme kommen. Außerdem sollten Sie Miso nicht kochen, da sonst die Enzyme und viele Nährstoffe verloren gehen. Wärmen Sie es vorsichtig auf und nehmen Sie es vom Herd, sobald die Suppe zu köcheln beginnt.

Diese Suppe ist eine schöne Art den lieblichen Geschmack und die zarten Farben von Frühlingsgemüse zu zelebrieren und passt fantastisch zu den ersten, noch kühlen Frühlingstagen, wenn Sie Lust auf eine warme, aber leichte Mahlzeit haben.

---

4 PORTIONEN

DASHI:

1,4 l gefiltertes Wasser
1 Stück Kombu (10 cm lang)
3 getrocknete Shiitake-Pilze

SUPPE:

8 Stangen grüner Spargel, Enden
   gestutzt und diagonal in etwa
   0,5 cm dicke Scheiben geschnitten
100 g Zuckerschoten, Stiele,
   Blütenansätze und Fäden entfernt,
   längs halbiert
3 mittelgroße Radieschen, in dünne
   Scheiben geschnitten
6 EL unpasteurisiertes weißes Miso
Abrieb einer Zitrone, möglichst
   lange Streifen
1 EL frisch gepresster Zitronensaft
1 kleiner Bund Brunnenkresse,
   geputzt
½ Handvoll dünn geschnittene
   Frühlingszwiebelringe
   oder gehackter Schnittlauch

FÜR DAS DASHI:

Geben Sie den Kombustreifen, die Shiitake-Pilze und das gefilterte Wasser in einen mittelgroßen Topf und bringen Sie sie auf hoher Flamme zum Kochen. Decken Sie den Topf ab und köcheln Sie die Brühe 20 Minuten. Entfernen Sie Kombu und Shiitake-Pilze. Die Shiitake können Sie klein schneiden und wenn gewünscht zusammen mit dem restlichen Gemüse zurück in den Topf geben oder sie für andere Gemüsesuppen oder Pfannengerichte aufheben. Kompostieren Sie das Kombustück.

FÜR DIE SUPPE:

Bringen Sie das Dashi auf hoher Flamme zum Köcheln. Fügen Sie den Spargel und die Zuckerschoten hinzu und köcheln Sie sie etwa 30 Sekunden. Geben Sie die Radieschen zur Suppe und köcheln Sie sie weitere 30 Sekunden. Nehmen Sie nun alles Gemüse mit einem Sieb oder einem Schaumlöffel heraus, legen Sie es auf einen großen Teller und lassen Sie es abkühlen.

Stellen Sie die Flamme niedrig. Geben Sie das Miso in ein großes Sieb und hängen Sie dieses so in den Topf, dass das Miso in der Brühe sitzt. Lösen Sie das Miso vorsichtig durch Rühren auf. Eventuell vom Miso zurückbleibende kleine Hülsen können Sie einfach in der Suppe lassen oder auf Wunsch entfernen. Geben Sie das blanchierte Gemüse und die Brunnenkresse in den Topf und wärmen Sie die Suppe circa 1 Minute auf niedriger Flamme auf bzw. bis die Brunnenkresse zusammenfällt. Achten Sie darauf, dass die Suppe nicht zu kochen beginnt. Nehmen Sie den Topf vom Herd und rühren Sie den Zitronenabrieb und -saft ein. Geben Sie die Suppe in Schüsseln, garnieren Sie sie mit Frühlingszwiebelringen und servieren Sie sie sofort.

HINWEIS: Wenn Sie diese Suppe im Voraus zubereiten möchten, lassen Sie das Miso weg und bewahren Sie das blanchierte Gemüse getrennt vom Dashisud auf. Geben Sie das Gemüse erst beim Erwärmen der Suppe zurück in den Topf und fügen Sie danach das Miso und den Zitronenabrieb und -saft hinzu.

ERBSEN-ZUCCHINI-SUPPE MIT DILL

Die wunderbar cremige Konsistenz und der köstliche, leicht süße Geschmack der Zuckererbsen machen diese Suppe zu einem besonderen Genuss an regnerischen Frühlingstagen, wenn Sie etwas Warmes brauchen, das Sie trotzdem mit einem frischen frühlingshaften Geschmack verwöhnt. Sobald das Wetter wärmer wird, können Sie diese Suppe auch gekühlt servieren. Verdünnen Sie sie einfach mit ein bisschen Wasser und würzen Sie sie nach dem Abkühlen ganz nach Belieben.

Wenn in Ihrer Nähe Bärlauch wächst, ersetzen Sie den Lauch in diesem Rezept einfach mit einer guten Handvoll davon. Sobald der Frühling in voller Blüte ist, nutze ich das plötzlich in Hülle und Fülle auf dem Bio-Bauernmarkt angebotene Knoblauchgrün dafür, die Knoblauchzehen in diesem Rezept mit einer halben Handvoll davon zu ersetzen. Da ich meist nicht vor Juni an frische Zuckererbsen komme, benutze ich für diese Suppe oft gefrorene (siehe Hinweis), die genauso köstlich schmecken.

4 PORTIONEN

2 EL natives Olivenöl
1 mittelgroße Zwiebel, gewürfelt
6 Knoblauchzehen, gehackt
1 TL Meersalz
1 mittelgroße Stange Lauch
   (ohne die ersten 4 cm Lauchgrün),
   in 1 cm dicke Scheiben geschnitten
5 mittelgroße Zucchini (etwa 800 g),
   in 1 cm große Würfel geschnitten
675 g frische oder gefrorene
   Zuckererbsen
840 ml gefiltertes Wasser
½ Handvoll frischer gehackter Dill
frisch gemahlener schwarzer Pfeffer
Erbsentriebe zum Garnieren

Erhitzen Sie das Olivenöl in einem mittelgroßen Topf auf mittlerer Flamme. Geben Sie die Zwiebel hinein und braten Sie sie 5 Minuten an bzw. bis sie goldbraun ist. Rühren Sie Knoblauch und Salz ein und braten Sie alles 1 weitere Minute. Fügen Sie die Lauchringe hinzu und braten Sie sie 2 Minuten mit den anderen Zutaten. Geben Sie die Zucchiniwürfel, die Erbsen und das Wasser zu und bringen Sie alles auf hoher Flamme zum Kochen. Decken Sie den Topf ab, stellen Sie die Flamme niedrig und lassen Sie die Suppe 6 Minuten köcheln bzw. bis die Zucchini weich ist und die Erbsen gar sind.

Nehmen Sie den Topf vom Herd. Rühren Sie den Dill ein und lassen Sie die Suppe 10 Minuten lang ohne Deckel durchziehen, bevor Sie sie pürieren. Pürieren Sie die Suppe in mehreren Durchgängen je 1 bis 2 Minuten auf höchster Stufe in einem Standmixer bzw. bis sie schön glatt und sämig ist. Fügen Sie je nach gewünschter Konsistenz etwas mehr Wasser hinzu und würzen Sie nach Belieben mit Salz und frisch gemahlenem schwarzen Pfeffer nach. Servieren Sie die Suppe warm und mit frischen Erbsentrieben garniert.

HINWEIS: Wenn Sie gefrorene Erbsen verwenden, lassen Sie sie auftauen, während Sie die Suppe vorbereiten, und fügen Sie sie hinzu, nachdem die Zucchiniwürfel 6 Minuten in der Suppe geköchelt haben. Decken Sie den Topf ab und köcheln Sie die Erbsen 1 Minute, bevor Sie den Topf vom Herd nehmen und weiter nach Rezept verfahren.

UME-SHISO-BOUILLON MIT SOBA-NUDELN

Ich liebe diese zarte, blumige und rein schmeckende Bouillon. Sie klärt den Kopf ganz ohne Ingwer, Wasabi oder Miso und hat trotzdem dank Shiso (in Deutschland als Schwarznessel oder Perilla bekannt) und Umeboshi-Paste einen ganz typischen japanischen Geschmack. Dieses Gericht wurde von einer klaren Suppe inspiriert, die ich vor vielen Jahren in einem japanischen Restaurant probierte. Das Gemüse war wie auch in diesem Rezept in Würfel geschnitten. Das gibt der Bouillon eine besondere Optik, ist aber nicht nötig, wenn Sie es nicht möchten.

In New York gibt es von Frühling bis in den frühen Herbst hinein frische Schwarznessel auf dem Bio-Bauernmarkt zu kaufen. Halten Sie bei sich zu Hause an Kräuterständen, in Asialäden oder auch in Gartencentern danach Ausschau. Verwenden Sie für diese Suppe sowohl die Blätter als auch die Stiele, damit sich ein intensiver Geschmack entfalten kann. In den meisten Asialäden werden nur die Blätter, nicht aber die Stiele der Schwarznessel verkauft, wodurch Sie eine größere Menge Blätter für eine schmackhafte Bouillon benötigen.

HINWEIS: Sollten Sie keinen Tatsoi finden, können Sie auch Pak Choi, Brunnenkresse oder Spinat verwenden.

4 PORTIONEN

BOUILLON:

1,9 l gefiltertes Wasser
3 Stangen Sellerie mit Blättern, gehackt
2 große Möhren, gehackt
1 mittelgroße Zwiebel, gehackt
1 Stück Kombu (10 cm lang)
4 getrocknete Shiitake-Pilze
3 Bund Schwarznesseln (Blätter und Stiele)
1 TL Koriandersamen

SUPPE:

120 g Soba-Nudeln (100 % Buchweizen)
1 Daikon-Rettich, 20 cm lang, mit mindestens 4 cm Durchmesser, geschält
2 große Möhren mit mindestens 3 cm Durchmesser
½ TL Meersalz, plus mehr auf Wunsch
2½ TL Umeboshi-Paste
1 kleiner Kopf Tatsoi (etwa 120 g), geputzt

ZUM GARNIEREN:

Koriandersamen
dünn geschnittene Frühlingszwiebelringe
Shichimi Togarashi bzw. 7-Gewürze-Pulver (japanische Chili-Sesam-Würzmischung), optional

Geben Sie Wasser, Sellerie, Möhren, Zwiebel, Kombu, Shiitake-Pilze, Schwarznesselblätter und –stiele und Koriandersamen in einen großen Topf und bringen Sie alles auf hoher Flamme zum Kochen. Decken Sie den Topf ab, stellen Sie die Flamme niedrig und lassen Sie die Bouillon 40 Minuten köcheln. Nehmen Sie den Topf vom Herd, seihen Sie die Bouillon durch ein Sieb ab und kompostieren Sie das ausgekochte Gemüse. Sie sollten etwa 1,8 Liter Bouillon herausbekommen.

Kochen Sie die Soba-Nudeln gemäß der Packungsanweisung bzw. bis sie weich sind. Gießen Sie sie ab und schrecken Sie sie mit kaltem Wasser ab. Stellen Sie sie beiseite und lassen Sie sie bis zum Anrichten abtropfen.

Schneiden Sie die Längsseiten des Daikon-Rettichs so ab, dass ein Rechteck entsteht. Heben Sie die abgeschnittenen Streifen als rohen Snack auf. Schneiden Sie den Rettich in etwa 1 cm große Würfel. Würfeln Sie die Möhren in derselben Weise.

Bringen Sie die Bouillon auf hoher Flamme zum Kochen und geben Sie die Rettich- und Möhrenwürfel sowie das Salz hinein. Decken Sie den Topf ab, stellen Sie die Flamme niedrig und köcheln Sie die Suppe 6 bis 7 Minuten bzw. bis das Gemüse weich ist. Geben Sie etwa eine Kelle der Suppe in eine Tasse, fügen Sie die Umeboshi-Paste hinzu und rühren Sie so lange, bis sich die Paste auflöst. Gießen Sie die Flüssigkeit zurück in den Topf und rühren Sie um. Geben Sie den Tatsoi zur Suppe und lassen Sie ihn 30 Sekunden köcheln bzw. bis die Blätter hellgrün und weich sind. Würzen Sie die Bouillon nach Belieben und nehmen Sie dann den Topf vom Herd.

Richten Sie die Nudeln in vier Schüsseln an und löffeln Sie die Bouillon und das Gemüse darüber. Garnieren Sie jede Schüssel mit ein paar Koriandersamen und Frühlingszwiebelringen und servieren Sie sie mit Shichimi Togarashi in einem separaten Schüsselchen.

Wenn Sie Soba-Nudeln kaufen, achten Sie darauf, dass diese zu 100 % aus Buchweizen bestehen, da diese sonst 50 % oder sogar noch mehr raffiniertes Weizenmehl enthalten. Reine Buchweizennudeln zerkochen schneller und werden schnell weich, haben Sie also beim Kochen ein Auge darauf und schrecken Sie sie vorsichtig ab. In diesem Rezept können Sie statt Soba-Nudeln auch gern Vollkornweizen-Udon-Nudeln verwenden.

GAZPACHO MIT ALTEN TOMATENSORTEN

Sobald es auf dem Markt wieder jede Menge Tomaten gibt, ist das Wetter heiß genug für eine schöne kühle Gazpacho. Manchmal lässt sich die Sommerhitze in der Stadt nur damit ertragen. Wenn die Thermometeranzeige gnadenlos nach oben klettert, ist es eine gute Idee, schon eine vorbereitete Gazpacho im Kühlschrank zu haben. Das Beste an Gazpacho ist, dass Sie dafür nicht einmal in die Nähe Ihres Herds müssen und nur einen Mixer dafür brauchen. Auch für eine Sommerparty ist dieses leichte und erfrischende Gericht perfekt. Am liebsten garniere ich die Suppenschüsseln vor dem Servieren noch mit Stückchen verschiedenfarbiger alter Tomatensorten, aber Sie können stattdessen auch Gurken, mehr Kräuter oder ein paar Krümel Fetakäse verwenden.

4 BIS 6 PORTIONEN

9 mittelgroße reife Tomaten (etwa 1,5 kg), grob gehackt

1 Knoblauchzehe oder auf Wunsch mehr

1 mittelgroße Jalapeño-Schote, entsamt

3 EL natives Olivenöl

3 EL Rotweinessig

Meersalz

3 EL fein gehackte rote Zwiebel

½ Handvoll gehacktes Koriandergrün

½ Handvoll fein geschnittenes Basilikum (etwa 10 Blätter)

ZUM GARNIEREN:

3 bis 4 bunte Tomaten alter Sorten, in dünne Spalten geschnitten

80 g bunte Kirschtomaten, halbiert

Koriandergrün

natives Olivenöl

Geben Sie ein Drittel der Tomaten in einen Standmixer und fügen Sie den gehackten Knoblauch, die Jalapeño-Schote, 1 EL Olivenöl, 1 EL Rotweinessig und 1 Prise Salz hinzu. Pürieren Sie die Zutaten 1 bis 2 Minuten auf höchster Stufe bzw. bis eine glatte Suppe entsteht. Gießen Sie die Suppe in eine große Schüssel und pürieren Sie in zwei weiteren Durchgängen die restlichen Tomaten mit dem verbliebenen Olivenöl und Rotweinessig. Gießen Sie alles in die große Schüssel. Kosten Sie, ob die Gazpacho scharf genug ist. Geben Sie bei Bedarf eine Tasse Gazpacho mit etwas mehr Jalapeño-Schote in den Mixer, pürieren Sie die Zutaten glatt und schütten Sie sie zurück in die Suppe. Rühren Sie Zwiebelstückchen, Koriandergrün und Basilikum ein und würzen Sie nach Geschmack. Stellen Sie die Gazpacho 1 bis 2 Stunden im Kühlschrank kalt, bis sie gut durchgekühlt ist. Gazpacho schmeckt frisch am besten, hält sich aber auch einige Tage lang im Kühlschrank.

Richten Sie die Gazpacho in Schüsseln oder Gläsern an und garnieren Sie sie mit ein paar Tomatenspalten, bunten Kirschtomatenhälften, Korianderblättern und ein paar Tropfen Olivenöl.

HINWEIS: Da Jalapeño-Schoten unterschiedlich scharf sein können, geben Sie beim Pürieren immer nur ein bisschen davon zu. Sollte es auch mit einer ganzen Schote nicht scharf genug sein, können Sie auch die Samen mitpürieren.

ZUCKERMAISSUPPE
MIT SCHWARZEM SESAM-GOMASIO UND SCHNITTLAUCH

Seidig, süß und goldfarben – diese Suppe ist das Abbild des Sommers und so vollmundig und köstlich, dass sie jedes Mal, wenn ich sie mache, in kürzester Zeit aufgegessen wird. Der salzige Röstgeschmack des schwarzen Sesam-Gomasios rundet ihre süße Note perfekt ab und ist außerdem ein hübscher farblicher Kontrast.

Wenn Sie eine feinere Suppe möchten oder sie die Suppe als ersten Gang eines mehrgängigen Abendessens servieren möchten, können Sie sie durch ein feinmaschiges Sieb passieren, was sie noch leichter und extra glatt macht.

4 PORTIONEN

2 EL natives Olivenöl

1 mittelgroße Zwiebel, gewürfelt

4 Knoblauchzehen, gehackt

1 TL Meersalz, plus mehr auf
    Wunsch

875 g Zuckermaiskörner (von etwa
    6 großen Maiskolben), 3 Kolben
    für die Suppe aufbewahren

4 Lorbeerblätter

1,2 l gefiltertes Wasser

ZUM GARNIEREN:

schwarzes Sesam-Gomasio
    (Seite 119)

gehackter Schnittlauch

Erhitzen Sie das Olivenöl in einem großen Topf auf mittlerer Flamme. Braten Sie die Zwiebel darin 5 Minuten an bzw. bis sie goldbraun ist. Rühren Sie Knoblauch und Salz ein und braten Sie die Zutaten weitere 2 Minuten. Fügen Sie Maiskörner, Lorbeerblätter und Wasser hinzu. Halbieren Sie die aufbewahrten Maiskolben und geben Sie sie zur Suppe. Stellen Sie die Flamme hoch und bringen Sie die Suppe zum Kochen. Decken Sie den Topf ab, stellen Sie die Flamme niedrig und köcheln Sie die Suppe 20 Minuten bzw. bis der Mais hellgelb und gar ist.

Entfernen Sie die Maiskolbenhälften und die Lorbeerblätter. Pürieren Sie die Suppe in mehreren Durchgängen je 1 bis 2 Minuten auf höchster Stufe bzw. bis eine glatte, samtig-sämige Suppe entsteht. Würzen Sie nach Belieben und servieren Sie die Suppe mit schwarzem Sesam-Gomasio und gehacktem Schnittlauch garniert.

FRANZÖSISCHE LINSENSUPPE
MIT ROSMARIN, KÜRBIS UND BUNTEM MANGOLD

Französische bzw. grüne Puy-Linsen eignen sich perfekt für Suppen, da sie cremig weich werden, ohne dabei ihre hübsche kieselsteinähnliche Form zu verlieren. Ich liebe ihren erdigen Geschmack, der wunderbar mit wohlriechendem Rosmarin und fein süßem Butternusskürbis harmoniert. Im Herbst und Winter sehne ich mich nach genau dieser Geschmackskombination. Falls Sie keinen Mangold finden, können Sie auch Spinat oder Grünkohl verwenden. Grünkohl ist etwas widerstandsfähiger und braucht ein bisschen mehr Zeit beim Kochen.

4 BIS 6 PORTIONEN

300 g Puy-Linsen, verlesen und
    12 bis 24 Stunden in 1 l gefiltertem
    Wasser eingeweicht
1 Stück Kombu (5 cm lang)
6 Lorbeerblätter
1,7 l gefiltertes Wasser
2 EL natives Olivenöl
1 mittelgroße Zwiebel, gewürfelt
1 TL Meersalz, plus mehr auf
    Wunsch
6 Knoblauchzehen, fein gehackt
3 EL frischer Rosmarin, fein gehackt
½ mittelgroßer Butternusskürbis
    (etwa 550 g), geschält, entsamt,
    in 1 cm große Würfel geschnitten
3 Handvoll klein geschnittener
    bunter Mangold (etwa ½ großer
    Bund), plus mehr zum Garnieren
2 TL Tamarisoße
2 TL Balsamico-Essig
frisch gemahlener schwarzer Pfeffer

ZUM GARNIEREN:

kalt gepresstes Leinsamenöl oder
    natives Olivenöl

Gießen Sie die Linsen ab und spülen Sie sie. Geben Sie sie in einen großen Topf und fügen Sie das Kombustück, die Lorbeerblätter und das Wasser hinzu. Bringen Sie alles auf hoher Flamme zum Kochen. Entfernen Sie sich bildenden Schaum mit einem kleinen Sieb oder einem Schaumlöffel. Decken Sie den Topf ab, stellen Sie die Flamme niedrig und köcheln Sie die Linsen 20 Minuten bzw. bis sie gar sind. Entfernen Sie das Kombustück und die Lorbeerblätter. Gießen Sie die Linsen ab und heben Sie die Kochflüssigkeit auf. Diese sollte etwas mehr als 1 Liter ergeben; falls nicht, geben Sie noch etwas Wasser zu.

Erhitzen Sie das Olivenöl in einem großen Topf auf mittlerer Flamme. Geben Sie Zwiebelstückchen und Salz hinein und braten Sie sie etwa 5 Minuten an bzw. bis sie goldbraun sind. Rühren Sie Knoblauch und Rosmarin ein und braten Sie die Zutaten 2 weitere Minuten. Fügen Sie den Kürbis und die aufgehobene Kochflüssigkeit hinzu, stellen Sie die Flamme hoch und bringen Sie die Flüssigkeit zum Kochen. Decken Sie den Topf ab, stellen Sie die Flamme niedrig und köcheln Sie die Zutaten 6 bis 8 Minuten bzw. bis der Kürbis weich ist. Rühren Sie die abgetropften Linsen ein und köcheln Sie sie weitere 10 Minuten bzw. bis die Suppe eindickt und die Linsen zu zerfallen beginnen. Geben Sie den Mangold in die Suppe und köcheln Sie sie einige weitere Minuten, bis die Mangoldblätter weich werden und zusammenfallen. Rühren Sie Tamarisoße und Balsamico-Essig ein und würzen Sie nach Belieben mit Salz und Pfeffer. Nehmen Sie den Topf vom Herd. Geben Sie die Suppe in Schüsseln, beträufeln Sie jede Schüssel mit Leinsamen- oder Olivenöl und garnieren Sie sie mit einigen dünn geschnittenen Mangoldstreifen.

Anders als rote Linsen, die geschält sind, müssen Puy-Linsen eingeweicht werden, um die Phytinsäure zu neutralisieren (siehe Seite 60). Sollten Sie das vorherige Einweichen vergessen, können Sie diese Suppe trotzdem zubereiten: Kochen Sie die Linsen dann einfach 30 Minuten lang.

CREMIGE BLUMENKOHL-SELLERIE-SUPPE MIT GERÖSTETEN SHIITAKE-PILZEN

Diese wunderbare Blumenkohlsuppe mache ich den ganzen Herbst und Winter hindurch und sogar bis in den Frühling hinein und verwende dafür immer wieder verschiedenes Gemüse, um einen unterschiedlichen Geschmack zu erzeugen. Meine Kunden sind davon begeistert! Auf die Idee, Sellerieknolle und geröstete Shiitake-Pilze zu verwenden, kam ich, als ich das Foto einer Suppe im *Gourmet Magazine* sah, als ich noch bei Angelica Kitchen in New York City arbeitete. Die vegane Version dieser Suppe machte ich zu einem Gang eines speziellen 5-Gänge-Thanksgiving-Menüs und servierte sie mit hellgrünem Schnittlauchöl beträufelt. Diese Suppe war so beliebt, dass sie sofort ins Standardrepertoire unserer Küche aufgenommen wurde.

Das Rösten des Knoblauchs für diese Suppe ist ein zusätzlicher Schritt, aber sehr wichtig, da dadurch ein mild-cremiger geschmacklicher Kontrast zur starken Eigennote der Sellerieknolle entsteht, die in dieser Suppe nicht durch Milchprodukte abgemildert wird. Sie können den Knoblauch schon bis zu 3 Tage vor der Zubereitung der Suppe rösten. Machen Sie ruhig etwas mehr, da gerösteter Knoblauch auch Dips (siehe *Weiße-Bohnen-Artischocken-Aioli*, Seite 219) oder Aufstrichen ein wunderbares Aroma verleiht.

4 BIS 6 PORTIONEN

2 große Knoblauchknollen
2 EL plus 2 TL natives Olivenöl
Meersalz
1 mittelgroße Zwiebel, gewürfelt
1 mittelgroßer Kopf Blumenkohl (reichlich 1 kg),
 in 3 cm große Stücke geschnitten
1 mittelgroße Sellerieknolle (etwa 450 g),
 geschält und in 1 cm große Würfel geschnitten
1,4 l gefiltertes Wasser
1 TL Tamarisoße
frisch gemahlener schwarzer Pfeffer
geröstete Shiitake-Pilze zum Garnieren (Rezept folgt)

Heizen Sie den Ofen auf 200 °C vor.

Schneiden Sie eine etwa 5 mm dicke Schicht von beiden Knoblauchknollen ab, beträufeln sie die Knollen mit 1 TL Olivenöl und bestreuen Sie sie mit einer Prise Salz. Wickeln Sie die Knollen zuerst in eine Lage Backpapier und dann in Aluminiumfolie ein und verschließen Sie die Päckchen gut. Rösten Sie die Knollen 1 Stunde im Ofen bzw. bis die Knoblauchzehen weich und goldbraun sind.

Nehmen Sie sie aus dem Ofen und lassen Sie sie abkühlen.

Erhitzen Sie die restlichen 2 EL Olivenöl in einem großen Topf auf mittlerer Flamme. Geben Sie die Zwiebel und 1,5 TL Salz zu und braten sie die Zwiebel 5 Minuten an bzw. bis sie goldbraun ist. Fügen Sie Blumenkohl, Sellerie und Wasser hinzu, rühren Sie um und bringen Sie die Zutaten zum Kochen. Decken Sie den Topf ab, stellen Sie die Flamme niedrig und köcheln Sie das Gemüse 15 bis 20 Minuten bzw. bis es weich ist, aber nicht auseinanderfällt. Rühren Sie die Tamarisoße ein und nehmen Sie den Topf vom Herd.

Drücken Sie die Knoblauchzehen aus der Knolle und geben Sie sie in die Suppe. Pürieren Sie die Suppe in mehreren Durchgängen in einem Standmixer auf höchster Stufe, bis sie seidig glatt ist. Würzen Sie sie nach Belieben mit frisch gemahlenem schwarzem Pfeffer und Salz. Garnieren Sie die Suppe mit gerösteten Shiitake-Pilzen und servieren Sie sie.

GERÖSTETE SHIITAKE-PILZE

Diese Pilze werden schön knusprig, haben einen festen, leicht gummiartigen Biss und sind eine tolle Ergänzung für viele verschiedene Gerichte wie z. B. grüne Salate oder gekochtes Getreide. Direkt aus dem Ofen sind sie ein unwiderstehlicher kleiner Snack, also verdoppeln Sie die Menge am besten gleich, da diese Pilze sehr schnell auf unerklärliche Weise verschwinden.

HINWEIS: *Verzehren Sie die gerösteten Shiitake am besten innerhalb weniger Stunden, da sie sonst weich werden und sich auch nicht gut im Kühlschrank halten.*

ERGIBT 6 PORTIONEN

350 g frische Shiitake-Pilze
3 EL natives Olivenöl
½ TL Meersalz
frisch gemahlener schwarzer Pfeffer

Heizen Sie den Ofen auf 200 °C vor. Legen Sie ein Backblech mit Backpapier aus und stellen Sie es beiseite.

Schneiden Sie die Stiele der Shiitake ab und bewahren Sie sie für eine spätere Brühe auf. Schneiden Sie die Pilze in dünne Scheiben und legen Sie sie auf das Backblech. Beträufeln Sie sie mit Olivenöl, streuen Sie Salz und Pfeffer darüber und vermischen Sie alles gut. Breiten Sie die Pilze in einer Schicht auf dem Backpapier aus.

Rösten Sie sie 15 Minuten, wenden Sie sie und rösten Sie sie weitere 5 Minuten bzw. bis sie beginnen zu bräunen. Nehmen Sie die Pilze aus dem Ofen und lassen Sie sie abkühlen oder servieren Sie sie ofenwarm.

KABOCHA-MARONEN-SUPPE MIT NORI-SESAM-„BLÄTTERN"

Winterkürbisse und Maronen sind eine himmlische Kombination: Maronen ergänzen den süßen Kürbisgeschmack mit einer buttrig-erdigen Komponente und machen diese Suppe zu einem vollmundigen Geschmackserlebnis. Ich habe diese Suppe schon mit Maronen in allen möglichen Formen ausprobiert – mit getrockneten Maronen, vorgekochten Maronen (in vielen Feinkostgeschäften in Gläsern erhältlich) und in der Saison mit frischen Maronen – und dabei immer köstliche Ergebnisse erzielt. Gute frische Maronen zu finden kann manchmal schwierig sein, da sie auf den Märkten oft ungekühlt herumliegen und wegen ihres hohen Wasser- und niedrigen Fettgehalts schnell schimmeln. Kaufen Sie sie also am besten, wenn sie zu Beginn der Saison wieder auftauchen, normalerweise zwischen Oktober und Dezember, von einer regionalen Quelle oder auf dem Bauernmarkt. Prüfen Sie vor dem Kauf die Schalen auf Schimmelspuren und lagern Sie die Maronen nicht länger als zwei Wochen in einem luftdurchlässigen Beutel im Kühlschrank.

6 PORTIONEN

2 EL natives Olivenöl
1 mittelgroße Zwiebel, gewürfelt
4 Knoblauchzehen, gehackt
1 TL Meersalz, plus mehr auf Wunsch
1 mittelgroßer Kabocha-Kürbis (1,3 kg), geschält, entsamt und in 1 cm dicke Würfel geschnitten
300 g gekochte und geschälte Maronen
1,7 l gefiltertes Wasser
1 großer Zweig Salbei
3 Lorbeerblätter
2 TL Tamarisoße, plus mehr auf Wunsch
Nori"blätter" zum Garnieren (siehe Seite 175)

Erhitzen Sie das Olivenöl in einem großen Topf auf mittlerer Flamme. Geben Sie die Zwiebel hinein und braten Sie sie 5 Minuten an bzw. bis sie goldbraun ist. Rühren Sie Knoblauch und Salz ein und braten Sie die Zutaten weitere 2 bis 3 Minuten. Fügen Sie den Kürbis, die Maronen, Wasser, Salbei und Lorbeerblätter hinzu. Bringen Sie alles auf hoher Flamme zum Kochen. Decken Sie den Topf ab, stellen Sie die Flamme niedrig und lassen Sie die Suppe 20 Minuten köcheln bzw. bis der Kürbis weich ist. Entfernen Sie den Salbeizweig und die Lorbeerblätter. Rühren Sie die Tamarisoße ein und nehmen Sie den Topf vom Herd. Pürieren Sie die Suppe in mehreren Durchgängen in einem Standmixer 1 bis 2 Minuten auf höchster Stufe bzw. bis sie seidig glatt ist. Würzen Sie nach Belieben mit Tamarisoße und Salz nach und servieren Sie die Suppe mit Nori-Sesam-"Blättern" garniert.

FRISCHE MARONEN KOCHEN

450 g Maronen

Heizen Sie den Ofen auf 220 °C vor.

Spülen Sie die Maronen ab und legen Sie sie mit der flachen Seite nach unten auf ein Schneidebrett. Schneiden Sie die Oberseiten mit einem Messer mit Zackenschliff ein. Geben Sie die Maronen in einen Stieltopf mit gefiltertem Wasser und bringen Sie das Wasser zum Kochen. Nehmen Sie, sobald das Wasser kocht, den Topf vom Herd und gießen Sie die Maronen ab. Legen Sie sie in eine Auflaufform oder auf ein Backblech und backen Sie sie 15 Minuten im Ofen, bis die Schalen aufplatzen. Sollten sie sich nicht öffnen, backen Sie die Maronen weitere 5 Minuten. Nehmen Sie sie aus dem Ofen, decken Sie sie mit einem Geschirrtuch ab und lassen Sie sie 15 Minuten ausdämpfen. Lösen Sie die Maronen aus den Schalen und kochen Sie sie wie im folgenden Rezept beschrieben.

GETROCKNETE MARONEN KOCHEN

175 g getrocknete Maronen

Weichen Sie die getrockneten Maronen 8 bis 12 Stunden oder über Nacht in 720 ml Wasser ein. Gießen Sie sie ab, spülen Sie sie und entfernen Sie braune Schalenreste. Geben Sie die Maronen in einen Topf mit 1 Liter Wasser und bringen Sie sie zum Kochen. Decken Sie den Topf ab, stellen Sie die Flamme niedrig und köcheln Sie die Maronen 1 Stunde bzw. bis beim Anstechen mit einem Messer weich sind. Gießen Sie sie ab und verwenden Sie sie wie im Rezept beschrieben.

NORI-SESAM-„BLÄTTER"

Ich nenne sie „Blätter", weil sie sich genauso wie Herbstblätter an den Rändern einrollen. Der Geschmack von Tamarisoße und Nori harmoniert perfekt mit Kabocha-Kürbis und Maronen, doch auch allein sind diese kleinen Leckerbissen ein toller Snack. Machen Sie also ruhig etwas mehr davon! In einem luftdichten Behälter halten sie sich mehrere Tage lang.

ERGIBT ETWA 3 HANDVOLL

2 TL Mirin

2 TL natives Olivenöl oder unraffiniertes,
    ungeröstetes Sesamöl

1 TL geröstetes Sesamöl

4 geröstete Noriblätter

30 g ungeschälte geröstete Sesamsamen (Seite 79)

Heizen Sie den Ofen auf 150 °C vor. Legen Sie zwei Backbleche mit Backpapier aus und stellen Sie sie beiseite.

Verquirlen Sie Mirin, Olivenöl und geröstetes Sesamöl in einer kleinen Schüssel. Bestreichen Sie jedes Noriblatt großzügig mithilfe eines Backpinsels mit der Mischung. Zerreißen Sie die Blätter in unregelmäßige Dreiecke oder mundgerechte Rechtecke und legen Sie sie auf die Backbleche. Bestreuen Sie sie großzügig mit Sesamsamen und backen Sie sie 4 Minuten. Nehmen Sie die Bleche aus dem Ofen, drehen Sie sie um 180 Grad und schieben Sie sie wieder in den Ofen. Backen Sie die Nori-Sesam-Blätter 4 weitere Minuten bzw. bis sie beginnen sich einzurollen und knusprige Ränder bekommen. Nehmen Sie die Blätter aus dem Ofen und lassen Sie sie abkühlen.

HERBSTLICHE GEMÜSESUPPE MIT RÜBENBLÄTTERN

Immer wenn ich von einer Reise nach Hause komme, habe ich großes Verlangen nach gesundem und stärkendem Essen, um meinen Körper nach so vielen Mahlzeiten außer Haus wieder in Balance zu bringen. Dieses Rezept entstand genau zu diesem Zweck, und ich bereite es immer dann zu, wenn ich etwas Warmes und Kräftigendes brauche. Der erdige Geschmack von Klettenwurzel und Topinambur ergänzt sich wunderbar mit der Süße von Herbstkürbissen und Rüben. Besonders mag ich weiße Mairübchen mit ihrem süßen Geschmack, ihrem knackigen Biss und ihrem zarten Grün, doch Sie können auch andere größere Rüben verwenden und diese vor dem Schneiden in Scheiben halbieren oder vierteln. Die Rübenblätter können Sie durch Spinat, Pak Choi, Tatsoi, Brunnenkresse oder Mangold ersetzen.

HINWEIS: Den in der Brühe verwendeten Kürbis müssen Sie nicht schälen. Bei dieser Suppe ist das Schälen nur nötig, wenn die Kürbisschale besonders hart ist.

4 BIS 6 PORTIONEN

BRÜHE:

1,9 l gefiltertes Wasser

3 getrocknete Shiitake-Pilze

4 Knoblauchzehen, geschält

5 cm frischer Ingwer, in Scheiben geschnitten

2 mittelgroße Möhren, gehackt

2 Stangen Sellerie mit Blättern, gehackt

1 Klettenwurzel (15 cm lang, aus dem Asialaden), gehackt

¼ mittelgroßer Kabocha- oder roter Hokkaido-Kürbis, gewürfelt (etwa 420 g); Samen für die Brühe aufbewahrt

2 Zweige Rosmarin

4 Zweige Oregano

8 Salbeiblätter

8 Petersilienstängel

5 Lorbeerblätter

1 Stück Kombu (5 cm)

SUPPE:

2 EL natives Olivenöl

1 mittelgroße Zwiebel, in Scheiben geschnitten

4 Knoblauchzehen, in dünne Scheiben geschnitten

1 TL Meersalz, plus mehr auf Wunsch

350 g Kabocha- oder roter Hokkaido-Kürbis, in 1 cm große Dreiecke geschnitten

1 mittelgroße Pastinake, per Rollschnitt in etwa 1 cm große Stücke geschnitten (siehe Tipp)

1 mittelgroße Möhre, per Rollschnitt in etwa 1 cm große Stücke geschnitten (siehe Tipp)

6 mittelgroße Mairübchen, geviertelt, Blätter aufbewahrt und gehackt (etwa 2 Handvoll)

100 g Topinambur, in etwa 5 mm dicke Scheiben geschnitten

FÜR DIE BRÜHE:

Geben Sie alle Zutaten in einen großen Topf und bringen Sie sie auf hoher Flamme zum Kochen. Decken Sie den Topf ab, stellen Sie die Flamme niedrig und köcheln Sie die Brühe 2 Stunden. Nehmen Sie den Topf vom Herd und seihen Sie die Brühe ab. Sie sollten etwas mehr als 1,4 Liter Brühe herausbekommen.

FÜR DIE SUPPE:

Erhitzen Sie das Olivenöl in einem großen Topf auf mittlerer Flamme. Geben Sie die Zwiebel hinein und schwitzen Sie sie 3 Minuten an bzw. bis sie glasig ist. Rühren Sie Knoblauch und Salz ein und braten Sie die Zutaten weitere 2 Minuten. Fügen Sie Kürbis, Pastinake, Möhre, Rübchen (außer den Blättern) und Topinambur hinzu und rühren Sie gut um. Gießen Sie vorsichtig nach und nach die Brühe zu, stellen Sie die Flamme hoch und bringen Sie die Suppe zum Kochen. Decken Sie den Topf ab, stellen Sie die Flamme niedrig und köcheln Sie die Suppe 15 Minuten bzw. bis das Gemüse gut durchgegart ist. Rühren Sie die Rübenblätter ein und kochen Sie die Suppe 1 weitere Minute. Würzen Sie nach Belieben mit Meersalz nach und servieren Sie die Suppe in Schüsseln oder Schalen.

Der Rollschnitt ist eine einfache und hübsche Art, langes dickes oder dünnes Gemüse zu schneiden. Ich schneide alles von Möhren, Süßkartoffeln und Pastinaken bis Zucchini und kleinere lange, dünne Auberginen auf diese Weise. Sie können die Stücke so groß oder klein schneiden, wie Sie mögen. Legen Sie das Gemüse auf Ihr Schneidebrett und schneiden Sie diagonal (im 45-Grad-Winkel) ein erstes Stück ab. Wenn sich das Gemüse verjüngt, beginnen Sie am dünneren Ende. Rollen Sie das Gemüse nach dem Abschneiden des ersten Stücks 90 Grad (eine Vierteldrehung) und schneiden Sie das nächste Stück diagonal bzw. im 45-Grad-Winkel ab. Drehen Sie es erneut und schneiden Sie wieder. Wiederholen Sie dies, bis Sie das ganze Gemüsestück geschnitten haben. Vergrößern Sie bei sich verjüngendem Gemüse den Winkel proportional zum sich vergrößernden Durchmesser, damit die Stücke gleichmäßig bleiben.

HERZHAFTE WINTERMISOSUPPE
MIT ADZUKIBOHNEN, KÜRBIS UND INGWER

Verschiedene erdige, süße, salzige und scharfe Geschmacksnoten verbinden sich bei dieser Suppe harmonisch zu einer vielschichtigen Sinfonie und kreieren eine köstliche und nährende Mahlzeit, die vollmundiger ist als eine traditionelle, eher dünne und brühenartige Misosuppe. Diese Suppe wirkt wahre Wunder, wenn Sie sich erschöpft fühlen, eine Erkältung im Anflug ist oder Sie an einem kalten Wintertag einfach nur etwas Warmes genießen möchten.

Adzukibohnen und Kürbis sind in der makrobiotischen Küche eine klassische Kombination: Die Bohnen stärken die Nieren und der Kürbis unterstützt die Funktion von Milz und Bauchspeicheldrüse. Ganz abgesehen davon schmecken sie zusammen großartig.

Wie auch in meiner *Frühlingsmisosuppe mit Zitrone* (Seite 162) können Sie bei diesem Gericht eine Kombination Ihrer Lieblingsmisos verwenden, wobei im Winter oft dunklere und intensivere Variationen zum Einsatz kommen, da diese den Körper mehr stärken und wärmen.

---

4 BIS 6 PORTIONEN

85 g Adzukibohnen, verlesen und 12 bis 24 Stunden in 480 ml gefiltertem Wasser eingeweicht

1,9 l gefiltertes Wasser

3 getrocknete Shiitake-Pilze

1 Stück Kombu (5 cm lang)

1 EL unraffiniertes, ungeröstetes Sesamöl

1 mittelgroße Zwiebel, geviertelt und in dünne Scheiben geschnitten

1 mittelgroße Möhre, längs halbiert und diagonal in dünne Scheiben geschnitten

280 g Winterkürbis, in 1 cm große Würfel geschnitten

70 g Palm- oder Grünkohl, in dünne Streifen geschnitten

2 EL getrocknete Wakame-Algen, Instant oder eingeweicht und abgegossen (siehe Hinweis)

3 EL plus 2 TL dunkles Miso (entweder aus Gerste oder braunem Reis)

3 EL Kichererbsenmiso oder weißes Miso

4 TL frischer Ingwersaft (siehe Tipp)

dünne Frühlingszwiebelringe, zum Garnieren

Gießen Sie die Adzukibohnen ab und spülen Sie sie. Geben Sie sie in einen mittelgroßen Topf und fügen Sie Wasser, Shiitake-Pilze und Kombu hinzu. Bringen Sie alle Zutaten auf hoher Flamme zum Kochen. Decken Sie den Topf ab, stellen Sie die Flamme niedrig und köcheln Sie die Bohnen 30 bis 35 Minuten bzw. bis sie weich und innen cremig sind. Nehmen Sie den Topf vom Herd und stellen Sie ihn beiseite. Entfernen Sie das Kombustück. Nehmen Sie die Shiitake heraus und lassen Sie sie auf einem Tellerchen abkühlen. Schneiden Sie die Stiele ab und kompostieren Sie sie. Schneiden Sie die Hüte in sehr dünne Scheiben und geben Sie sie zurück in den Topf mit den Bohnen.

Erhitzen Sie das Sesamöl in einem zweiten großen Topf auf mittlerer Flamme. Geben Sie die Zwiebeln hinein und schwitzen Sie sie 3 Minuten an bzw. bis sie glasig sind. Rühren Sie die Möhre und den Kürbis ein und braten Sie die Zutaten 1 weitere Minute. Fügen Sie die Adzukibohnen mit ihrer Kochflüssigkeit hinzu und bringen Sie alles auf hoher Flamme zum Kochen. Decken Sie den Topf ab, stellen Sie die Flamme niedrig und köcheln Sie die Suppe 10 Minuten bzw. bis das Gemüse gar ist. Rühren Sie den Palmkohl und die Wakame ein und lassen Sie sie 1 Minute köcheln. Geben Sie die Misopasten in ein mittelgroßes Sieb und hängen Sie es so in den Topf, dass es in der Suppe sitzt. Lösen Sie das Miso unter Rühren auf. Es werden vermutlich einige Hülsen vom Miso zurückbleiben, die Sie zur Suppe geben oder aber entfernen können. Rühren Sie den Ingwersaft ein und nehmen Sie den Topf vom Herd. Geben Sie die Suppe in Schüsseln, garnieren Sie sie mit Frühlingszwiebelringen und servieren Sie sie.

HINWEIS: Wakame gibt es als „Instant"-Version in mundgerechten Stücken zu kaufen. Sie können direkt zur Suppe gegeben werden. Getrocknete Wakame müssen erst eingeweicht werden. Geben Sie sie dafür in eine Schüssel, bedecken Sie sie mit gefiltertem Wasser und weichen Sie sie 5 bis 10 Minuten ein bzw. bis sie weich sind. Gießen Sie sie ab, entfernen Sie feste Stielteile, hacken Sie sie grob und geben Sie sie zur Suppe.

Um Ingwersaft selbst herzustellen, reiben Sie ein Stück frische, ungeschälte Ingwerwurzel und drücken Sie die Raspel mit Ihrer Hand über einer Schüssel aus. Für 4 TL brauchen Sie ein etwa 7 cm großes Stück Ingwer.

KITCHARI

Kitchari ist ein heilendes ayurvedisches Gericht mit einer risottoähnlichen Konsistenz. Es wird oft mit weißem Basmati-Reis und Linsen gekocht, doch ich verwende für diese Version braunen Basmati-Reis und Mungbohnen und weiche beides über Nacht ein. Das Ergebnis ist eine cremige und nährende Mahlzeit, die immer dann perfekt ist, wenn Sie Ihrem Körper etwas Gutes tun wollen. Wenn ich Lust auf eine dekadente indische Note habe, verwende ich Ghee, ansonsten aber auch gern Kokosöl. Beide Varianten sind sehr aromatisch und wärmen den Körper von innen.

HINWEIS: Wenn Sie keine Curryblätter finden, lassen Sie sie einfach weg, da die anderen Zutaten schon reichlich Geschmack beisteuern. Sollten Sie welche ergattern, bewahren Sie sie ein bis zwei Wochen im Kühlschrank auf oder frieren Sie Reste bis zu sechs Monate lang ein. Sie verlieren im Gefrierfach zwar ihre grüne Farbe, nicht aber ihren aromatischen Geschmack.

4 BIS 6 PORTIONEN

190 g brauner Basmati-Reis

85 g Mungbohnen

1 EL natives Kokosöl oder Ghee (für eine nicht-vegane Variante)

1 TL schwarze Senfsamen

1 EL geschälter und fein gehackter Ingwer

1 TL Kreuzkümmelsamen

4 g (¼ Handvoll) frische Curryblätter

½ Zimtstange

1 TL Kurkuma

1 Stück Kombu (5 cm)

1,4 l kochendes gefiltertes Wasser

2 TL Tamarisoße, plus mehr zum Garnieren

1 TL Meersalz, plus mehr auf Wunsch

ZUM GARNIEREN:

kalt gepresstes Leinsamenöl

gehacktes Koriandergrün

rote Chilischotenringe, optional

Geben Sie den Reis und die Mungbohnen in einen mittelgroßen Topf und füllen Sie ihn mit Wasser. Verrühren Sie die Bohnen und den Reis zum Waschen mit den Händen und warten Sie, bis sich beides setzt. Gießen Sie das Wasser ab und wiederholen Sie den Vorgang noch einmal. Geben Sie nach dem Abgießen 1 Liter gefiltertes Wasser in den Topf und weichen Sie Bohnen und Reis 12 bis 24 Stunden ein. Gießen Sie Bohnen und Reis ab, spülen Sie sie und stellen Sie sie beiseite.

Erhitzen Sie das Ghee oder Kokosöl in einem großen Topf auf mittlerer Flamme. Geben Sie Senfsamen, Ingwer, Kreuzkümmelsamen und Curryblätter hinein und rösten Sie sie 3 Minuten. Rühren Sie den abgetropften Reis und die Bohnen, die Zimtstange und das Kurkuma ein. Fügen Sie das Kombustück und 900 ml kochendes Wasser hinzu. Bringen Sie die Mischung auf hoher Flamme zum Kochen, rühren Sie um, decken Sie den Topf ab, stellen Sie die Flamme niedrig und köcheln Sie die Mischung 1 Stunde. Entfernen Sie das Kombustück, die Zimtstange und die Curryblätter. Rühren Sie die restlichen 500 ml Wasser, die Tamarisoße und das Meersalz ein und lassen Sie das *Kitchari* weitere 30 Minuten köcheln. Rühren Sie alle 10 Minuten um, damit nichts anhängt. Nehmen Sie den Topf vom Herd und lassen Sie das *Kitchari* vor dem Servieren 10 Minuten abgedeckt durchziehen.

Richten Sie es in Schüsseln an und garnieren Sie es mit ein paar Spritzern Leinsamenöl, Tamarisoße und wenn gewünscht mit gehacktem Koriandergrün und roten Chilischeibchen.

FEURIGE MÖHRENSUPPE
MIT KAFFIRBLÄTTERN UND KOKOSMILCH

Mitten im Winter ist diese Suppe an kalten und grauen Tagen das beste Mittel zum Wecken der Lebensgeister und Heben der Laune. Die anregende Schärfe von Ingwer und Chili wird von einem großzügigen Schuss Kokosmilch ausgeglichen, der die Suppe traumhaft cremig und leuchtend orange macht. Die Kaffirblätter und das Zitronengras fügen eine beschwingende Note hinzu. Sollten Sie diese beiden Zutaten nicht auftreiben können, tut das dem Geschmack der Suppe aber keinen Abbruch. Ich habe sie selbst auch schon oft ohne Kaffirblätter und Zitronengras gekocht, und sie hat trotzdem großartig geschmeckt.

HINWEIS: Bei kaltem Wetter wird Kokosmilch bei etwas kühlerer Raumtemperatur fest. Stellen Sie sie dann einfach einige Minuten in eine Schüssel mit heißem Wasser und schütteln Sie sie vor dem Öffnen kräftig durch.

6 PORTIONEN

2 Stängel Zitronengras, längs halbiert und in 5 cm breite Stücke geschnitten
6 Kaffirblätter
2 EL natives Kokosöl
2 mittelgroße Zwiebeln, gewürfelt
6 Knoblauchzehen, gehackt
2 EL geschälter und fein gehackter frischer Ingwer
1 Serrano-Chilischote, entsamt und fein gehackt
1½ TL Meersalz, plus mehr auf Wunsch
2 TL selbst gemachtes Currypulver (Seite 119)
1 TL Kurkuma
3 EL fein gehackte frische Korianderstängel, Blätter fürs Garnieren aufheben
10 mittelgroße Möhren (etwa 1 kg), in 1 cm große Würfel geschnitten
1,4 l gefiltertes Wasser
400 ml Kokosmilch
2 bis 4 Prisen Cayennepfeffer, optional

ZUM GARNIEREN:

frische Korianderblätter
rote Chilischeiben

Wickeln Sie das Zitronengras und die Kaffirblätter in ein dünnes Geschirr- oder Käsetuch, verschließen Sie es fest und legen Sie es beiseite.

Erhitzen Sie das Kokosöl in einem großen Topf auf mittlerer Flamme. Geben Sie die Zwiebeln hinein und braten Sie sie 5 Minuten an bzw. bis sie goldbraun sind. Fügen Sie Knoblauch, Ingwer, die Serrano-Chilischote und Salz hinzu und braten Sie alle Zutaten 2 bis 3 weitere Minuten. Stellen Sie die Flamme niedrig, falls die Mischung beginnt anzuhaften. Rühren Sie Currypulver, Kurkuma und die Korianderstiele ein. Geben Sie die Möhren, Wasser, 360 ml Kokosmilch und das Zitronengras-Kaffirblätter-Bündel in den Topf. Stellen Sie die Flamme hoch und bringen Sie die Zutaten zum Kochen. Decken Sie den Topf ab, stellen Sie die Flamme niedrig und köcheln Sie die Suppe 20 Minuten bzw. bis die Möhren weich sind. Nehmen Sie den Topf vom Herd und entfernen Sie das Zitronengras-Kaffirblätter-Bündel.

Pürieren Sie die Suppe in mehreren Durchgängen 1 bis 2 Minuten auf höchster Stufe in einem Standmixer, bis sie seidig glatt ist. Gießen Sie sie in den Topf zurück und würzen Sie sie nach Belieben. Rühren Sie wenn gewünscht den Cayennepfeffer ein. Geben Sie die Suppe in Schüsseln und garnieren Sie sie mit ein paar Spritzern der aufbewahrten Kokosmilch, Korianderblättern und Chilischeibchen.

Salate

Sprossensalat mit gerösteten Sonnenblumenkernen
und Umeboshi-Vinaigrette / 186

Dinkelkörner-Kräuter-Salat mit Zuckererbsen und Feta / 187

Zucchini-Salat mit Portulak und Zitrone-Pinienkern-Dressing / 188

Quinoa mit geröstetem Sommergemüse und Harissa-Marinade / 191

Vollkornweizen-Udon-Nudel-Salat mit gebratener Paprika, Zuckermais
und Sesammarinade / 192

Rote-Bete-Quinoa-Salat mit Feta, Chili, Knoblauch und geschmorten
Rote-Bete-Blättern / 195

Palmkohlsalat mit cremigem Senfdressing / 196

Salat aus geröstetem Eichel- und Delicata-Kürbis mit Weizenkörnern
und bitterem Blattsalat / 199

Rote-Bete-Fenchel-Salat mit Blutorange und gehackten Haselnüssen / 200

Salat aus geröstetem Wintergemüse und Rucola mit Senfdressing / 203

Einfacher gepresster Salat / 204

Ob zarte Frühlingssalatblättchen, die mit einem köstlichen Dressing gekrönt sind, verschiedenste reife Sommergemüse in einer wunderbar aromatischen Zusammenstellung oder der herbstliche Geschmack von süßem geröstetem Kürbis in Kombination mit bitterem Blattgemüse – Salate bieten immer eine fantastische Möglichkeit, jede Jahreszeit kulinarisch zu zelebrieren. Je nachdem, wo Sie wohnen, können Sie Ihre Salate außerdem fast komplett aus regionalen Zutaten zusammenstellen, indem Sie so oft wie möglich zum Bauernmarkt in Ihrer Nähe gehen oder in Ihrem Garten nachschauen, was sich gerade ernten lässt.

Bei Salaten denken wir normalerweise an rohe, leichte Gerichte, die vorwiegend aus Grünzeug bestehen und zur Erfrischung dienen sollen oder als Pause zwischen den Gängen gereicht werden. In diesem Kapitel gibt es ein paar Rezepte, die tatsächlich diesen Zweck erfüllen, aber weitaus mehr, die Sie als sättigende, leichte Mahlzeit oder sogar als Hauptgericht zum Mittag- oder Abendessen überzeugen werden. *Quinoa mit ge-röstetem Sommergemüse und Harissa-Marinade* (Seite 191) ist ein großartiges Sommergericht, besonders dann, wenn Sie es mit *Weiße-Bohnen-Artischocken-Aioli* (Seite 219) oder *Kichererbsenmus* (Seite 72) und etwas Blattsalat als Beilage servieren. Begrüßen Sie den Frühling mit meinem *Dinkelkörner-Kräuter-Salat mit Erbsen und Feta* (Seite 187) oder probieren Sie meinen *Vollkornweizen-Udon-Nudelsalat mit gebratener Paprika, Zuckermais und Sesammarinade* (Seite 192) zusammen mit *Schnellem geschmortem Tempeh* (Seite 110) als köstliche und sättigende vollwertige Mahlzeit aus. Viele der Salate, die Sie hier finden, halten sich gleich mehrere Tage lang und sind daher perfekt zum Mitnehmen für die Mittagspause bei der Arbeit oder zu einem entspannten Picknick. Vor allem aber sind die Salate, Dressings und Marinaden in diesem Kapitel würzig, vielseitig und unkompliziert, also greifen Sie gern häufig als Inspiration auf sie zurück, wenn Sie Verwendungsmöglichkeiten für all das suchen, was in Ihrer Region in Hülle und Fülle wächst.

SPROSSENSALAT MIT GERÖSTETEN SONNENBLUMEN-KERNEN UND UMEBOSHI-VINAIGRETTE

Wenn ich eine Mahlzeit leicht und erfrischend beginnen will, mache ich diesen Salat. Er passt besonders gut als Vorspeise zu Currys oder asiatischen Gerichten, und sein zarter, subtiler Geschmack ist nicht zu dominierend für den Gaumen. Die hellen rosa, lila und grünen Sprossen sind so hübsch, dass sie eine Augenweide sind und der Teller gar nicht weiter garniert werden muss. In New York gibt es das ganze Jahr über eine überwältigende Auswahl verschiedenster Sprossen, die z. B. am Stand der Windfall Farms auf dem Union Square Greenmarket angeboten werden. Wenn Sie keine Sprossen bekommen können, ersetzen Sie sie einfach durch Brunnenkresse, Babysalatblättern oder Microgreens.

Auch das Dressing werden Sie lieben. Seinen hellen Geschmack verdankt es dem Ume-Su. Dieser Essig ist der Saft eingelegter Umeboshi-Pflaumen, die einen starken sauer-salzigen Geschmack haben, der wie gemacht ist für Salatdressings. (Mehr Informationen zu Umeboshi-Pflaumen und Ume-Su finden Sie auf Seite 27 und 28.)

4 BIS 6 PORTIONEN

DRESSING:

2 EL unpasteurisierter Apfelessig
2 TL Ume-Essig (Ume-Su)
1 Prise Meersalz
2 EL natives Olivenöl
2 EL kalt gepresstes Leinsamenöl

SALAT:

230 g gemischte Sprossen (Radieschen, Sonnenblumen, Erbsentriebe, Buchweizensprossen o. Ä.)
6 Radieschen, geputzt und in dünne Scheiben geschnitten
2 Frühlingszwiebeln, in dünne Scheiben geschnitten
2 EL geröstete Sonnenblumenkerne (Seite 79)

FÜR DAS DRESSING:
Verquirlen Sie Apfel- und Ume-Essig und das Salz in einer kleinen Schüssel. Fügen Sie beide Öle hinzu und verquirlen Sie die Zutaten zu einem glatten Dressing.

FÜR DEN SALAT:
Geben Sie Sprossen, Radieschen, Frühlingszwiebeln und Sonnenblumenkerne in eine große Schüssel. Mischen Sie alles vorsichtig, damit die Sprossen ganz bleiben. Geben Sie das Dressing über den Salat, vermengen Sie es vorsichtig mit dem Gemüse und servieren Sie den Salat.

DINKELKÖRNER-KRÄUTER-SALAT
MIT ZUCKERERBSEN UND FETA

Eingelegte rosarote Radieschen, grüne Zuckererbsen, Kräuter und weißer zerkrümelter Feta lassen diesen Salat aussehen wie ein hübsches Frühlingskleid. Der Geschmack und die Konsistenz der verschiedenen Zutaten ist eine fantastische Kombination, die Lust macht, den Einzug des Frühlings zu feiern.

Die Radieschen können Sie schon einige Tage vorher einlegen. Ihre hübsche rosa Farbe wird dadurch mit der Zeit intensiver. Schneiden Sie sie am besten am vorherigen Tag in Scheiben und legen Sie sie ein, wenn Sie auch die Dinkelkörner einweichen. Mit einem Gemüsehobel sind sie im Handumdrehen klein geschnitten. Wenn Sie extra viele Radieschen haben, bereiten Sie gleich eine doppelte Portion vor und verwenden Sie sie später als Topping für einfache Getreidegerichte oder als Beilage für eine Käse- oder Vorspeisenplatte. Wenn es keine frischen Erbsen gibt, sind Tiefkühlerbsen eine gute Alternative.

4 BIS 6 PORTIONEN

EINGELEGTE RADIESCHEN:

5 Radieschen, sehr dünn
    geschnitten
2 TL Ume-Essig (Ume-Su)
2 TL unpasteurisierter Apfelessig

SALAT:

230 g Dinkelkörner, gewaschen
    und 12 bis 24 Stunden in
    720 ml gefiltertem Wasser
    eingeweicht
960 ml gefiltertes Wasser
3 EL natives Olivenöl
1 große Knoblauchzehe,
    fein gehackt
300 g Zuckererbsen,
    frisch oder gefroren
Meersalz
frisch gemahlener schwarzer
    Pfeffer
½ Handvoll gehackte
    glattblättrige Petersilie
¼ Handvoll gehackter frischer
    Dill
125 g Ziegenfeta, abgetropft und
    zerkrümelt

Geben Sie die Radieschenscheiben und beide Essigsorten in eine Schüssel und vermengen sie sie gut miteinander. Marinieren Sie die Radieschen mindestens 6 Stunden und bis zu 4 Tage lang im Kühlschrank.

Gießen Sie die Dinkelkörner ab und spülen Sie sie. Geben Sie sie in einen Topf und bedecken Sie sie mit dem gefilterten Wasser. Bringen Sie das Wasser zum Kochen, decken Sie den Topf ab, stellen Sie die Flamme niedrig und köcheln Sie die Körner 1,5 Stunden bzw. bis sie weich sind. Geben Sie ggf. während des Kochens mehr Wasser zu, damit die Körner immer damit bedeckt sind. Nehmen Sie den Topf vom Herd, gießen Sie die Dinkelkörner gut ab und stellen Sie sie zum Abkühlen beiseite.

Bringen Sie, wenn Sie frische Erbsen verwenden, einen kleinen Topf mit Wasser zum Kochen. Geben Sie die Erbsen hinein und kochen Sie sie 2 Minuten bzw. bis sie weich sind. Nehmen Sie den Topf vom Herd, gießen Sie die Erbsen ab und lassen Sie sie abkühlen. Gefrorene Erbsen müssen Sie nicht blanchieren, sondern können sie gleich in die Pfanne geben (siehe nächster Schritt).

Erhitzen Sie 2 EL Olivenöl in einer Pfanne auf mittlerer Flamme. Geben Sie den Knoblauch hinein und braten Sie ihn 1 bis 2 Minuten an bzw. bis er goldbraun ist. Rühren Sie die Erbsen und eine Prise Salz und Pfeffer ein und braten Sie sie 2 weitere Minuten bzw. bis sie gut durchgewärmt sind. Nehmen Sie die Pfanne vom Herd und lassen Sie die Zutaten abkühlen.

Geben Sie die Dinkelkörner, Radieschenscheiben mit ihrer Lake, das restliche Olivenöl, Erbsen, Petersilie, Dill und zerkrümelten Feta in eine große Schüssel und vermengen Sie alles miteinander. Würzen Sie nach Belieben mit Salz und Pfeffer nach und servieren Sie den Salat sofort.

ZUCCHINI-SALAT
MIT PORTULAK UND ZITRONE-PINIENKERN-DRESSING

Ja, für diesen Salat brauchen Sie einen Mixer – aber probieren Sie ihn trotzdem unbedingt! Es ist die kleine Mühe auf jeden Fall wert, und zwar nicht nur, weil das Dressing dank der Pinienkerne so vollmundig-cremig und dank der Zitrone frisch und leicht säuerlich ist, sondern auch, weil es unglaublich vielseitig verwendbar ist. Verdoppeln Sie das Dressingrezept, stellen Sie es kalt, verwenden Sie es als mayonnaiseähnlichen Aufstrich für Sandwiches oder Cracker oder als Dressing für Ihren Lieblingskrautsalat. Da manche Mixer wesentlich größer sind als andere, könnte es sein, dass Sie das Rezept verdoppeln müssen, um das Dressing sämig glatt pürieren zu können.

Verwenden Sie am besten kleine, zarte Zucchini für diesen Salat, da deren Fruchtfleisch eine buttrige Qualität hat und süßer als das großer Zucchini ist. Sie finden auf dem Bauernmarkt bestimmt eine große Auswahl verschiedenster wunderschöner Zucchini, die gehobelt und zusammen mit roten oder goldenen Kirschtomaten ein Fest für die Augen sind. Wenn Sie keinen Portulak finden, verwenden Sie einfach eine reichliche Handvoll gehackte glattblättrige Petersilie, und der Salat schmeckt genauso großartig.

4 PORTIONEN

DRESSING:

30 g Pinienkerne, plus 2 EL
    für den Salat
1 Knoblauchzehe
1 Frühlingszwiebel, nur die weiße
    Wurzel, grob gehackt
2 EL frisch gepresster Zitronensaft
2 TL weißer Balsamico-Essig
¼ TL Meersalz
frisch gemahlener schwarzer Pfeffer
60 ml plus 2 EL natives Olivenöl

SALAT:

8 kleine Zucchini (450 g),
    gelb und grün
150 g Kirschtomaten, halbiert
90 g Portulak, Stiele gekürzt
    (siehe Erklärung unten)
¼ Handvoll gehackter Schnittlauch

FÜR DAS DRESSING:

Erhitzen Sie eine Pfanne auf mittlerer Flamme. Geben sie die Pinienkerne hinein und rösten Sie sie unter ständigem Rühren etwa 2 Minuten bzw. bis sie goldbraun sind und duften. Nehmen Sie sie vom Herd und geben Sie sie in eine Schüssel. Nehmen Sie 2 EL Pinienkerne aus der Schüssel, hacken Sie sie grob und stellen Sie sie für den Salat beiseite. Geben Sie die restlichen Kerne zusammen mit dem Knoblauch, der Frühlingszwiebel, dem Zitronensaft, Balsamico-Essig, Salz und einer Prise schwarzem Pfeffer in einen Standmixer. Pürieren Sie alle Zutaten 1 Minute auf höchster Stufe. Schaben Sie die Mixer-Innenwände mit einem Gummiteigschaber nach unten frei und pürieren Sie die Zutaten erneut. Geben Sie, während der Mixer läuft, nach und nach Olivenöl zu, bis ein dickes, cremiges Dressing entsteht. Füllen Sie das Dressing in ein Schraubglas und stellen Sie es beiseite, bis Sie den Salat servieren. Das Dressing lässt sich gut im Voraus zubereiten und hält sich bis zu 3 Tage lang im Kühlschrank. Lassen Sie es vor dem Verwenden Raumtemperatur erreichen und quirlen Sie es noch einmal gut durch.

FÜR DEN SALAT:

Waschen Sie die Zucchini und schneiden Sie die Enden ab. Halbieren Sie alle Zucchini, die länger als 12 cm sind. Hobeln Sie die Zucchini mit einem Gemüsehobel oder einem Sparschäler in lange, dünne Streifen. Geben Sie sie zusammen mit den Kirschtomaten, dem Portulak und den aufbewahrten Pinienkernen in eine große Schüssel, vermischen Sie alles und streuen Sie den gehackten Schnittlauch darüber. Sollte sich das Dressing in der Zwischenzeit getrennt haben, schütteln Sie es kräftig durch, gießen Sie es über den Salat, vermischen Sie alle Zutaten kurz miteinander und servieren Sie den Salat.

Portulak ist ein fleischiges Küchenkraut, das den ganzen Sommer über am Weges- oder Straßenrand und sogar in Gehwegspalten wächst. Es ist eine der besten Quellen von Omega-3-Fettsäure und enthält sogar mehr davon als einige Fischöle. Es ist außerdem reich an Eisen, Kalzium und Vitamin C. Pflücken Sie die zarten Blätter für das spätere Garnieren ab und verwenden Sie die übrig gebliebenen Stiele klein gehackt in Suppen, Eintöpfen oder Pfannengerichten.

QUINOA MIT GERÖSTETEM SOMMERGEMÜSE
UND HARISSA-MARINADE

Ich habe diesen Salat schon für viele Partys, Picknicks und Kunden zubereitet und dafür immer begeistertes Feedback bekommen. Die aromatisch-scharfe Würze von Harissa rundet den vollen Geschmack des gerösteten Gemüses und des salzigen Feta perfekt ab, während die Quinoa eine ideale eiweißreiche Grundlage liefert. Wenn Sie den Salat noch etwas sättigender und spannender machen möchten, rühren Sie noch gekochte Kichererbsen unter oder essen Sie ihn mit Hummus oder *Kichererbsenmus* (Seite 72). Auf Babyspinat oder Rucola serviert ist er ein fantastisches vollwertiges Sommergericht. Sie können das Rezept einfach verdoppeln oder verdreifachen, wenn Sie es für mehrere Leute zubereiten, oder anderes Gemüse wie z. B. Sommerkürbisse oder Auberginen statt den angegebenen Gemüsesorten verwenden.

4 BIS 6 PORTIONEN

2 mittelgroße Zucchini, per Rollschnitt in 2-3 cm große Stücke geschnitten (siehe Seite 176)

2 mittelgroße rote Paprika, entsamt und in 2-3 cm große Stücke geschnitten

300 g Kirschtomaten, große halbiert

5 EL natives Olivenöl

Meersalz

1 mittelgroße rote Zwiebel, in 1 cm dicke Spalten geschnitten

720 g gekochte Quinoa (Seite 66), abgekühlt

80 ml selbst gemachtes Harissa (Seite 118)

1 Handvoll gehackte glattblättrige Petersilie

150 g Ziegenfeta, abgetropft und zerkrümelt

Oliven, zum Garnieren

Heizen Sie den Ofen auf 200 °C vor. Legen Sie 2 Backbleche mit Backpapier aus. Geben Sie die Zucchini, Paprika und Kirschtomaten in eine Schüssel und vermischen Sie sie mit 3 EL Olivenöl und ½ TL Salz. Legen Sie das Gemüse jeweils in einer Schicht auf beide Backbleche und rösten Sie es 25 Minuten im Ofen. Wenden Sie das Gemüse vorsichtig, drehen Sie die Backbleche um 180 Grad und schieben Sie sie für weitere 25 Minuten in den Ofen bzw. bis das Gemüse gebräunt ist. Nehmen Sie das Gemüse aus dem Ofen und lassen Sie es abkühlen.

Erhitzen Sie die restlichen 2 EL Olivenöl in einer Pfanne bei mittlerer Hitze. Geben Sie die rote Zwiebel hinein und braten Sie sie 5 Minuten an. Stellen Sie die Flamme herunter und braten Sie die Zwiebel unter Rühren weitere 15 Minuten, bis sie weich und karamellisiert ist. Rühren Sie eine Prise Salz ein, nehmen Sie die Pfanne vom Herd und lassen Sie die Zwiebel abkühlen.

Geben Sie die abgekühlte Quinoa in eine große Schüssel und lockern Sie sie mit einer Gabel. Vermischen Sie sie gut mit dem Harissa und fügen Sie dann das geröstete Gemüse, die karamellisierten Zwiebeln und die gehackte Petersilie hinzu. Vermengen Sie alle Zutaten vorsichtig und würzen Sie nach Belieben mit Salz nach. Krümeln Sie den Ziegenfeta über den Salat und garnieren Sie ihn mit Oliven.

VOLLKORNWEIZEN-UDON-NUDEL-SALAT
MIT GEBRATENER PAPRIKA, ZUCKERMAIS UND SESAMMARINADE

Frischer Koriander, Zuckermais, bunte Paprika und eine leckere Sesammarinade gehen mit den herzhaften Vollkorn-Udon-Nudeln eine traumhafte Liaison ein. Dieser Salat stärkt und erfrischt und ist genau das Richtige bei heiß-schwülem Wetter. *Schneller geschmorter Tempeh* (Seite 110) schmeckt nicht nur grandios dazu, sei es als Beilage oder klein geschnitten und unter den Salat gemischt, sondern bringt auch gleich eine Extraportion Eiweiß in den Salat. Sie können statt der Udon-Nudeln auch Buchweizennudeln verwenden, die in dieser Salatkombination ebenfalls großartig schmecken.

4 BIS 6 PORTIONEN

SALAT:

½ Handvoll getrocknete Arame-Algen (etwa 15 g)

2 Zuckermaiskolben, enthülst

1 Packung Vollkornweizen-Udon-Nudeln (225 g)

2 EL unraffiniertes, ungeröstetes Sesam- oder natives Olivenöl

1 mittelgroße rote Paprika, entsamt und in dünne Streifen geschnitten

1 mittelgroße orange Paprika, entsamt und in dünne Streifen geschnitten

1 mittelgroße gelbe Paprika, entsamt und in dünne Streifen geschnitten

½ TL Meersalz, plus mehr auf Wunsch

1 TL getrocknete rote Chiliflocken

MARINADE:

1 Knoblauchzehe, gepresst

2 EL Tamarisoße, plus mehr auf Wunsch

60 ml brauner Reisessig

3 EL geröstete schwarze Sesamsamen (Seite 79), plus mehr zum Garnieren

60 ml plus 1 EL geröstetes Sesamöl

50 g Frühlingszwiebel, in dünne Ringe geschnitten

60 g gehacktes Koriandergrün

FÜR DEN SALAT:

Geben Sie die Arame-Algen in eine Schüssel und bedecken Sie sie mit 480 ml gefiltertem Wasser. Lassen Sie sie 15 Minuten einweichen bzw. bis sie weich sind. Gießen Sie sie ab und stellen Sie sie beiseite.

Bringen Sie einen großen Topf mit Wasser zum Kochen. Geben Sie die Maiskolben hinein und kochen Sie sie 2 Minuten. Nehmen Sie sie aus dem Topf, bewahren Sie das Wasser auf und lassen Sie den Mais abkühlen. Holen Sie mit einem Sieb die einzelnen Maiskörner aus dem Kochwasser. Geben Sie die Udon-Nudeln hinein und kochen Sie sie gemäß Packungsanweisung. Gießen Sie die Nudeln ab und schrecken Sie sie unter laufendem kaltem Wasser ab. Lassen Sie sie in einem großen Sieb über dem Topf abtropfen.

Erhitzen Sie das Öl in einer weiten Pfanne auf mittlerer Flamme. Geben Sie die Paprikastreifen hinein und braten Sie sie 10 Minuten an. Rühren Sie das Salz ein, stellen Sie die Flamme niedrig, decken Sie die Pfanne ab und braten Sie die Paprika weitere 5 Minuten. Nehmen Sie den Deckel ab, stellen Sie die Flamme mittelhoch und schmoren Sie die Paprikastreifen 5 weitere Minuten bzw. bis sie gut durchgebraten sind und braun werden. Rühren Sie die Chiliflocken ein, nehmen Sie die Pfanne vom Herd und lassen Sie die Mischung abkühlen.

FÜR DIE MARINADE:

Geben Sie Knoblauch, Tamarisoße, Reisessig und Sesamsamen in eine Salatschüssel und verquirlen Sie alles gut miteinander. Gießen Sie das Sesamöl zu und verrühren Sie die Zutaten erneut. Geben Sie jetzt die Udon-Nudeln in die Schüssel und vermengen Sie sie mit der Marinade. Schneiden Sie die Maiskörner von den Kolben und geben Sie sie zusammen mit den Frühlingszwiebeln, dem Koriander und den Arame zu den Nudeln. Vermischen Sie alles und heben Sie dann die Paprikastreifen unter. Würzen Sie nach Belieben mit Tamarisoße oder Meersalz nach. Bestreuen Sie den Salat mit schwarzen Sesamsamen und servieren Sie ihn in Raumtemperatur.

ROTE-BETE-QUINOA-SALAT MIT FETA, CHILI, KNOBLAUCH UND GESCHMORTEN ROTE-BETE-BLÄTTERN

Bei diesem Salat wird marinierte Rote Bete mit einfacher gekochter Quinoa vermischt. Ich liebe die intensive, lebendige Farbe, die die mit blutbildenden Nährstoffen vollgepackten Rüben einfachem gekochtem Getreide verleihen, egal ob es Quinoa, brauner Reis oder Hirse ist. Diese rot gefärbte Quinoa verwende ich als Basis vieler verschiedener Salatkreationen, die ich mit gekochten Kichererbsen, gehacktem Dill oder Petersilie und gerade verfügbarem geröstetem Gemüse wie Möhren, Süßkartoffeln oder anderem Wurzel- oder Knollengemüse ergänze. Dieser Salat lässt sich perfekt schon im Voraus zubereiten. Lassen Sie ihn vor dem Servieren einfach Raumtemperatur erreichen und krönen Sie ihn mit Feta, dem Knoblauch-Chili-Mix und den geschmorten Rote-Bete-Blättern. Vielleicht haben Sie ja noch welche von Ihrem letzten Einkauf übrig, bei dem Sie sich einen großen Bund Rote Bete besorgt haben. Sollten Sie keine Rote-Bete-Blätter bekommen können, ersetzen Sie sie mit Mangold oder einem anderen dunklen Blattgemüse, oder lassen Sie diese Zutat einfach weg.

4 BIS 6 PORTIONEN

ROTE BETE:

2 mittelgroße bis große Rote Bete
  (450 g) mit Blättern
2 EL natives Olivenöl
2 EL unpasteurisierter Apfelessig
1 EL Balsamico-Essig
¾ TL Meersalz

SALAT:

740 g gekochte Quinoa (Seite 66),
  abgekühlt
2 EL natives Olivenöl
4 Schalotten, in Scheiben
  geschnitten
Meersalz
2 frische rote Chilischoten, in dünne
  Ringe geschnitten
4 große Knoblauchzehen, in dünne
  Scheiben geschnitten

ZUM GARNIEREN:

Rote-Bete-Blätter von 2 Bund Rote
  Bete, lange Stiele gekürzt
  (etwa 240 g)
180 g Ziegenfeta, abgetropft und
  zerkrümelt

FÜR DIE ROTE BETE:

Geben Sie die Rote Bete in einen mittelgroßen Topf und bedecken Sie sie mit Wasser. Bringen Sie auf hoher Flamme zum Kochen, decken Sie den Topf ab und stellen Sie die Flamme niedrig. Köcheln Sie die Rote Bete 40 bis 45 Minuten bzw. bis sie weich ist. Testen Sie sie, indem Sie sie mit einem Zahnstocher oder der Spitze eines scharfen Messers einstechen. Sie sind fertig, wenn beides leicht hineingleitet. Gießen Sie die Rote Bete ab und entfernen Sie die Schalen unter laufendem kaltem Wasser. Halbieren Sie sie und schneiden Sie die Hälften in dünne Scheiben. Legen Sie die Scheiben in eine mittelgroße Schüssel und fügen Sie Olivenöl, Apfelessig, Balsamico-Essig und Salz hinzu. Vermischen Sie alles vorsichtig und stellen Sie die Schüssel beiseite.

FÜR DEN SALAT:

Geben Sie die abgekühlte Quinoa in eine große Schüssel und lockern Sie sie mit einer Gabel. Heben Sie die marinierten Rote-Bete-Scheiben unter und vermengen Sie sie gut mit der Quinoa. Stellen Sie die Schüssel beiseite.

Erhitzen Sie 1 EL Olivenöl in einer mittelgroßen Pfanne auf mittlerer Flamme. Geben Sie die Schalotten und eine Prise Salz hinein und braten Sie sie 6 bis 8 Minuten an bzw. bis sie goldbraun sind. Nehmen Sie die Schalotten aus der Pfanne und rühren Sie sie unter die Quinoa und die Rote Bete. Würzen Sie nach Belieben mit Salz nach und stellen Sie die Schüssel beiseite. Wischen Sie die Pfanne aus und erhitzen Sie den restlichen 1 EL Olivenöl auf mittlerer Flamme. Geben Sie die Chiliringe, den Knoblauch und eine Prise Salz hinein. Braten Sie alles 2 Minuten an bzw. bis der Knoblauch goldbraun ist. Nehmen Sie die Pfanne vom Herd, geben Sie den Chili-Knoblauch-Mix in eine kleine Schüssel und stellen Sie sie beiseite.

FÜR DIE GESCHMORTEN ROTE-BETE-BLÄTTER:

Verwenden Sie dieselbe Pfanne wieder und erhitzen Sie sie auf mittlerer Flamme. Geben Sie die Rote-Bete-Blätter und einen Spritzer Wasser hinein und rühren Sie um, bis die Blätter zusammenfallen. Decken Sie die Pfanne ab und schmoren Sie die Blätter 1 Minute. Nehmen Sie den Deckel ab und schmoren Sie die Blätter weiter, bis sie weich sind. Nehmen Sie die Pfanne vom Herd und stellen Sie sie beiseite.

ZUM GARNIEREN:

Richten Sie die Rote-Bete-Quinoa in Schüsseln an, krümeln Sie Feta über jede Portion, geben Sie den Knoblauch-Chili-Mix darüber und runden Sie die Garnierung mit den geschmorten Rote-Bete-Blättern ab.

PALMKOHLSALAT MIT CREMIGEM SENFDRESSING

Dieses Senfdressing ist wirklich unerhört lecker. Die Cashewbutter macht es reichhaltig und cremig, während die beiden Essigsorten und der körnige Senf eine frische, säuerlich-scharfe Note beisteuern. Ich mache oft gleich mehr davon und serviere es als Dip für rohe knackige Gemüsestifte. Wenn Sie bei Dressings für Kraut- oder Kohlsalate normalerweise Milchprodukte verwenden, werden Sie diese Abwechslung mögen. Bei diesem Rezept funktioniert zwar auch Grünkohl, aber der mildere Palmkohl lässt sich noch einfacher schneiden und sieht noch dazu sehr hübsch aus.

4 BIS 6 PORTIONEN

DRESSING:

2 EL rohe Cashewbutter
2 EL gefiltertes Wasser
1 kleine Knoblauchzehe, gepresst
1 EL unpasteurisierter Apfelessig
1 TL Ume-Essig (Ume-Su)
2 EL körniger Dijon-Senf
Meersalz, nach Geschmack
frisch gemahlener schwarzer Pfeffer
3 EL natives Olivenöl

SALAT:

350 g dünn geschnittener Palm- oder
   Grünkohl (etwa 1 mittelgroßer
   Bund)
180 g dünn geschnittener Rotkohl
   (etwa ¼ eines kleinen bis
   mittelgroßen Kopfs)
1 mittelgroße Möhre, in
   streichholzgroße Stifte geschnitten
1 kleine Fenchelknolle, Strunk
   entfernt und in dünne Scheiben
   geschnitten
2 Frühlingszwiebeln, in dünne Ringe
   geschnitten
2 EL geröstete Sonnenblumenkerne
   (Seite 79)

FÜR DAS DRESSING:

Geben Sie die Cashewbutter und das Wasser in eine kleine Schüssel und verquirlen Sie beides zu einer glatten Paste. Rühren Sie Knoblauch, beide Essigsorten, Senf sowie eine Prise Salz und Pfeffer ein. Gießen Sie das Olivenöl zu und verquirlen Sie die Zutaten zu einem glatten und cremigen Dressing. Würzen Sie nach Belieben nach und stellen Sie das Dressing beiseite.

FÜR DEN SALAT:

Geben Sie die Palm- oder Grünkohl-, Rotkohl- und Möhrenstreifen sowie die Fenchelscheiben und Frühlingszwiebelringe zusammen mit den Sonnenblumenkernen in eine große Schüssel und vermischen Sie alles gut miteinander. Geben Sie das Dressing darüber, verrühren Sie es mit dem Gemüse, bis alles gleichmäßig damit überzogen ist, und servieren Sie den Salat.

SALAT AUS GERÖSTETEM EICHEL- UND DELICATA-KÜRBIS
MIT WEIZENKÖRNERN UND BITTEREM BLATTSALAT

Dieser Salat enthält alle meine Lieblingsgeschmacksnuancen: ein säuerliches Dressing, süßen gerösteten Kürbis, reifen, nussigen Ziegenkäse, knackig-würzige Kürbiskerne und bissfeste Vollkornkörner auf einem Bett aus robustem und vitaminreichem herbstlichem Blattgemüse. Ich weiß nicht, ob es etwas Besseres gibt! Sie können für diesen Salat jede Art von gereiftem Ziegenkäse verwenden, ich aber empfehle besonders einen weichen, etwa sechs Monate alten. Die Weizenkörner können Sie einfach durch andere Vollkornkörner wie Dinkel oder Kamut ersetzen. Kleine, junge Senfblätter sind weniger bitter und können ganz verwendet werden. Wenn Sie nur größere finden, zerpflücken Sie sie in mundgerechte Stücke und entfernen Sie die harten Stiele.

HINWEIS: Wenn Sie die auf Seite 67 angegebene Menge Weizenkörner kochen, werden Sie etwas davon übrig haben. Sie können Sie einfach in Suppen, Eintöpfe oder Salate geben und diesen damit mehr Biss verleihen.

4 BIS 6 PORTIONEN

GERÖSTETE KÜRBISSE:

1 mittelgroßer Eichelkürbis (680 g),
   entsamt, längs geviertelt und in knapp
   1 cm dicke Scheiben geschnitten
1 mittelgroßer Delicata-Kürbis (450 g),
   längs halbiert, entsamt und in knapp
   1 cm dicke Scheiben geschnitten
2 EL natives Olivenöl
Meersalz
frisch gemahlener schwarzer Pfeffer

DRESSING:

4 TL unpasteurisierter Apfelessig
60 ml natives Olivenöl
¼ TL Meersalz
frisch gemahlener schwarzer Pfeffer
75 g gekochte Weizenkörner, abgetropft
   und abgekühlt (Seite 67)

SALAT:

50 g kleine rote oder grüne Senfblätter
50 g Rucola
1 rote Perlzwiebel oder Schalotte,
   in dünne Ringe geschnitten
100 g gereifter Ziegenkäse, ohne Rinde,
   gehobelt
40 g würzige Kürbiskerne (Seite 79)

KÜRBIS RÖSTEN:

Heizen Sie den Ofen auf 200 °C vor. Legen Sie zwei Backbleche mit Backpapier aus und legen Sie die Eichelkürbisspalten auf das eine und die Delicata-Spalten auf das andere Blech. Geben Sie über die Spalten auf jedem Blech 1 EL Olivenöl, ¼ TL Meersalz und eine Prise schwarzen Pfeffer. Vermischen Sie die Spalten, damit alle gleichmäßig mit dem Öl und den Gewürzen überzogen sind. Rösten Sie die Kürbisspalten 30 Minuten im Ofen. Nehmen Sie die Bleche heraus, wenden Sie alle Kürbisspalten und tauschen Sie beim erneuten Hineinschieben die Blechschienen. Rösten Sie die Kürbisspalten 10 bis 15 weitere Minuten bzw. bis sie braun werden. Nehmen Sie sie aus dem Ofen und lassen Sie sie abkühlen.

FÜR DAS DRESSING:

Verquirlen Sie alle Zutaten in einer Schüssel und rühren Sie die gekochten Weizenkörner ein.

FÜR DEN SALAT:

Geben Sie die Hälfte des Blattsalats auf einen großen Servierteller oder in eine große Schüssel und schichten Sie jeweils die Hälfte der folgenden Zutaten darauf: Eichel- und Delicata-Kürbisspalten, Perlzwiebelringe, Ziegenkäse und Kürbiskerne. Träufeln Sie die Hälfte des Dressings darüber und schichten Sie die restlichen Zutaten und am Ende das restliche Dressing darauf. Vermischen Sie alles vorsichtig miteinander und servieren Sie den Salat.

ROTE-BETE-FENCHEL-SALAT
MIT BLUTORANGE UND GEHACKTEN HASELNÜSSEN

Ein rot leuchtender, robuster Salat wie dieser kann das Grau trüber Wintertage im Nu verscheuchen. Nach dem Kochen der Roten Bete lässt er sich blitzschnell zubereiten. Die Marinade von eingelegtem Fenchel und Roter Bete ist gleichzeitig das Dressing, und alle anderen Zutaten werden einfach kurz vor dem Servieren zugegeben. Wenn Sie vorausplanen, können Sie die Rote Bete schon einen Tag vorher kochen und zusammen mit dem Fenchel marinieren. Da alle Zutaten in diesem Salat sehr geschmacksintensiv sind, empfehle ich, ihn als Vorspeise vor einer wärmendem Suppe, einem Eintopf oder einem einfachen Pastagericht zu servieren. Statt Ziegenkäse können Sie auch Pecorino oder einen anderen harten, nussigen Käse verwenden.

4 PORTIONEN

5 kleine Rote-Bete-Knollen
(knapp 300 g)

1 mittelgroße Fenchelknolle,
Strunk und harte Außenblätter
entfernt, gehobelt

2 EL unpasteurisierter Apfelessig

1 EL weißer Balsamico-Essig

½ TL Meersalz

2 Blutorangen, filetiert

1 kleiner bis mittelgroßer Kopf
Radicchio (etwa 170 g),
Blätter in mundgerechte Stücke
zerpflückt

3 EL natives Olivenöl

100 g gereifter Ziegenkäse,
Rinde entfernt, gehobelt

40 g geröstete Haselnüsse
(Seite 80), gehackt

Geben Sie die Rote Bete in einen kleinen Topf mit reichlich gefiltertem Wasser und bringen Sie sie zum Kochen. Decken Sie den Topf ab, stellen Sie die Flamme niedrig und köcheln Sie die Rote Bete 25 bis 30 Minuten bzw. bis sie weich ist. Sie ist gar, wenn ein Zahnstocher oder eine scharfe Messerspitze beim Einstechen leicht hineingleitet. Gießen Sie die Rote Bete ab und entfernen Sie die Schale unter laufendem kaltem Wasser. Halbieren Sie die Knollen und schneiden Sie sie dann in dünne Scheiben. Geben Sie die Scheiben zusammen mit dem gehobelten Fenchel, Apfelessig, weißen Balsamico-Essig und Salz in eine Schüssel. Lassen Sie die Zutaten 10 Minuten durchziehen oder einen Tag lang im Kühlschrank marinieren.

Geben Sie die Blutorangenfilets und die Radicchiostücke in die Schüssel mit der roten Bete und dem Fenchel und vermischen Sie die Zutaten miteinander. Fügen Sie Olivenöl, gehobelten Ziegenkäse und Haselnüsse hinzu und vermengen Sie alles nochmals vorsichtig. Schmecken Sie den Salat ab und servieren Sie ihn.

SALAT AUS GERÖSTETEM WINTERGEMÜSE UND RUCOLA
MIT SENFDRESSING

Dieser Salat und seine Variationen sind eine meiner Spezialitäten. Er scheint alle, die ihn kosten, zu begeistern, und lässt das Verwenden fast aller Gemüsesorten zu, die Sie gerade vorrätig haben. Das Rösten ist eine fantastische Zubereitungsweise und macht auch nicht mehr ganz knackfrisches Wurzelgemüse, das vor allem im Januar und Februar auf dem Markt angeboten wird, zu einem kulinarischen Erlebnis. Jede Kombination von gerösteten Winterkürbissen oder Wurzelgemüse schmeckt dank des sich durch das Ofenrösten entwickelnden intensiven, karamellisierten Geschmacks fantastisch, wenn es mit bitterem Blattgemüse, Kichererbsen, gerösteten Nüssen und einem kräftigen Senfdressing kombiniert wird.

4 BIS 6 PORTIONEN

GERÖSTETES GEMÜSE:

1 mittelgroße Süßkartoffel, längs halbiert und in 5 mm dicke Scheiben geschnitten

1 mittelgroße Pastinake, längs halbiert und in 5 mm dicke Scheiben geschnitten

2 mittelgroße Möhren, in 5 mm dicke diagonale Scheiben geschnitten

1 mittelgroße Gelbe Bete, halbiert und in dünne Scheiben geschnitten

3 EL natives Olivenöl

1 TL Meersalz

frisch gemahlener schwarzer Pfeffer

DRESSING:

1 EL grobkörniger Dijon-Senf

1 EL unpasteurisierter Apfelessig

1 TL Balsamico-Essig

2 EL frisch gepresster Orangensaft

1 TL frisch gepresster Zitronensaft

¼ TL Meersalz

60 ml natives Olivenöl

SALAT:

160 g gekochte Kichererbsen (siehe Seite 72)

40 g gehackte geröstete Walnüsse (Seite 80)

100 g Baby-Rucola

DAS GEMÜSE RÖSTEN:

Heizen Sie den Ofen auf 200 °C vor. Legen Sie 2 Backbleche mit Backpapier aus und stellen Sie sie beiseite.

Vermischen Sie in einer großen Schüssel Süßkartoffel-, Pastinaken-, Möhren- und Gelbe-Bete-Scheiben mit Olivenöl, Salz und einer Prise schwarzem Pfeffer. Verteilen Sie das Gemüse gleichmäßig auf beide Backbleche und rösten Sie es 20 Minuten im Ofen. Nehmen Sie die Bleche heraus, wenden Sie das Gemüse und tauschen Sie beim erneuten Hineinschieben die Blechschienen. Rösten Sie das Gemüse weitere 20 bis 25 Minuten bzw. bis es braun wird. Nehmen Sie es aus dem Ofen und lassen Sie es abkühlen.

FÜR DAS DRESSING:

Geben Sie alle Dressingzutaten in ein Schraubglas, verschließen Sie es fest und schütteln Sie es kräftig.

FÜR DEN SALAT:

Geben Sie die Kichererbsen, die gerösteten Walnüsse, das geröstete Gemüse und den Rucola in eine große Schüssel und vermengen Sie alles miteinander. Gießen Sie das Dressing darüber, vermischen Sie es mit allen Zutaten und servieren Sie den Salat.

EINFACHER GEPRESSTER SALAT

Ich vergesse oft, wie lecker und erfrischend ein einfacher gepresster Salat sein kann. Gepresste Salate sind eine leichte japanische Spezialität. Sie benötigen weder Dressing noch Öl und sind schnell zubereitet. Im Winter ergänzen sie einfachen gekochten braunen Reis mit einem herrlich frischen Geschmack und lassen sich mit allem von *Quinoa-Congee* (Seite 150) bis zur *Bento Bowl* (Seite 284) kombinieren. Auf diese Weise lassen sich sehr viele Gemüsesorten zubereiten, seien es Gurken, Mairübchen, Sellerie oder sogar eingeweichte getrocknete Algen. Durch Frühlingszwiebeln, Zitronenabrieb oder frischen geriebenen Ingwer lässt sich der Geschmack des Salats weiter variieren. Lassen Sie gepressten Salat ruhig auch einmal eine bis mehrere Stunden unter dem Gewicht marinieren. Das Gemüse entwickelt in dieser Zeit einen stärkeren Geschmack nach Eingelegtem.

HINWEIS: Wenn Sie Daikon-Rettiche und Radieschen mit einem Gemüsehobel fein hobeln, bekommen Sie nicht nur schöne hauchdünne Scheibchen heraus, sondern verkürzen auch die Zubereitungszeit.

---

4 BIS 6 PORTIONEN

540 g Chinakohl (etwa ½ Kopf), in 1 cm dicke Streifen geschnitten

2 mittelgroße Möhren, streichholzgroß geschnitten

1 Daikon-Rettich, etwa 20 cm lang, längs halbiert und dünne Halbmonde geschnitten

8 Radieschen, in dünne Scheibchen geschnitten

2 TL Meersalz, plus mehr auf Wunsch

60 ml plus 2 EL brauner Reisessig geröstete schwarze Sesamsamen (Seite 79), zum Garnieren

Frühlingszwiebeln, in dünne Ringe geschnitten, zum Garnieren

Geben Sie alle Zutaten bis auf die Sesamsamen und Frühlingszwiebelringe in eine große Schüssel und vermengen Sie sie miteinander. Drücken Sie das Gemüse leicht mit den Händen, damit es weich wird und seinen Saft verliert. Stellen Sie einen Teller direkt auf den Salat und beschweren Sie ihn mit einem Gewicht, z. B. mit einer mit Wasser gefüllten Schüssel. Stellen Sie den Salat so für 1 Stunde oder länger beiseite.

Nehmen Sie das Gewicht und den Teller herunter, gießen Sie überschüssige Flüssigkeit ab und würzen Sie den Salat nach Belieben nach. Drücken Sie die Gemüsestreifen erneut leicht mit den Händen, damit sie mehr Saft abgeben, und geben Sie den Salat in eine schöne Servierschüssel. Bestreuen Sie ihn mit schwarzen Sesamsamen und Frühlingszwiebelringen und servieren Sie ihn. Übrig gebliebener Salat hält sich in einem Glas im Kühlschrank bis zu einer Woche lang. Je länger Sie den Salat aufbewahren, umso weicher wird er mit der Zeit. Wenn Sie ihn knackiger und kräftiger mögen, essen Sie ihn innerhalb von zwei Tagen auf.

HINWEIS: Wenn Sie den Salat schon im Voraus zubereiten, streuen Sie die Sesamsamen erst direkt vor dem Servieren darüber, da sie sonst ihre Farbe verlieren und an den Salat abgeben.

Snacks, Knabbereien und Getränke

Sommerrollen mit Macadamia-Limetten-Soße / 210

Knusprige zerdrückte Babykartoffeln mit Kapern-Knoblauch-Joghurt-Dip / 211

Curry-Socca mit Koriander-Kokos-Chutney / 212

Reisröllchen mit Avocado-Blattgrün-Füllung und Möhren-Dip / 214

Rustikaler Erbsenaufstrich / 218

Weiße-Bohnen-Artischocken-Aioli / 219

Süßsäuerliche Rote-Bete-Marmelade / 220

Labneh / 220

Pistazien-Kürbiskern-Dukkah / 221

Pâté aus gerösteten Paprika und Macadamianüssen / 222

Cashewkäse / 223

Schwarze Sesam-Reis-Cracker / 224

Gekühlter Rhabarber-Rosen-Tee / 227

Kurkuma-Limonade / 228

Trauben-Limetten-Drink / 231

Hibiskus-Zitrus-Eistee mit Ingwer / 232

Warmer Gewürztraubensaft / 235

Wenn ich in London und New York das Catering für Partys übernahm, liebte ich es besonders, appetitlich anzusehende Häppchen aus saisonalen Zutaten zusammenzustellen, um die sich die Gäste versammeln und die sie beim Gespräch genießen konnten. Wenn ich heute zu Hause Gäste empfange, bereite ich auch gern solche kleinen Leckereien vor. Ich bin zwar eine große Verfechterin vertrauter gemeinsamer Abendessen am Tisch, finde es aber trotzdem aufregend, mehrere kleine Gerichte vorzubereiten und hübsch zu dekorieren. Außerdem lieben die meisten Leute die Aussicht auf das Verkosten vieler kleiner unterschiedlicher Köstlichkeiten.

In diesem Kapitel finden Sie alles, was Sie brauchen, um eine Party auch kulinarisch zu einem vollen Erfolg werden zu lassen: verschiedenste Dips und Aufstriche, die sich fantastisch mit saisonalem frischem und geröstetem Gemüse kombinieren lassen, frisches Brot mit knuspriger Kruste, eine tolle Auswahl regionaler Käsesorten sowie selbst gemachten *Cashewkäse* (Seite 223). Und vergessen Sie die Drinks nicht! Ich verrate Ihnen die Rezepte für meine Favoriten für jede Jahreszeit. Außerdem gibt es eine kleine Auswahl sehr beliebter leichter Gerichte wie meine *Sommerrollen mit Macadamia-Limetten-Soße* (Seite 210) und *Reisröllchen mit Avocado-Blattgrün-Füllung und Möhren-Dip* (Seite 214), die besonders bei heißem Wetter genau das Richtige sind. Wenn Sie sich mit Ihren Freunden in der Küche versammeln, können Sie meine *Curry-Socca mit Koriander-Kokos-Chutney* (Seite 212) am besten gleich direkt aus der Pfanne essen. Oder Sie genießen in einer kalten Nacht meine *knusprigen Babykartoffeln mit Kapern-Knoblauch-Joghurt-Dip* (Seite 211) als köstlichen Mitternachtssnack mit einem guten Glas Wein. Hier finden Sie für jede Gelegenheit und jede Jahreszeit das passende Rezept.

SOMMERROLLEN MIT MACADAMIA-LIMETTEN-SOSSE

Am Fuße des Berges, in dessen Nähe ich aufgewachsen bin, gibt es eine Macadamianuss-Farm. Dort kaufte unsere Familie immer Macadamianussbutter und wunderbar duftendes, frisch gepresstes Macadamiaöl, wenn wir bei unserer wöchentlichen Einkaufstour dort vorbeifuhren. Wir verwendeten Macadamianussbutter für alles, wofür man auch Erdnussbutter nehmen kann, z. B. auch für Soßen wie diese. Nachdem ich meine Heimat verließ, merkte ich schnell, dass Macadamianüsse eigentlich ein wahrer Luxus sind, und wie viel Glück wir damals hatten.

Diese Rollen sind wie ein wunderschöner aufgerollter Salat: Jeder Bissen ist ein Fest der Frische, das mit seidig-weicher Macadamiasoße gekrönt ist. Sie sind ein perfektes leichtes Sommeressen.

ERGIBT 6 ROLLEN, DIE JEWEILS IN 6 STÜCKE GESCHNITTEN WERDEN

Meersalz
6 große Blattkohlblätter
2 reife Avocados, längs in Scheiben geschnitten
1 EL schwarzes Sesam-Gomasio, plus mehr zum Garnieren
   (Seite 119)
2 mittelgroße Gurken, längs halbiert,
   je Hälfte in 6 lange Streifen geschnitten
2 mittelgroße Möhren, streichholzgroß geschnitten
1 große rote Paprika, entsamt und längs in dünne Streifen
   geschnitten
3 Frühlingszwiebeln, in dünne Streifen geschnitten
½ Handvoll Minzblätter
½ Handvoll Basilikumblätter
½ Handvoll Koriandergrün
1 Handvoll Sonnenblumensprossen
1 Handvoll Radieschensprossen

Bringen Sie einen großen Topf mit Wasser zum Kochen und fügen Sie eine reichliche Prise Meersalz hinzu. Halten Sie die Blattkohlblätter am Stiel fest und tauchen Sie je 3 Blätter auf einmal etwa 20 Sekunden ins kochende Wasser bzw. bis sie hellgrün und weich sind. Nehmen Sie sie aus dem Topf und lassen Sie sie nebeneinander auf einem sauberen Handtuch abkühlen. Wiederholen Sie dies mit den restlichen Blättern und tupfen Sie sie trocken.

Schneiden Sie die Stiele und jeweils etwa 2 cm des unteren Blattrands ab. Legen Sie das Blatt mit der Oberseite nach unten auf ein Schneidebrett und schneiden Sie vorsichtig den hervorstehenden Blattstiel weg, damit ein flaches, einrollbares Blatt übrig bleibt.

Legen Sie drei Avocadoscheiben in die Mitte jedes Blatts und bestreuen Sie sie mit ½ TL Sesam-Gomasio. Schichten Sie 2 Gurkenscheiben, ein paar Möhrenstäbchen und 4 Paprikastreifen darüber. Streuen Sie ein paar Frühlingszwiebelringe, Minz-, Basilikum- und Korianderblätter sowie Sprossen darüber. Heben Sie den unteren Blattrand an und schlagen Sie ihn über die Füllung. Rollen Sie das Blatt nun straff zu einer Rolle auf. Legen Sie die Rolle mit dem Saum nach unten und halbieren Sie

sie. Schneiden Sie jede Hälfte in 3 Teile. Wiederholen Sie dies mit den restlichen Blättern und den Füllungszutaten. Servieren Sie die Röllchen mit Macadamia-Limetten-Soße.

MACADAMIA-LIMETTEN-SOSSE

Diese Soße schmeckt auch hervorragend mit einfachem braunem Reis und geschmortem Gemüse oder als Dressing für kalte Nudelsalate. Wenn Sie es pikanter mögen, rühren Sie eine Prise rote Chiliflocken darunter. Sollten Sie keine Macadamianussbutter finden, können Sie auch Cashew- oder Erdnussbutter dafür verwenden.

ERGIBT 480 ML

1 EL natives Kokosöl
1 mittelgroße Zwiebel, gewürfelt
½ TL Meersalz, plus mehr auf Wunsch
4 Knoblauchzehen, fein gehackt
1 EL frischer geschälter und fein gehackter Ingwer
1 EL Mirin
100 g rohe Macadamianussbutter
120 ml gefiltertes Wasser
1 EL Tamarisoße
3 EL frischer Limettensaft

Erhitzen Sie das Kokosöl in einer Pfanne auf mittlerer Flamme. Geben Sie die Zwiebel und das Salz hinein und braten Sie die Zwiebel 5 Minuten an bzw. bis sie goldbraun wird. Fügen Sie Knoblauch und Ingwer hinzu und braten Sie die Zutaten weitere 4 bis 5 Minuten, bis die Mischung gar ist und braun wird. Rühren Sie den Mirin ein und nehmen Sie die Pfanne vom Herd. Geben Sie die Mischung in einen Standmixer und fügen Sie Macadamianussbutter, Wasser, Tamarisoße und Limettensaft hinzu. Pürieren Sie die Zutaten zu einem glatten Dressing und schaben Sie ggf. die Mixer-Innenwände nach unten frei. Salzen Sie nach Belieben nach. Denken Sie daran, dass Sie eine gut gewürzte Dipsoße brauchen, da die Röllchen nur mit dem Gomasio gewürzt sind. Gießen Sie das Dressing in eine Schüssel und servieren Sie es mit den Röllchen oder bewahren Sie es in einem Schraubglas bis zu 3 Tage lang im Kühlschrank auf.

KNUSPRIGE ZERDRÜCKTE BABYKARTOFFELN
MIT KAPERN-KNOBLAUCH-JOGHURT-DIP

Meine Partnerin, die Kartoffeln in all ihren Größen und Formen liebt, machte eines Abends dieses leckere Essen für mich. Seitdem ist dies die Art, auf die wir Babykartoffeln am allerliebsten genießen.

Es gibt heutzutage sehr viele verschiedene Sorten auf dem Markt. Halten Sie für dieses Rezept Ausschau nach Babykartoffeln mit buttrig-cremigem Fruchtfleisch. Auch Fingerlinge eignen sich gut dafür. Die genaue Röstzeit hängt von der Größe der Kartoffeln ab und davon, wie stark Sie sie zerdrücken. Nach dem Rösten im Ofen werden sie unwiderstehlich goldbraun und knusprig, während ihr Inneres cremig weich bleibt.

4 PORTIONEN

700 g Babykartoffeln
4 TL natives Olivenöl
½ TL Meersalz
frisch gemahlener schwarzer Pfeffer

Geben Sie die Kartoffeln in einen mittelgroßen Topf und bedecken Sie sie mit gefiltertem Wasser. Bringen Sie das Wasser auf hoher Flamme zum Kochen. Decken Sie den Topf ab, stellen Sie die Flamme niedrig und köcheln Sie die Kartoffeln 10 bis 12 Minuten bzw. bis sie weich sind, aber nicht auseinanderfallen. Testen Sie die Kartoffeln mit einem Zahnstocher oder einer scharfen Messerspitze. Wenn Sie beim Einstechen noch leicht fest sind, kochen Sie sie einige Minuten länger und testen Sie sie dann noch einmal.

Heizen Sie, während die Kartoffeln kochen, den Ofen auf 200 °C vor. Legen Sie ein Backblech mit Backpapier aus und stellen Sie es beiseite.

Gießen Sie die Kartoffeln in ein Sieb ab und schütteln Sie überschüssiges Wasser ab. Legen Sie sie auf das Backblech, beträufeln Sie sie mit Olivenöl, streuen Sie Salz und eine großzügige Prise Pfeffer darüber und vermischen Sie die Kartoffeln, bis sie gleichmäßig mit dem Öl und den Gewürzen überzogen sind. Verteilen Sie sie gleichmäßig auf dem Blech und drücken Sie sie nach unten, bis sie flach gedrückt sind – aber Vorsicht, sie sind heiß! Rösten Sie die Babykartoffeln 30 Minuten im Ofen, drehen Sie dann das Blech um 180 °C und rösten Sie sie weitere 15 bis 20 Minuten bzw. bis sie goldbraun und an den Rändern knusprig sind. Servieren Sie sie warm mit Kapern-Knoblauch-Joghurt-Dip.

KAPERN-KNOBLAUCH-JOGHURT-DIP

Dieser erfrischende, knoblauchige Kaperndip schmeckt wie Aioli, wird aber mit Joghurt gemacht. Er ist die perfekte Ergänzung zu den gerösteten Babykartoffeln, kann aber auch mit anderem geröstetem oder frischem Gemüse verwendet werden.

ERGIBT ETWA 300 ML

240 ml dicker Vollmilchjoghurt
2 EL Kapern, gespült und fein gehackt
1 Knoblauchzehe, gepresst
½ Handvoll gehackte Petersilie
2 EL natives Olivenöl
2 TL fein gehackte Frühlingszwiebel oder Schnittlauch
¼ TL Meersalz, plus mehr auf Wunsch
frisch gemahlener schwarzer Pfeffer

Geben Sie Joghurt, Kapern, Knoblauchzehe, Petersilie, Olivenöl, Frühlingszwiebel und Salz in eine mittelgroße Schüssel. Rühren Sie die Zutaten gut um und würzen Sie nach Belieben mit schwarzem Pfeffer und mehr Salz nach. Servieren Sie den Dip zusammen mit den zerdrückten Kartoffeln oder geben Sie ihn in ein Schraubglas und bewahren Sie ihn bis zu drei Tage lang im Kühlschrank auf.

CURRY-SOCCA MIT KORIANDER-KOKOS-CHUTNEY

Socca ist ein knuspriges, pfannkuchenartiges Brot, das aus Kichererbsenmehl, Olivenöl und Salz gemacht wird und besonders in Südfrankreich und im benachbarten Ligurien beliebt ist, wo es Farinata genannt wird. Es ist glutenfrei und einfach köstlich. Ich mag es am liebsten pur, finde aber, dass indische Gewürzaromen wirklich gut dazu passen – wahrscheinlich weil Kichererbsenmehl in der indischen Küche so häufig verwendet wird. Bei diesem Rezept verwende ich Ghee, um eine köstliche Butternote zu erzeugen. Ersetzen Sie das Ghee für eine vegane Version einfach durch natives Kokosöl. Der Koriander und die Limette im Chutney bilden einen wunderbar frischen Kontrast zur Socca, die aber auch ohne Chutney oder Dip lecker schmeckt.

Socca ist frisch aus der Pfanne am besten, also versammeln Sie sich am besten alle rund um den Herd. Der Teig muss vor dem Weiterverarbeiten zwar eine Stunde ruhen, aber das Ausbacken selbst geht sehr schnell und macht bei einem gemeinsamen Schwätzchen dabei gleich noch mehr Spaß.

HINWEIS: Die exakte Röstzeit hängt davon ab, wie heiß Ihr Backofengrill wird, also haben Sie ein Auge darauf. Prüfen Sie vorher auch, ob die Pfanne, die Sie für die Socca verwenden, ofenfest ist.

ERGIBT 9 SOCCA (23 CM DURCHMESSER)
6 BIS 8 PORTIONEN

400 g Kichererbsenmehl
2¼ TL Meersalz
720 ml warmes gefiltertes Wasser
2 EL geschmolzenes natives Kokosöl
2 EL Ghee, plus mehr zum Ausbacken der Socca
2 TL schwarze Senfsamen
5 TL selbst gemachtes Currypulver (Seite 119)
2 rote Zwiebeln, in dünne Ringe geschnitten

Vermischen Sie Kichererbsenmehl und Salz in einer Schüssel. Gießen Sie 360 ml warmes Wasser hinzu und verquirlen Sie es mit der Mehl-Salz-Mischung zu einem glatten Teig. Rühren Sie das restliche warme Wasser und das Kokosöl unter, verquirlen Sie die Mischung erneut und stellen Sie sie beiseite.

Erhitzen Sie 2 EL Ghee in einer Pfanne auf mittlerer Flamme. Geben Sie die Senfsamen hinein und rösten Sie sie, bis Sie nach etwa 30 Sekunden aufplatzen. Rühren Sie das Currypulver ein, nehmen Sie die Pfanne vom Herd und rühren Sie den Kichererbsenmix ein. Decken Sie die Pfanne mit einem sauberen Geschirrtuch ab und lassen Sie den Teig 1 Stunde bei Raumtemperatur ruhen.

Heizen Sie den Backofengrill vor.

Erhitzen Sie etwa 1 TL Ghee in einer ofenfesten gusseisernen Pfanne mit 25 cm Durchmesser auf mittlerer Flamme. Gießen Sie etwa 180 ml des Kichererbsenteigs hinein und verteilen sie schnell etwa ein Sechstel der Zwiebelringe darüber. Backen Sie den Teig 2 Minuten bzw. bis die Ränder braun werden und sich erste kleine Bläschen bilden. Stellen Sie die Pfanne direkt unter den Grill im Backofen und backen Sie die Socca 4 bis 8 Minuten bzw. bis die Oberfläche braun wird. Nehmen Sie die Pfanne aus dem Ofen (Vorsicht, der Griff ist sehr heiß!) und lösen Sie den Soccarand mit einem Palettenmesser oder einem dünnen Pfannenwender. Lassen Sie die Socca auf ein Schneidebrett glei-

ten, schneiden Sie sie wie eine Torte in Stücke und servieren Sie sie warm mit dem Chutney. Wiederholen Sie das Ganze mit dem restlichen Teig.

KORIANDER-KOKOS-CHUTNEY

Dieses leuchtend grüne Kräuterchutney wird durch die getrockneten Kokosraspel, die vor dem Pürieren in kochendem Wasser eingeweicht werden, schön sämig. Mit diesem Rezept bekommen Sie mehr Chutney heraus, als Sie für die Socca brauchen. Da sich das Chutney aber bis zu vier Tage lang im Kühlschrank hält, können Sie es zu einfachen gekochten Reis-, Curry- oder Dalgerichten servieren. Die Londoner Zeitung The Guardian *fand dieses Rezept auf meinem Blog und veröffentlichte es im Frühling 2012 in ihrem Kochteil.*

ERGIBT ETWA 360 ML

75 g getrocknete ungesüßte Kokosraspel
240 ml kochendes gefiltertes Wasser
180 grob gehackter Koriander (Blätter und Stiele)
½ Handvoll Minzblätter
1 Knoblauchzehe, grob gehackt
1 Stück frischer Ingwer (2,5 cm), geschält und grob gehackt
1 Serrano-Chili, entsamt und grob gehackt
3 EL frischer Limettensaft
1 TL roher Honig
¾ TL Meersalz
60 ml mildes natives Olivenöl

Geben Sie die Kokosraspel in eine kleine Schüssel und bedecken Sie sie mit kochendem Wasser. Lassen Sie sie 15 Minuten darin weichen bzw. bis sie aufgequollen und weich sind. Gießen Sie die Kokosraspel durch ein Sieb in eine Schüssel ab und heben Sie das Einweichwasser auf. Lassen Sie die Kokosraspel vollständig abkühlen.

Geben Sie Koriander, Minze, Knoblauch, Ingwer, Chili, Limettensaft, Honig, Salz und die abgetropften Kokosraspel in eine Küchenmaschine und pürieren Sie alle Zutaten zu einem glatten Chutney. Schaben Sie ggf. die Innenwände der Küchenmaschine nach unten frei.

Gießen Sie während des Pürierens das Olivenöl zu und pürieren Sie alles zu einer homogenen Mischung. Fügen Sie 5 EL des aufbewahrten Einweichwassers hinzu und pürieren Sie das Chutney erneut, bis es glatt ist. Mixen Sie je nach gewünschter Konsistenz noch mehr Einweichwasser darunter. Servieren Sie das Chutney sofort oder bewahren Sie es in einem Schraubglas bis zu vier Tage lang im Kühlschrank auf.

REISRÖLLCHEN
MIT AVOCADO-BLATTGRÜN-FÜLLUNG UND MÖHREN-DIP

Lecker und erfrischend – genau so muss für mich Essen an einem heißen Sommertag oder -abend schmecken. Sie können diese tollen Röllchen natürlich auch zu jeder anderen Jahreszeit zaubern. Das leicht pfeffrige Blattgrün geht mit dem von Natur aus süßlichen Möhren-Dip eine unwiderstehliche Liaison ein. Wenn Sie diese Röllchen gern ein bisschen variieren möchten, können Sie statt Reis auch Hirse verwenden.

ERGIBT 4 ROLLEN, JEWEILS IN 6 BIS 8 RÖLLCHEN GESCHNITTEN

4 geröstete Noriblätter (siehe Tipp)
600 g gekochter brauner und Klebreis
   (Seite 65)
1 reife Avocado, geviertelt
140 g Mix aus geputztem Rucola, Spinat und
   Brunnenkresse

Legen Sie 1 Noriblatt mit der glänzenden Seite nach unten auf eine Sushimatte. Befeuchten Sie Ihre Hände mit kaltem Wasser, damit der Reis nicht daran kleben bleibt. Pressen Sie vorsichtig etwa 130 g Reis dünn auf das Noriblatt und lassen Sie etwa 5 cm des oberen Rands frei. Schneiden Sie jedes Avocadoviertel in 3 lange Scheiben und legen Sie diese hintereinander auf den unteren mit Reis bedeckten Rand. Schichten Sie ein Viertel des Blattgrüns über die Avocadoscheiben.

Befeuchten Sie den frei gelassenen Norirand mit etwas Wasser. Heben Sie den unteren Rand vorsichtig an und schlagen Sie ihn über die Füllung. Drücken Sie ihn fest an, heben Sie die Sushimatte an und rollen Sie die Rolle fest auf. Versiegeln Sie sie mit dem befeuchteten Norirand. Wickeln Sie die Sushimatte um die fertige Rolle und drücken Sie diese sanft zusammen, damit sie besser hält.

Wickeln Sie die Rolle aus und legen Sie sie mit dem Saum nach unten auf ein Schneidebrett. Schneiden Sie sie mit einem befeuchteten scharfen Messer in 6 bis 8 Röllchen. Bereiten Sie die restlichen Rollen zu.

MÖHREN-DIP

Dieser süß-säuerliche, geschmacklich vielschichtige Dip ist ein Kinderspiel. Wenn Sie ihn einmal probiert haben, wollen Sie bestimmt gleich alles hineintunken. Er ist auch ein wunderbares Dressing und verleiht knackigen Salaten eine köstliche asiatische Note.

ERGIBT 300 ML

135 g geraspelte Möhren
2 EL unpasteurisierter Apfelessig
1 EL unpasteurisiertes weißes Miso
1 TL Umeboshi-Paste
½ Knoblauchzehe
¼ TL frischer Ingwersaft (siehe Tipp auf Seite 178)
120 ml gefiltertes Wasser
¼ TL Meersalz, plus mehr auf Wunsch
½ TL geröstetes Sesamöl
3 EL natives Olivenöl

Geben Sie Möhren, Essig, Miso, Umeboshi-Paste, Knoblauch, Ingwersaft, Wasser und Salz in einen Standmixer und pürieren Sie alle Zutaten etwa 1 Minute glatt. Fügen Sie das Sesam- und Olivenöl hinzu und pürieren Sie den Dip weitere 20 Sekunden bzw. bis er cremig ist. Geben Sie ihn in eine Schüssel und servieren Sie ihn mit den Röllchen, oder füllen Sie ihn in ein Schraubglas und bewahren Sie ihn bis zu drei Tage lang im Kühlschrank auf.

NORIBLÄTTER RÖSTEN

Viele Hersteller verkaufen bereits vorgeröstete Noriblätter, was sehr praktisch ist, da man sie gleich so essen kann. Wenn sie in einem luftdicht verschließbaren Behälter oder Beutel aufbewahrt werden, halten sie sich lange frisch. Wenn Sie rohe Nori-Algen gekauft haben, können Sie sie aber auch einfach selbst rösten. Stellen Sie die Gasflamme auf mittlere Stufe und halten Sie das Noriblatt mit etwa 12 cm Abstand darüber. Es wird schnell einen helleren Grünton annehmen. Bewegen Sie es über der Flamme hin und her, bis das gesamte Blatt hellgrün ist. Auf diese Weise können Sie auch altes oder etwas abgestandenes Nori wieder auffrischen.

3

2

1

1. WEISSE BOHNEN-ARTISCHOCKEN-AIOLI

2. SÜSSSÄUERLICHE ROTE-BETE-MARMELADE

3. RUSTIKALER ERBSENAUFSTRICH 4. LABNEH 5. PÂTÉ
AUS GERÖSTETER PAPRIKA UND MACADAMIANÜSSEN

4

5

RUSTIKALER ERBSENAUFSTRICH

Auf mit Knoblauch eingeriebener Vollkornbruschetta ist dieser Aufstrich ein Fest für den Gaumen. Mit frischen Erbsentrieben garniert ist er ein wunderschöner Auftakt zu einer Frühlingsdinnerparty – besonders, wenn Sie dazu Champagner kredenzen. Wenn Sie es noch ein bisschen luxuriöser möchten, hobeln Sie ein bisschen gereiften Schafs- oder Ziegenkäse darüber. Dieser Aufstrich schmeckt auch auf Oatcakes, Sandwiches, Vollkornbrot oder als Dipbeilage toll und lässt sich nicht nur im Frühling zubereiten: Dank gefrorener Erbsen ist er schnell und einfach zu jeder Zeit gemacht und schmeckt immer lecker und frisch.

ERGIBT 250 ML

450 g Erbsen, frisch oder gefroren
2 EL natives Olivenöl
3 Knoblauchzehen, gepresst
Meersalz
frisch gemahlener schwarzer Pfeffer
frische Erbsentriebe, zum Garnieren (optional)

Wenn Sie frische Erbsen verwenden, bringen Sie einen mittelgroßen Topf Wasser zum Kochen, geben Sie die Erbsen hinein und kochen Sie sie 2 bis 3 Minuten weich. Nehmen Sie den Topf vom Herd, gießen Sie die Erbsen ab und stellen Sie sie beiseite.

Erhitzen Sie eine mittelgroße Pfanne auf mittlerer Flamme. Geben Sie das Olivenöl und den Knoblauch hinein und braten Sie ihn 3 bis 4 Minuten an bzw. bis er goldbraun ist. Rühren Sie die Erbsen und eine Prise Salz und Pfeffer ein. Braten Sie die Erbsen 3 Minuten bzw. bis sie durchgebraten sind. Wenn Sie gefrorene Erbsen verwenden, braten Sie sie so lange, bis sie vollständig aufgetaut und warm sind. Nehmen Sie die Pfanne vom Herd und geben Sie die Erbsen in eine Küchenmaschine. Pürieren Sie sie, bis sie gut zerkleinert sind, aber noch keine völlig glatte Paste ergeben. Würzen Sie sie nach Belieben mit Pfeffer und Salz und pürieren Sie den Aufstrich noch einmal kurz, damit sich die Gewürze gleichmäßig verteilen. Füllen Sie den Aufstrich in eine Schüssel und garnieren Sie ihn mit frischen Erbsentrieben. Servieren Sie ihn mit Crackern oder Bruschetta.

BRUSCHETTA

Vollkornweizen-Sauerteigbrot, in 1 cm dicke Scheiben geschnitten
natives Olivenöl
1 ganze Knoblauchzehe, halbiert

Erhitzen Sie eine Grillpfanne 4 bis 5 Minuten auf hoher Flamme. Heizen Sie den Ofen auf 148 °C vor. Bepinseln Sie beide Seiten der Brotscheiben mit Olivenöl und legen Sie sie nebeneinander in die Pfanne. Stellen Sie die Flamme auf mittlere Stufe. Beschweren Sie die Brotscheiben mit einem Gewicht (z. B. einem schweren Topf oder einem mit Wasser gefüllten Teekessel) und grillen Sie beide Seiten 2 Minuten. Legen Sie die fertig gegrillten Brotscheiben auf ein Backblech und halten Sie sie im Ofen warm, während Sie die nächsten Scheiben grillen. Reiben Sie die Scheiben vor dem Servieren mit Knoblauch ein.

WEISSE-BOHNEN-ARTISCHOCKEN-AIOLI

Dieser üppig-cremige und vielseitige Dip mit Knoblauchnote hat dank der Artischocken und eines Spritzers Essig auch einen leicht säuerlichen Geschmack. In den wärmeren Monaten serviere ich ihn gern zu frisch geerntetem Gemüse. Er schmeckt auch als Aufstrich auf Crostini oder als Dip für geröstetes Gemüse, als Topping für einfache Getreidegerichte oder als Salatdressing hervorragend. Wenn Sie beim Pürieren etwas mehr Olivenöl zugeben, können Sie ihn auch als „Mayonnaise" für Sandwiches oder Burger verwenden.

Da Dosenbohnen weicher sind, ist dies eines der wenigen Rezepte, bei denen ich glaube, dass sie sich besser als getrocknete und selbst gekochte Bohnen eignen – es sei denn, Sie haben einen Schnellkochtopf. Das Verwenden von Bohnen aus der Dose macht die Zubereitung dieses Rezepts zu einer blitzschnellen Angelegenheit, vor allem, wenn Sie den Knoblauch schon im Voraus rösten.

ERGIBT 250 ML

2 große Knoblauchknollen
60 ml plus 3 EL natives Olivenöl
Meersalz
1 400-g-Dose Cannellini-Bohnen,
    abgegossen und gespült (oder
    200 g sehr weich gekochte
    Bohnen, siehe Seite 70)
2 TL Ume Su (Ume-Essig)
1 TL frisch gepresster
    Zitronensaft
1 TL unpasteurisierter Apfelessig
6 Artischockenherzen aus dem
    Glas oder der Dose, abgetropft
frisch gemahlener schwarzer
    Pfeffer

Heizen Sie den Ofen auf 200 °C vor. Schneiden Sie eine etwa 5 mm dicke Scheibe von beiden Knoblauchknollen ab. Beträufeln Sie jede Knolle mit 1 EL Olivenöl und streuen Sie 1 Prise Salz darüber. Wickeln Sie jede Knolle für sich in ein Stück Backpapier und danach in Aluminiumfolie ein und verschließen Sie beide Päckchen fest. Rösten Sie sie 1 Stunde im Ofen bzw. bis die Knoblauchzehen weich und goldbraun sind. Lassen Sie die Knollen abkühlen, wickeln Sie sie aus und drücken Sie die Zehen aus der Knolle heraus. Sie sollten etwa ¼ Tasse geröstetes Knoblauchmark herausbekommen.

Geben Sie Bohnen, Ume-Essig, Zitronensaft, Apfelessig, Artischockenherzen, die restlichen 6 EL Olivenöl, ¼ TL Salz und den gerösteten Knoblauch in eine Küchenmaschine und pürieren Sie alle Zutaten 2 Minuten, bis ein sehr glatter Dip entsteht. Würzen Sie nach Belieben mit Salz und Pfeffer nach. Pürieren Sie das Aioli weitere 2 Minuten, bis es cremig und seidig glatt ist. Erst das Pürieren über mehrere Minuten führt zu dieser Konsistenz und macht das Aioli schön luftig.

Geben Sie es in eine Schüssel und servieren Sie es, oder füllen Sie es in ein Schraubglas und bewahren Sie es bis zu drei Tage lang im Kühlschrank auf.

SÜSSSÄUERLICHE ROTE-BETE-MARMELADE

Diese tiefrote, köstliche Marmelade ist erstaunlich leicht gemacht. Mirin, Balsamico-Essig und Knoblauch harmonieren bestens mit dem süß-erdigen Aroma der Roten Bete und verleihen der Marmelade einen saftigen Schimmer. Servieren Sie sie mit frischem Brot oder Crackern, als Topping für einfache Getreidegerichte oder als Teil einer Käseplatte. Mit Ziegenfrischkäse oder *Cashewkäse* (Seite 223) schmeckt sie einfach göttlich.

ERGIBT ETWA 700 ML

4 EL natives Olivenöl
1 mittelgroße rote Zwiebel, in dünne Ringe geschnitten
½ TL Meersalz, plus mehr auf Wunsch
3 Knoblauchzehen, gepresst
2 Rote Bete (350 g), geschält und geraspelt
60 ml gefiltertes Wasser
3 EL Balsamico-Essig
1 EL Mirin
frisch gemahlener schwarzer Pfeffer

Erhitzen Sie 2 EL Olivenöl in einer weiten Pfanne auf mittlerer Flamme. Geben Sie die Zwiebel hinein und braten Sie sie 5 Minuten an. Stellen Sie die Flamme niedrig und braten Sie die Zwiebel weitere 8 bis 10 Minuten bzw. bis sie karamellisiert ist. Rühren Sie Salz und Knoblauch ein und braten Sie die Zutaten 2 weitere Minuten. Geben Sie die Rote Bete zu und schmoren Sie sie 2 Minuten. Rühren Sie das Wasser ein und köcheln Sie die Rote Bete 5 Minuten bzw. bis sie gar ist.

Nehmen Sie den Deckel ab und fügen Sie Balsamico-Essig, Mirin und das restliche Olivenöl hinzu. Köcheln Sie die Marmelade weitere 3 bis 4 Minuten bzw. bis alle Flüssigkeit verdunstet und die Marmelade eingedickt ist. Würzen Sie nach Belieben mit Salz und Pfeffer und nehmen Sie die Pfanne vom Herd. Servieren Sie die Marmelade bei Raumtemperatur oder bewahren Sie sie bis zu vier Tage lang in einem Schraubglas im Kühlschrank auf.

LABNEH

Labneh ist ein köstlicher weicher Frischkäse, der durch das Abseihen von Joghurt entsteht. Je länger Sie den Joghurt abseihen und abtropfen lassen, umso dicker wird der Frischkäse. Labneh ist eine Spezialität der orientalischen und mediterranen Küche, wo es als Beilage oder als Mezze serviert wird. Es ist eine großartige Grundlage für verschiedenste Aromen und kann z. B. mit Kräutern, Knoblauch oder allen möglichen Gewürzen verrührt werden. Bei dieser Version gebe ich Olivenöl zu und würze das Labneh mit Meersalz und Pfeffer. Sie können es aber auch pur als Topping für Desserts verwenden.

Wenn Sie Labneh aus einem Liter Joghurt herstellen, wird knapp die Hälfte davon Molke sein. Diese trübe Flüssigkeit ist voller Aminosäuren, Eiweiß, Mineralien und probiotischer Enzyme. Sie können Molke beim Einlegen von Gemüse verwenden, um den Fermentationsprozess zu beschleunigen, oder es zum Einweichwasser für Getreide geben, um dessen Verdaulichkeit noch weiter zu erhöhen. In einem Schraubglas aufbewahrt hält sich Molke im Kühlschrank etwa zwei Wochen lang.

ERGIBT ETWA 350 ML

1 l Vollmilchjoghurt
1 EL natives Olivenöl, plus mehr zum Garnieren
¼ TL Meersalz, plus mehr auf Wunsch
1 Prise frisch gemahlener schwarzer Pfeffer
frischer gehackter Schnittlauch, zum Garnieren (optional)

Legen Sie ein mittelgroßes Sieb mit einem sauberen dünnen Geschirr- oder Mulltuch, einem Nussmilchbeutel oder mehreren Lagen Käsetuch aus.

Hängen Sie das Sieb über eine Schüssel, die tief genug ist, dass genug Abstand zum Sieb besteht und die ganze Molke aufgefangen werden kann. Löffeln Sie den Joghurt in das ausgelegte Sieb und bedecken Sie ihn mit den überhängenden Tuchzipfeln. Stellen Sie ihn 4 bis 6 Stunden oder für einen festeren Frischkäse über Nacht in den Kühlschrank.

Nehmen Sie das Tuch aus dem Sieb und geben Sie das Labneh in eine zweite Schüssel. Bewahren Sie die Molke auf. Rühren Sie Pfeffer und Salz unter das Labneh. Sollte es zu dick für Ihren Geschmack sein, rühren Sie 1 EL oder mehr der aufbewahrten Molke ein. Beträufeln Sie das Labneh mit Olivenöl und garnieren Sie es mit frischem gehacktem Schnittlauch. Servieren Sie es oder bewahren Sie es abgedeckt vier bis fünf Tage lang im Kühlschrank auf.

PISTAZIEN-KÜRBISKERN-DUKKAH

Dukkah ist eine ägyptische Würzmischung, die aus verschiedenen Nüssen und Samen zusammengestellt werden kann. Ich habe mein erstes Pistazien-Dukkah auf einem Bio-Bauernmarkt in Melbourne in Australien probiert. Dort findet man es in vielen Cafés und Restaurants, wo es z. B. über pochierte Eier, Frischkäse, geröstetes Gemüse oder Wassermelonenscheiben gestreut wird. Traditionell gegessen wird es, indem man ein Stück Brot zuerst in Olivenöl und dann in Dukkah tunkt. Ich serviere es gern mit einer großzügigen Portion Olivenöl und warmem Brot zum Dippen oder streue es über *Labneh* (Seite 220). Mit diesem Rezept machen Sie gleich eine ordentliche Menge Dukkah, da es sich wochenlang hält und Sie es bestimmt über fast alles streuen wollen, sobald Sie es einmal probiert haben.

ERGIBT ETWA 225 G

4 TL Kreuzkümmelsamen

4 TL Koriandersamen

1 EL Fenchelsamen

2 TL gemahlener Gewürz-
Sumach (siehe Erklärung)

1 TL Fleur de Sel oder anderes
flockiges Meersalz

130 g geröstete Pistazien
(Seite 80)

70 g geröstete Kürbiskerne
(Seite 79)

natives Olivenöl, zum Servieren

Erhitzen Sie eine kleine Pfanne auf mittlerer Flamme. Geben Sie die Kreuzkümmel-, Koriander- und Fenchelsamen hinein. Stellen Sie die Flamme niedrig und rösten Sie die Samen 1 bis 1½ Minuten bzw. bis sie duften. Passen Sie auf, dass sie nicht anbrennen. Nehmen Sie die Pfanne vom Herd. Geben Sie die Samen in eine elektrische Gewürzmühle und mahlen Sie sie fein. Schütten Sie sie in eine Schüssel oder ein Glas mit breiter Öffnung, rühren Sie den Sumach und das Salz ein und stellen Sie sie beiseite.

Geben Sie die Pistazien und Kürbiskerne in eine Küchenmaschine und häckseln Sie sie grob. Rühren Sie sie unter den Gewürzmix. Bewahren Sie das Pistazien-Dukkah in einem luftdichten Schraubglas bis zu zwei Monate lang an einem kühlen Ort auf.

Wenn Sie es als Brotdip servieren möchten, geben Sie das Dukkah in eine flache Schale und bedecken Sie es mit Olivenöl.

Gewürz-Sumach ist eine sauer-fruchtige Beere, die getrocknet und als Gewürz verkauft wird. Sumach wird vor allem in orientalischen und mediterranen Gerichten verwendet. Es gibt ihn ganz oder gemahlen zu kaufen.

PÂTÉ AUS GERÖSTETEN PAPRIKA UND MACADAMIANÜSSEN

Bei gerösteten Paprika muss ich immer an meine Zeit in London denken, als ich mit meiner sehr guten Freundin Rosada Hayes ein Catering-Unternehmen führte. Sie verleihen herzhaften Tartes, Salaten, Foccacia und Sushi eine süßliche, vollmundige Note. Dieses Pâté lässt sich fast endlos variieren: mit Salbei oder Rosmarin, anderen Nusssorten oder gar keinen Nüssen. Der Fantasie sind keine Grenzen gesetzt. Als ich das letzte Mal in Rosadas Küche in Sidney saß, machte sie das Pâté mit Paranüssen und zermahlte es in einem Mörser. Die Mischung war rustikal und leicht stückig und schmeckte auf frischem türkischem Brot einfach unvergleichlich gut. Solange Sie geröstete Paprika verwenden, wird dieses Rezept Sie nicht enttäuschen, egal welche Zutaten Sie ersetzen, hinzufügen oder weglassen.

ERGIBT ETWA 480 ML

65 g rohe Macadamianüsse
5 mittelgroße rote Paprika (1 kg), entsamt und in 1 cm große Stücke geschnitten
4 EL natives Olivenöl
1 TL Meersalz
frisch gemahlener schwarzer Pfeffer
1 mittelgroße Zwiebel, gewürfelt
1 mittelgroße rote Chili, entsamt und fein gehackt
5 Knoblauchzehen, gehackt
2 TL weißer Balsamico-Essig

Heizen Sie den Ofen auf 150 °C vor. Legen Sie ein Backblech mit Backpapier aus und verteilen Sie die Macadamianüsse darauf. Rösten Sie sie 10 Minuten im Ofen bzw. bis sie goldbraun sind und duften. Nehmen Sie sie aus dem Ofen, legen Sie sie auf einen Teller und lassen Sie sie abkühlen.

Erhöhen Sie die Ofentemperatur auf 200 °C. Legen Sie die Paprikastücke auf das Backblech, träufeln Sie 3 EL Olivenöl darüber und bestreuen Sie sie mit ½ TL Salz und einer Prise Pfeffer. Vermischen Sie die Zutaten und breiten Sie die Paprikastücke danach wieder in einer Schicht aus. Rösten Sie sie 20 Minuten, wenden Sie sie und rösten Sie sie weitere 15 Minuten bzw. bis die Stücke weich sind und zu bräunen beginnen. Nehmen Sie sie aus dem Ofen und lassen Sie sie abkühlen.

Erhitzen Sie, während die Paprika im Ofen ist, den restlichen 1 EL Olivenöl in einer mittelgroßen Pfanne auf mittlerer Flamme. Geben Sie die Zwiebel hinein und braten Sie sie 5 Minuten an bzw. bis sie goldbraun ist. Rühren Sie Chili, Knoblauch und den restlichen ½ TL Meersalz ein. Stellen Sie die Flamme etwas niedriger und braten Sie die Zwiebel weitere 10 Minuten bzw. bis sie karamellisiert. Stellen Sie sie beiseite.

Geben Sie die Macadamianüsse, die geröstete Paprika, den Zwiebelmix und den weißen Balsamico-Essig in eine Küchenmaschine und häckseln Sie die Zutaten, bis ein Pâté entsteht. Es soll etwas stückig bleiben, also pürieren Sie es nicht glatt. Würzen Sie das Pâté nach Belieben mit Pfeffer und Salz und servieren Sie es mit frischem Brot oder Crackern, oder geben Sie es in ein Schraubglas und bewahren Sie es bis zu vier Tage lang im Kühlschrank auf.

CASHEWKÄSE

Alle, die ich kenne, sogar die passioniertesten Käseliebhaber, sind verrückt nach diesem Käse. Besonders diejenigen, die auf Milchprodukte verzichten, werden ihn wegen seiner cremigen Konsistenz und seines feinen, leicht säuerlichen, frischkäseähnlichen Geschmacks lieben. Cashewkäse lässt sich erstaunlich leicht machen, benötigt aber ein bisschen Vorarbeit – etwa einen Tag, damit sich die Kulturen entwickeln können, und eine Nacht im Kühlschrank. Die Probiotika geben dem Käse einen leicht säuerlichen Geschmack und liefern gleichzeitig einige für die Gesundheit wichtige Bakterien. Diesen Käse esse ich am liebsten als Aufstrich auf Reiswaffeln und mit ein bisschen marinierter Roter Bete und frischem gehacktem Schnittlauch gekrönt (Seite 106).

HINWEIS: Mit einem Vitamix Blender erreichen Sie am besten die seidig-weiche Konsistenz, die durch das Pürieren von Cashewkernen entsteht. Ich habe diesen Käse aber auch schon mit einer Küchenmaschine zubereitet. Standard Mixer sind oft nicht leistungsstark genug dafür.

ERGIBT ETWA 600 ML

300 g rohe Cashewkerne, 2 bis 6 Stunden in 700 ml gefiltertem Wasser eingeweicht

1 TL Meersalz, plus mehr auf Wunsch

10 Kapseln Acidophilus-Pulver (etwa 2 TL)

240 ml gefiltertes Wasser

Gießen Sie die Cashewkerne ab und spülen Sie sie. Geben Sie sie in eine Küchenmaschine oder einen Vitamix Blender und fügen Sie Salz, das Acidophilus-Pulver und die Hälfte des Wassers hinzu (bzw. das gesamte Wasser, wenn Sie einen Vitamix verwenden). Pürieren Sie die Zutaten etwa 1 Minute und schaben Sie die Innenwände ggf. nach unten frei. Geben Sie das restliche Wasser zu und pürieren Sie die Zutaten glatt. Schmecken Sie die Mischung ab und salzen Sie ggf. nach.

Geben Sie den Cashewmix in eine saubere Schüssel, decken Sie sie mit einem Geschirrtuch ab und lassen Sie sie 24 Stunden bei Raumtemperatur (etwa 21 °C) stehen. Prüfen Sie den Käse: Er sollte gut durchlüftet aussehen, einen leicht käsig-fermentierten Geruch entwickelt haben und leicht säuerlich schmecken. Falls nicht, decken Sie ihn erneut ab, lassen Sie ihn für weitere 4 bis 6 Stunden ruhen und schauen Sie wieder nach, ob er fertig ist. (Denken Sie daran, dass sich der Geschmack durch die Nacht im Kühlschrank noch weiter verbessern wird.) Decken Sie die Schüssel ab und lassen Sie den Käse vor dem Servieren 24 Stunden lang im Kühlschrank durchziehen. Servieren Sie ihn oder bewahren Sie ihn in einem luftdichten Glasbehälter zwei bis drei Wochen lang im Kühlschrank auf.

HINWEIS: Das Wetter bestimmt mit, wie lange Ihr Käse zum Fermentieren braucht. Eine moderate Temperatur ist dabei am besten. Im Frühling und Sommer sind 24 Stunden lang genug, um einen perfekt säuerlichen Geschmack zu erzielen. Stellen Sie den Käse im Winter an einen wärmeren, zugfreien Ort.

SCHWARZE SESAM-REIS-CRACKER

Einige der wenigen Snacks, die ich kaufe, sind schwarze Sesamcracker. Die Kombination von schwarzem Sesam und Tamarisoße finde ich einfach unwiderstehlich, und ich liebe es, diese Cracker gleich direkt aus der Packung zu essen. Obwohl die Cracker in diesem Rezept viel dünner sind und einen wesentlich subtileren Geschmack haben, wurden sie von der gekauften Variante inspiriert. Damit die Cracker schwarz bleiben, verwende ich schwarzen Reis dafür.

Diese Cracker schmecken pur, aber auch mit jedem Dip aus diesem Kapitel sensationell, z. B. dem *rustikalen Erbsenaufstrich* (Seite 214). Erbsen und schwarzer Sesam sind nicht nur geschmacklich, sondern auch farblich eine tolle Kombination.

HINWEIS: Dies ist das einzige Rezept in diesem Buch, bei dem ich das Getreide vor dem Kochen nicht einweiche, da sich eingeweichter schwarzer Reis meiner Erfahrung nach nur schwer verarbeiten lässt. Auch ohne das Einweichen braucht das Ausrollen der Cracker etwas Übung, da der Teig sehr klebrig ist. Er muss so dünn und gleichmäßig wie möglich ausgerollt werden. Sollten Sie zufällig zwei Silpat-Backmatten zu Hause haben, verwenden Sie diese, weil sie Feuchtigkeit nicht so stark absorbieren wie Backpapier.

ERGIBT 2 BLECHE MIT CRACKERN

100 g schwarzer Reis

300 ml gefiltertes Wasser

Meersalz

130 g geröstete schwarze Sesamsamen (Seite 79)

2 EL braunes Reismehl, plus mehr zum Ausrollen der Cracker

Tamarisoße, zum Bestreichen der Cracker

Geben Sie den Reis in einen kleinen Topf und füllen Sie ihn mit Wasser. Rühren Sie den Reis mit Ihren Fingern um, warten Sie, bis er sich setzt, gießen Sie das Wasser durch ein Sieb ab und wiederholen Sie das Waschen. Geben Sie den Reis zurück in den Topf, fügen Sie Wasser und eine Prise Salz hinzu und bringen Sie ihn auf hoher Flamme zum Kochen. Decken Sie den Topf ab, stellen Sie die Flamme niedrig und kochen Sie den Reis 1 Stunde bzw. bis alle Flüssigkeit absorbiert ist. Nehmen Sie den Topf vom Herd und lassen Sie den Reis 10 Minuten durchziehen. Nehmen Sie den Deckel ab und lassen Sie den Reis vollständig abkühlen.

Heizen Sie den Ofen auf 175 °C vor. Schneiden Sie 4 Lagen Backpapier in jeweils 33 × 45 cm große Stücke und legen Sie sie beiseite.

Geben Sie 110 g der Sesamsamen, den schwarzen Reis und ½ TL Salz in eine Küchenmaschine und häckseln Sie die Zutaten zu einer gleichmäßigen Masse. Fügen Sie das Reismehl hinzu und lassen Sie die Küchenmaschine so lange laufen, bis eine sehr klebrige Teigkugel entsteht. Wenn der Teig zu klebrig zum Weiterverarbeiten ist, bestäuben Sie das Backpapier und Ihre Hände mit etwas braunem Reismehl. Halbieren Sie die Teigkugel. Legen Sie eine Hälfte auf ein Stück Backpapier und bedecken Sie sie mit einem weiteren Stück. Rollen Sie den Teig zwischen den zwei Lagen Backpapier so dünn und gleichmäßig wie möglich zu einem großen Rechteck aus. Ziehen Sie vorsichtig die obere Lage Backpapier ab und bestreichen Sie den Teig mit Tamarisoße. Bestreuen Sie ihn mit der Hälfte der restlichen Sesamsamen und backen Sie ihn 10 Minuten. Nehmen Sie das Blech heraus, drehen Sie es um 180 Grad und schieben Sie es für weitere 10 Minuten in den Ofen bzw. bis der Crackerteig knusprig wird. Nehmen Sie das Blech aus dem Ofen und lassen Sie es abkühlen. Wiederholen Sie das Ganze mit der zweiten Teighälfte, den unbenutzten Backpapierstücken und den restlichen Sesamsamen.

Wenn die Crackerplatte abgekühlt ist, werden Sie sehen, ob Teile davon noch nicht durchgebacken sind, da diese nicht knusprig sind. Brechen Sie einfach die knusprigen Teile ab und schieben Sie den Rest für 5 weitere Minuten in den Ofen. Lassen Sie die Crackerplatten vollständig abkühlen, bevor Sie sie in kleinere Stücke brechen und servieren oder in einem luftdichten Behälter bis zu zwei Wochen lang aufbewahren.

HINWEIS: Sollten Sie gekochten braunen Reis übrig haben, können Sie diesen einfach mit diesem Rezept aufbrauchen. Sie brauchen etwa 300 g davon, um den schwarzen Reis zu ersetzen. Je nachdem, wie feucht der Reis ist müssen Sie das Backpapier ggf. mit braunem Reismehl bestäuben.

GEKÜHLTER RHABARBER-ROSEN-TEE

Dieses Rezept ist eine Variation des In the Pink Spring Tea, eines Kräutertees mit Rhabarber aus Rebecca Woods beliebtem Buch *The New Whole Foods Encyclopedia*. Als ich bei Angelica Kitchen arbeitete, bereiteten wir diesen Tee immer im Frühling zu und konnten auf diese Weise wunderbar die großen Mengen an Rhabarber verarbeiten, die wir immer von den Bauern aus unserer Region bekamen. Bei dieser Variante verwende ich auch Rosenblüten, um eine zarte blumige Note entstehen zu lassen. Eine Rosenknospe im Glas lässt den Tee noch hübscher aussehen und passt gut zu dem hellen Pinkton, der durch die pinkfarbenen Rhabarberstiele entsteht. Suchen Sie für dieses Rezept möglichst nur Rhabarber mit pinkfarbenen oder roten Stielen aus, da Ihr Tee sonst eine trübe grüne Farbe bekommt.

ERGIBT KNAPP 2 L

900 g Rhabarber, geputzt und in 1 cm große Stücke geschnitten
1,7 l gefiltertes Wasser
¼ Handvoll (8 g) getrocknete Bio-Rosenblüten, plus mehr zum Garnieren
½ Handvoll (20 g) frische Minzblätter
roher Honig nach Geschmack

Geben Sie den Rhabarber und das Wasser in einen großen Topf und bringen Sie es auf hoher Flamme zum Kochen. Decken Sie den Topf ab, stellen Sie die Flamme niedrig und köcheln Sie den Rhabarber 20 Minuten. Nehmen Sie den Topf vom Herd und geben Sie die Rosenblüten und die Minze hinein. Decken Sie den Topf wieder ab und lassen Sie den Tee 5 Minuten ziehen. Seihen Sie den Tee durch ein Sieb in eine Schüssel oder ein hitzebeständiges großes Glas ab und fügen Sie nach Belieben Honig hinzu. Lassen Sie den Tee abkühlen, gießen Sie ihn in Glasflaschen oder große Gläser und stellen Sie ihn vor dem Servieren im Kühlschrank kalt. Gießen Sie ihn zum Servieren in portionsgerechte Gläser und garnieren Sie jedes Glas mit einer Rosenknospe.

KURKUMA-LIMONADE

Wie viele andere Australier hat auch meine Familie schon so lange ich denken kann eine tiefe Verbindung zu Bali. Als ich das letzte Mal dort war, gab es in meinem Gästehaus in Ubud frischen Kurkumasaft, der mit Zitrone und Honig verfeinert war – ein wirkungsstarkes, neon-orangefarbenes Getränk, das in der ayurvedischen Medizin verwendet wird. Kurkuma wird schon seit Tausenden von Jahren wegen seiner ausgleichenden und reinigenden Wirkung bei ayurvedischen Behandlungen für alle drei Doshas bzw. Körpertypen eingesetzt.

Frische Kurkuma hat einen einzigartigen erdig-tropischen Geschmack, der jedes Gericht geschmacklich zum Strahlen bringt, für das Sie sonst getrocknete Kurkuma verwendet hätten. Die frische Wurzel finden Sie in Bioläden, Reformhäusern oder in Asialäden. Wenn Sie keine bekommen, können Sie sie in diesem Rezept auch mit ½ bis 1 TL getrocknetem Kurkumapulver ersetzen. Dieses Getränk können Sie im Winter warm oder in Raumtemperatur und im Sommer gekühlt genießen.

ERGIBT KNAPP 850 ML

2 EL fein geriebene ungeschälte
   frische Kurkumawurzel
1 TL fein geriebener frischer Ingwer
720 ml kochendes gefiltertes Wasser
1 winzige Prise Meersalz
2 EL roher Honig
60 ml plus 2 EL frisch gepresster
   Zitronensaft
60 ml frisch gepresster Orangensaft

Geben Sie die Kurkuma und Ingwer in ein hitzebeständiges großes Glas oder einen Topf, gießen Sie das kochende Wasser zu und rühren Sie das Salz ein. Lassen Sie die Mischung 10 Minuten unabgedeckt ziehen. Rühren Sie den Honig ein, bis er sich aufgelöst hat, und seihen Sie die Flüssigkeit in ein anderes Glas oder einen Krug ab. Lassen Sie sie bei Raumtemperatur abkühlen und rühren Sie dann den Zitronen- und Orangensaft ein. Trinken Sie die Limonade so oder stellen Sie sie im Kühlschrank kalt, bevor Sie sie servieren. Im Kühlschrank hält sie sich bis zu einer Woche lang. Wenn Sie sie als wärmenden Tee genießen möchten, füllen Sie eine große Teetasse bis zur Hälfte damit und füllen Sie sie mit heißem Wasser auf.

Kurkuma hat entzündungshemmende, antibakterielle und antioxidative Eigenschaften. Sie hilft dabei, die Leber zu reinigen und zu kräftigen, das Immunsystem zu stärken und den Kreislauf und die Verdauung anzuregen. Wenn Sie ihren Geschmack mögen, erhöhen Sie ruhig die im Rezept angegebene Menge.

TRAUBEN-LIMETTEN-DRINK

Die Veranda des Hauses, in dem ich aufwuchs, war zum Schutz vor der heißen Sonne der Südhalbkugel mit Concord-Weinreben bewachsen, die kühlenden Schatten spendeten. Im Spätsommer saßen meine Schwester und ich nach der Schule oft unter diesem Rebendach und naschten mit unseren Freunden die dunklen Trauben, bis unsere Finger und Lippen ganz blau waren. Wir hatten meist mehr Weintrauben, als wir essen konnten, weshalb meine Mutter riesige Töpfe voller Traubensaft aus ihnen machte. Dieses Rezept basiert auf dem meiner Mutter, verwendet aber Limettensaft als erfrischende Ergänzung zum vollmundig süßen Geschmack der Trauben.

HINWEIS: Ohne den Limettensaft hält sich dieses Traubengetränk bis zu einem Monat lang im Kühlschrank. Geben Sie einfach kurz vor dem Servieren ein paar Spritzer Limettensaft hinein.

ERGIBT ETWA 1,7 L

900 g Concord-Weintrauben (oder andere dunkle Trauben)
720 ml gefiltertes Wasser
480 ml veganer Apfelcidre oder Apfelsaft
4 bis 6 EL frischer Limettensaft, oder mehr auf Wunsch

Geben Sie die Trauben, das Wasser und den Cidre in einen mittelgroßen Topf und bringen Sie die Zutaten auf hoher Flamme zum Kochen. Decken Sie den Topf ab, stellen Sie die Flamme niedrig und köcheln Sie alles 30 Minuten lang. Nehmen Sie den Topf vom Herd und gießen Sie die Flüssigkeit durch ein großes Sieb in eine große Schüssel ab. Drücken Sie so viel Flüssigkeit wie möglich aus den Trauben heraus und kompostieren Sie die Schalen und Kerne. Lassen Sie die Flüssigkeit abkühlen, bis sie lauwarm ist, bevor Sie sie im Kühlschrank vollständig durchkühlen lassen. Rühren Sie den Limettensaft ein und servieren Sie den Trauben-Limetten-Drink kalt.

HIBISKUS-ZITRUS-EISTEE MIT INGWER

Die wunderbar erfrischende Kombination aus Hibiskus und Limette habe ich bei meiner Arbeit bei Angelica Kitchen in einem Drink namens *Hibiscus Cooler* ausprobiert, der sich als perfekter Durstlöscher für hitzegeplagte New Yorker herausstellte. Sobald er im Sommer wieder auf unserer Getränkekarte erschien, konnten wir die Nachfrage danach kaum stillen. Dieses Rezept basiert auf der Angelica-Kitchen-Version, ist aber mit einer kräftigen Ingwernote, Orangensaft und einem Hauch Honig verfeinert. Dieser Drink sieht auch in einer Glasflasche sehr verführerisch aus und ist ein hübsches Mitbringsel für Sommerpartys, wo er auch als Grundlage für Mixgetränke dienen kann.

ERGIBT KNAPP 2 L

1,9 l gefiltertes Wasser
40 g getrocknete Hibiskusblüten
80 ml roher Honig, plus mehr auf Wunsch
120 ml frisch gepresster Orangensaft (gefiltert, d.h. ohne Fruchtfleisch)
4 TL frischer Ingwersaft (siehe Tipp auf Seite 178)

Bringen Sie das Wasser in einem großen Topf auf hoher Flamme zum Kochen. Geben Sie die Hibiskusblüten hinein, decken Sie den Topf ab, stellen Sie die Flamme niedrig und köcheln Sie Blüten 10 Minuten. Nehmen Sie den Topf vom Herd und gießen Sie den Tee durch ein großes Sieb in eine große Schüssel ab. Lassen Sie ihn 5 Minuten abkühlen, bevor Sie den Honig einrühren. Rühren Sie, wenn der Tee Raumtemperatur erreicht hat, den Orangen- und Ingwersaft ein. Gießen Sie den Tee in Gläser oder Glasflaschen und stellen Sie ihn vor dem Servieren kalt. Im Kühlschrank hält sich der Eistee bis zu einer Woche lang.

VEGAN

WARMER GEWÜRZTRAUBENSAFT

Eines der Dinge, auf die ich mich im Herbst besonders freue, wenn ich mich dick einpacke, um auf den Bauernmarkt zu gehen, ist der Duft von Glühwein und heißem Apple Cider, der die Stände umweht. Diese Version ist weniger süß als heißer Apple Cider und hat dank der Concord-Trauben eine wunderschöne tief violette Farbe. Er ist festlich und verwöhnt zugleich und wird Ihre Küche mit einem einladenden würzigen Duft füllen.

ERGIBT 1,4 BIS 1,7 L

675 g Concord-Weintrauben (oder andere dunkle Trauben)
720 ml gefiltertes Wasser
720 ml veganer Apfelcidre oder Apfelsaft
1 Zimtstange, in zwei Hälften gebrochen
3 ganze Anissterne
2 ganze Nelken
10 Kardamomkapseln
2 große Streifen Orangenschale

Geben Sie die Trauben in einen mittelgroßen Topf und fügen Sie Wasser, Cidre, Gewürze und Orangenschale hinzu. Bringen Sie die Flüssigkeit auf hoher Flamme zum Kochen. Decken Sie den Topf ab, stellen Sie die Flamme niedrig und köcheln Sie die Flüssigkeit 40 Minuten. Nehmen Sie den Topf vom Herd und gießen Sie den warmen Saft durch ein großes Sieb in eine große Schüssel ab. Drücken Sie so viel Saft wie möglich aus den Trauben und kompostieren Sie die Schalen und die Kerne. Gießen Sie den Saft in Tassen oder Becher und servieren Sie ihn warm. Reste können Sie abkühlen lassen und in einem Glas bis zu einem Monat lang im Kühlschrank aufbewahren. Wärmen Sie den Saft vor dem Servieren auf mittlerer Flamme auf.

Vollwertige Hauptgerichte

Cremige Polenta mit Brennnesseln, Erbsen und Ziegenkäse / 240

Eiertomaten-Dill-Tarte mit Pinienkernboden / 242

Zucchiniblüten-Orecchiette mit gereiftem Schafskäse und rotem Chili / 244

Gelbe- und Rote-Bete-Tartelettes mit Mohnkruste und
Weiße-Bohnen-Fenchel-Füllung / 249

Spätsommereintopf mit alten Bohnensorten und Petersilien-Pistou / 253

Aromatisches Auberginen-Curry mit Kardamom-Basmati-Reis,
säuerlichem Aprikosen-Chutney und Gurke-Limette-Raita / 257

Tempeh-Portobello-Burger / 261

Zuckermais-Tofu-Frittata mit geröstetem Kirschtomatenkompott / 265

Rote-Bete-Kichererbsen-Taler mit Zaziki / 268

Pikanter Eintopf aus schwarzen Bohnen mit knuspriger Zuckermais-Polenta
und Tomatillo-Avocado-Salsa / 270

Eintopf aus geröstetem Herbstgemüse mit Cannellini-Bohnen,
Dinkelkörnern und Grünkohl / 274

Butternusskürbis-Lasagne mit Vollkornpasta und Salbei-Tofu-Ricotta / 276

Scharfer Kichererbseneintopf und Quinoa-Pilaw
mit Sultaninen und Mandeln / 278

Kokoscurry mit Tamarinden-Tempeh und schwarzem Reis / 280

Bento Bowl / 284

Bohnen Bourguignon mit Kartoffel-Sellerie-Stampf / 289

Das Kochen in Harmonie mit der Natur und das gemeinsame Genießen einer Mahlzeit ist einer der Wege, mit dem wir die Inspiration und die Verbundenheit finden, nach der wir uns sehnen. Diese Rezepte sind bei allen sehr beliebt und werden immer wieder von meinen Kunden verlangt. Sie sind gleichzeitig diejenigen, die die flüchtigen Momente der sich kontinuierlich abwechselnden Jahreszeiten am besten festhalten und zelebrieren.

Die Rezepte in diesem Kapitel verraten Ihnen meine Lieblingsgeschmackskombinationen und zeigen Ihnen, was ich besonders gern koche, wenn die verschiedenen Jahreszeiten ihren Höhepunkt erreicht haben. Im Frühling sind es gebratene Erbsen und Nesseln, die grün wie der frisch mit Regen getränkte Boden glänzen und ein Bett aus weicher Polenta krönen, während junger Ziegenfrischkäse langsam in sie hineinschmilzt. Der Sommer bringt eine unglaubliche Fülle vollreifer süßer Tomaten auf den Tisch, deren Geschmack sich fantastisch mit einer Tarte mit einem knusprigen Pinienkernboden einfangen lässt. Im Herbst vertreibt eine im Ofen gebackene Lasagne aus orange leuchtenden Kürbissen die Kälte der ersten kühlen Windstöße. Getrocknete alte Bohnensorten mit ihrer Formen- und Farbenvielfalt sind in den darauf folgenden Monaten perfekt, um uns durch den Winter zu bringen. Köcheln Sie sie mit aromatischen Kräutern und Wein und löffeln Sie sie über cremiges gestampftes Wurzel- oder Knollengemüse. Laden Sie Ihre Freunde ein, zünden Sie ein paar Kerzen an und genießen Sie die langen, gemütlichen Nächte.

Viele dieser Rezepte sind etwas aufwendiger als die der vorangegangenen Kapitel und benötigen zum Teil mehrere Schritte. Ich kann Ihnen aber versprechen, dass Sie ausgiebig für Ihre Mühe belohnt werden. Lassen Sie sich, bevor Sie sich für eines der folgenden Rezepte entscheiden, von der Jahreszeit leiten. Das saisonal angebotene Obst und Gemüse aus Ihrer Region passt am besten zu Wetter und Laune und wird alle begeistern, die Sie an Ihren Mahlzeiten teilhaben lassen – sei es bei einem Picknick im Park unter blauem Himmel oder an Ihrem mit Kerzenlicht geschmückten Tisch an einem kalten Winterabend.

CREMIGE POLENTA MIT BRENNNESSELN, ERBSEN UND ZIEGENKÄSE

Wenn der Frühling gerade beginnt und das Wetter oft noch kalt und nass ist, sehne ich mich nach cremiger Polenta. Sie ist eine schöne Abwechslung von meinen sonst verwendeten Getreidesorten und lässt sich in nur 20 Minuten in ein leckeres Gericht mit süßer Note verwandeln. Wenn Sie Maisgrieß für die Polenta verwenden, erzeugen Sie damit eine interessante gröbere Konsistenz, wodurch weniger Klümpchen entstehen als bei der feiner gemahlenen italienischen Polenta. Probieren Sie einfach Bio-Maisgrieß aus Ihrer Region aus. Bei diesem Rezept funktioniert jede Art, nur hängt die Kochzeit etwas davon ab, wie grob der Grieß ist. Kosten Sie also während des Kochens immer wieder, bis der rohe Geschmack verfliegt und die Polenta dick und cremig ist.

Brennnesseln sind ein Wildkraut mit einem wunderbaren grasigen Geschmack und ab dem Frühjahr fast das ganze Jahr überall zu finden. Da sie als Unkraut gelten, gibt es sie normalerweise nicht in Läden zu kaufen. Halten Sie entweder in freier Natur, in Ihrem Garten oder auf Bauernmärkten danach Ausschau. Nesseln stärken die Nieren und sind reich an Eisen, Kalzium und Magnesium. Außerdem unterstützen sie die Bluterneuerung und die Vitalität. Sie können die Blätter und Stiele auch in kochendem Wasser ziehen lassen, um einen stärkenden Tee daraus zu brauen. Sollten Sie keine Nesseln finden, ersetzen Sie sie einfach durch Spinat.

HINWEIS: Brennnesseln haben mikroskopisch kleine Stacheln an Blättern und Stielen, die stechen und das bekannte Brennen verursachen. Seien Sie also vorsichtig und zupfen Sie die Blätter mit Handschuhen von den Stielen, oder wickeln Sie die Stielenden eines Bunds in ein Tuch, halten Sie den Bund mit den Blättern nach unten fest und schneiden Sie die Blätter mit einer Schere ab. Durch das Kochen werden die winzigen Stacheln entfernt und unschädlich gemacht.

4 PORTIONEN

POLENTA:

1,4 l gefiltertes Wasser
4 Lorbeerblätter
½ TL Meersalz
240 g Maisgrieß
2 EL natives Olivenöl

ERBSEN UND BRENNNESSELN:

300 g frische oder gefrorene
 Erbsen
2 EL natives Olivenöl, plus mehr
 zum Garnieren
4 Knoblauchzehen, in dünne
 Scheiben geschnitten
2 mittelgroße Lauchstangen,
 in dünne Scheiben geschnitten
Meersalz
150 g Brennnesselblätter, grob
 gehackt (siehe Hinweis)
170 g Ziegenfrischkäse
Abrieb einer Zitrone
1 EL frisch gepresster Zitronensaft
frisch gemahlener schwarzer
 Pfeffer

FÜR DIE POLENTA:

Geben Sie das Wasser und die Lorbeerblätter in einen mittelgroßen Topf und bringen Sie es auf hoher Flamme zum Kochen. Decken Sie den Topf ab, stellen Sie die Flamme niedrig und köcheln Sie die Lorbeerblätter 5 Minuten. Entfernen Sie die Lorbeerblätter und rühren Sie das Salz ein. Stellen Sie die Flamme hoch und quirlen Sie nach und nach vorsichtig den Maisgrieß ein, bis die Mischung wieder kocht. Seien Sie vorsichtig, es kann spritzen. Stellen Sie die Flamme niedrig und köcheln Sie den Grieß ohne Deckel 20 bis 25 Minuten. Rühren Sie etwa jede Minute um, damit nichts anhaftet. Kosten Sie die Polenta, um zu prüfen, ob Sie gar und cremig ist. Falls nicht, köcheln Sie sie weitere 5 Minuten bzw. bis der rohe Geschmack verschwunden ist. Nehmen Sie den Topf vom Herd, rühren Sie das Olivenöl ein und würzen Sie nach Belieben. Decken Sie den Topf ab und lassen Sie die Polenta ziehen, während Sie die Erbsen-Brennnessel-Mischung zubereiten.

FÜR DIE ERBSEN-BRENNNESSEL-MISCHUNG:

Wenn Sie frische Erbsen verwenden, bringen Sie Wasser in einem kleinen Topf zum Kochen. Geben Sie die Erbsen hinein und kochen Sie sie 2 Minuten bzw. bis sie weich sind. Nehmen Sie den Topf vom Herd, gießen Sie die Erbsen ab und lassen Sie sie abkühlen. Verzichten Sie auf diesen Schritt, wenn Sie gefrorene Erbsen verwenden.

Erhitzen Sie das Olivenöl in einer weiten Pfanne auf mittlerer Hitze. Geben Sie den Knoblauch hinein und braten Sie ihn 1 Minute an. Fügen Sie den Lauch und 1 Prise Salz hinzu und braten Sie die Zutaten weitere 4 bis 5 Minuten an bzw. bis sie weich werden. Rühren Sie die Nesseln ein und braten Sie sie 2 bis 3 Minuten bzw. bis sie zusammenfallen und weich werden. Geben Sie die Erbsen zu und braten Sie sie, bis sie durchgewärmt sind. Krümeln Sie die Hälfte des Ziegenkäses in die Pfanne und fügen Sie die Hälfte des Zitronenabriebs und den Zitronensaft hinzu. Nehmen Sie die Pfanne vom Herd und rühren Sie die Zutaten um. Würzen Sie nach Belieben mit Salz und Pfeffer.

ZUM GARNIEREN:

Geben Sie die Polenta in Schüsseln und löffeln Sie die Erbsen-Brennnessel-Mischung darüber. Krümeln Sie etwas verbliebenen Ziegenkäse über jede Portion und garnieren Sie sie mit dem restlichen Zitronenabrieb und ein paar Tropfen Olivenöl.

EIERTOMATEN-DILL-TARTE MIT PINIENKERNBODEN

Köstliche geröstete Tomaten, buttrige Pinienkerne, frischer Dill und eine leicht säuerliche Füllung – kein Wunder, dass alle verrückt nach dieser wunderbaren Sommer-Tarte sind. Sie schmeckt nicht nur großartig, sondern sieht auch umwerfend aus und braucht nicht mehr als ein bisschen gedämpftes grünes Gemüse mit ein paar Tropfen Dressing als Beilage. Über die Jahre habe ich diese Tarte schon in den verschiedensten Variationen zubereitet, und Sie können auch gern damit experimentieren, wenn Sie sie schon einmal gemacht haben. Verwenden Sie Basilikum oder Rosmarin anstatt Dill in der Füllung oder Kirschtomatenhälften oder geröstete Zucchinischeiben statt der Eiertomaten. Der Teig wurde von einem Sesamboden aus Peter Berleys fantastischem Kochbuch *The Modern Vegetarian Kitchen* inspiriert. Die Füllung ist ein Experiment mit Tofu-Ricotta und bekommt ihren tiefgründigen Geschmack von karamellisierten Zwiebeln und Essig.

Ich werde Sie nicht anlügen: Sie müssen etwas mehr Zeit investieren und mehrere Schritte befolgen, aber der Geschmack und das betörende Aussehen dieser Tarte sind so außergewöhnlich, dass sie die Mühe auf jeden Fall wert ist. Sie können den Boden und die Füllung schon einen Tag vorher zubereiten und ebenfalls die Tomaten rösten. Bewahren Sie dann einfach alles getrennt voneinander im Kühlschrank auf, bis sie die Tarte zusammenstellen und backen.

HINWEIS: Es lohnt sich immer, geröstete Tomaten vorrätig zu haben. Sie sind eine leckere Zugabe zu einfachen marinierten Bohnen, Pasta und Sandwiches und schmecken auch auf Toast zusammen mit Avocado himmlisch.

6 BIS 8 PORTIONEN
AUSRÜSTUNG: EINE TARTEFORM MIT 23 BIS 25 CM DURCHMESSER, 3 CM HOHEM RAND UND HERAUSNEHMBAREM BODEN

900 g (12 mittelgroße bis große)
   Eiertomaten, längs geviertelt
2 EL natives Olivenöl
½ TL Meersalz
frisch gemahlener schwarzer Pfeffer
1 EL Dillsamen
1 EL Balsamico-Essig

TOMATEN RÖSTEN:

Heizen Sie den Ofen auf 200 °C vor. Legen Sie ein Backblech mit Backpapier aus und verteilen Sie die Tomatenviertel darauf. Beträufeln Sie sie mit Olivenöl und streuen Sie das Salz und eine Prise Pfeffer darüber. Vermischen Sie sie vorsichtig, damit sie gleichmäßig mit dem Öl und den Gewürzen überzogen sind. Verteilen Sie sie in einer Schicht mit der Schnittseite nach oben auf dem Blech und bestreuen Sie sie mit den Dillsamen. Rösten Sie sie 20 Minuten im Ofen, nehmen Sie das Blech heraus, drehen Sie es um 180 Grad und schieben Sie die Tomatenviertel, die schon braun werden, vorsichtig mit der Schnittseite nach oben in die Mitte des Blechs. Rösten Sie sie weitere 15 Minuten bzw. bis alle Stückchen braun werden und zusammenfallen. Nehmen Sie die Tomaten aus dem Ofen, träufeln Sie Balsamico-Essig darüber und stellen Sie sie beiseite.

TEIG:

60 g Pinienkerne

45 g Haferflocken

35 g braunes Reismehl

½ TL aluminiumfreies Backpulver

½ TL Meersalz

100 g Vollkorndinkelmehl

60 ml natives Olivenöl

3 EL ungesüßte Sojamilch oder
Mandelmilch

FÜLLUNG:

60 ml plus 1 EL natives Olivenöl

1 mittelgroße Zwiebel, gewürfelt

5 Knoblauchzehen, gehackt

1 Block fester Tofu (400 g),
abgetropft, gespült und trocken
getupft

2 TL frisch gepresster Zitronensaft

1 EL Ume-Essig (Ume Su)

2 EL brauner Reisessig

¾ TL Meersalz

frisch gemahlener schwarzer Pfeffer

½ Handvoll (15 g) frischer
gehackter Dill

frische Dillblüten zum Garnieren,
optional

FÜR DEN TEIG:

Stellen Sie die Ofentemperatur auf 180 °C herunter. Fetten Sie die Tarteform leicht ein und stellen Sie sie beiseite.

Geben Sie Pinienkerne, Haferflocken, Reismehl, Backpulver, Salz und 25 g Dinkelmehl in eine Küchenmaschine. Häckseln Sie die Zutaten 30 Sekunden, bis die Haferflocken zermahlen sind. Geben Sie die Mischung in eine mittelgroße Schüssel und rühren Sie das restliche Dinkelmehl ein. Gießen Sie das Olivenöl in die Mischung und kneten Sie es mit einer Gabel oder den Fingern ein, bis die Mehlmischung feucht ist. Rühren Sie die Soja- oder Mandelmilch ein und verkneten Sie den Teig mit Ihren Händen. Er sollte feucht sein und gut zusammenhalten, aber nicht an Ihren Fingern kleben. Sollte er krümelig oder trocken sein, kneten Sie noch einen Schuss Soja- oder Mandelmilch unter.

Waschen Sie Ihre Hände und trocknen Sie sie ab. Drücken Sie den Teig gleichmäßig in die gefettete Tarteform. Drücken Sie mit Ihren Daumen den Teig am Rand nach oben und passen Sie dabei auf, dass der Rand nicht zu dick wird. Schneiden Sie überstehenden Teig weg. Stechen Sie den Boden mehrmals mit einer Gabel ein und backen Sie die leere Tarte 12 Minuten bzw. bis der Teig sich gesetzt hat, aber noch nicht durchgebacken ist. Nehmen Sie den Tarteboden aus dem Ofen und stellen Sie ihn beiseite.

FÜR DIE FÜLLUNG:

Erhitzen Sie 1 EL Olivenöl in einer Pfanne auf mittlerer Flamme. Geben Sie die Zwiebel hinein und braten Sie sie 5 Minuten an bzw. bis sie goldbraun ist. Fügen Sie den Knoblauch hinzu und braten Sie ihn 3 Minuten. Nehmen Sie die Pfanne vom Herd und stellen Sie sie beiseite.

Krümeln Sie den Tofu in eine Rührschüssel der Küchenmaschine. Geben Sie Zitronensaft, Ume-Essig, Reisessig, Salz, eine Prise Pfeffer, die restlichen 60 ml Olivenöl und die Hälfte des Zwiebel-Knoblauchmixes aus der Pfanne zu. Pürieren Sie die Zutaten zu einer gleichmäßigen Masse und schaben Sie ggf. die Innenwände nach unten frei. Geben Sie den Dill hinein und häckseln Sie ihn, bis er gleichmäßig in der Masse verteilt ist. Löffeln Sie die Füllung in eine Schüssel und rühren Sie die restliche Zwiebel-Knoblauch-Mischung ein. Streichen Sie die Füllung gleichmäßig auf den Tarteboden. Platzieren Sie die gerösteten Tomaten kreisförmig auf der Tarteoberfläche, stellen Sie die Tarte auf ein Backblech und backen Sie sie 45 Minuten bzw. bis die Füllung in der Mitte gestockt ist und der Tarterand goldbraun ist. Nehmen Sie sie aus dem Ofen und lassen Sie sie 15 Minuten abkühlen, bevor Sie sie vorsichtig aus der Form lösen. Garnieren Sie die Tarte mit Dillblüten und servieren Sie sie warm oder bei Raumtemperatur. Sie hält sich ein bis zwei Tage lang im Kühlschrank, schmeckt frisch aber am allerbesten.

ZUCCHINIBLÜTEN-ORECCHIETTE
MIT GEREIFTEM SCHAFSKÄSE UND ROTEM CHILI

Sollten Sie das Glück haben, eine ordentliche Menge Zucchiniblüten in die Finger zu bekommen, machen Sie diese Pasta. Wenn Sie sie essen, fühlt es sich an, als würde eine Schüssel Sonnenschein in Ihrem Mund zerschmelzen. Die Blüten und die gelbe Zucchini lösen sich in eine butterähnliche Soße auf, der das Basilikum und der Chili ordentlich Pfiff geben. Da Chilischoten unterschiedlich scharf sein können, geben Sie die Stückchen nur nach und nach zu und kosten Sie beim Kochen immer wieder. Wenn es zu scharf wird, lassen Sie die Chiliflocken einfach weg.

Anne von Saxelby Cheesemongers aus dem New Yorker Stadtviertel Lower East Side ließ mich einmal einen in Vermont hergestellten halbfesten Coomersdale-Käse aus Schafsmilch kosten, der jungem Pecorino ähnelt, nach dem ich sofort süchtig wurde und der perfekt zu diesem Rezept passt. Sie brauchen für diese Pasta nur eine kleine Menge Schafskäse. Er schmilzt nicht zu viel, sondern gerade richtig, und ergänzt den zarten Zucchinigeschmack mit einer köstlichen nussigen Note.

Dieses Rezept reicht für vier kleinere Pastaschüsseln aus, kann aber auch leicht von zwei recht hungrigen Leuten aufgegessen werden.

HINWEIS: Reiben Sie den Käse und die Zucchini auf der gröbsten Lochseite Ihrer Standreibe.

---

4 PORTIONEN

Meersalz
225 g Vollkorn-Orecchiette
3 EL natives Olivenöl
6 Knoblauchzehen, gehackt
1 große rote Chili, in dünne Scheiben
geschnitten
3 mittelgroße gelbe Zucchini, geraspelt
¼ Handvoll (10 g) zerpflückte
Basilikumblätter
½ TL Chiliflocken, optional
230 g Zucchiniblüten, in 1 cm dicke
Streifen geschnitten (etwa 45 Blüten)
50 g geriebener halbfester Schafskäse,
plus mehr zum Garnieren

Füllen Sie einen großen Topf mit gefiltertem Wasser und geben Sie eine großzügige Prise Salz hinein. Bringen Sie das Wasser auf hoher Flamme zum Kochen, geben Sie die Pasta hinein und kochen Sie sie 10 bis 12 Minuten bzw. bis sie al dente ist. Bereiten Sie in der Zwischenzeit die Soße vor.

Erhitzen Sie das Olivenöl in einer weiten Pfanne auf mittlerer Flamme. Geben Sie den Knoblauch und die frischen Chiliringe hinein und braten Sie beides 2 Minuten an bzw. bis der Knoblauch goldbraun ist. Rühren Sie die Zucchiniraspel und eine Prise Salz ein. Braten Sie sie 3 bis 4 Minuten bzw. bis sie weich und leicht zusammengeschrumpft sind. Rühren Sie das Basilikum und die Chiliflocken (falls verwendet) ein und braten Sie die Zutaten eine weitere Minute. Fügen Sie die Zucchiniblüten hinzu, rühren Sie um und braten Sie sie 3 bis 4 Minuten bzw. bis sie weich sind und zusammenfallen.

Gießen Sie die Pasta ab und bewahren Sie etwa 60 ml der Kochflüssigkeit auf. Rühren Sie die Pasta und die Kochflüssigkeit unter den Zucchini-Mix in der Pfanne. Nehmen Sie die Pfanne vom Herd, streuen Sie den geriebenen Käse darüber, rühren Sie kurz um und schmecken Sie die Pasta ab. Richten Sie die Pasta in Schüsseln an und garnieren Sie sie mit geriebenem Schafskäse.

GELBE- UND ROTE-BETE-TARTELETTES
MIT MOHNKRUSTE UND WEISSE-BOHNEN-FENCHEL-FÜLLUNG

Diese Tartelettes unterstreichen auf die beste Weise, wie wunderschön Gelbe und Rote Bete dank ihrer leuchtenden Farben sein können. Zusammen sehen sie aus wie eine Sammlung glänzender Edelsteine. Wenn es nur Rote Bete zu kaufen gibt, machen Sie die Tartelettes trotzdem, denn sie sehen auch ganz in Rot fantastisch aus und schmecken dank der ausgefeilten Kombination von Aromen traumhaft. Die nach Fenchel duftende Füllung aus weißen Bohnen ist so lecker, dass Sie sie auch als Dip oder Aufstrich verwenden können. Wie bei vielen Tartes können Sie auch bei diesem Rezept die einzelnen Bestandteile im Voraus zubereiten – den Teig kneten, die rote und gelbe Bete marinieren und die Füllung mixen – und die Tarte kurz vor dem Backen zusammenstellen. Für eine leichte Mahlzeit brauchen diese Tartelettes nur noch die Begleitung eines kleinen Blattsalats mit Dressing, und der Genuss ist perfekt.

6 STÜCK
AUSRÜSTUNG: SECHS TARTELETTE-FORMEN MIT 12 CM DURCHMESSER UND HERAUSNEHMBAREM BODEN

BETE-BELAG:

900 g verschiedenfarbige Bete (etwa 12 kleine)
2 EL unpasteurisierter Apfelessig
2 EL natives Olivenöl
½ TL Meersalz

FÜR DIE BETE:

Geben Sie die Rote, Rosa und Gelbe Bete in verschiedene Töpfe. (Bete färben ab, also sollten Sie sie getrennt kochen, damit sie sich ihre eigene Farbe bewahren). Bedecken Sie sie mit Wasser und bringen Sie sie auf hoher Flamme zum Kochen. Decken Sie die Töpfe ab, stellen Sie die Flamme niedrig und köcheln Sie die Bete, bis Sie sie leicht mit einem Zahnstocher oder der Spitze eines scharfen Messers bis zur Mitte einstechen können. Die Kochzeit variiert je nach Größe der Bete. Testen Sie sie das erste Mal nach 20 Minuten. Sehr große Exemplare können bis zu 45 Garminuten brauchen.

Gießen Sie die Bete ab, rubbeln Sie die Schale ab und spülen Sie sie unter laufendem kaltem Wasser ab. Schneiden Sie die Betekugeln in 2 bis 3 mm dicke Scheiben und legen Sie sie nach Farbe getrennt in Schüsseln. Verquirlen Sie in einer weiteren Schüssel Essig, Öl und Salz. Verteilen Sie die Flüssigkeit gleichmäßig auf alle drei Bete-Schüsseln und vermischen Sie die Scheiben, um sie damit zu überziehen. Lassen Sie sie etwa 30 Minuten bei Raumtemperatur oder bis zu drei Tage lang im Kühlschrank marinieren.

FÜLLUNG:

60 ml plus 1 EL natives Olivenöl

2 mittelgroße Zwiebeln, geviertelt
und in dünne Scheiben geschnitten

2 TL geröstete und gemahlene
Fenchelsamen (siehe Hinweis)

½ TL Meersalz

5 Knoblauchzehen, in 3 mm dicke
Scheiben geschnitten

270 g gekochte weiße Bohnen
(siehe Seite 70) oder 1 Dose
(400 g) weiße Bohnen,
gut gespült und abgetropft

1 TL Ume-Essig (Ume Su)

1 EL weißer Balsamico-Essig

frisch gemahlener schwarzer Pfeffer

TEIG:

70 g geröstete Sonnenblumenkerne
(Seite 79)

45 g Haferflocken

35 g braunes Reismehl

½ TL aluminiumfreies Backpulver

½ TL Meersalz

100 g Vollkorndinkelmehl

4 TL Mohnsamen

60 ml plus 2 EL natives Olivenöl,
plus mehr zum Fetten der
Tarteletteförmchen

60 ml plus 1 EL ungesüßte Sojamilch
oder Mandelmilch

FÜR DIE FÜLLUNG:

Erhitzen Sie 1 EL Olivenöl in einer Pfanne auf mittlerer Flamme. Geben Sie die Zwiebeln hinein und braten Sie sie 8 Minuten bzw. bis sie goldbraun sind. Rühren Sie den gemahlenen Fenchel ein. Stellen Sie die Flamme niedrig und braten Sie den Mix unter gelegentlichem Umrühren (etwa einmal pro Minute) weitere 10 Minuten, bis er karamellisiert. Rühren Sie ¼ TL Salz ein und stellen Sie die Pfanne beiseite.

Erhitzen Sie die restlichen 60 ml Olivenöl in einem kleinen Topf auf mittlerer Flamme. Geben Sie den Knoblauch hinein, stellen Sie die Flamme etwas niedriger und braten Sie den Knoblauch etwa 2 Minuten goldbraun an. Nehmen Sie den Topf vom Herd und stellen Sie ihn beiseite.

Geben Sie die weißen Bohnen in eine Küchenmaschine und fügen Sie Ume- und Balsamico-Essig, den restlichen ¼ TL Salz, den Knoblauch-Öl-Mix und die Hälfte der karamellisierten Zwiebeln hinzu. Häckseln Sie die Zutaten 2 Minuten bzw. bis eine glatte Masse entsteht. Schaben Sie ggf. die Innenwände nach unten frei. Löffeln Sie die Füllung in eine Schüssel, rühren Sie die restlichen karamellisierten Zwiebeln unter und schmecken Sie sie mit Salz und Pfeffer ab. Stellen Sie sie in den Kühlschrank, während Sie den Teig vorbereiten, oder bewahren Sie sie bis zu zwei Tage lang im Kühlschrank auf, wenn Sie sie im Voraus zubereiten.

FÜR DEN TEIG:

Heizen Sie den Ofen auf 180 °C vor. Fetten Sie die sechs Tarteförmchen leicht ein, setzen Sie sie auf ein Backblech und stellen Sie das Backblech beiseite.

Geben Sie Sonnenblumenkerne, Haferflocken, Reismehl, Backpulver, Salz und 25 g Dinkelvollkornmehl in eine Rührschüssel der Küchenmaschine. Häckseln Sie die Zutaten 30 Sekunden bzw. bis die Haferflocken zermahlen sind. Geben Sie die Mischung in eine mittelgroße Schüssel und rühren Sie das restliche Dinkelmehl und die Mohnsamen ein. Gießen Sie das Olivenöl darüber und kneten Sie es mit einer Gabel oder Ihren Fingern ein, bis der Mehlmix feucht ist. Gießen Sie die Soja- oder Mandelmilch zu und kneten Sie mit sauberen Fingern einen Teig. Er sollte feucht sein und gut zusammenhalten, aber nicht an Ihren Fingern kleben. Sollte er krümelig oder trocken sein, kneten Sie noch einen Schuss Soja- oder Mandelmilch unter.

Waschen Sie Ihre Hände und trocknen Sie sie ab. Drücken Sie den Teig gleichmäßig in die gefetteten Tarteletteförmchen. Drücken Sie mit Ihren Daumen den Teig am Rand nach oben und passen Sie auf, dass der Rand nicht zu dick wird. Schneiden Sie überstehenden Teig weg.

Stechen Sie den Boden mehrmals mit einer Gabel ein und backen Sie die leeren Tartelettes 15 Minuten bzw. bis der Teig sich gesetzt hat, aber noch nicht durchgebacken ist. Nehmen Sie die Förmchen aus dem Ofen. Verteilen Sie die Füllung gleichmäßig auf alle sechs Tartelettes und streichen Sie sie mit der Rückseite eines Löffels glatt.

Platzieren Sie die Bete-Scheiben nach Farben getrennt kreisförmig und überlappend auf den Tartelettes. Schieben Sie die Tartelettes in den Ofen und backen Sie sie 10 Minuten. Nehmen Sie sie aus dem Ofen und lassen Sie sie 10 Minuten abkühlen, bevor Sie sie aus den Förmchen lösen. Servieren Sie sie leicht warm oder bei Raumtemperatur.

HINWEIS: Erwärmen Sie für das Rösten der Fenchelsamen eine kleine Pfanne auf mittlerer Flamme. Geben Sie die Samen hinein und rösten Sie sie unter ständigem Rühren 2 Minuten bzw. bis sie duften. Mahlen Sie sie mit einer elektrischen Gewürzmühle oder mit Mörser und Stößel fein.

SPÄTSOMMEREINTOPF MIT ALTEN BOHNENSORTEN UND PETERSILIEN-PISTOU

Wenn die warmen Sommernächte immer seltener werden und kühlerer Luft weichen, ist dieser leckere Eintopf eine schöne Art, den Sommer zu verabschieden. Die cremigen Bohnen verleihen diesem sonst eher leichten Eintopf Körper und Tiefe. Ich verwende gern weiße Riesenbohnen dafür, Sie können diese aber auch durch Limabohnen oder anderen Sorten, die Sie gegen Sommerende auf dem Bauernmarkt finden, ersetzen.

In diesem Rezept röste ich die Zucchini, bevor ich sie zum Eintopf gebe, wodurch sie einen reicheren Geschmack bekommt und weniger Wasser enthält. Wenn es im Herbst keine Zucchini mehr auf dem Markt gibt, können Sie sie auch durch Butternusskürbis ersetzen, der auch hervorragend mit Tomaten, Kräutern und Bohnen harmoniert. Rösten Sie ihn einfach 5 bis 10 Minuten länger bzw. bis er braun und innen weich ist. Mit ein bisschen frischem Petersilien-Pistou wird dieser Eintopf zu einer unvergesslichen kulinarischen Erfahrung. Servieren Sie ihn mit warmem, knusprigem Brot, mit dem Sie die auch letzten Tropfen dieser Köstlichkeit auftunken können.

4 PORTIONEN

BOHNEN:

150 weiße Riesenbohnen, verlesen und 12 bis 24 Stunden in 1 l gefiltertem Wasser eingeweicht
960 ml gefiltertes Wasser
1 Stück Kombu (5 cm breit)
4 Lorbeerblätter

BOHNEN KOCHEN:

Kochen Sie die Bohnen mit dem Kombustück und den Lorbeerblättern wie auf Seite 70 beschrieben. Gießen Sie sie ab und bewahren Sie 500 ml der Kochflüssigkeit auf. Kompostieren Sie das Kombustück und die Lorbeerblätter. Sollten Sie frische Bohnen verwenden, kochen Sie diese 30 Minuten bzw. bis sie weich sind in gefiltertem Wasser mit einem Stück Kombu und Lorbeerblättern. Gießen Sie die Bohnen ab, bewahren Sie 480 ml der Kochflüssigkeit auf und stellen Sie beides beiseite.

GERÖSTETE ZUCCHINI:

5 mittelgroße (etwa 670 g)
   gelbe Zucchini, in 1 cm dicke
   runde Scheiben geschnitten
2 EL natives Olivenöl
Meersalz
frisch gemahlener schwarzer Pfeffer

EINTOPF:

2 EL natives Olivenöl
1 große Zwiebel, geviertelt und
   in dünne Scheiben geschnitten
½ TL Meersalz, plus mehr auf
   Wunsch
5 Knoblauchzehen, in dünne
   Scheiben geschnitten
45 g Basilikumblätter
4 TL frischer gehackter Thymian
2 EL frischer fein gehackter Oregano
1,4 kg Tomaten (etwa 8 große),
   geschält und gehackt (siehe
   Hinweis)
frisch gemahlener schwarzer Pfeffer

ZUCCHINI RÖSTEN:

Heizen Sie den Ofen auf 200 °C vor. Legen Sie ein Backblech mit Backpapier aus und verteilen Sie die Zucchinischeiben darauf. Beträufeln Sie sie mit Öl und streuen Sie eine Prise Salz und schwarzen Pfeffer darüber. Vermischen Sie die Scheiben, damit Sie gleichmäßig mit dem Gewürzmix überzogen sind, breiten Sie sie in einer Schicht auf dem Backpapier aus und rösten Sie sie 30 Minuten im Ofen. Wenden Sie die Scheiben und rösten Sie sie weitere 5 bis 10 Minuten bzw. bis sie goldbraun sind. Nehmen Sie sie aus dem Ofen und stellen Sie sie beiseite.

FÜR DEN EINTOPF:

Erhitzen Sie das Olivenöl in einem großen Topf auf mittlerer Flamme. Geben Sie die Zwiebel hinein und braten Sie sie 5 Minuten an bzw. bis sie goldbraun ist. Rühren Sie Salz und Knoblauch ein und braten Sie die Zutaten weitere 2 bis 3 Minuten. Hacken Sie die Hälfte des Basilikums klein und geben Sie es zusammen mit dem Thymian und dem Oregano in den Topf. Braten Sie es 1 weitere Minute. Rühren Sie die Tomaten ein, stellen Sie die Flamme hoch und bringen Sie die Zutaten zum Kochen. Decken Sie den Topf ab, stellen Sie die Flamme niedrig und köcheln Sie die Tomaten 5 bis 10 Minuten bzw. bis sie gar sind.

Fügen Sie die Bohnen und 360 ml der aufbewahrten Kochflüssigkeit hinzu. Wenn Sie einen dickeren Eintopf bevorzugen, verringern Sie die Menge der Kochflüssigkeit oder lassen Sie sie ganz weg. Zerpflücken Sie die restlichen Basilikumblätter und geben Sie sie in den Topf. Stellen Sie die Flamme hoch, bringen Sie den Eintopf zum Köcheln und lassen Sie ihn ohne Deckel 10 Minuten köcheln bzw. bis sich die Aromen miteinander verbinden. Gießen Sie je nach gewünschter Konsistenz mehr Flüssigkeit zu. Rühren Sie die geröstete Zucchini ein und würzen Sie nach Belieben mit Salz und schwarzem Pfeffer. Nehmen Sie den Topf vom Herd, geben Sie den Eintopf in Schüsseln und servieren Sie ihn mit frischem knusprigem Brot und mit Petersilien-Pistou garniert. Abgekühlt und in einem großen Schraubglas aufbewahrt hält sich der Eintopf bis zu vier Tage lang.

HINWEIS: Bringen Sie, um die Tomaten zu schälen, einen großen Topf Wasser zum Kochen. Schneiden Sie die Tomaten am Ansatz x-förmig ein und geben Sie sie vorsichtig etwa 30 Sekunden lang ins kochende Wasser, bis die Haut von allein abpellt. Gießen Sie sie ab und lassen Sie sie gut abkühlen, bevor Sie sie vollständig schälen.

PETERSILIEN-PISTOU

Pistou schmeckt wie ein zitroniges Pesto, enthält aber weder Nüsse noch Käse. Es verleiht Suppen, Eintöpfen, gegrilltem und gedünstetem Gemüse sowie allem, womit es garniert wird, einen schönen leuchtenden Farbtupfer und eine leckere Kräuternote.

ERGIBT ETWA 120 ML

40 g gehackte glattblättrige Petersilie
60 ml plus 2 EL natives Olivenöl
4 TL Zitronensaft
1 Knoblauchzehe, gepresst
knapp ¼ TL Meersalz
frisch gemahlener schwarzer Pfeffer

Geben Sie Petersilie, Olivenöl, Zitronensaft, Knoblauch, Salz und eine Prise schwarzen Pfeffer in eine Schüssel und verrühren Sie alles gut miteinander. Würzen Sie nach Belieben nach. Bewahren Sie Reste in einem Schraubglas im Kühlschrank auf und brauchen Sie sie innerhalb einiger Tage auf.

AROMATISCHES AUBERGINEN-CURRY
MIT KARDAMOM-BASMATI-REIS, SÄUERLICHEM APRIKOSEN-CHUTNEY UND GURKE-LIMETTE-RAITA

Auberginen sind wie für Currys gemacht: Ihr weiches Fruchtfleisch verschmilzt so wunderbar mit frischem Ingwer und aromatischen Gewürzen, dass es ein Fest für die Sinne ist. Die Tomaten verleihen diesem Rezept eine saftig-säuerliche Nuance, und wenn das Curry mit Reis, Chutney und Raita serviert wird, ist die Geschmackskombination so perfekt, dass sie nicht zu übertreffen ist. In diesem Gericht schmeckt jede Art von Aubergine fantastisch, ich aber mag die dünnen, festfleischigen chinesischen Auberginen am liebsten. Durch ihre Form sind sie leicht zu verarbeiten, und ihre tiefviolette dünne Schale ist ein wahrer Augenschmaus.

6 PORTIONEN

1,4 kg chinesische Auberginen
   (etwa 10 mittelgroße), per Rollschnitt
   in etwa 3 cm große Stücke geschnitten
   (siehe Seite 176)
6 EL natives Kokosöl, geschmolzen
Meersalz
1½ TL schwarze Senfsamen
2 mittelgroße Zwiebeln, in 2 cm große
   Würfel geschnitten
2 EL geschälter und fein gehackter
   frischer Ingwer
5 große Knoblauchzehen, fein gehackt
2 EL plus 1 TL selbst gemachtes
   Currypulver (Seite 119)
1,2 kg (etwa 8 mittelgroße) Tomaten,
   geschält und gehackt (siehe Tipp auf
   Seite 254)
60 g Koriandergrün, grob gehackt
   (optional)

Heizen Sie den Ofen auf 200 °C vor. Legen Sie zwei Backbleche mit Backpapier aus und stellen Sie sie beiseite.

Geben Sie die Auberginenstücke in eine große Schüssel, fügen Sie 4 EL des Kokosöls und ½ TL Salz hinzu und vermischen Sie alles miteinander. Verteilen Sie die Stücke gleichmäßig mit der größten Schnittseite nach unten auf den Backblechen. Rösten Sie sie 25 Minuten, wenden Sie sie, tauschen Sie die Backblechschienen und rösten Sie die Auberginen 15 weitere Minuten bzw. bis sie goldbraun und innen weich sind. Nehmen Sie die Bleche aus dem Ofen und stellen Sie sie beiseite.

Erhitzen Sie das restliche Kokosöl in einem großen Topf auf mittlerer Flamme. Geben Sie die Senfsamen hinein und rühren Sie um, bis diese nach etwa 1 Minute aufplatzen. Fügen Sie die Zwiebeln und 1 TL Salz hinzu und braten Sie sie 2 Minuten. Stellen Sie die Flamme niedrig und braten Sie die Zwiebeln unter gelegentlichem Rühren weitere 10 Minuten bzw. bis sie weich und goldbraun sind. Stellen Sie die Flamme wieder auf mittlere Stufe und fügen Sie Ingwer und Knoblauch hinzu. Braten Sie die Zutaten weitere 3 Minuten. Rühren Sie das Currypulver und die Tomaten ein und bringen Sie alles zum Köcheln. Decken Sie den Topf ab, stellen Sie die Flamme niedrig und köcheln Sie die Tomaten 10 Minuten bzw. bis sie weich und fast zu einer Soße geworden sind. Rühren Sie vorsichtig die gerösteten Auberginen ein und köcheln Sie das Curry 10 Minuten ohne Deckel. Würzen Sie nach Belieben und rühren Sie das frische Koriandergrün ein (falls verwendet). Richten Sie das Curry in Schüsseln an und servieren Sie es mit Reis, Chutney und Raita.

BRAUNER KARDAMOM-BASMATI-REIS

Kardamom unterstreicht die zart duftende Note von langkörnigem Basmati-Reis und macht ihn noch aromatischer und vielschichtiger. Die im Vergleich zu Rundkornreisarten leichtere und luftigere Konsistenz macht ihn zum perfekten Begleiter von Currygerichten.

6 BIS 8 PORTIONEN

275 g brauner Basmati-Reis, gewaschen und 12 bis
    24 Stunden in 1 l gefiltertem Wasser eingeweicht
550 ml gefiltertes Wasser
10 Kardamomkapseln
3 Lorbeerblätter
3 ganze Anissterne
1 große Prise Meersalz

Gießen Sie den Reis ab und spülen Sie ihn. Geben Sie ihn in einen Topf mit 2 L Fassungsvermögen. Fügen Sie das gefilterte Wasser, die Kardamomkapseln und Lorbeerblätter, die Anissterne und das Salz hinzu. Bringen Sie die Zutaten zum Kochen, decken Sie den Topf ab, stellen Sie die Flamme niedrig und köcheln Sie den Reis 50 Minuten bzw. bis alle Flüssigkeit absorbiert ist. Nehmen Sie den Topf vom Herd und lassen Sie den Reis 5 bis 10 Minuten abgedeckt durchziehen. Entfernen und kompostieren Sie die Kardamomkapseln, Lorbeerblätter und Anissterne vor dem Servieren.

SÄUERLICHES APRIKOSEN-CHUTNEY

Dieses einfache, intensive und köstliche Chutney ist schnell gemacht. Mit den Resten können Sie einfache Reis- oder Dalgerichte aufpeppen – krönen Sie es einfach noch mit einem Klecks Joghurt und ein bisschen frischem gehacktem Koriandergrün, und schon haben Sie eine vollständige kleine Mahlzeit.

ERGIBT 420 ML

180 g ungeschwefelte getrocknete Aprikosen,
    in dünne Scheiben geschnitten
1 TL frischer Ingwer, geschält und fein gehackt
1 TL Knoblauch, fein gehackt
60 ml unpasteurisierter Apfelessig

360 ml Apfelsaft oder Apfelcidre
1 Prise Cayennepfeffer, oder mehr auf Wunsch
¼ TL Salz, plus mehr auf Wunsch
gehackte geröstete Pistazien (Seite 80),
    zum Garnieren

Geben Sie alle Zutaten außer den Pistazien in einen kleinen Topf und bringen Sie sie zum Kochen. Decken Sie den Topf ab, stellen Sie die Flamme niedrig und köcheln Sie das Chutney 20 bis 25 Minuten. Rühren Sie etwa alle 5 Minuten um. Das Chutney ist fertig, wenn die Aprikosen weich sind und Flüssigkeit eingekocht ist. Lassen Sie es abkühlen und rühren Sie je nach gewünschter Konsistenz mehr Wasser ein. Würzen Sie es nach Belieben und bestreuen Sie es vor dem Servieren mit gerösteten Pistazienstückchen.

GURKE-LIMETTE-RAITA

Dieses Raita mit einem Hauch von Limette passt zu jedem Curry, kommt aber geschmacklich besonders gut zur Geltung, wenn es wie empfohlen mit Auberginen-Curry, Basmati-Reis und Aprikosen-Chutney serviert wird. Ich bereite es am liebsten mit einem dicken Vollmilchjoghurt zu. Wenn Sie dünneren Joghurt bevorzugen, pressen Sie vor dem Unterrühren den Saft aus den Gurkenraspeln, damit das Raita nicht zu dünn wird.

ERGIBT ETWA 500 ML

1 große Gurke, geschält und entsamt
360 ml Vollmilchjoghurt
¾ TL Meersalz
1 gehäufter EL fein gehackte Minzblätter
Abrieb einer Limette
frische Minzblätter zum Garnieren

Reiben Sie die Gurke auf der gröbsten Lochseite Ihrer Standreibe und geben Sie sie in eine mittelgroße Schüssel. Fügen Sie Joghurt, Salz, die gehackten Minzblätter und den Limettenabrieb hinzu und verrühren Sie alles gut miteinander. Löffeln Sie das Raita in eine Schüssel und garnieren Sie es mit frischen ganzen Minzblättern.
In einem Schraubglas im Kühlschrank aufbewahrt hält sich das Raita einige Tage lang.

TEMPEH-PORTOBELLO-BURGER

Immer wenn ich diese Burger mache, ernte ich Jubelstürme der Begeisterung. Es sind dafür zwar ein paar Extraschritte nötig, aber das Ergebnis ist diese kleine Mühe absolut wert. Dank dem großartigen Geschmack und dem Biss des marinierten Tempeh, der gebratenen Portobello-Pilze und jeder Menge frischer Petersilie sind diese Burger besonders herzhaft und zum Fingerablecken gut. Dieses Rezept ist meine Version des Rezepts, das ich von meinen Freundinnen Leah Devde und Maria Jacecko gelernt habe, mit denen ich zusammenarbeitete, nachdem ich gerade frisch nach New York gezogen war. Ihr Rezept verwendet vormarinierten, in der Region hergestellten Tempeh, den es leider nicht mehr gibt. Also habe ich mich auf meine Erinnerung verlassen und einfach meinen eigenen Tempeh mariniert, und bin von dem Ergebnis begeistert. Ich empfehle, den Tempeh einen oder sogar zwei Tage vor dem Zubereiten der Burger zu marinieren und zu backen, da Sie sonst leicht einige Stunden am Stück in der Küche stehen.

Diese Burger lassen sich mit jeder Soße und jedem Topping kombinieren. Ich mag sie am liebsten auf Sesambrötchen aus gekeimtem Mehl mit *Miso-Mayonnaise* (Seite 118), Avocado, gebräunten Zwiebeln (Rezept folgt), körnigem Dijon-Senf, frischer Tomate und grünem Salat. Sie werden begeistert sein!

ERGIBT 8 GROSSE BURGER

TEMPEH:

450 g ungewürzter Tempeh
240 ml veganer Apfelsaft oder Apfelcidre
3 Knoblauchzehen
2 EL unpasteurisierter Apfelessig
4 TL Tamarisoße
60 ml plus 2 EL natives Olivenöl
1 TL Paprikapulver
1 TL gemahlener Kreuzkümmel

TEMPEH MARINIEREN UND BACKEN:

Schneiden Sie den Tempeh in 2 × 7 cm große Scheiben. (Sie sollten 14 Scheiben herausbekommen.) Legen Sie jede Scheibe flach auf ein Schneidebrett und halbieren Sie sie so, dass Sie am Ende 28 nur 1 cm dicke Scheiben haben.

Geben Sie Apfelsaft, Knoblauch, Essig, Tamarisoße, Olivenöl, Paprikapulver und Kreuzkümmel in einen Standmixer und pürieren Sie die Zutaten zu einer glatten Marinade. Legen Sie die Tempehscheiben in eine flache Auflaufform und gießen Sie die Marinade darüber. Lassen Sie den Tempeh 1 Stunde oder bis zu zwei Tage im Kühlschrank marinieren.

Heizen Sie den Ofen auf 180 °C vor. Backen Sie den Tempeh 45 Minuten bzw. bis die Marinade fast absorbiert ist und der Tempeh an den Rändern braun wird. Nehmen Sie ihn aus dem Ofen und lassen Sie ihn abkühlen.

BURGER:

55 g (etwa 10) sonnengetrocknete
    Tomaten (trocken, nicht in Öl
    eingelegt)
2 EL natives Olivenöl, plus mehr zum
    Bestreichen der Burger und zum
    Einfetten des Blechs
1 mittelgroße Zwiebel, gewürfelt
5 Knoblauchzehen, fein gehackt
½ TL Meersalz, plus mehr auf
    Wunsch
½ TL Paprikapulver
½ TL gemahlener Kreuzkümmel
7 mittelgroße (etwa
    680 g) Portobello-Pilze
    (Riesenchampignons), Stiele
    entfernt und Hüte in 1 cm große
    Würfel geschnitten
45 g Haferflocken
35 g geröstete Sonnenblumenkerne
    (Seite 79)
1 TL unpasteurisiertes Gerste- oder
    braunes Reis-Miso
40 g gehackte Petersilie
1 TL Tamarisoße
frisch gemahlener schwarzer Pfeffer

FÜR DIE BURGER:

Weichen Sie die getrockneten Tomaten 30 Minuten in 240 ml kochendem Wasser ein. Gießen Sie sie ab und schneiden Sie sie in sehr kleine Stückchen.

Erhitzen Sie das Olivenöl in einer weiten Pfanne auf mittlerer Flamme. Geben Sie die Zwiebeln hinein und braten Sie sie 5 Minuten an bzw. bis sie goldbraun sind. Fügen Sie Knoblauch und Salz hinzu und braten Sie die Zutaten weitere 2 Minuten. Rühren Sie das Paprikapulver und den Kreuzkümmel ein. Geben Sie die Hälfte der Pilze zu und braten Sie sie 2 Minuten bzw. bis sie zu schrumpfen beginnen. Fügen Sie nun die zweite Hälfte der Pilze hinzu und braten Sie sie weitere 10 Minuten bzw. bis die gesamte Flüssigkeit verdampft ist und die Pilze gar sind. Nehmen Sie sie vom Herd und stellen Sie sie beiseite.

Heizen Sie den Ofen auf 180 °C vor. Legen Sie ein Backblech mit Backpapier aus, bestreichen Sie das Backpapier leicht mit Öl und stellen Sie das Blech beiseite.

Geben Sie die Haferflocken und die Sonnenblumenkerne in eine Küchenmaschine und häckseln Sie sie mehrere Male, bis sie grob zermahlen sind. Schütten Sie sie in eine große Schüssel und geben Sie die gebratenen Pilze, die sonnengetrockneten Tomaten, das Miso, die Petersilie, Tamarisoße und eine große Prise schwarzen Pfeffer dazu und vermischen Sie alles gut miteinander. Krümeln Sie den gebackenen Tempeh hinein und verrühren Sie ihn mit dem Mix. Schmecken Sie die Mischung ab und salzen Sie ggf. nach.

Formen Sie 8 Burger-Patties aus der Mischung und drücken Sie sie etwas flach, bis Sie ungefähr die Größe Ihrer Brötchen haben. Legen Sie sie auf das vorbereitete Backblech und bestreichen Sie rundherum mit Olivenöl. Backen Sie sie 20 Minuten, wenden Sie die Burger dann vorsichtig mit einem Pfannenwender und schieben Sie sie für 10 weitere Minuten in den Ofen. Nehmen Sie sie aus dem Ofen und servieren Sie sie mit gebräunten Zwiebelringen und Ihren Lieblingstoppings und -soßen. Ihre frisch gebackenen Burger halten sich bis zu drei Tage lang im Kühlschrank – aber nur, wenn Sie Ihren Appetit so lange zügeln können.

GEBRÄUNTE ZWIEBELRINGE:

2 EL natives Olivenöl
2 mittelgroße Zwiebeln,
    in etwa 8 mm dicke Ringe
    geschnitten
Meersalz

Erhitzen Sie das Olivenöl in einer gusseisernen Pfanne auf mittlerer Flamme. Legen Sie die Zwiebelringe nebeneinander in die Pfanne. (Sie müssen wahrscheinlich in zwei Durchgängen arbeiten.) Braten Sie sie 4 bis 5 Minuten an bzw. bis sie braun werden. Wenden Sie sie vorsichtig mit einem flachen Pfannenwender und braten Sie sie eine 1 Minute. Stellen Sie die Flamme niedrig und braten Sie die Zwiebelringe weitere 3 bis 4 Minuten, bis sie weich und braun sind. Bestreuen Sie sie mit einer Prise Salz und nehmen Sie sie aus der Pfanne. Wiederholen Sie diese Schritte mit den restlichen noch nicht gebratenen Zwiebelringen.

VEGAN

ZUCKERMAIS-TOFU-FRITTATA
MIT GERÖSTETEM KIRSCHTOMATENKOMPOTT

Der tolle zart-kernige Biss dieser goldgelb gebackenen Frittata entsteht durch das Zusammenspiel von leckerem aufgeschlagenem Tofukäse und cremiger, mit Maiskörnern durchzogener Polenta. Mit saftig-herzhaftem Kirschtomatenkompott gekrönt und mit einem einfachen kleinen Salat als Beilage ist dieses Gericht ein voller Erfolg. Lassen Sie sich nicht dazu verleiten, die Frittata mit gefrorenen Maiskörnern und wässrigen Tomaten zu machen, sondern warten Sie bis zum Sommer, wenn die Zutaten Saison haben – Sie werden sehr froh darüber sein.

6 PORTIONEN

POLENTA:

525 g Zuckermaiskerne von 4 bis 5 Maiskolben
1 EL plus 1 TL natives Olivenöl
Meersalz
600 ml gefiltertes Wasser
1 Lorbeerblatt
1 Zweig Rosmarin
1 Zweig Oregano
1 Zweig Thymian
80 g Maisgrieß, plus mehr zum Bestäuben der Pfanne

FÜR DIE POLENTA:

Geben Sie 175 g Maiskörner, 1 TL Olivenöl und 1 Prise Salz in eine Schüssel und vermengen Sie alles miteinander. Stellen Sie die Schüssel beiseite.

Geben Sie Wasser, das Lorbeerblatt, Rosmarin, Oregano, Thymian und ½ TL Salz in einen mittelgroßen Topf und bringen Sie die Flüssigkeit zum Kochen. Decken Sie den Topf ab, stellen Sie die Flamme niedrig und köcheln Sie die Kräuter 4 Minuten. Entfernen Sie das Lorbeerblatt und die Kräuter. Stellen Sie die Flamme hoch und rühren Sie den Maisgrieß ein. Rühren Sie weiter um, bis der Grieß zu kochen beginnt. Seien Sie vorsichtig, es kann spritzen. Stellen Sie die Flamme niedrig und köcheln Sie die Polenta ohne Deckel 15 Minuten. Rühren Sie etwa jede Minute um, damit sie nicht anhängt. Rühren Sie 1 EL Olivenöl und die restlichen 350 g Maiskörner ein. Köcheln Sie den Mix weitere 8 bis 10 Minuten auf niedriger Flamme bzw. bis der Mais weich ist. Nehmen Sie den Topf vom Herd, decken Sie ihn ab und stellen Sie ihn beiseite, während Sie den Tofukäse zubereiten.

TOFUKÄSE:

4 EL natives Olivenöl,
   plus mehr zum Einfetten der Pfanne
4 Knoblauchzehen,
   in 5 mm dicke Scheiben geschnitten
1 Block fester Tofu (400 g),
   abgetropft, gespült und trocken getupft
2 EL plus 2 TL brauner Reisessig
1 TL gemahlene Leinsamen
¼ TL Kurkuma
½ TL Meersalz
1 TL fein gehackter frischer Thymian

FÜR DEN TOFUKÄSE:

Heizen Sie den Ofen auf 180 °C vor. Fetten Sie eine gusseiserne ofenfeste Pfanne mit 23 cm Durchmesser ein, bestäuben Sie Boden und Rand mit Maisgrieß und stellen Sie sie beiseite.

Erhitzen Sie das Olivenöl in einer kleinen Pfanne auf mittlerer Flamme. Geben Sie den Knoblauch hinein und braten Sie ihn 2 Minuten goldbraun an. Nehmen Sie die Pfanne vom Herd und stellen Sie sie beiseite. Krümeln Sie den Tofu in eine Rührschüssel der Küchenmaschine. Geben Sie Reisessig, Leinsamen, Kurkuma, Salz und den angebratenen Knoblauch zu. Häckseln Sie die Zutaten, bis sie eine glatte Masse ergeben. Fügen Sie den Thymian hinzu und häckseln sie ihn, bis er gut mit der Masse vermischt ist. Nehmen Sie den Deckel vom Topf mit der Polenta und heben Sie den Tofukäse unter. Rühren Sie um, bis alles gut miteinander vermengt ist. Streichen Sie die Mischung in die gefettete ofenfeste Pfanne und geben Sie die mit Öl und Salz vermischten Maiskörner aus der beiseitegestellten Schüssel gleichmäßig darüber. Backen Sie die Frittata 45 bis 50 Minuten im Ofen bzw. bis die Mitte fest und die Ränder goldbraun sind. Nehmen Sie sie aus dem Ofen und lassen Sie sie vor dem Servieren 10 Minuten durchziehen. Servieren Sie die Frittata mit Kirschtomatenkompott (Rezept rechts). Reste können Sie abdecken und im Ofen oder im Dämpfeinsatz in einem Topf mit etwas Wasser aufwärmen.

GERÖSTETES KIRSCHTOMATEN-KOMPOTT

Es gibt kaum ein Gericht, auf dem dieses fruchtige Tomatenkompott nicht sensationell schmeckt. Ich liebe es besonders auf einer Scheibe Toast zusammen mit Avocadoscheiben, einem pochierten Ei und jeder Menge frischer gehackter Petersilie oder Schnittlauch. Es hält sich etwa drei Tage lang im Kühlschrank und schmeckt in Raumtemperatur oder leicht erwärmt am besten.

6 PORTIONEN (ALS BEILAGE)

450 g Kirschtomaten
2 EL natives Olivenöl
1 Knoblauchzehe, fein gehackt
10 frische Basilikumblätter, zerpflückt
¼ TL Meersalz
frisch gemahlener schwarzer Pfeffer

Heizen Sie den Ofen auf 200 °C vor. Geben Sie alle Zutaten in eine große Schüssel und vermengen Sie sie miteinander. Legen Sie die Tomaten nebeneinander auf ein mit Backpapier ausgelegtes Backblech und rösten Sie sie 15 Minuten im Ofen. Wenden Sie die Tomaten und rösten Sie sie weitere 15 Minuten bzw. bis sie zusammenfallen und saftig sind. Nehmen Sie die Tomaten aus dem Ofen und geben Sie sie in eine Schüssel. Servieren Sie das Kompott warm oder in Raumtemperatur.

ROTE-BETE-KICHERERBSEN-TALER MIT ZAZIKI

Kichererbsen und Rote Bete gehören zu meinen Lieblingszutaten. Ob getrennt oder zusammen gegessen, ich kann mir keine Woche vorstellen, in der sie nicht wenigstens in einer meiner Mahlzeiten auftauchen. Der herzhafte Biss von Kichererbsen ergibt zusammen mit der erdigen Süße Roter Bete und einem Schuss Essig ein leckeres Gericht. Zu Talern geformt und gekrönt mit dickem Joghurt mit reichlich Dill und Knoblauch wird ein traumhafter Genuss daraus. Diese Taler schmecken warm und auch bei Raumtemperatur unwiderstehlich und sind auch zusammen mit gehackten Tomaten, knackigem Salat und einem Klecks Zaziki eine tolle Füllung für warmes Pitabrot.

HINWEIS: Wenn Sie keinen Schnellkochtopf zum Kochen der Kichererbsen haben, sollten Sie lieber Kichererbsen aus der Dose verwenden, da diese sehr weich sein müssen, damit die Taler zusammenhalten.

ERGIBT 12 TALER

4 PORTIONEN

2 EL natives Olivenöl, plus mehr zum Bestreichen von Talern und Backpapier

520 g gekochte Kichererbsen (siehe Seite 72) oder 2 Dosen Kichererbsen (je 400 g), abgetropft und gut gespült

2 mittelgroße rote Zwiebeln, klein gewürfelt

8 Knoblauchzehen, fein gehackt

2 TL Meersalz, plus mehr auf Wunsch

2 mittelgroße Rote Bete (etwa 350 g), auf der gröbsten Lochseite einer Standreibe gerieben

2 EL Balsamico-Essig

30 g frischer gehackter Dill

frisch gemahlener schwarzer Pfeffer

Zaziki zum Garnieren (Rezept folgt)

Heizen Sie den Ofen auf 190 °C vor. Legen Sie ein Backblech mit Backpapier aus, bestreichen Sie es leicht mit etwas Olivenöl und stellen Sie es beiseite.

Geben Sie die Kichererbsen in eine Schüssel und zerdrücken Sie sie mit einem Kartoffelstampfer. (Zerdrücken Sie sie nicht zu stark, damit die Mischung stückig bleibt.)

Erhitzen Sie das Olivenöl in einer breiten Pfanne auf mittlerer Flamme. Geben Sie die Zwiebeln hinein und braten Sie sie 5 Minuten an bzw. bis sie bräunen. Fügen Sie Knoblauch und Salz hinzu und braten Sie die Zutaten weitere 3 Minuten. Rühren Sie die Rote-Bete-Raspel ein und schmoren Sie sie 6 bis 8 Minuten bzw. bis die Rote Bete gar ist. Rühren Sie den Balsamico-Essig ein und nehmen Sie die Pfanne vom Herd. Löffeln Sie die Mischung aus der Pfanne in die Schüssel mit den zerdrückten Kichererbsen und vermengen Sie alles gut miteinander. Würzen Sie nach Belieben mit Salz und Pfeffer.

Formen Sie aus je 3 EL der Mischung Taler und legen Sie sie auf das vorbereitete Blech. Bestreichen Sie alle Seiten der Taler mit Olivenöl. Backen Sie sie 15 Minuten im Ofen, nehmen Sie das Blech heraus, drehen Sie es um 180 Grad und schieben Sie es für weitere 15 Minuten in den Ofen bzw. bis die Taler an der Unterseite braun werden. Nehmen Sie die Taler aus dem Ofen und lassen Sie sie vor dem Servieren 5 Minuten abkühlen.

Nehmen Sie die Taler vor dem Servieren mit einem Pfannenwender vom Blech und legen Sie sie mit der Unterseite nach oben auf einen Teller. Krönen Sie sie mit Zaziki oder servieren Sie sie als Beilage.

ZAZIKI

Zaziki ist ein fantastischer griechischer Joghurtdip bzw. eine Beilage, die mit Gurken, Dill, Knoblauch und Olivenöl zubereitet wird. Ich habe es das erste Mal vor vielen Jahren bei einer Griechenlandreise mit meiner besten Freundin Guinevere probiert. Damals wurde unser Zaziki zusammen mit gekochter Roter Bete und gedämpften Rote-Bete-Blättern serviert; eine so einfache wie umwerfende Geschmackskombination, die einen bleibenden Eindruck bei mir hinterlassen hat. Bereiten Sie es nicht nur für diese Taler zu – Zaziki schmeckt auch in Kombination mit geröstetem Gemüse, einfachen Getreidegerichten und knackigen Sommersalaten fantastisch.

ERGIBT 480 ML

1 große Gurke, geschält und entsamt

360 ml griechischer Vollmilchjoghurt oder Labneh (S. 220)

¼ Handvoll (10 g) frischer gehackter Dill

2 Knoblauchzehen, gepresst

¾ TL Meersalz, plus mehr auf Wunsch

2 EL natives Olivenöl, plus mehr zum Beträufeln

frisch gemahlener schwarzer Pfeffer

Reiben Sie die Gurke auf der gröbsten Lochseite Ihrer Standreibe, geben Sie die Raspel in ein Sieb und drücken Sie mit Ihren Händen den Saft heraus. Trinken Sie den Saft oder schütten Sie ihn weg. Geben Sie die Gurkenraspel zusammen mit dem Joghurt, Dill, Knoblauch, Salz, Olivenöl und einer Prise schwarzem Pfeffer in eine Schüssel. Vermengen Sie alles gut miteinander, würzen Sie nach Belieben nach und servieren Sie das Zaziki mit etwas Olivenöl beträufelt. Reste lassen sich bis zu drei Tage lang in einem luftdichten Behälter im Kühlschrank aufbewahren.

PIKANTER EINTOPF AUS SCHWARZEN BOHNEN
MIT KNUSPRIGER ZUCKERMAIS-POLENTA UND TOMATILLO-AVOCADO-SALSA

Diesen herzhaften Eintopf esse ich auch gern ohne Beilage oder mit ein paar gerösteten Kürbiskernen und Avocado garniert. Wenn Sie ihn zusammen mit knusprig-goldener Polenta und einer fruchtigen Salsa servieren, wird daraus ein festliches Dinner für Freunde oder Familie. Der geröstete Kürbis verleiht dem Eintopf einen vollmundig-süßen Geschmack, der wunderbar mit dem Kreuzkümmel und Koriander harmoniert. Als erfrischende, farbenfrohe und knackige Beilage zu diesem Eintopf eignet sich am besten mein *schneller marinierter Rotkohl* (Seite 104). Sie können die Bohnen und den Kürbis schon einen Tag im Voraus kochen bzw. rösten. Der Eintopf schmeckt auch mehrere Tage lang fantastisch. Beim Abkühlen wird er dicker, wärmen Sie ihn also vor dem Servieren immer mit etwas Wasser oder aufbewahrter Bohnenkochflüssigkeit auf.

HINWEIS: Wenn Sie Bohnen aus der Dose verwenden, benötigen Sie 3 Dosen zu je 400 g. Gießen Sie die Dosenbohnen gut ab und spülen Sie sie vor dem Verwenden gründlich, und verwenden Sie statt der Bohnenkochflüssigkeit einfach Wasser.

4 BIS 6 PORTIONEN

BOHNEN:

350 g getrocknete Bohnen, verlesen und 12 bis 24 Stunden in mindestens 1,5 L gefiltertem Wasser eingeweicht
1,9 l gefiltertes Wasser
8 Lorbeerblätter
1 Stück Kombu (5 cm breit)
3 große Knoblauchzehen, geschält
Meersalz

BOHNEN KOCHEN:

Gießen Sie die Bohnen ab und spülen Sie sie. Geben Sie sie zusammen mit dem Wasser, den Lorbeerblättern, dem Kombustück und dem Knoblauch in einen großen Topf. Bringen Sie sie auf hoher Flamme zum Kochen. Entfernen Sie sich bildenden Schaum mit einem kleinen Sieb oder einem Schaumlöffel. Decken Sie den Topf ab, stellen Sie die Flamme niedrig und köcheln Sie die Bohnen 1 Stunde bzw. bis sie innen weich und cremig sind. (Wenn Sie einen Schnellkochtopf verwenden, reduzieren Sie die Wassermenge auf 1,5 l und kochen Sie die Bohnen 25 Minuten; siehe auch Seite 70.) Nehmen Sie den Topf vom Herd und kompostieren Sie die Lorbeerblätter und das Kombustück. Gießen Sie die Bohnen ab, bewahren Sie 600 ml der Kochflüssigkeit auf und geben Sie diese zusammen mit einer großen Prise Salz zurück zu den Bohnen. Zerrühren Sie die gekochten Knoblauchzehen und stellen Sie den Topf beiseite.

EINTOPF:

½ mittelgroßer Butternusskürbis, geschält, entsamt und in 2 cm große Dreiecke geschnitten (etwa 500 g)

3 EL natives Olivenöl

1½ TL Meersalz

1 mittelgroße Zwiebel, gewürfelt

5 Knoblauchzehen, fein gehackt

2 mittelgroße Jalapeño-Schoten, entsamt und fein gehackt

3 EL fein gehackter frischer Oregano

¼ Handvoll plus 2 EL frische fein gehackte Korianderstiele

1 TL gerösteter gemahlener Kreuzkümmel

2 Selleriestangen, gewürfelt

3 mittelgroße Möhren, per Rollschnitt in 2 cm große Stücke geschnitten (siehe Seite 176)

Tamarisoße nach Geschmack, optional

¼ Handvoll (14 g) frische gehackte Korianderblätter, plus mehr zum Garnieren

DEN KÜRBIS RÖSTEN:

Heizen Sie den Ofen auf 200 °C vor. Legen Sie ein Backblech mit Backpapier aus, legen Sie die Kürbisstücke darauf und bestreichen Sie sie mit 1 EL Olivenöl und ½ TL Salz. Verteilen Sie die Kürbisstücke gleichmäßig auf dem Blech und rösten Sie sie 30 Minuten im Ofen. Wenden Sie sie und rösten Sie sie 10 bis 15 weitere Minuten bzw. bis der Kürbis bräunt und richtig gar ist. Nehmen Sie das Blech aus dem Ofen und stellen Sie es beiseite.

Erhitzen die restlichen 2 EL Olivenöl in einem großen Topf auf mittlerer Flamme. Geben Sie die Zwiebel hinein und braten Sie sie 5 Minuten an bzw. bis sie goldbraun ist. Rühren Sie den Knoblauch, die Jalapeñostückchen und den restlichen 1 TL Salz ein und braten Sie die Zutaten weitere 3 Minuten. Fügen Sie Oregano und die Korianderstiele hinzu und braten Sie sie 1 weitere Minute. Stellen Sie die Flamme niedrig und rühren Sie den Kreuzkümmel ein. Fügen Sie die Sellerie- und Möhrenstücke und die gekochten Bohnen hinzu. Stellen Sie die Flamme hoch und bringen Sie den Eintopf zum Kochen. Decken Sie den Topf ab, stellen Sie die Flamme niedrig und köcheln Sie den Eintopf 20 Minuten bzw. bis das Gemüse weich ist. Geben Sie die gerösteten Kürbisstücke hinein, bringen Sie den Eintopf erneut zum Köcheln und lassen Sie ihn ohne Deckel 15 bis 20 weitere Minuten köcheln, bis er dick und cremig ist. Rühren Sie die Korianderblätter ein und schmecken Sie den Eintopf mit Tamarisoße ab. Richten Sie ihn in Schüsseln an, garnieren Sie ihn mit einigen aufgehobenen Korianderblättern und servieren Sie ihn.

Wenn Sie ganze Kreuzkümmelsamen selbst rösten und mahlen, werden Sie mit einem unglaublich aromatischen Geschmack belohnt – und es ist so einfach! Erhitzen Sie eine kleine Pfanne auf mittlerer Flamme, geben Sie 2 EL Kreuzkümmelsamen hinein und rösten Sie sie 2 Minuten, während Sie die Pfanne immer wieder schütteln, bis die Samen duften. Mahlen Sie die Samen in einer elektrischen Gewürzmühle oder im Mörser fein und bewahren Sie sie in einem kleinen Schraubglas bis zu zwei Monate lang auf.

KNUSPRIGE ZUCKERMAISPOLENTA

Diese Polenta wird mit Maisgrieß gemacht, der ihr etwas mehr Biss verleiht als die feiner gemahlene italienische Polenta. Nach dem Kochen wird der Mix in einer dünnen Schicht auf einen großen Teller oder ein Schneidebrett gestrichen, wo er abkühlt und fest wird. Danach wird er in Stücke geschnitten, mit Olivenöl bestrichen und im Ofen gebacken, bis er knusprig und goldbraun ist. Die Maiskörner steuern kleine süße Geschmacksexplosionen bei. Sie können, wenn es keinen frischen Mais gibt, auch gefrorenen verwenden.

HINWEIS: Diese Rezept ergibt 8 Recht- oder 16 Dreiecke, wenn Sie es mit einem 33 × 23 cm großen Backblech zubereiten. Wenn Sie kein Backblech dieser Größe haben, streichen Sie die Polenta 6 bis 8 mm dick in zwei oder mehrere kleinere Auflaufformen. Die Polenta lässt sich vor dem Schneiden und Backen bis zu drei Tage lang aufbewahren. Tupfen Sie vor dem Schneiden, dem Bestreichen mit Öl und Backen alle Feuchtigkeit, die sich eventuell auf der Oberfläche gebildet hat, mit einem sauberen Geschirrtuch ab.

4 BIS 6 PORTIONEN

720 ml gefiltertes Wasser

3 Lorbeerblätter

1 TL Meersalz

1 EL natives Olivenöl, plus mehr zum Einfetten des Backblechs und zum Bestreichen der Polenta

120 g Maisgrieß

130 g frische oder gefrorene Maiskörner (gefrorenen Mais erst auftauen lassen)

Fetten Sie ein 23 × 33 cm großes Backblech ein und stellen Sie es beiseite.

Geben Sie das Wasser und die Lorbeerblätter in einen mittelgroßen Topf und bringen Sie es auf hoher Flamme zum Kochen. Decken Sie den Topf ab, stellen Sie die Flamme niedrig und köcheln Sie die Lorbeerblätter 5 Minuten. Entfernen Sie die Blätter und rühren Sie das Salz ein. Stellen Sie die Flamme hoch und rühren Sie den Maisgrieß mit einem Schneebesen ein, bis der Grieß kocht. (Vorsicht, es kann spritzen!) Stellen Sie die Flamme niedrig und köcheln Sie die Polenta 20 Minuten ohne Deckel. Rühren Sie dabei etwa jede Minute um, damit nichts anhängt. Rühren Sie die Maiskörner ein. Wenn Sie frischen Mais verwenden, köcheln Sie die Polenta weitere 10 Minuten bzw. bis der Mais weich ist. Bei gefrorenem Mais benötigen Sie nur 3 Minuten. Nehmen Sie den Topf vom Herd und gießen Sie die Polenta in das Backblech oder die Auflaufform. Streichen Sie sie gleichmäßig glatt (sie sollte ziemlich dünn sein, etwa 6 bis 8 mm) und lassen Sie sie abkühlen und fest werden. Stellen Sie sie, wenn sie nicht mehr dampft, für 30 bis 40 Minuten in den Kühlschrank bzw. bis sie ganz fest geworden ist.

Heizen Sie den Ofen auf 200 °C vor. Legen Sie ein Backblech (größer als das für die Polenta verwendete) mit Backpapier aus, bestreichen Sie das Backpapier mit Öl und stellen Sie es beiseite.

Schneiden Sie die Polenta in 8 Rechtecke und jedes Rechteck in zwei Dreiecke. Legen Sie die Dreiecke mit genügend Abstand zueinander auf das eingefettete Backpapier und bestreichen Sie sie leicht mit Olivenöl. Backen Sie die Dreiecke 30 Minuten bzw. bis sie knusprig und goldbraun sind. Nehmen Sie sie aus dem Ofen und servieren Sie sie warm.

TOMATILLO-AVOCADO-SALSA

So wie Tomaten haben auch Tomatillos vom Sommer bis zum Frühherbst Saison. Wenn ihre papierne Hülle entfernt wird, sehen sie aus wie kleine grüne Tomaten und fühlen sich oft etwas klebrig an. Tomatillos haben einen frischen, zitronenartig sauren Geschmack, der durch das Blanchieren, Kochen oder Braten sanfter wird. Zusammen mit Avocado schmecken sie sensationell. Servieren Sie diese säuerlich-cremige Salsa als Dip für Tortilla-Chips, Topping für Tacos oder als Würzsoße zu allem, was Ihnen gefällt.

ERGIBT ETWA 600 ML

1,4 l gefiltertes Wasser
450 g Tomatillos (etwa 10 mittelgroße), äußere Hülle entfernt
35 g fein gehackte weiße Zwiebel
1 mittelgroße Jalapeñoschote, entsamt
2 Knoblauchzehen
½ TL Meersalz, plus mehr auf Wunsch
30 g gehacktes Koriandergrün
2 reife Avocados, gewürfelt
1 EL frischer Limettensaft

Füllen Sie einen mittelgroßen Topf mit dem Wasser und bringen Sie es zum Kochen. Geben Sie vorsichtig die Tomatillos hinein und kochen Sie sie 5 Minuten. Gießen Sie sie ab und schrecken Sie sie mit kaltem Wasser ab. Lassen Sie sie mindestens 5 Minuten abkühlen.

Geben Sie die fein gehackte Zwiebel in ein Sieb, spülen Sie sie mit kaltem Wasser und lassen Sie sie abtropfen.

Geben Sie die Tomatillos, Jalapeñoschote, Knoblauch und Salz in einen Standmixer und pürieren Sie alles zu einer glatten Soße. Pausieren Sie ggf. ab und zu und rühren Sie um, damit alles gleichmäßig zerkleinert wird. Geben Sie das Koriandergrün hinzu und häckseln Sie es einige Male, bis es zerkleinert und unter die Salsa gemischt ist. Löffeln Sie die Salsa in eine Schüssel und rühren Sie die abgetropften Zwiebelstückchen, die Avocado und den Limettensaft ein. Die Salsa schmeckt frisch serviert am besten. Reste können Sie ein bis zwei Tage lang im Kühlschrank aufbewahren.

HINWEIS: Alternativ können Sie auch Tomatillos aus der Dose oder grüne Tomaten für die Salsa verwenden.

EINTOPF AUS GERÖSTETEM HERBSTGEMÜSE
MIT CANNELLINI-BOHNEN, DINKELKÖRNERN UND GRÜNKOHL

Dieser Eintopf vereint alles, was eine tolle, vollständige Mahlzeit benötigt: Bohnen, Getreide und Gemüse. Auf so ein herzhaftes, cremiges Bohnengericht bekomme ich immer dann Appetit, wenn der Herbst beginnt. Das Rösten des Gemüses, bevor es zum Eintopf gegeben wird, führt zu einer tollen aromatischen, vollmundig-süßen Note. Wenn Sie die Bohnen und die Dinkelkörner zusammen einweichen und kochen, haben Sie eine wunderbare körperreiche Grundlage für den Eintopf, der mit Rosmarin und Thymian perfekt abgerundet wird.

HINWEIS: Wie bei allen Rezepten schäle ich das Gemüse für diesen Eintopf nicht. Schälen Sie nur den Kürbis, falls dessen Schale rau oder stellenweise sehr hart ist.

---

4 BIS 6 PORTIONEN

230 g Cannellini-Bohnen, verlesen

45 g Dinkelkörner

1,4 l gefiltertes Wasser, plus mehr zum Einweichen

5 Lorbeerblätter

1 Kombustück (5 cm breit)

10 ganze Salbeiblätter

400 g roter Hokkaido-Kürbis,
    in 2 cm große Dreiecke geschnitten

5 mittelgroße Mairübchen, geviertelt oder
    halbiert (wenn sehr klein)

2 mittelgroße Möhren, per Rollschnitt in 1 cm
    große Stücke geschnitten (siehe Seite 176)

225 g Topinambur, in 1 cm große Stücke geschnitten

4 EL natives Olivenöl

1 TL Meersalz

frisch gemahlener schwarzer Pfeffer

1 mittelgroße Zwiebel, gewürfelt

4 Knoblauchzehen, fein gehackt

2 TL frischer fein gehackter Thymian,
    Stiele zum Kochen der Bohnen aufbewahren

2 TL frischer fein gehackter Rosmarin,
    Stiele zum Kochen der Bohnen aufbewahren

1 EL frischer gehackter Salbei

2 Stangen Sellerie, gewürfelt

1 mittelgroße Stange Lauch,
    in 5 mm dicke Ringe geschnitten

1 TL unpasteurisierter Apfelessig

2 TL Tamarisoße

140 g fein geschnittene Grünkohlblätter

Geben Sie die Bohnen und die Dinkelkörner in einen mittelgroßen Topf. Bedecken Sie sie zum Waschen mit Wasser, rühren Sie sie mit den Händen um, lassen Sie sich wieder setzen und gießen Sie das Wasser ab. Wiederholen Sie diese Schritte. Bedecken Sie die abgegossenen Bohnen und Körner mit mindestens 1 Liter gefiltertem Wasser und weichen Sie sie 12 bis 24 Stunden ein. Gießen Sie sie ab und spülen Sie sie. Geben Sie sie zurück in den Topf und fügen Sie 1,4 Liter gefiltertes Wasser, Lorbeerblätter, Kombu, Salbei und die aufbewahrten Kräuterstiele hinzu. Bringen Sie das Wasser auf hoher Flamme zum Kochen und schöpfen Sie sich eventuell bildenden Schaum mit einem kleinen Sieb oder einem Schaumlöffel ab. Decken Sie den Topf ab, stellen Sie die Flamme niedrig und köcheln Sie die Bohnen und Körner 1 bis 1,5 Stunden bzw. bis die Bohnen weich und cremig und die Körner dick aufgequollen sind. Kompostieren Sie das Kombustück, die Lorbeerblätter und Kräuterstiele. Gießen Sie Bohnen und Körner durch ein Sieb über einem Topf ab, bewahren Sie die Kochflüssigkeit auf und stellen Sie die Bohnen und Dinkelkörner beiseite.

Heizen Sie den Ofen auf 200 °C vor. Legen Sie ein Backblech mit Backpapier aus und verteilen Sie die Kürbis-, Rüben-, Möhren- und Topinamburstücke darauf. Beträufeln Sie das Gemüse mit 2 EL Olivenöl und streuen Sie ½ TL Salz und eine Prise schwarzen Pfeffer darüber. Vermischen Sie alles gut miteinander und breiten Sie die Stücke danach nebeneinander auf dem Backblech aus. Rösten Sie das Gemüse 25 Minuten im Ofen, nehmen Sie es heraus, wenden Sie es vorsichtig und schieben Sie es für weitere 20 bis 15 Minuten in den Ofen bzw. bis es gebräunt und vollständig gar ist. Nehmen Sie es aus dem Ofen und stellen Sie es beiseite.

Erhitzen Sie die restlichen 2 EL Olivenöl in einem großen Topf auf mittlerer Flamme. Geben Sie die Zwiebeln hinein und braten Sie sie 5 Minuten an bzw. bis sie goldbraun sind. Rühren Sie den Knoblauch ein und braten Sie ihn 2 Minuten. Fügen Sie Thymian, Rosmarin, Salbei, Sellerie, Lauch und das restliche Salz hinzu und schmoren Sie alles weitere 2 Minuten. Decken Sie den Topf ab, stellen Sie die Flamme niedrig und garen Sie die Zutaten weitere 10 Minuten bzw. bis der Sellerie weich ist. Geben Sie die gekochten Bohnen und Dinkelkörner, 600 ml der aufbe-

wahrten Bohnenkochflüssigkeit und das geröstete Gemüse in den Topf. Rühren Sie um und bringen Sie alles zum Kochen. Köcheln Sie den Eintopf 5 bis 10 Minuten, damit sich die Aromen verbinden. Fügen Sie je nach gewünschter Konsistenz mehr Kochflüssigkeit hinzu. Rühren Sie Essig, Tamarisoße und Grünkohl ein und köcheln Sie den Eintopf weitere 2 Minuten bzw. bis der Grünkohl weich ist. Würzen Sie nach Belieben und servieren Sie den Eintopf warm.

HINWEIS: Wenn Sie die Bohnen und Dinkelkörner im Schnellkochtopf kochen, verringern Sie die Wassermenge auf 1 Liter und bringen Sie das Wasser auf hoher Flamme zum Kochen. Schöpfen Sie sich eventuell bildenden Schaum ab, verschließen Sie den Deckel, bis er einrastet, und bauen Sie Druck auf. Stellen Sie dann die Flamme niedrig und kochen Sie Bohnen und Dinkelkörner 25 Minuten. Nehmen Sie den Deckel ab und folgen Sie den nächsten Schritten des Rezepts.

BUTTERNUSSKÜRBIS-LASAGNE
MIT VOLLKORNPASTA UND SALBEI-TOFU-RICOTTA

Diese Lasagne wurde von einem meiner liebsten italienischen Gerichte inspiriert: Butternusskürbis-Ravioli mit Salbei. Die samtig weiche Konsistenz des Kürbis und des Tofu-Ricotta gehen zusammen mit einer Schicht saftiger karamellisierter Zwiebeln und dem kernigen Biss nussiger Vollkornpasta eine unvergleichliche Symbiose ein. Diese Lasagne kommt immer gut an und ist ein fantastisches pflanzliches Hauptgericht für jeden festlichen Anlass.

HINWEIS: Wenn Sie keine Vollkorn-Lasagneplatten finden, die nicht vorgekocht werden müssen, verwenden Sie einfach reguläre Vollkornplatten. Kochen Sie sie gemäß der Packungsanweisung, gießen Sie sie ab und schrecken Sie sie vor dem Einschichten kurz ab.

---

8 PORTIONEN

AUSRÜSTUNG: EINE 20 × 30 ODER 23 × 33 CM GROSSE AUFLAUFFORM

KÜRBISPÜREE:

2 mittelgroße Butternusskürbisse (etwa 2,7 kg)
natives Olivenöl zum Bestreichen der Kürbisse
1½ TL Meersalz
frisch gemahlener schwarzer Pfeffer

KARAMELLISIERTE ZWIEBELN:

2 EL natives Olivenöl
4 mittelgroße gelbe Zwiebeln, geviertelt und in dünne Scheiben geschnitten
1 TL Meersalz

TOFU-RICOTTA:

120 ml natives Olivenöl, plus mehr zum Einfetten der Pfanne
10 Knoblauchzehen, in 5 mm dicke Scheiben geschnitten
2 Blöcke fester Tofu (je 400 g), abgetropft, gespült und trocken getupft
5 EL brauner Reisessig
1 EL Ume-Essig (Ume Su)
1 TL Meersalz
frisch gemahlener schwarzer Pfeffer
½ Handvoll (15 g) frischer gehackter Salbei, plus 8 Blätter zum Garnieren
1 Packung Vollkorn-Lasagneplatten (ohne Vorkochen)

FÜR DAS KÜRBISPÜREE:

Heizen Sie den Ofen auf 200 °C vor. Legen Sie ein Backblech mit Backpapier aus. Schneiden Sie die Hälse der Kürbisse ab und halbieren Sie dann jeweils den Hals und den unteren Kürbisteil. Reiben Sie die Kürbisstücke mit Olivenöl ein und legen Sie sie mit der Schnittseite nach unten auf das mit Backpapier ausgelegte Backblech. Rösten Sie sie 50 Minuten im Ofen bzw. bis Sie das Fleisch leicht mit einem Messer einstechen können. Nehmen Sie die Kürbisse aus dem Ofen und lassen Sie sie abkühlen, während Sie die Zwiebeln braten. Löffeln Sie, wenn die Kürbisse abgekühlt sind, die Samen heraus und schälen Sie sie. Kompostieren Sie die Kürbissamen und die Schale. Geben Sie die Kürbisstücke zusammen mit 1,5 TL Meersalz und einer Prise schwarzem Pfeffer in eine Rührschüssel der Küchenmaschine und pürieren Sie sie glatt. Geben Sie das Püree in eine Schüssel und stellen Sie es beiseite. Reinigen Sie die Küchenmaschine.

ZWIEBELN KARAMELLISIEREN:

Erhitzen Sie das Öl in einer großen Flamme auf mittlerer Flamme und geben Sie die Zwiebeln hinein. Braten Sie sie 10 Minuten bzw. bis sie zu bräunen beginnen. Fügen Sie das Salz hinzu, stellen Sie die Flamme etwas herunter und braten Sie die Zwiebeln weitere 15 bis 20 Minuten bzw. bis sie weich und karamellisiert sind. Nehmen Sie sie vom Herd und bewahren Sie die Hälfte der Zwiebeln für das Schichten der Lasagne auf. Geben Sie die andere Hälfte in die Rührschüssel der Küchenmaschine.

FÜR DAS TOFU-RICOTTA:

Erhitzen Sie Olivenöl in einem kleinen Topf auf mittlerer Flamme. Geben Sie den Knoblauch hinein, stellen Sie die Flamme etwas herunter und braten Sie den Knoblauch etwa 10 Minuten an, bis er weich und goldbraun ist. Nehmen Sie den Topf vom Herd und stellen Sie ihn beiseite. Krümeln Sie den Tofu in die Rührschüssel mit den karamellisierten Zwiebeln und fügen Sie braunen Reisessig, Ume-Essig, Meersalz, eine Prise schwarzen Pfeffer und den gebratenen Knoblauch hinzu. Pürieren Sie die Zutaten zu einer glatten Masse und schaben Sie ggf. die Innenwände der Küchenmaschine nach unten frei. Geben Sie den gehackten Salbei hinein und häckseln sie ihn, bis er gut mit der Masse vermengt ist. Löffeln Sie die Masse in eine Schüssel und geben Sie etwa ½ Tasse davon zum Garnieren der Lasagne in eine kleine Schüssel.

LASAGNE SCHICHTEN:

Heizen Sie den Ofen auf 190 °C vor. Fetten Sie die Auflaufform leicht mit Olivenöl ein. Streichen Sie etwa eine ¾ Tasse des Kürbispürees auf den Boden der Auflaufform und bedecken Sie es mit einer Schicht Lasagneplatten. Streichen Sie etwa 1,5 Tassen des Pürees über die Platten und geben Sie dann die Hälfte des Tofu-Ricotta darüber. Bedecken Sie dies mit einer weiteren Schicht Lasagneplatten, auf die sie nochmals 1,5 Tassen des Kürbispürees

streichen. Verteilen Sie die karamellisierten Zwiebeln darüber und legen Sie eine letzte Schicht Lasagneplatten darauf. Bedecken Sie diese Schicht mit dem restlichen Tofu-Ricotta und krönen Sie diesen mit dem Rest des Kürbispürees. Verteilen Sie 8 Kleckse von dem fürs Garnieren aufbewahrten Tofu-Ricotta darauf, drücken Sie in jeden davon ein Salbeiblatt und mahlen Sie etwas schwarzen Pfeffer darüber. Decken Sie die Auflaufform mit Backpapier und danach mit Aluminiumfolie ab. Backen Sie die Lasagne 50 Minuten im Ofen bzw. bis die Platten weich sind und die Lasagne gut durchgewärmt ist. Stechen Sie zum Testen ein Messer in die Mitte. Wenn Sie keinen Widerstand mehr spüren, ist die Lasagne fertig. Sollten die Lasagneplatten noch fest sein, backen Sie die Lasagne 5 bis 10 weitere Minuten. Nehmen Sie die Abdeckung ab und backen Sie die Lasagne weitere 10 Minuten, bis die obere Schicht fest aussieht. Nehmen Sie sie aus dem Ofen und lassen Sie sie vor dem Anschneiden mindestens 10 Minuten abkühlen. Servieren Sie die Lasagne warm.

Bewahren Sie Reste in einem luftdichten Behälter bis zu drei Tage lang im Kühlschrank auf. Erhitzen Sie sie so lange im Ofen, bis sie vollständig durchgewärmt ist.

SCHARFER KICHERERBSENEINTOPF
UND QUINOA-PILAW MIT SULTANINEN UND MANDELN

Wenn ich über ein köstliches, herzhaftes, satt und glücklich machendes Abendessen für Gäste nachdenke, fällt meine Wahl oft auf dieses Gericht. Wenn Sie es mit *Labneh* (Seite 220), *schnellem mariniertem Rotkohl* (Seite 104) und gedünstetem Blattgemüse servieren, wird ein unvergessliches und wunderbar farbenfrohes Festmahl daraus. Dieser Eintopf bekommt seine Schärfe durch das am Ende eingerührte Harissa. Entscheiden Sie einfach selbst, wie scharf Sie es mögen, und rühren Sie dementsprechend viel oder wenig ein. Ich verwende dafür *selbstgemachtes Harissa* (Seite 118); es ist wirklich schnell gemacht und hält sich im Kühlschrank mehrere Monate lang.

HINWEIS: Ich empfehle Ihnen wärmstens, die Kichererbsen für diesen Eintopf selbst zu kochen. Der Geschmack selbst gekochter Kichererbsen ist die Mühe auf jeden Fall wert, und die Kochflüssigkeit ergänzt den Eintopf mit einem schönen Körper. Sie brauchen dafür etwa 190 g getrocknete Kichererbsen. Wenn Sie Kichererbsen aus der Dose verwenden möchten, brauchen Sie 2 Dosen zu je 400 g. Ersetzen Sie die Kichererbsenkochflüssigkeit dann einfach durch Wasser.

---

6 PORTIONEN

1 mittelgroßer Butternusskürbis, geschält, entsamt und in 1 cm große Dreiecke geschnitten

3 EL natives Olivenöl

Meersalz

frisch gemahlener schwarzer Pfeffer

2 mittelgroße Zwiebeln, gewürfelt

8 große Knoblauchzehen, fein gehackt

¼ Handvoll (10 g) fein gehackte Petersilienstiele

1½ TL gerösteter gemahlener Kreuzkümmel (Seite 272)

1 TL Paprikapulver

3 mittelgroße Möhren, per Rollschnitt in 1 cm große Stücke geschnitten (Seite 176)

240 ml Kichererbsenkochflüssigkeit oder gefiltertes Wasser

800 g Tomaten, gehackt

400 g gekochte Kichererbsen (Seite 72)

3 bis 4 TL Harissa (Seite 118), oder nach Geschmack

½ Handvoll (20 g) frische gehackte Petersilienblätter, plus mehr zum Garnieren

Heizen Sie den Ofen auf 200 °C vor. Legen Sie ein Backblech mit Backpapier aus und legen Sie die Butternusskürbisstücke darauf. Vermischen Sie sie mit 1,5 EL Olivenöl, ½ TL Salz und einer Prise Pfeffer. Breiten Sie die Kürbisstücke gleichmäßig auf dem Backblech aus und rösten Sie sie 30 Minuten. Wenden Sie sie und schieben Sie sie für weitere 10 bis 15 Minuten in den Ofen bzw. bis sie gebräunt und gar sind. Nehmen Sie das Blech aus dem Ofen und stellen Sie es beiseite.

Erhitzen Sie die restlichen 1,5 EL Olivenöl in einem großen Topf auf mittlerer Flamme. Geben Sie die Zwiebeln hinein und braten Sie sie 5 Minuten an bzw. bis sie goldbraun sind. Rühren Sie den Knoblauch ein und braten Sie ihn 3 Minuten. Fügen Sie Petersilienstiele, Kreuzkümmel, Paprikapulver und ½ TL Salz hinzu und braten Sie alles 1 bis 2 weitere Minuten. Rühren Sie die Möhrenstückchen und 240 ml Kichererbsenkochflüssigkeit (oder Wasser) ein und bringen Sie alles auf hoher Flamme zum Kochen. Decken Sie den Topf ab, stellen Sie die Flamme niedrig und köcheln Sie die Zutaten 10 bis 12 Minuten bzw. bis die Möhren gar sind. Fügen Sie die Tomaten und die Kichererbsen hinzu. Stellen Sie die Flamme hoch und bringen Sie die Zutaten zum Köcheln. Decken Sie den Topf ab, stellen Sie die Flamme niedrig und köcheln Sie den Eintopf 10 weitere Minuten. Rühren Sie das Harissa, die Petersilienblätter und den gerösteten Kürbis ein. Köcheln Sie alles ein paar weitere Minuten, bis die Aromen miteinander verschmelzen. Würzen Sie den Eintopf nach Belieben und servieren Sie ihn warm.

QUINOA-PILAW MIT SULTANINEN UND MANDELN

Wenn Quinoa und Sultaninen zusammen gekocht werden, entsteht dabei ein lieblich süßer Geschmack und ein vielschichtiges Aroma. Die Mandeln sorgen für zusätzlichen Biss und machen die Mischung noch interessanter. Probieren Sie es auch einmal mit gerösteten Pistazien oder Walnüssen statt Mandeln aus.

6 PORTIONEN

250 g Quinoa, gewaschen und 12 bis 24 Stunden in
   1 l gefiltertem Wasser eingeweicht

420 ml gefiltertes Wasser

½ TL Meersalz

60 g ungeschwefelte Sultaninen

50 g geröstete Mandeln, gehackt (Seite 78)

Spülen Sie die Quinoa und lassen Sie sie abtropfen. Geben Sie sie in einen Topf mit 2 Liter Fassungsvermögen und fügen Sie gefiltertes Wasser, Salz und Rosinen hinzu. Bringen Sie die Zutaten auf hoher Flamme zum Kochen. Decken Sie den Topf ab, stellen Sie die Flamme niedrig und köcheln Sie die Quinoa 15 Minuten bzw. bis alle Flüssigkeit absorbiert ist. Nehmen Sie den Topf vom Herd und lassen Sie die Quinoa 5 bis 10 Minuten durchziehen, bevor Sie sie mit einer Gabel lockern. Heben Sie die Mandeln unter und servieren Sie die Quinoa warm.

KOKOSCURRY
MIT TAMARINDEN-TEMPEH UND SCHWARZEM REIS

Ich bin immer auf der Suche nach einem Thai-Curry, das mit dem mithalten kann, das ich einmal am Strand in Thailand gegessen habe. Die Mitarbeiter des kleinen Cafés, in das es mich jeden Abend zog, bereiteten all ihre Currys mit selbst gemachter Kokosmilch zu. Der Geschmack von in frisch gemachter süßer Kokosmilch geköchelten, aromatisch frischen Kaffirblättern, Thaibasilikum und Zitronengras lässt sich einfach nicht übertreffen. Ich habe es über die Jahre mit vielen verschiedenen Variationen probiert, bevor mich diese, die auch selbst gemachte Kokosmilch verwendet, endgültig überzeugte. Die Kokosmilch mache ich aus getrockneten ungesüßten Kokosraspeln, da die meisten importierten Kokosnüsse in den USA bestrahlt werden. Die zarte Konsistenz der Milch lässt die typischen thailändischen Aromen gut zur Geltung kommen, und der festfleischige Winterkürbis steuert eine vollmundig-süße Note bei. Wenn Sie dieses Curry mit schwarzem Reis und Tamarinden-Tempeh servieren, wird daraus ein farbenfrohes und lebendiges Festmahl.

HINWEIS: Wenn Sie das Curry zusammen mit dem Tamarinden-Tempeh servieren möchten, marinieren Sie den Tempeh, bevor Sie mit dem Curry beginnen. Sie können den Tempeh und die Kokosmilch schon zwei bis drei Tage im Voraus vorbereiten.

---

4 BIS 6 PORTIONEN

KOKOSMILCH:

300 g ungesüßte getrocknete Kokosraspel
1,4 l gefiltertes Wasser

CURRY:

45 g Thai-Basilikumblätter, Stiele aufbewahren
2 Stangen Zitronengras, härtere äußere
    Blätter entfernt, grob gehackt
8 große Kaffirblätter
3 EL Kudzu
240 ml plus 3 EL gefiltertes Wasser
2 EL plus 2 TL natives Kokosöl
1 mittelgroße Zwiebel, geviertelt und in
    dünne Scheiben geschnitten
2 EL frischer Ingwer, geschält und fein gehackt
6 Knoblauchzehen, fein gehackt
Meersalz
½ TL Kurkuma
2 kleine rote Chilischoten, in Ringe
    geschnitten (etwa 2 EL)
1 mittelgroße Stange Lauch, in dünne Ringe
    geschnitten (weißer und hellgrüner Teil)
½ großer roter Hokkaidokürbis, geschält,
    entsamt, erst in 3 cm dicke Spalten und jede
    Spalte in zwei große Dreiecke geschnitten
1 mittelgroße rote Paprika, entsamt und in
    dünne Streifen geschnitten
1 Handvoll grob gehackte Korianderblätter
100 g Babyspinat

FÜR DIE KOKOSMILCH:

Legen Sie ein großes Sieb mit einem Nussmilchbeutel, einem sauberen dünnen Geschirrtuch oder mehreren Lagen Käsetuch aus und hängen Sie es in einen großen Topf. Geben Sie die Hälfte der Kokosraspel und 700 ml Wasser in einen Standmixer und pürieren Sie die Zutaten zu einer glatten Milch. (Wenn Sie einen großen Mixer mit 2 Liter Fassungsvermögen haben, können Sie die Milch auch in einem Durchgang zubereiten.) Seihen Sie die Milch durch das ausgelegte Sieb ab. Pürieren Sie den zweiten Teil der Kokosraspel mit Wasser und passieren Sie die Milch auf dieselbe Weise. Halten Sie die Enden des Nussmilchbeutels oder des Tuchs nach oben, drehen Sie sie ein und drücken Sie überschüssige Milch aus den Kokosrückständen heraus. Kompostieren Sie die Rückstände und stellen Sie den Topf mit der Kokosmilch beiseite.

FÜR DAS CURRY:

Zupfen Sie etwa ½ Handvoll Thai-Basilikumblätter von den Stielen und legen Sie sie beiseite. Hacken Sie die Stiele grob und geben Sie sie zusammen mit den restlichen Blättern in den Topf mit der Kokosmilch. Fügen Sie Zitronengras und Kaffirblätter hinzu und bringen Sie die Kokosmilch auf hoher Flamme zum Kochen. Decken Sie den Topf ab, stellen Sie die Flamme niedrig und köcheln Sie die Milch mindestens 30 Minuten (bis zu 2 Stunden), bis sie die Gewürzaromen richtig aufgenommen hat. Die Milch trennt sich eventuell und nimmt vielleicht eine grünliche Farbe an, aber das ist ganz natürlich. Lösen Sie das Kudzu in 3 EL Wasser auf und rühren Sie es mit ei-

nem Schneebesen in die köchelnde Kokosmilch ein. Rühren Sie weiter um, bis die Milch eindickt und eine schöne, seidige Konsistenz annimmt. Nehmen Sie den Topf vom Herd, decken Sie ihn ab und stellen Sie ihn beiseite.

Erhitzen Sie 2 EL Kokosöl in einem weiteren großen Topf auf mittlerer Flamme. Geben Sie die Zwiebel hinein und braten Sie sie 5 Minuten an bzw. bis sie goldbraun ist. Rühren Sie Ingwer, Knoblauch und 1 TL Salz ein und braten Sie die Zutaten 3 Minuten. Stellen Sie die Flamme herunter, wenn die Zutaten beginnen, anzuhängen. Fügen Sie Kurkuma, Lauch und Chiliringe hinzu und braten Sie sie 2 Minuten. Platzieren Sie den Kürbis mit der Schnittstelle nach oben in einer Schicht auf dem Zwiebel-Lauch-Mix. Gießen Sie die restlichen 240 ml Wasser zu und bringen Sie die Flüssigkeit auf hoher Flamme zum Kochen. Decken Sie den Topf ab, stellen Sie die Flamme niedrig und köcheln Sie den Kürbis 15 bis 20 Minuten bzw. bis

er weich ist. Nehmen Sie den Topf vom Herd und stellen Sie ihn abgedeckt beiseite.

Erhitzen Sie das restliche Kokosöl in einer breiten Pfanne auf mittlerer Flamme. Geben Sie die Paprika und eine Prise Salz hinein und braten Sie sie 5 Minuten an bzw. bis die Paprika weich wird und zu bräunen beginnt. Nehmen Sie die Pfanne vom Herd und stellen Sie sie beiseite.

Gießen Sie die Kokosmilch durch ein Sieb in den Topf mit dem Kürbis und kompostieren Sie die Kaffirblätter und das Basilikum. Bringen Sie das Curry auf mittlerer bis hoher Flamme zum Köcheln. Rühren Sie den Babyspinat, die Koriander- und die aufbewahrten Thai-Basilikumblätter ein. Köcheln Sie das Curry 2 Minuten bzw. bis der Spinat zusammenfällt. Rühren Sie die gebratenen Paprikastreifen ein. Würzen Sie nach Belieben, nehmen Sie den Topf vom Herd und servieren Sie das Curry warm.

TAMARINDEN-TEMPEH

Der säuerlich-nussige und durch den Apfel- und Orangensaft leicht süße Tempeh ist eine fantastische Beilage für mein Kokoscurry (Seite 280). Sie können ihn aber auch ganz einfach nur mit Reis genießen. Dieses Rezept reicht für ein paar Scheiben als Beilage zum Curry aus. Wenn Sie sich gern etwas mehr Eiweiß gönnen möchten, verdoppeln Sie dieses Rezept und verwenden Sie 450 g Tempeh.

HINWEIS: Wenn Sie eine große, weite Pfanne haben, können Sie alles auf einmal zubereiten. Falls nicht, teilen Sie den Tempeh und die Marinade auf und säubern Sie die Pfanne vor dem zweiten Verwenden, da die Marinade klebrig ist und anbrennen kann.

4 BIS 6 PORTIONEN

225 g ungewürzter Tempeh,
  in 5 mm dicke Scheiben geschnitten
6 ganze Anissterne
4 TL passiertes Tamarindenmark
  (siehe Erklärung unten)
2 Knoblauchzehen
1 EL Mirin
60 ml plus 2 EL frisch gepresster Orangensaft
60 ml veganer Apfelsaft
2 EL Tamarisoße
unraffiniertes, ungeröstetes Sesamöl oder
  natives Kokosöl, zum Braten des Tempeh

Legen Sie die Tempehscheiben nebeneinander in eine Auflaufform, streuen Sie die Anissterne darüber und stellen Sie ihn beiseite. Geben Sie Tamarindenmark, Knoblauch, Mirin, Tamarisoße und Orangen- und Apfelsaft in einen Standmixer und pürieren Sie die Zutaten zu einer glatten Marinade. Gießen Sie sie über den Tempeh und lassen Sie ihn mindestens 1 Stunde oder bis zu zwei Tage lang abgedeckt im Kühlschrank marinieren.

Erhitzen Sie 2 EL Sesam- oder Kokosöl in einer breiten Pfanne auf mittlerer Flamme. Nehmen Sie den Tempeh aus der Marinade (Marinade aufbewahren) und legen Sie die Scheiben nebeneinander in die Pfanne. Braten Sie sie 3 bis 4 Minuten bzw. bis die Unterseite braun wird. Wenden Sie die Scheiben und braten Sie sie weitere 2 bis 3 Minuten. Gießen Sie die Marinade mit den Anissternen zu und stellen Sie die Flamme hoch. Stellen Sie, wenn die Mischung köchelt, die Flamme niedrig und köcheln Sie den Tempeh 4 bis 5 Minuten, bis die Marinade eingedickt ist. Entfernen Sie die Anissterne vor dem Servieren.

Tamarinden sind die klebrigen, säuerlichen Früchte des tropischen Tamarindenbaums. Sie finden sie in Gläsern oder als eingeschweißten Block mit Samen in Asialäden. Um Ihre eigene Tamarindenpaste herzustellen, geben Sie etwa 55 g des Tamarindenblocks mit den Samen in eine kleine Schüssel und gießen Sie 80 ml kochendes Wasser darüber. Lassen Sie die Tamarinden etwas weichen und rühren Sie dann um, um das Mark aufzulösen. Drücken Sie die Mischung durch ein feinmaschiges Sieb, entfernen Sie die Samen und löffeln Sie die Paste in eine kleine Schüssel. Brauchen Sie die Paste innerhalb einer Woche auf. Den Block können Sie über einen unbegrenzten Zeitraum hinweg im Kühlschrank aufbewahren.

SCHWARZER REIS

Schwarzer Reis ist gekocht sehr leicht und luftig. Sein zarter tropischer Geschmack und die tiefviolette Farbe machen ihn zu einem wunderschönen und dramatisch aussehenden Bett für dieses Kokoscurry. Er schmeckt auch zusammen mit Avocado, Frühlingszwiebeln und gerösteten Sesamsamen fantastisch.

4 BIS 6 PORTIONEN

200 g schwarzer Reis, gewaschen und 12 bis 24 Stunden
  in 1 l gefiltertem Wasser eingeweicht
420 ml gefiltertes Wasser
1 Prise Meersalz
1 lange Stange (12 cm) Zitronengras, härtere äußere Blätter
  entfernt, längs zerteilt (optional)

Spülen Sie den Reis und lassen Sie ihn abtropfen. Geben Sie ihn in einen Topf mit 2 Liter Fassungsvermögen und fügen Sie Wasser, Salz und Zitronengras hinzu. Bringen Sie ihn auf hoher Flamme zum Kochen. Decken Sie den Topf ab, stellen Sie die Flamme niedrig und köcheln Sie den Reis 1 Stunde bzw. bis alle Flüssigkeit absorbiert ist. Nehmen Sie den Topf vom Herd und lassen Sie den Reis 5 bis 10 Minuten durchziehen. Entfernen Sie vor dem Servieren das Zitronengras.

BENTO BOWL

Dieses Gericht wurde von dem Bento inspiriert, das ich jeden Tag im Shizen aß, einem japanischen makrobiotischen Restaurant in Amsterdam, wo ich Mitte der 90er-Jahre arbeitete. Shizen und dessen fantastische Köche, von denen ich viel lernen durfte, haben meinen Kochstil erheblich mitgeprägt. Neben all den interessanten Menschen, die ich in diesem Restaurant traf, gehörte das Essen und das Zubereiten dieses unglaublich gesunden und wunderschön präsentierten Gerichts zu den wunderbaren Höhepunkten meiner Arbeit.

Bento ist ein Gericht, das aus mehreren Komponenten besteht und traditionell in einem lackierten Holzkästchen mit Trennwänden serviert wird. Normalerweise besteht ein Bento aus allem, was eine vollständige japanische Mahlzeit ausmacht: Reis, Algen, eingelegtem Gemüse, Dipsoße, einem Gemüse- und traditionell auch einem Fisch- oder Fleischgericht. Im Shizen sah das Tages-Bento immer wie ein kleines Kunstwerk aus und lockte mit wunderschön angerichteten veganen Speisen und fantastischen Garnierungen.

Die meisten meiner einfachen aus Getreide und Bohnen zubereiteten Gerichte können Sie in Schüsseln servieren. Dieses ist etwas aufwendiger, aber das Ergebnis ist eine wirklich wunderschöne Mahlzeit, nach der Sie sich satt, ausgeglichen und gleichzeitig leicht und rein fühlen. Wenn ich wenig Zeit habe, mache ich oft nur Adzukibohnen-Klebreis und eine oder zwei der anderen Komponenten, die sich alle auch gut einen bis zwei Tage lang im Kühlschrank halten. Andere Gerichte, die gut zu dieser Bento Bowl passen, sind *Arame mit Möhren und Sesam* (Seite 109), *Kimchi* (Seite 127) oder *einfacher gepresster Salat* (Seite 204). Außerdem serviere ich dieses Bento gern mit reichlich gedämpftem dunkelgrünem Blattgemüse.

HINWEIS: Die angegebenen Portionen bei den folgenden Gerichten sind dafür gedacht, kombiniert serviert zu werden. Wenn Sie nur eines oder zwei der folgenden Rezepte kochen möchten, müssen Sie die Mengen ggf. anpassen, da sie eventuell nicht für die angegebenen Portionen ausreichen.

ADZUKIBOHNEN-KLEBREIS

Der Kombination von erdigen Adzukibohnen, die mit süßem braunem Klebreis gekocht werden, ist besonders nahrhaft und für mich immer wieder spannend. Es ist nicht nur eine perfekte Bento-Komponente, sondern auch für sich ein zufrieden und satt machendes einfaches Gericht, das mit ein paar Spritzern Tamarisoße, einer Handvoll Frühlingszwiebelringen und ein bisschen *schwarzem Sesam-Gomasio* (Seite 119) zu einer vollständigen Mahlzeit wird. Um die typisch weiche, klebrige Konsistenz zu erreichen, raten die meisten Rezepte zum Verwenden eines Schnellkochtopfs. Wenn Sie aber den Reis und die Bohnen über Nacht zusammen einweichen, erzielen Sie auch mit einem ganz normalen Topf dasselbe nussig-klebrige Ergebnis.

4 PORTIONEN

90 g Adzukibohnen, verlesen
100 g brauner Klebreis
100 g brauner Rundkornreis
600 ml gefiltertes Wasser
1 Kombustück (5 cm breit)
1 TL Tamarisoße, plus mehr zum Servieren
½ Noriblatt, in dünne, 5 cm lange Streifen geschnitten

Geben Sie die Adzukibohnen sowie den braunen Kleb- und Rundkornreis in einen mittelgroßen Topf. Füllen Sie den Topf zum Waschen mit Wasser, rühren Sie Reis und Bohnen mit den Händen um, warten Sie, bis sich alles setzt und gießen Sie das Wasser ab. Wiederholen Sie diese Schritte und lassen Sie den Reis und die Bohnen abtropfen. Geben Sie mindestens 1 Liter gefiltertes Wasser in den Topf und weichen Sie den Reis und die Bohnen 12 bis 24 Stunden ein.

Spülen Sie den Reis und die Bohnen und lassen Sie sie abtropfen. Geben Sie alles zurück in den Topf, fügen Sie das Wasser und das Kombustück hinzu und bringen Sie alles auf hoher Flamme zum Kochen. Decken Sie den Topf ab, stellen Sie die Flamme niedrig und kochen Sie Reis und Bohnen 1 Stunde bzw. bis das gesamte Wasser absorbiert ist und die Bohnen weich sind. Nehmen Sie den Topf vom Herd und lassen Sie den Reis und die Bohnen 5 bis 10 Minuten ziehen. Kompostieren Sie das Kombustück. Beträufeln Sie die Mischung mit Tamarisoße und rühren Sie vorsichtig um. Servieren Sie den Adzukibohnen-Reis warm und garnieren Sie ihn nach Belieben mit Noristreifen und Tamarisoße.

SCHNELLE MARINIERTE GURKE

Diese schnelle und einfache Beilage können Sie marinieren lassen, während Sie den Rest des Bento-Gerichts vorbereiten. Im Sommer schmecken die Gurkenscheiben besonders gut, wenn Sie sie unter kalte Soba- oder Udon-Nudelsalate mischen.

4 PORTIONEN

4 kleine feste Gurken (etwa 10 cm lang), in dünne Scheiben geschnitten
½ TL Meersalz
4 TL brauner Reisessig

Geben Sie die Gurkenscheiben und das Salz in eine mittelgroße Schüssel und vermischen Sie beides, bis die Gurkenscheiben weich werden und Flüssigkeit abgeben. Lassen Sie sie 20 bis 30 Minuten oder bis zu 2 Stunden stehen. Gießen Sie die Flüssigkeit ab und drücken Sie die Gurkenscheiben leicht aus. Geben Sie sie in eine Servierschüssel und rühren Sie den Essig ein.

KLETTENWURZEL-MÖHREN-KINPIRA

Die Klettenwurzel, in Japan auch gobo genannt, ist eine lange, holzähnlich aussehende Wurzel mit brauner Haut und weißem Fleisch. Sie ist für ihre vor allem die Leber entgiftende und blutreinigende Wirkung bekannt und kommt auch in Kräuterpräparaten zur Krebsbekämpfung zum Einsatz. Ihr frischer, erdiger, artischockenähnlicher Geschmack harmoniert perfekt mit der natürlichen Süße der Möhren.

Kinpira ist eine japanische Zubereitungsmethode, bei der die Zutaten sautiert und geköchelt werden. Auf diese Weise lässt sich in relativ kurzer Zeit der Geschmack von Wurzelgemüse sehr gut entfalten. Die meisten Wurzelgemüsearten lassen sich so zubereiten. Wenn Sie keine Klettenwurzel finden, können Sie es mit Schwarzwurzel, Pastinaken, Rüben oder mehr Möhren probieren. Denken Sie nur daran, dass sie diese nicht so lange garen müssen wie die Klettenwurzel.

4 PORTIONEN

1 EL unraffiniertes, ungeröstetes Sesamöl
1 Stück Klettenwurzel (10 cm lang),
  in streichholzgroße Stäbchen geschnitten
1 große Möhre, in streichholzgroße Stäbchen geschnitten
1 Prise Meersalz
60 ml gefiltertes Wasser
2 TL Mirin
2 TL Tamarisoße, plus mehr auf Wunsch
2 TL geröstete ungeschälte Sesamsamen (Seite 79)

Erhitzen Sie das Öl in einer weiten Pfanne auf mittlerer Flamme. Geben Sie die Klettenwurzel hinein und braten Sie sie 8 Minuten bzw. bis sie weich wird. Rühren Sie die Möhre und eine Prise Salz ein und braten Sie sie unter Rühren weitere 3 Minuten, bis alle Stäbchen gleichmäßig mit Öl überzogen sind. Gießen Sie das Wasser zu, decken Sie die Pfanne ab, stellen Sie die Flamme niedrig und köcheln Sie das Gemüse, bis es weich ist. Nehmen Sie den Deckel ab und fügen Sie Mirin und Tamarisoße hinzu. Köcheln Sie das Gemüse weitere 2 Minuten bzw. bis alle Flüssigkeit verdampft ist. Nehmen Sie die Pfanne vom Herd und würzen Sie nach Belieben mit Tamarisoße nach. Rühren Sie die Sesamsamen erst kurz vor dem Servieren ein. Servieren Sie das Gemüse warm oder in Raumtemperatur.

HINWEIS: Bürsten Sie die Klettenwurzel kräftig mit einer Gemüsebürste, um nur die äußere Schicht der Schale zu entfernen. Schälen Sie sie nicht, da die meisten Nährstoffe und der Geschmack in der Schale sitzen. Klettenwurzeln finden Sie in einigen Reformhäusern oder in Asialäden.

KABOCHA NISHIME

Nishime ist eine weitere japanische Zubereitungsmethode, die „lang gekocht mit wenig Wasser" bedeutet. In der makrobiotischen Küche soll diese Zubereitungsweise kraftvolle, ruhige Energie freisetzen und die Vitalität wiederherstellen. Diese überraschend einfache Methode eignet sich perfekt für Wurzelgemüse und Winterkürbisse, da diese dadurch ihre volle Süße entfalten und wunderbar zerschmelzen.

Als ich im Shizen arbeitete, schnitzte Bastian, einer der Köche, vor dem Kochen in jede Kürbisspalte ein dekoratives Muster, sodass seine Bentos nach dem Zubereiten wie Schatzkästchen voller Edelsteine aussahen.

4 BIS 6 PORTIONEN

½ mittelgroßer roter Hokkaidokürbis (etwa 1,8 kg)
1 Kombustück (10 cm lang)
180 ml gefiltertes Wasser
1 TL Mirin
1 TL Tamarisoße
1 Prise Meersalz

Löffeln Sie die Samen aus dem Kürbis, aber schälen Sie ihn nicht. Schneiden Sie ihn in 3 cm breite Spalten und halbieren Sie jede Spalte, um Dreiecke zu erhalten. Geben Sie das Kombustück in einen großen, weiten Topf, in den alle Kürbisstücke eng nebeneinander in einer Schicht hineinpassen. Legen Sie die Stücke in Kreisform mit der Schalenseite nach unten und dem spitzen Ende zur Mitte auf das Kombustück.

Gießen Sie das Wasser darüber und geben Sie danach Mirin, Tamarisoße und eine Prise Salz in die Mitte des Topfs. Stellen Sie ihn auf eine hohe Flamme und bringen Sie das Wasser zum Kochen. Decken Sie den Topf ab, stellen Sie die Flamme niedrig und köcheln Sie den Kürbis 20 bis 30 Minuten bzw. bis er gar ist. Sie können ihn mit einem Zahnstocher oder der Spitze eines kleinen Messers testen. Die Kochzeit hängt davon ab, wie dick die Spalten sind und wie fest das Kürbisfleisch ist. Nehmen Sie den Topf vom Herd und legen Sie die Kürbisstücke vorsichtig in eine Servierschüssel.

Die übrig gebliebene Kochflüssigkeit ist süß und voller Geschmack. Sie können sie vor dem Servieren über den Kürbis gießen oder einfach trinken, was ich selbst sehr gern tue.

BOHNEN BOURGUIGNON
MIT KARTOFFEL-SELLERIE-STAMPF

Zu diesem Gericht wurde ich durch wunderschön anzusehende Ziegenaugenbohnen auf einem Markt in Italien inspiriert. Ihr festliches Aussehen passt wunderbar zu einem üppigen Winterfestmahl, also kochte ich diese Bohnen Bourguignon als Teil eines Weihnachtsessens. Das traditionelle Beef oder Boeuf Bourguignon ist Rindfleisch, das in einer reichhaltigen Brühe mit Kräutern, Knoblauch, Pilzen und einem roten Burgunder geköchelt wird. Bei diesem Rezept ersetzen die cremigen Bohnen das Fleisch und absorbieren während des Köchelns die Bourguignon-Aromen der geschmacklich traumhaft vielschichtigen Brühe aus geröstetem Gemüse, die so gut ist, dass sie auch allein eine fantastische Suppe ergibt. Wie bei dem klassischen Boeuf Bourguignon erfordert auch diese Variante mehrere Schritte und etwas mehr Zubereitungszeit, wird Ihren Gaumen aber in unvergleichlicher Weise verwöhnen.

KOCHHINWEISE:

- Bürsten, aber schälen Sie das Gemüse für die Brühe nicht, da die meisten Nährstoffe und der Geschmack in der Schale stecken.
- Verwenden Sie zum Rösten des Gemüses eine große Form aus Keramik oder Glas, damit Sie alles, was an den Rändern hängen bleiben sollte, einfach abkratzen können. Wenn Sie keine besitzen, legen Sie eine Form oder ein Backblech aus Metall mit Backpapier aus.
- Die Brühe lässt sich bis zu drei Tage im Voraus zubereiten.
- Sie können die Ziegenaugenbohnen durch jede andere Art großer cremiger Bohnen ersetzen. Versuchen Sie es mit weißen oder bunten Riesen- oder Feuerbohnen oder verwenden Sie Kidneybohnen, wenn Sie die etwas ausgefalleneren älteren Sorten nicht finden. Die Bohnen können bis zu zwei Tage vor dem Zubereiten des Gerichts gekocht und in Rotwein mariniert werden.

BRÜHE AUS GERÖSTETEM GEMÜSE:

1 mittelgroße Zwiebel, in 2 cm große Würfel geschnitten

2 große Knoblauchknollen (etwa 20 ungeschälte Zehen)

2 große Möhren, in 2 cm große Würfel geschnitten

2 mittelgroße Pastinaken, in 2 cm große Würfel geschnitten

2 mittelgroße Steckrüben, in 2 cm große Würfel geschnitten

1 Klettenwurzel (15 cm lang), in 2 cm große Würfel geschnitten

6 Zweige Thymian

4 Zweige Salbei

2 große Zweige Rosmarin

3 EL natives Olivenöl

¾ TL Meersalz

1,9 l gefiltertes Wasser

4 Stangen Sellerie mit Blättern, gehackt

4 Lorbeerblätter

6 große Zweige Petersilie

Stiele von 900 g Steinchampignons (Hüte für die Bourguignon)

BOURGUIGNON:

175 g Ziegenaugenbohnen, verlesen und 12 bis 24 Stunden in mindestens 720 ml gefiltertem Wasser eingeweicht

1 Kombustück (5 cm lang)

3 Lorbeerblätter

960 ml plus 2 EL gefiltertes Wasser

15 sonnengetrocknete Tomaten (getrocknet, nicht in Öl eingelegt)

240 ml kochendes gefiltertes Wasser

360 ml veganer Rotwein

2 EL Mirin

1 EL Tamarisoße, plus mehr auf Wunsch

900 g Steinchampignons (Hüte; Stiele entfernt und für die Brühe verwendet), in 5 mm dicke Scheiben geschnitten

5 EL natives Olivenöl

Meersalz

frisch gemahlener schwarzer Pfeffer

8 mittelgroße Schalotten, in 5 mm dicke Scheiben geschnitten

3 Knoblauchzehen, fein gehackt

1 EL frischer fein gehackter Thymian

2 mittelgroße Möhren, per Rollschnitt in 1 cm dicke Stücke geschnitten (siehe Seite 176)

3 EL Kudzu oder Pfeilwurzpulver (siehe Tipps auf Seite 299)

gehackte frische Petersilie, zum Garnieren

FÜR DIE BRÜHE:

Heizen Sie den Ofen auf 200 °C vor. Geben Sie Zwiebel, Knoblauch, Möhren, Pastinaken, Steckrüben, Klettenwurzel, Thymian, Salbei, Rosmarin, Olivenöl und Salz in eine große Schüssel und vermengen Sie alles gut miteinander. Verteilen Sie das Gemüse und die Kräuter gleichmäßig auf zwei Backblechen und rösten Sie es 1 Stunde im Ofen. Wenden Sie es alle 20 Minuten. Nehmen Sie das Gemüse aus dem Ofen und besprenkeln Sie es zum Ablöschen mit je 120 ml Wasser pro Blech. Geben Sie das Gemüse und den eventuell entstandenen Saft in einen großen Topf und fügen Sie Sellerie, Lorbeerblätter, Petersilie, Pilzstiele und das restliche Wasser hinzu. Bringen Sie die Zutaten auf hoher Flamme zum Kochen. Decken Sie den Topf ab, stellen Sie die Flamme niedrig und köcheln Sie die Brühe 1,5 Stunden. Nehmen Sie den Topf vom Herd, seihen Sie die Brühe durch ein Sieb ab und kompostieren Sie die Gemüsereste. Sie sollten einen reichlichen Liter Brühe herausbekommen. Stellen Sie den Topf beiseite oder gießen Sie die Brühe, wenn Sie sie im Voraus zubereiten, nach dem Abkühlen in große Schraubgläser und stellen Sie sie bis zu drei Tage lang im Kühlschrank kalt, bis Sie sie verwenden.

FÜR DIE BOURGUIGNON:

Spülen Sie die Bohnen und lassen Sie sie abtropfen. Geben Sie sie zusammen mit dem Kombustück, den Lorbeerblättern und dem Wasser in einen mittelgroßen Topf und bringen Sie sie auf hoher Flamme zum Kochen. Decken Sie den Topf ab, stellen Sie die Flamme niedrig und köcheln Sie die Bohnen, bis sie innen weich und cremig sind, aber nicht auseinanderfallen. Kontrollieren Sie die Bohnen alle 45 Minuten und danach alle 10 bis 15 Minuten, bis sie gar sind. (Wenn Sie einen Schnellkochtopf verwenden, kochen Sie die Bohnen 30 Minuten unter hohem Druck; siehe auch Seite 70.) Kompostieren Sie das Kombustück und die Lorbeerblätter. Gießen Sie die Bohnen ab, geben Sie sie in eine mittelgroße Schüssel und stellen Sie sie beiseite.

Weichen Sie, während die Bohnen kochen, die sonnengetrockneten Tomaten 30 Minuten in 240 ml kochendem Wasser ein. Gießen Sie sie ab und schneiden Sie sie in 5 mm dicke Scheiben. Geben Sie sie zusammen mit dem Rotwein, dem Mirin und der Tamarisoße zu den abgegossenen Bohnen und rühren Sie gut um. Lassen Sie die Bohnen marinieren, während Sie die Pilze rösten, oder lassen Sie die Bohnen, wenn Sie sie im Voraus zubereiten, abkühlen und stellen Sie sie bis zum Verwenden im Kühlschrank kalt.

Heizen Sie den Ofen auf 200 °C vor. Legen Sie zwei Backbleche mit Backpapier aus. Geben Sie die Pilze zusammen mit 3 EL Olivenöl, ¼ TL Salz und einer Prise schwarzem Pfeffer in eine große Schüssel und vermengen Sie sie gut mit dem Öl und den Gewürzen. Verteilen Sie die Pilze gleichmäßig in einer Schicht auf beiden Backblechen und rösten Sie sie 20 Minuten im Ofen. Wenden Sie sie und rösten Sie sie weitere 10 bis 15 Minuten bzw. bis sie all ihre Flüssigkeit abgegeben haben und zu bräunen beginnen. Nehmen Sie sie aus dem Ofen und stellen Sie sie beiseite.

Erhitzen Sie die restlichen 2 EL Olivenöl in einem großen Topf auf mittlerer Flamme. Geben Sie die Schalotten hinein und braten Sie sie 5 Minuten an bzw. bis sie goldbraun sind. Rühren Sie ¼ TL Salz ein und stellen Sie die Flamme niedrig. Decken Sie den Topf ab und braten Sie die Schalotten 5 weitere Minuten bzw. bis sie weich sind. Nehmen Sie den Deckel ab, rühren Sie Knoblauch und Thymian ein und braten Sie die Zutaten weitere 2 bis 3 Minuten. Geben Sie die Möhren, Bohnen und sonnengetrockneten Tomaten mit ihrer Marinade und die aufbewahrte Brühe zu und bringen Sie alles auf hoher Flamme zum Kochen. Decken Sie den Topf ab, stellen Sie die Flamme niedrig und köcheln Sie die Zutaten 30 Minuten. Fügen Sie die gerösteten Pilze hinzu und köcheln Sie alles ohne Deckel weitere 30 Minuten, bis die Aromen miteinander verschmelzen und die Bourguignon einen reichen, tiefgründigen Geschmack entwickelt hat.

Lösen Sie das Kudzu in den restlichen 2 EL gefiltertem Wasser auf und träufeln Sie es langsam in den köchelnden Eintopf. Rühren Sie ständig um, bis der Eintopf leicht eindickt und wieder zu köcheln beginnt. Würzen Sie nach Belieben nach und nehmen Sie den Topf vom Herd. Richten Sie die Bohnen Bourguignon auf Tellern oder in Schüsseln an, garnieren Sie sie mit Petersilie und servieren Sie sie warm zusammen mit *Kartoffel-Sellerie-Stampf* (Rezept folgt).

KARTOFFEL-SELLERIE-STAMPF

Dieser cremige Brei ist der perfekte Begleiter für saftige Bohnen Bourguignon. Wenn einfacher Kartoffelbrei mit Knollensellerie kombiniert wird, entsteht dabei eine leichtere, etwas luftigere Konsistenz und ein mild aromatischer Geschmack.

6 PORTIONEN

2 Knollensellerie (1 kg),
   geschält und in 1 cm große Würfel geschnitten
5 fest kochende Kartoffeln (1,3 kg),
   geschält und in 3 cm große Würfel geschnitten
1 TL Meersalz, plus mehr auf Wunsch
3 EL natives Olivenöl
frisch gemahlener schwarzer Pfeffer

Geben Sie die Sellerie- und Kartoffelstücke und das Salz in einen großen Topf. Geben Sie genug Wasser in den Topf, um das Gemüse damit zu bedecken, und bringen Sie es auf hoher Flamme zum Kochen. Decken Sie den Topf ab, stellen Sie die Flamme niedrig und köcheln Sie das Gemüse 15 Minuten bzw. bis die Kartoffel- und Selleriestücke weich sind, aber nicht auseinanderfallen. Gießen Sie die gesamte Kochflüssigkeit ab und geben Sie die Kartoffeln und den Sellerie zurück in den Topf. Gießen Sie das Olivenöl zu und zerstampfen Sie das Gemüse mit einem Kartoffelstampfer zu einem glatten Brei. Würzen Sie nach Belieben mit Salz und Pfeffer und servieren Sie den Kartoffel-Sellerie-Stampf warm.

Desserts

Tartes / 300

Frühling + Sommer / 302

Erdbeer-Vanillecreme-Tarte / 304

Frische Pfirsichtarte mit Walnussboden / 306

Brombeer-Zitronencreme-Tartelettes mit geröstetem Kokosraspelboden / 308

Geröstete Feigen-Himbeer-Tarte mit geröstetem Mandelboden / 310

Kokoscreme-Tarte mit geröstetem Kokosraspelboden / 312

Herbst + Winter / 315

Kürbis-Tartelettes mit Cashew-Ingwer-Boden / 316

Dattel-Pistazien-Pralinen-Tarte / 318

Cranberry-Mandel-Tarte / 320

Geröstete Birnen-Tartelettes mit Birnencremefüllung / 323

Dunkle Schokoladen-Trüffel-Tarte mit Paranussboden / 326

Vanillecreme / 327

Cashew-Zimt-Creme / 328

Süßes für jede Gelegenheit / 331

Erdbeer-Rosen-Kanten / 332

Kokos-Vanille-Eiscreme mit gerösteten Pflaumen und Ahornsirup-Kokos-Knusperstreuseln / 334

Schokoladige Pots de Crème / 336

Schokoladen-Haselnuss-Torte mit Kirschfüllung und Schokoladenganache / 339

Apfel-Mandel-Schnitten / 342

Zitrus-Kokosnuss-Cupcakes / 344

Mandelbutter-Brownies mit Meersalz / 346

Aprikosen-Kokos-Riegel / 349

Zimt-Karamell-Popcorn / 350

Goldene Amaranth-Superfood-Riegel / 353

Pistazien-Sultaninen-Kekse mit Kardamom / 354

Kirsch-Pecannuss-Cookies / 356

Granatapfel-Kanten / 357

Earl-Grey-Früchtekuchen / 359

In meiner Familie überraschte es niemanden, dass ich mich einen Großteil meiner beruflichen Karriere lang auf Desserts spezialisiert habe. Ich bin mit unwiderstehlichen süßen Leckereien aufgewachsen, die meine Mutter und ihre Freundinnen für uns zauberten. Ob es eine lang herbeigesehnte riesige Geburtstagstorte, mit mehreren Schichten und mit Erdbeeren aus unserem Garten garniert, oder aber ein Stück einfacher Schokoladen-Nuss-Kuchen war, Desserts sind in meiner Familie immer heiß begehrt. Ich wurde schon früh von meiner Mutter in die hohe Kunst der Zubereitung vollwertiger Desserts eingeweiht und half ihr dabei, Äpfel für unseren fast allabendlichen Apfelstreusel zu schälen und zu schneiden. Als bekennende Naschkatze gibt meine Mutter freimütig zu, ein größeres Dinner gern um das Dessert herum zu planen, anstatt andersherum anzufangen. Meine Schwester und ich verbrachten oft ganze Wochenenden damit, ihre Kochbücher zu wälzen, um dann in stundenlanger Küchenarbeit komplizierte kleine cremegefüllte Keksmeisterwerke zu kreieren. Neben vielen Backbüchern mit Rezepten für ausgefallene Kuchen und Desserts besaß meine Mutter auch eines der ersten Rohkost-Kochbücher von Leslie Kenton. Ich war fasziniert von dem frischen Strahlen der Autorin und fand endlos viel Inspiration in den zahlreichen Seiten voller farbenfroher Obst- und Nussdesserts.

Erst als ich zu Hause auszog und nach Sydney zog, probierte ich das erste Mal eine große Auswahl veganer Desserts und begann, selbst damit zu experimentieren. Es war schon immer mein Wunsch und auch mein Antrieb, gesündere und trotzdem wunderschöne und köstliche Kreationen zu entwickeln. In der Gemeinde, in der ich aufwuchs, kochten und buken alle Leute, die wir kannten, alles selbst, und zwar oft nur mit Grundzutaten. Da es keinen Laden mit fertigen Lebensmitteln in der Nähe gab, kam ich nicht mit industriell hergestellten Desserts in Berührung und habe sie auch nie lieben gelernt. Für mich war es ein natürlicher Schritt und eine kreative Herausforderung, die Desserts aus meiner Kindheit ohne tierische Produkte und raffinierten Zucker herzustellen. So fand ich schließlich meinen Platz in den Profi-Küchen.

Ehrlich gesagt fand ich das vegane Backen immer einfacher als das Backen mit tierischen Produkten: Man kann sich das Blindbacken und das Aufschlagen von weicher Butter und Zucker für Kuchen und Torten sparen, und es besteht auch nicht die Gefahr, dass der Pudding, die Crème brûlée oder der Flan einreißt. Sie können alles während der Zubereitung kosten und die Füllungen schon vorher auf die perfekte Konsistenz prüfen. Ich hoffe, Sie werden durch die süßen Möglichkeiten, die in Ihrer eigenen Küche auf Sie warten, inspiriert und beflügelt. Viel Spaß und Freude beim Backen!

TIPPS ZU AGAR-AGAR, PFEILWURZ UND KUDZU

Das Erfolgsgeheimnis für himmlische Desserts ist das richtige Verwenden von Agar-Agar, Pfeilwurz und Kudzu. Durch Agar-Agar wird das Dessert fest, während Pfeilwurz und Kudzu es cremig machen. Die perfekt abgestimmte Menge von beidem führt zu einer traumhaften, zart-schmelzenden Konsistenz. Wenn Sie dieses Prinzip verstanden haben, können Sie fast alles auch ohne Zuhilfenahme tierischer Produkte zaubern. Lesen Sie kurz die folgenden Tipps, und Sie werden das Beste aus Ihren Zutaten herausholen können, egal ob Sie ein Rezept befolgen oder selbst ein bisschen frei experimentieren möchten.

AGAR-AGAR

Agar-Agar ist eine durchsichtige, farblose Alge, die sich in köchelnder Flüssigkeit auflöst und beim Abkühlen denselben festigenden Effekt wie Gelatine hat. Es ist perfekt für cremige Puddingfüllungen für Torten und Tartes, buttercremeähnliche Überzüge, Kanten (ein japanisches Fruchtgeleedessert), Moussekreationen und zarte Obstkuchengüsse. Auf den folgenden Seiten gibt es Rezepte für alle diese Köstlichkeiten.

Agar-Agar gibt es in Flocken- oder in Pulverform. Ich greife zu Flocken, weil sie überall erhältlich sind, sich leicht abmessen lassen und nicht wie manche Agar-Agar-Pulver gebleicht werden. Agar-Agar ist geschmacksneutral, kann aber, wenn Sie sehr große Mengen davon in einem Dessert mit lieblichem Geschmack verwenden, salzig durchschmecken. (Siehe Seite 31 für Nährwertinformationen.)

Wenn Sie Agar-Agar für eine Mousse, Cremefüllungen oder Fruchtüberzüge verwenden, sollten Sie auf die richtige Menge achten: Verwenden Sie zu wenig, hält das Dessert nicht zusammen; verwenden Sie zu viel, entsteht eine unschöne gummiartige Konsistenz. Ich empfehle daher unbedingt, bei jedem Dessert vor dem Abkühlen eine kleine Probe zu machen und je nach Bedarf ggf. mehr Agar-Agar oder mehr Flüssigkeit hinzuzufügen. Kuchen- und Tortenüberzüge sind weniger anspruchsvoll. Solange Sie genug Agar-Agar haben, werden Sie nach dem Abkühlen und Aufschlagen bzw. Mixen eine dicke, cremige Konsistenz herausbekommen. Sogar nach über 20 Jahren Erfahrung mit veganen Desserts teste ich die Agar-Agar-Menge immer noch jedes Mal, wenn ich ein Rezept ein kleines bisschen verändere oder die Menge anpasse.

AGAR-AGAR AUFLÖSEN

Am besten verwenden Sie zum Köcheln von Agar-Agar immer einen Topf mit dickem Boden und fest verschließbarem Deckel. Der dicke Boden verhindert das Anhängen, was gerade bei dickeren Flüssigkeiten passieren kann, und der Deckel das Verdampfen von zu viel Flüssigkeit, was sich ebenfalls in ungewünschter Weise auf Ihr Dessert auswirken kann. Am schnellsten löst sich Agar-Agar in dünnen Flüssigkeiten wie z. B. Fruchtsaft auf. Je dicker die Flüssigkeit, umso länger dauert es. Bei dickeren Milcharten, wie bspw. Kokosmilch aus der Dose, dauert es am längsten. Ich empfehle, Agar-Agar am besten in Apfelsaft, Apfelcidre oder -wein oder Nuss- bzw. Kokosmilch aufzulösen. Wenn Ihr Rezept nach einem säurehaltigeren Saft wie z. B. Zitrussaft verlangt, fügen Sie diesen erst hinzu, nachdem Sie das Agar-Agar aufgelöst und die Mischung getestet haben. Wenn die Flüssigkeit zu sauer ist, wird das Agar-Agar mitunter nicht fest. Wenn in Ihrem Rezept neben der Flüssigkeit auch große Mengen saurer Zutaten wie z. B. Zitrusfrüchte oder Rhabarber enthalten sind, kann die darin enthaltene Zitrus- bzw. Oxalsäure das Festwerden des Desserts ebenfalls verhindern.

Am besten quirlen Sie das Agar-Agar und die Flüssigkeit regelmäßig gut durch, wenn Sie beides zum Kochen bringen. Dadurch kann dickere Milch nicht am Topfboden hängen bleiben und die Flüssigkeit kocht nicht über. Wenn die Flüssigkeit kocht, decken Sie den Topf ab, stellen Sie die Flamme niedrig und köcheln Sie das Agar-Agar 5 bis 15 Minuten. Die Dauer variiert je nachdem, wie dick die Flüssigkeit ist und wie viel Agar-Agar aufgelöst werden soll.

Prüfen Sie immer, ob sich das Agar-Agar vollständig aufgelöst hat, bevor Sie mit dem nächsten Schritt beginnen. Nehmen Sie einen Löffel der Flüssigkeit heraus und gießen Sie ihn langsam zurück in den Topf. Sollten sich einige Flocken noch nicht aufgelöst haben, werden Sie diese auf Ihrem Löffel sehen. Sie können sehr klein sein, also schauen Sie etwas genauer hin. Decken Sie den Topf wieder ab und köcheln Sie die Flüssigkeit weiter, bis sich alle Flocken aufgelöst haben.

TESTEN

Geben Sie einige Esslöffel der Flüssigkeit in eine kleine Tasse und stellen Sie diese 5 bis 10 Minuten lang in die kälteste Ecke Ihres Kühlschranks. Decken Sie den Topf ab und nehmen Sie ihn vom Herd, solange Sie warten.

Wenn Ihre Probe kalt ist, prüfen Sie, wie fest die Mitte ist. Für eine Tortenfüllung sollte es aufrecht stehen bleiben und beim Anschneiden die Form behalten, eine Mousse sollte in Ihrem Mund zerschmelzen, und ein Guss mit seiner Konsistenz irgendwo dazwischen liegen. Wenn es fester sein soll, fügen Sie ½ bis 1 TL mehr Agar-Agar hinzu und köcheln Sie die Flüssigkeit erneut. Ist es zu fest, rühren Sie etwas mehr Flüssigkeit ein und testen Sie es erneut. Das Testen einer Probe zeigt Ihnen am besten, wie Ihr Dessert am Ende schmecken wird.

HINWEIS: Wenn Sie einen Tortenüberzug vorbereiten, müssen Sie diesen nicht testen, denn es soll nach dem Abkühlen ein fester Mix entstehen, den Sie zu einem dicken, cremigen Überzug aufschlagen bzw. mixen. Ein bisschen zu viel Agar-Agar tut dem Ganzen hier also keinen Abbruch, zu wenig aber führt dazu, dass der Überzug nach dem Aufschlagen dünnflüssig wird. Wenn Sie also nicht gerade eine neue Ausgangsflüssigkeit ausprobieren oder weniger Agar-Agar verwenden, als das Rezept verlangt, brauchen Sie keine Stichprobe machen. Dasselbe gilt für Kanten (Seite 332 und 357); – dies können Sie kurz in einer Küchenmaschine durchmixen, wenn es nach dem Aufschlagen noch nicht glatt genug ist.

PFEILWURZ UND KUDZU

Pfeilwurz und Kudzu sind natürliche, geschmacksneutrale Verdickungsmittel, die Tortenfüllungen, Soßen und Glasuren zu einer seidig-cremigen Textur verhelfen. Beide sind gesunde Alternativen zu Speisestärke und können fast austauschbar verwendet werden, auch wenn Sie eventuell etwas weniger Kudzu brauchen, da Kudzu Speisen mehr Körper verleiht als Pfeilwurz. In meinen Dessertrezepten habe ich ausnahmslos Pfeilwurzpulver verwendet, weil es leichter erhältlich und wesentlich günstiger als Kudzu ist, das auch für Heilzwecke gebraucht wird (siehe Seite 43).

Lösen Sie sowohl Pfeilwurz wie auch Kudzu immer erst in einer kleinen Menge kalter Flüssigkeit auf – nur etwas mehr als die Pfeilwurz- oder Kudzumenge selbst. Verwenden Sie nicht zu viel Flüssigkeit, da diese die Endkonsistenz des Desserts verwässern kann. Tröpfeln Sie das jeweilige aufgelöste Pulver unter ständigem Umrühren langsam in die köchelnde Flüssigkeit. Sobald die Mischung köchelt und leicht eindickt, nehmen Sie sie vom Herd und befolgen Sie die weiteren Schritte im jeweiligen Rezept. Wenn Sie selbst experimentieren möchten, denken Sie daran, dass die Mischung beim Abkühlen immer weiter eindickt, also rühren Sie nicht gleich die gesamte Menge des aufgelösten Kudzu oder Pfeilwurz ein. Zu viel davon führt zu einer klebrigen Konsistenz.

TARTES

Als ich die Tarte-Rezepte für dieses Buch zusammenstellte, wurde mir schnell klar, dass ich diesem Thema nicht nur einige Seiten, sondern ein eigenes Kapitel widmen wollte, um zu zeigen, wie endlos die köstlichen Möglichkeiten sind. Hierfür habe ich meine Lieblingsrezepte ausgewählt, mit denen ich entweder gern Gäste beeindrucke oder die ich verwende, wenn ich mit dem experimentiere, was ich gerade zu Hause habe. Da meine Kreationen immer von den Jahreszeiten bestimmt werden, habe ich die Tartes nach Jahreszeiten in Frühling/Sommer und Herbst/Winter eingeteilt. Dazu gibt es einige meiner Lieblingstoppings für Desserts, die auch wunderbar zu den Tartes passen.

Tartes sind für mich das perfekte Dessert. Der Boden lässt sich aus praktisch allen Nuss- und Mehlarten zubereiten, die Sie gerade da haben, und die Füllung besteht aus den besten Zutaten, die im jeweiligen Moment Saison haben: frische Beeren und saftiges Obst im Frühling und Sommer, cremige süße Kürbisse oder säuerliche Cranberries im Herbst und reichhaltige dunkle Schokolade oder Trockenfrüchte im Winter. Tartes sind ideal, um ein ausgefeiltes Menü lecker, leicht und süß zu beenden, oder um eine süße Köstlichkeit nachmittags zum Tee zu servieren.

Ich möchte, dass Sie mit den Füllungen und den verschiedenen Böden bzw. Teigvariationen spielen, sie austauschen und auf neue Ideen kommen, die Sie mit den folgenden Tipps und Tricks gelungen umsetzen können. Die verschiedenen Teig- bzw. Bodenrezepte basieren auf einer Kombination aus Haferflocken, Vollkornmehl (z. B. aus Dinkel, braunem Reis und Gerste), Nüssen und/oder getrockneten Kokosraspeln. Darunter finden Sie einige glutenfreie und auch eine nussfreie Variante.

Wenn Sie Füllungen und Böden austauschen, denken Sie daran, dass Sie von beidem eventuell etwas übrig haben werden. Teigreste können Sie in Kekse verwandeln und übrig gebliebene Füllung in kleine Schüsselchen geben und später genießen.

PERFEKTE BÖDEN IM VORAUS ZUBEREITEN UND PRESSEN

Nachdem ich meine Böden und Teige jahrelang „nach Gefühl" zusammengestellt und kaum einmal etwas abgemessen habe, wollte ich meinen Schülern eine Methode zeigen, wie sie mit dem, was sie gerade in ihrer Küche finden, einen tollen Tarteboden zaubern können. Egal ob Sie gerade einem Rezept folgen, eines anpassen oder frei experimentieren, die folgenden Schritte garantieren Ihnen einen vollen Erfolg.

Wenn Sie glutenfreie Mehle verwenden, denken Sie daran, dass diese andere Eigenschaften haben und entweder weitaus mehr Feuchtigkeit als glutenhaltigen Mehle absorbieren oder nicht so gut zusammenhalten. Wenn ich einen neuen glutenfreien Teig ausprobiere, mache ich zuerst immer nur einen Boden ohne Rand (wie bei meiner *Dattel-Pistazien-Pralinen-Tarte* auf Seite 318), weil dieser dann nicht einfallen kann.

Zuerst sollten Sie mit einem sowieso schon glutenfreien Teig experimentieren und eine glutenfreie Zutat gegen eine andere austauschen. Wenn Sie in Ihrem Teig gekeimtes Mehl verwenden, müssen Sie die Tarte oder den Boden 5 Minuten länger backen und etwas mehr Mehl verwenden als bei den Teigen, die Sie mit regulärem Vollkornmehl zubereiten.

1. DIE TROCKENEN ZUTATEN Wählen Sie ein Tarteboden-Rezept aus, an dem Sie Ihre Zutatenmengen ausrichten. Vermischen Sie die (gemahlenen und/oder gehackten) Nüsse, Haferflocken und das oder die Mehle gemäß den im Rezept angegebenen Mengen. Fügen Sie Salz (die empfohlene Menge oder etwas mehr oder weniger) hinzu oder lassen Sie es weg. Rühren Sie nun alle Gewürze ein, falls Sie welche verwenden.

2. DAS ÖL Sie können entweder natives Kokosöl (geschmolzen) oder natives Olivenöl verwenden. Beide sind köstlich und butterähnlich. Denken Sie daran, dass auch die von Ihnen verwendete Menge an Nüssen und/oder Kokosnuss bestimmt, wie viel Öl Sie benötigen. Geben Sie zuerst immer nur wenige Esslöffel Öl zu den trockenen Zutaten. Vermischen Sie alles gut, am besten mit einer Gabel oder den Fingerspitzen. Die Mischung sollte nun feucht sein und fast zusammenhalten, wenn Sie sie mit der Hand zusammendrücken. Sie sollte nicht zu feucht sein, da Sie noch Ahornsirup hinzufügen, durch den der Teig noch besser zusammenhält und eine perfekte süße Note erhält. Wenn Sie mehr Mehl und weniger Nüsse verwenden, brauchen Sie wahrscheinlich etwas mehr Öl. Haben Sie zu viel Öl hinzugefügt und die Mischung ist zu feucht, kneten Sie eine oder zwei Prisen Mehl ein bzw. so viel, bis die richtige Konsistenz erreicht ist.

3. DIE SÜSSE Mit Ahornsirup lassen sich meiner Erfahrung nach die besten und zart-knusprigsten Böden zaubern. Sie können, wenn Sie möchten, einen Teil davon durch Kokosblütennektar oder Yakonsirup ersetzen. Reissirup macht den Boden sehr fest, also verwenden Sie nur wenig davon. Wie schon das Öl sollten Sie auch den Ahornsirup nur nach und nach hinzufügen. Rühren Sie ihn mit einer Gabel ein, geben Sie einen reichlichen Spritzer Vanilleextrakt hinzu und drücken Sie dann den Teig mit Ihren Händen zusammen. (Wenn Sie noch irgendeinen anderen Extrakt verwenden, fügen Sie ihn jetzt hinzu.) Waschen Sie Ihre Hände, trocknen Sie sie gut ab und testen Sie, ob Sie die richtige Menge Ahornsirup verwendet haben. Drücken Sie dazu eine Handvoll Teig mit der Hand zusammen. Der Teig sollte feucht sein und gut zusammenhalten, aber nicht an Ihren Händen kleben. Wenn er nicht zusammenhält, kneten Sie etwas mehr Sirup ein. Ich verwende dafür manchmal auch einfach nur einen ganz kleinen Spritzer Wasser. Ist der Teig zu feucht, sinkt er beim Backen ein. Lassen Sie ihn 10 Minuten ruhen, damit die Mehle und die Haferflocken die Feuchtigkeit absorbieren können, und testen Sie ihn danach noch einmal. Ist er immer noch zu feucht, rühren Sie einen Esslöffel Mehl unter und testen Sie ihn erneut. Das Gute an dieser Art von veganem Teig ist, dass er durch häufiges Kneten nicht fester oder zäh wird. Trotzdem sollten Sie ihn nicht zu lange durchkneten, da sonst die Haferflocken zu viel Feuchtigkeit aufsaugen.

4. DER GESCHMACK Ihr Teig sollte jetzt einfach köstlich schmecken. Wenn er noch etwas mehr Süße oder Vanille braucht, fügen Sie sie jetzt hinzu. Wenn Sie mit dem Geschmack und der Konsistenz zufrieden sind, drücken Sie den Teig in die vorbereitete Tarteform und lassen Sie ihn nicht herumliegen, da er sonst nur mehr Feuchtigkeit absorbiert und sich schwerer drücken lässt. Einmal in die Form gedrückt können Sie den Teig gern abdecken, im Kühlschrank kalt stellen und am nächsten Tag backen, oder sogar bis zu drei Monate lang abgedeckt einfrieren.

5. DEN TEIG PRESSEN Für den Teig benutze ich zwei unterschiedliche Formen: Tarteformen mit gewelltem Rand und Springformen. Fetten Sie Ihre Form gründlich ein, damit sich die

Tarte oder der Kuchen später leicht und unbeschädigt herauslösen lässt. Zum Einfetten verwende ich persönlich am liebsten Olivenöl, da Kokosöl bei Zimmer- oder kühleren Temperaturen fest ist und es dann schwierig wird, eine kalt gestellte Tarte aus der Form zu lösen. Wenn Sie den Boden aus der Form nehmen, bevor Sie die Tarte füllen und kalt stellen, ist Kokosöl aber eine gute Wahl.

Nehmen Sie mit sauberen, trockenen Händen etwa 3 EL des Teigs ab und rollen Sie ihn zwischen Ihren Handflächen zu einer 8 bis 10 cm langen Rolle. Legen Sie die Rolle kreisförmig in die Kante, wo Boden und Rand aufeinandertreffen. Pressen Sie den Teig mit Ihren Daumen im 45-Grad-Winkel rundherum in die Kante und alle Wellen hinein. Achten Sie zunächst nur auf die Kante und nicht auf den gesamten Boden oder die oberen Ränder der Form. Rollen Sie weitere Rollen zurecht und pressen Sie sie in die Form, bis Sie den Kreis geschlossen haben. Pressen Sie den Teig jetzt gleichmäßig die Ränder hinauf und achten Sie darauf, dass nicht zu viel Teig an den Stellen sitzt, wo der Rand auf den Boden trifft. Kratzen Sie bei einer gewellten Tarteform überschüssigen Teig von den oberen Rändern ab, aber lassen Sie den Teig bei einer Springform etwas unregelmäßig. Drücken Sie mit den Fingerspitzen überschüssigen Teig von außen nach innen in die Mitte der Form, um den Boden damit zu bedecken. Geben Sie ggf. mehr Teig in die Form und pressen Sie ihn mit Ihren Handflächen gleichmäßig glatt. Drücken Sie mit Ihren Händen und Fingerspitzen weiter, bis die Form gleichmäßig mit Teig ausgekleidet ist. Ich versuche immer, meinen Teig zwischen 3 bis 6 mm dick werden zu lassen, es sei denn es wird ein Boden ohne Rand, der etwas dicker werden darf. Falls Sie Teig übrig haben, können Sie daraus kleine Kekse formen.

6. DEN TEIG BACKEN Stechen Sie den Teigboden vor dem Backen immer einige Male mit einer Gabel ein. Dadurch bläht sich der Teig im Ofen nicht auf und kann, wenn Sie ihn herunterdrücken müssen, nicht einreißen.

Einige Rezepte haben Böden, die zweimal gebacken werden, da auch die Füllung mitgebacken werden muss. Das Blindbacken von Tortenböden hilft dabei, den Teig zu versiegeln und verhindert, dass er matschig wird, wenn er mit einer feuchten Füllung gebacken wird.

Beim Backen sollte der Teig immer köstlich duften, zart goldbraun aussehen und eventuell leicht gebräunte Ränder haben. Er kann beim Berühren ruhig noch etwas weich sein, da er beim Abkühlen fester wird, wenn er lange genug im Ofen war. Nehmen Sie ihn nicht wie bei Keksen zu früh aus dem Ofen, denn der Tortenboden soll knusprig und nicht gummiartig werden.

FRÜHLING + SOMMER

ERDBEER-VANILLECREME-TARTE

Diese unwiderstehliche Kombination aus frischen, duftenden Erdbeeren auf einer leckeren Vanillecreme führt garantiert jeden in Versuchung. Die Creme wird mit Macadamianussmilch zubereitet, ist gleichzeitig leicht und cremig und zerschmilzt ganz sanft in Ihrem Mund. Der dünne, knusprige Boden mit Haferflocken ergänzt die Erdbeeren und die Creme perfekt.

HINWEIS: Dieser Teig wird sehr dünn in die Form gepresst und sollte in der Springform etwa einen 3 cm hohen Rand bilden. Der Teig enthält keine Nüsse und kann in vielen anderen meiner Tarterezepte verwendet werden, wenn Sie auf Nüsse verzichten möchten. Ich habe das Rezept auch schon mit Oliven- statt Kokosöl und einem ebenso köstlichen Ergebnis ausprobiert.

ERGIBT EINE TARTE MIT 23 CM DURCHMESSER

AUSRÜSTUNG: SPRINGFORM MIT 23 CM DURCHMESSER

TEIG:

Olivenöl zum Einfetten der Form
65 g Haferflocken
3 EL Gerstenmehl
½ TL aluminiumfreies Backpulver
¼ TL Meersalz
75 g Dinkelvollkornmehl
3 EL plus 1 TL geschmolzenes
    natives Kokosöl
3 EL Ahornsirup
1 TL Vanilleextrakt

CREMEFÜLLUNG:

100 g rohe Macadamianüsse, 2 bis
    6 Stunden in 480 ml gefiltertem
    Wasser eingeweicht
480 ml plus 2 TL gefiltertes Wasser
1 Vanilleschote
60 ml brauner Reissirup
3 EL Ahornsirup
2 TL Agar-Agar-Flocken
1 Prise Meersalz
2 TL Pfeilwurzpulver

FÜR DEN TEIG:

Heizen Sie den Ofen auf 180 °C vor. Legen Sie den Boden einer Springform mit Backpapier aus (siehe Tipp auf Seite 311) und fetten Sie die Ränder leicht ein.

Geben Sie Haferflocken, Gerstenmehl und Backpulver in eine Küchenmaschine und zermahlen Sie die Zutaten 30 Sekunden. Geben Sie die Mischung in eine mittelgroße Schüssel und rühren Sie Dinkelmehl und Salz ein. Träufeln Sie das Kokosöl in die Mitte und mischen Sie es mit einer Gabel oder den Fingerspitzen unter die Mischung, bis das Mehl feucht ist. Fügen Sie Ahornsirup und Vanilleextrakt hinzu und vermengen Sie alles zu einem gleichmäßigen Teig, der feucht, aber nicht klebrig sein sollte. Waschen Sie Ihre Hände und trocknen Sie sie ab. Pressen Sie den Teig gleichmäßig in die vorbereitete Springform. Er sollte etwa 3 mm dick sein. Drücken Sie den Teig am Rand etwa 3 cm hoch nach oben. Lassen Sie den oberen Rand ungleichmäßig.

Stechen Sie den Teigboden mehrmals mit einer Gabel ein und backen Sie den Teig 16 bis 18 Minuten blind bzw. bis er goldbraun ist und duftet. Nehmen Sie ihn aus dem Ofen und stellen Sie ihn beiseite, während Sie die Füllung vorbereiten.

FÜR DIE CREMEFÜLLUNG:

Gießen Sie die Macadamianüsse ab und spülen Sie sie. Geben Sie sie zusammen mit 480 ml Wasser in einen Standmixer. Pürieren Sie sie etwa 1 Minute auf höchster Stufe zu einer cremig-glatten Milch. Gießen Sie die Milch in einen kleinen Topf mit dickem Boden. Schneiden Sie die Vanilleschote längs auf und kratzen Sie das Mark mit der Spitze eines kleinen Messers heraus. Geben Sie das Mark zusammen mit der Schote in die Macadamiamilch. Fügen Sie Reissirup, Ahornsirup, Agar-Agar und Salz hinzu. Bringen Sie die Mischung unter ständigem Rühren auf hoher Flamme zum Kochen. Decken Sie den Topf ab, stellen Sie die Flamme niedrig und köcheln Sie die Milch 15 Minuten. Rühren Sie sie alle 5 Minuten mit einem Schneebesen um. Prüfen Sie, ob sich das Agar-Agar vollständig aufgelöst hat (siehe Seite 298). Lösen Sie in einer kleinen Schüssel das Pfeilwurzpulver in den restlichen 2 TL Wasser auf und tröpfeln Sie es nach und nach in die köchelnde Crememischung. Rühren Sie ständig weiter, bis die Creme leicht eindickt und wieder köchelt. Sie sollte die Konsistenz dicker Schlagsahne haben. Nehmen Sie den Topf vom Herd. Lassen Sie die Creme ohne Deckel etwa 10 Minuten abkühlen. Entfernen Sie die Vanilleschote und kompostieren Sie sie. Rühren Sie die Creme erneut mit dem Schneebesen um und gießen Sie sie dann auf den gebackenen Tarteboden. Stellen Sie, sobald die Creme nicht mehr dampft, die Tarte in den Kühlschrank und lassen Sie sie 1 Stunde abkühlen und fest werden.

ERDBEER-TOPPING:

180 ml plus 1 TL veganer Apfelsaft

½ TL Agar-Agar-Flocken

½ TL Pfeilwurzpulver

350 g Erdbeeren, grüne Kelche
    entfernt, halbiert und in
    Scheibchen geschnitten

1 TL Ahornsirup

1 TL Vanilleextrakt

FÜR DAS ERDBEER-TOPPING:

Geben Sie 120 ml Apfelsaft und das Agar-Agar in einen kleinen Topf mit dickem Boden. Bringen Sie den Apfelsaft unter ständigem Rühren auf hoher Flamme zum Kochen. Decken Sie den Topf ab, stellen Sie die Flamme niedrig und lassen Sie den Apfelsaft 5 Minuten köcheln, bis die Agar-Agar-Flocken vollständig aufgelöst sind. Lösen Sie in einer weiteren kleinen Schüssel das Pfeilwurzpulver in dem restlichen Apfelsaft auf und rühren Sie es nach und nach in den köchelnden Apfelsaft ein. Rühren Sie weiter, bis die Mischung leicht eindickt und wieder köchelt. (Um dies zu beschleunigen, können Sie die Flamme auch höher stellen.) Nehmen Sie den Topf vom Herd und decken Sie ihn ab, während Sie die Erdbeeren vorbereiten.

Geben Sie die Erdbeeren zusammen mit dem Ahornsirup und dem Vanilleextrakt in eine Schüssel und vermengen Sie die Zutaten vorsichtig miteinander. Gießen Sie die warme Saft-Agar-Agar-Mischung darüber und vermischen Sie sie schnell mithilfe eines Gummiteigschabers mit den Erdbeeren, bis diese damit überzogen sind. Streichen Sie die Erdbeermischung auf die erkaltete Tartefüllung und stellen Sie die Tarte für 30 weitere Minuten in den Kühlschrank bzw. bis die Glasur fest ist. Nehmen Sie die Tarte erst kurz vor dem Servieren aus dem Kühlschrank und entfernen Sie vorsichtig den Ring der Springform.

FRISCHE PFIRSICHTARTE MIT WALNUSSBODEN

Diese Tarte ist unkompliziert, leicht gemacht und schmeckt trotzdem göttlich: Ein zart-knuspriger Boden aus gerösteten Walnüssen wird mit saftigen Pfirsichen belegt, die von einer einfachen Glasur zusammengehalten werden. Dieses Dessert ist genau das Richtige, um ein leichtes Sommermenü zu beenden. Wenn Sie es noch mit einem Klecks Sahne, *Cashew-Zimt-Creme* (Seite 328) oder *Vanillecreme* (Seite 327) krönen, werden Sie im siebten Himmel schweben. Machen Sie diese Tarte nur im Sommer mit den reifsten, saftigsten Pfirsichen. Sollte es keine Pfirsiche geben, können Sie auch reife Nektarinen oder in Scheiben geschnittene reife Birnen verwenden. Solange das Obst reif ist und frisch köstlich schmeckt, können Sie nichts falsch machen.

HINWEIS: Servieren Sie diese Tarte am gleichen Tag, an dem Sie sie zubereiten, da der Saft der Pfirsiche den Boden nach einem Tag im Kühlschrank schon durchnässt und matschig machen kann.

ERGIBT EINE TARTE MIT 23 CM DURCHMESSER

AUSRÜSTUNG: TARTEFORM MIT 23 CM DURCHMESSER UND HERAUSNEHMBAREM BODEN

TEIG:

Olivenöl zum Einfetten der Form
150 g geröstete Walnusshälften
   (Seite 80)
65 g Haferflocken
2 EL braunes Reismehl
¼ TL Meersalz
75 g Dinkelvollkornmehl
3 EL natives Kokosöl
60 ml Ahornsirup
1 TL Vanilleextrakt

FÜLLUNG:

240 ml plus 2 TL veganer Apfelsaft
1 TL Agar-Agar-Flocken
1 TL Pfeilwurzpulver
4 reife mittelgroße Pfirsiche
   (etwa 670 g)
1 EL Ahornsirup
½ TL Vanilleextrakt

FÜR DEN TEIG:

Heizen Sie den Ofen auf 180 °C vor. Fetten Sie die Tarteform gründlich ein und stellen Sie sie beiseite.

Zermahlen Sie Walnüsse, Haferflocken, Reismehl und Salz etwa 20 Sekunden grob in einer Küchenmaschine. Geben Sie den Mix in eine Schüssel und rühren Sie das Dinkelmehl ein. Tröpfeln Sie das Kokosöl darüber und vermischen Sie es mit einer Gabel oder den Fingerspitzen mit dem Mehlmix, bis er feucht ist. Fügen Sie Ahornsirup und Vanilleextrakt hinzu und mengen Sie beides unter den Teig. Der Teig sollte feucht, aber nicht klebrig sein. Waschen Sie Ihre Hände und trocknen Sie sie ab. Pressen Sie den Teig gleichmäßig etwa 6 mm dick in die Tarteform. Schneiden Sie am Rand überstehenden Teig ab. (Sie werden eine kleine Handvoll übrig haben, genug um ein paar Kekse daraus zu formen.) Stechen Sie den Tarteboden mehrere Male mit einer Gabel ein und backen Sie den Teig etwa 18 Minuten blind bzw. bis er goldbraun ist und duftet. Nehmen Sie ihn aus dem Ofen und lassen Sie ihn abkühlen.

FÜR DIE FÜLLUNG:

Geben Sie 240 ml Apfelsaft und die Agar-Agar-Flocken in einen kleinen Topf mit dickem Boden. Bringen Sie den Apfelsaft unter ständigem Rühren auf hoher Flamme zum Kochen. Decken Sie den Topf ab, stellen Sie die Flamme niedrig und köcheln Sie den Apfelsaft 5 Minuten bzw. bis sich die Agar-Agar-Flocken vollständig aufgelöst haben (siehe Seite 299). Lösen Sie in einer zweiten kleinen Schüssel das Pfeilwurzpulver in den restlichen 2 TL Apfelsaft auf und geben Sie die Mischung unter Rühren nach und nach zum köchelnden Apfelsaft. Rühren Sie weiter, bis die Mischung leicht eindickt und wieder köchelt. (Um dies zu beschleunigen, können Sie die Flamme auch höher stellen.) Nehmen Sie den Topf vom Herd und lassen Sie ihn ohne Deckel stehen, während Sie die Pfirsiche vorbereiten oder bis die Mischung leicht eindickt, aber lassen Sie sie nicht fest werden. (Sollte dies passieren, stellen Sie den Topf kurz wieder auf eine mittlere Flamme und rühren Sie um, bis die Mischung sich wieder verflüssigt.)

Schneiden Sie die Pfirsiche in 0,5 bis 1 cm dicke Scheiben. Geben Sie sie zusammen mit dem Ahornsirup und dem Vanilleextrakt in eine Schüssel und vermengen Sie die Zutaten vorsichtig miteinander. Gießen Sie die noch warme Apfelsaft-Agar-Agar-Mischung über die Pfirsiche und vermischen Sie sie schnell mithilfe eines Gummiteigschabers mit den Pfirsichscheiben, bis diese ganz damit überzogen sind. Geben Sie die überzogenen Pfirsiche sofort auf den vorgebackenen Boden. Verteilen Sie sie gleichmäßig mit den Händen und drücken Sie sie vorsichtig an. Geben Sie die restliche Saft-Agar-Agar-Mischung darüber (Sie brauchen wahrscheinlich nicht alles) und streichen Sie sie glatt. Stellen Sie die Tarte 30 Minuten in den Kühlschrank bzw. bis sie vollständig erkaltet ist. Servieren Sie sie gekühlt und mit einem Klecks der Creme Ihrer Wahl.

VEGAN

BROMBEER-ZITRONENCREME-TARTELETTES
MIT GERÖSTETEM KOKOSRASPELBODEN

Die Zitronenfüllung dieser kleinen Törtchen ist herrlich cremig und leicht und hat dank Kokos- und Cashewmilch genau die richtige seidig weiche Konsistenz. Der knusprige und wunderbar duftende Boden kommt auch bei meiner *Kokoscreme-Tarte* (Seite 312) zum Einsatz und gehört zu meinen Favoriten. Wenn Sie noch etwas Teig übrig haben, können Sie kleine Kekse daraus formen. Sollten Brombeeren gerade keine Saison haben, verwenden Sie Himbeeren oder halbierte Erdbeeren oder essen Sie sie einfach ohne Früchte.

HINWEIS: Eine kleine Prise Kurkuma gibt der Füllung einen tollen zitronengelben Farbton. Die Farbe wird durch das Köcheln intensiver, also geben Sie wirklich nur eine kleine Prise zu.

ERGIBT 8 TARTELETTES

AUSRÜSTUNG: 8 TARTELETTEFÖRMCHEN MIT 10 CM DURCHMESSER, IDEALERWEISE MIT HERAUSNEHMBAREM BODEN

TEIG:

150 g getrocknete ungesüßte Kokosraspel
25 g plus 2 EL Haferflocken
3 EL braunes Reismehl
¼ TL Meersalz
100 g Dinkelvollkornmehl
60 ml geschmolzenes natives Kokosöl, plus mehr zum Einfetten der Förmchen
60 ml plus 2 EL Ahornsirup
1 EL Vanilleextrakt

FÜLLUNG:

110 g rohe Cashewkerne, 2 bis 6 Stunden in 500 ml gefiltertem Wasser eingeweicht
540 ml ungesüßte Reismilch (siehe Hinweis)
25 g plus 2 EL getrocknete ungesüßte Kokosraspel
3½ TL Agar-Agar-Flocken
1 Prise Meersalz
60 ml Ahornsirup (Grad A oder hellste Farbe)
1 winzige Prise Kurkuma
60 ml frisch gepresster Zitronensaft
4 TL Zitronenabrieb (von etwa 2 Zitronen)

TOPPING:

450 g frische Brombeeren
1 TL Ahornzucker
½ TL Vanilleextrakt

FÜR DEN TEIG:

Heizen Sie den Ofen auf 150 °C vor. Legen Sie ein Backblech mit Backpapier aus und verteilen Sie die Kokosraspel in einer gleichmäßigen Schicht darauf. Rösten Sie sie 4 Minuten im Ofen, rühren Sie sie um und rösten Sie sie weitere 2 bis 3 Minuten bzw. bis sie goldbraun sind und duften. Nehmen Sie sie aus dem Ofen und stellen Sie sie beiseite.

Erhöhen Sie die Ofentemperatur auf 180 °C. Fetten Sie die Tarteletteförmchen gründlich ein und stellen Sie sie beiseite.

Geben Sie Haferflocken, Reismehl, Salz und 50 g der gerösteten Kokosraspel in eine Küchenmaschine und mahlen Sie die Zutaten 30 Sekunden fein. Geben Sie sie in eine Schüssel und rühren Sie das Dinkelmehl und die restlichen Kokosraspel ein. Tröpfeln Sie das Kokosöl darüber und vermischen Sie alles mit einer Gabel oder den Fingerspitzen, bis das gesamte Mehl feucht ist. Fügen Sie Ahornsirup und Vanilleextrakt hinzu und vermengen Sie die Zutaten zu einem gleichmäßigen Teig. Der Teig sollte feucht, aber nicht klebrig sein. Waschen Sie Ihre Hände und trocknen Sie sie ab. Drücken Sie den Teig gleichmäßig in die Tarteletteförmchen und schneiden Sie am Rand überstehenden Teig ab. Stechen Sie jeden Boden mehrere Male mit einer Gabel ein und setzen Sie die Förmchen auf ein Backblech. Backen Sie die Tarteletteböden 16 bis 18 Minuten blind im Ofen bzw. bis sie goldbraun sind und duften. Nehmen Sie sie aus dem Ofen und lassen Sie sie abkühlen.

FÜR DIE FÜLLUNG:

Legen Sie ein mittelgroßes Sieb mit einem Nussmilchbeutel, einem dünnen sauberen Geschirrtuch oder mehreren Lagen Käsetuch aus. Hängen Sie es über einen mittelgroßen Topf mit dickem Boden und stellen Sie den Topf beiseite. Gießen Sie die Cashewkerne ab und spülen Sie sie. Geben Sie sie zusammen mit der Reismilch und den Kokosraspeln in einen Standmixer. Pürieren Sie die Zutaten etwa 1 Minute auf höchster Stufe glatt. Seihen Sie die Milch durch das Sieb in den Topf ab, heben Sie die Enden des Nussmilchbeutels oder Tuchs nach oben, drehen Sie sie ein und pressen Sie vorsichtig alle Flüssigkeit heraus. Kompostieren Sie die im Tuch zurückbleibenden Reste. Reinigen Sie den Mixer und stellen Sie ihn beiseite.

Geben Sie Agar-Agar, Salz, Ahornsirup und Kurkuma zur Kokos-Cashew-Milch und verrühren Sie alles gut miteinander. Bringen Sie die Milch auf hoher Flamme zum Kochen und rühren Sie etwa jede Minute um. Prüfen Sie, ob die Agar-Agar-Flocken sich vollständig aufgelöst haben (siehe Seite 299). Falls nicht, decken Sie den Topf wieder ab und bringen Sie die Milch erneut zum Köcheln, bis keine Flocken mehr zu erkennen sind. Nehmen Sie den Topf vom Herd und lassen

Sie die Milch etwa 10 Minuten ohne Deckel leicht abkühlen. Geben Sie sie in den Mixer, fügen Sie den Zitronensaft hinzu und pürieren Sie sie etwa 20 Sekunden bzw. bis sie schaumig ist. Fügen Sie 3 TL Zitronenabrieb hinzu und mixen Sie ihn kurz unter. Lassen Sie die Milchmischung etwa 10 weitere Minuten im Mixer abkühlen. Dadurch dickt sie etwas mehr ein und weicht die Tarteletteböden nicht auf, was bei dünnen, heißen Flüssigkeiten schnell passieren kann. Lösen Sie die Böden vorsichtig aus den Tarteletteförmchen und setzen Sie sie auf ein kleines Backblech oder ein Tablett, das in Ihren Kühlschrank passt. Verteilen Sie die Cremefüllung auf den Tartelettes und füllen Sie sie bis zum oberen Rand. Bestreuen Sie die Tartelettes mit dem restlichen Zitronenabrieb. Stellen Sie die Tartelettes, sobald die Füllung nicht mehr dampft, für 30 Minuten zum Festwerden in den Kühlschrank.

Geben Sie in der Zwischenzeit die Brombeeren, den Ahornzucker und den Vanilleextrakt in eine mittelgroße Schüssel und vermengen Sie alles vorsichtig miteinander. Lassen Sie die Beeren 20 bis 30 Minuten oder bis zum Servieren der Tartelettes darin weichen. Rühren Sie die Brombeeren vorsichtig um, verteilen Sie sie gleichmäßig auf den Tartelettes und servieren Sie sie.

HINWEIS: Kaufen Sie, wenn Sie Reismilch verwenden, diese nur ungesüßt, da sie sonst einen unangenehmen Nachgeschmack hat und viele unnötige Zusatzstoffe enthält. Pure bzw. ungesüßte Reismilch braucht keine zusätzlichen Süßmittel, da Reis von Natur aus süß schmeckt.

GERÖSTETE FEIGEN-HIMBEER-TARTE MIT GERÖSTETEM MANDELBODEN

Dieses Rezept ist schnell und unkompliziert, lässt sich leicht anpassen und ist ein perfektes Dessert für eine sommerliche Dinner Party. Der Boden aus gerösteten Mandeln mit einer Prise Salz, die mit Ahornsirup gerösteten Feigen, die frischen Himbeeren und das Krönchen aus frisch aufgeschlagener Bio-Sahne machen diese Tarte zu einem vollen Erfolg. Die meisten Zutaten finden sich sowieso in einem gut bestückten Vorratsschrank, also müssen Sie nur noch frisches Obst besorgen und ein paar Zutaten rösten, und schon ist die Tarte im Ofen. Wenn es keine Feigen gibt, versuchen Sie es mit *gerösteten Birnen* (Seite 323) oder anderem Sommerobst wie Nektarinen, Pfirsichen oder Aprikosen. Sie alle passen gut zu Himbeeren und schmecken auf dem Mandelboden ebenfalls fantastisch.

ERGIBT EINE TARTE MIT 23 CM DURCHMESSER

AUSRÜSTUNG: SPRINGFORM MIT 23 CM DURCHMESSER

TEIG:

3 EL natives Olivenöl, plus mehr zum Einfetten der Form

90 g geröstete Mandeln (Seite 78)

25 g Haferflocken

¼ TL Meersalz

70 g Dinkelvollkornmehl

3 EL Ahornsirup

1 TL Vanilleextrakt

¼ TL Mandelextrakt

FÜLLUNG:

450 g frische Feigen, Stiele entfernt und halbiert

2 TL natives Olivenöl

2 EL Ahornsirup

180 ml plus 1 EL veganer Apfelsaft

¾ TL Agar-Agar-Flocken

1 TL Pfeilwurzpulver

½ TL Vanilleextrakt

250 g frische Himbeeren

FÜR DEN TEIG:

Heizen Sie den Ofen auf 180 °C vor. Legen Sie den Boden der Springform mit Backpapier aus (siehe Tipp rechts) und fetten Sie den Rand leicht ein.

Geben Sie 45 g Mandeln, alle Haferflocken und das Salz in eine Küchenmaschine und zermahlen Sie die Zutaten etwa 20 Sekunden grob. Geben Sie sie in eine Schüssel und rühren Sie das Dinkelmehl ein. Hacken Sie die restlichen Mandeln grob mit einem Messer und mengen Sie sie unter die Mehlmischung. Tröpfeln Sie das Olivenöl darüber und vermischen Sie alles mit einer Gabel oder den Fingerspitzen, bis das gesamte Mehl feucht ist. Fügen Sie Ahornsirup, Vanille- und Mandelextrakt hinzu und vermengen Sie die Zutaten zu einem gleichmäßigen Teig. Der Teig sollte feucht, aber nicht klebrig sein. Waschen Sie Ihre Hände und trocknen Sie sie ab. Drücken Sie den Teig gleichmäßig in die vorbereitete Springform. Formen Sie einen nur etwas über 1 cm hohen Rand und lassen Sie die obere Kante ungleichmäßig. Sollten Sie etwas Teig übrig haben, formen Sie einen Keks daraus. Stechen Sie den Boden mehrmals mit einer Gabel ein und backen Sie ihn 18 Minuten blind bzw. bis er goldbraun ist und duftet. Nehmen Sie ihn aus dem Ofen und lassen Sie ihn abkühlen.

FÜR DIE FÜLLUNG:

Stellen Sie die Ofentemperatur auf 200 °C hoch. Legen Sie ein Backblech mit Backpapier aus, geben Sie die Feigenhälften darauf, beträufeln Sie sie mit dem Olivenöl und 1 EL Ahornsirup und vermengen Sie sie vorsichtig damit. Verteilen Sie sie gleichmäßig mit der Schnittseite nach oben auf dem Blech und rösten Sie sie 25 Minuten im Ofen bzw. bis sie anfangen, zu karamellisieren und weich zu werden. Nehmen Sie sie aus dem Ofen und lassen Sie sie abkühlen.

Verrühren Sie 180 ml Apfelsaft und die Agar-Agar-Flocken in einem kleinen Topf mit dickem Boden und bringen Sie den Saft auf hoher Flamme zum Kochen. Rühren Sie um, decken Sie den Topf ab und stellen Sie die Flamme niedrig. Köcheln Sie den Apfelsaft 5 Minuten bzw. bis sich die Agar-Agar-Flocken vollständig aufgelöst haben (siehe Seite 299). Lösen Sie das Pfeilwurzpulver in einer weiteren Schüssel in dem restlichen 1 EL Apfelsaft auf und geben Sie die Mischung nach und nach unter ständigem Rühren zum heißen Apfelsaft, bis dieser leicht eindickt und wieder köchelt. Nehmen Sie den Topf vom Herd und rühren Sie den restlichen 1 EL Ahornsirup und den Vanilleextrakt ein. Lassen Sie die Mischung ohne Deckel etwa 5 Minuten abkühlen bzw. bis sie etwas mehr eindickt, aber nicht fest wird.

Geben Sie die gerösteten Feigen in eine Schüssel und gießen Sie den warmen Apfelsaft-Agar-Agar-Mix darüber. Vermengen Sie die Feigen und die warme Flüssigkeit vorsichtig mit einem Gummiteigschaber oder mit den Händen. Fügen Sie die Himbeeren hinzu und überziehen Sie sie ebenfalls vorsichtig mit dem Mix. Geben Sie die Früchte schnell in einer gleichmäßigen Schicht auf den Tarteboden und stellen Sie die Tarte 20 bis 30 Minuten bzw. bis sie vollständig fest geworden ist im Kühlschrank kalt. Schneiden Sie sie an und servieren Sie sie mit einem Klecks Ihrer Lieblingscreme.

EINE SPRINGFORM MIT BACKPAPIER AUSLEGEN

Öffnen Sie die Springform und legen Sie den Boden mit der Unterseite nach unten auf die Arbeitsfläche. Legen Sie eine Lage Backpapier darüber. Das Backpapier sollte am gesamten Rand mindestens 3 cm überstehen. Heben Sie den Boden leicht an und befestigen Sie den Ring wieder. Achten Sie darauf, dass das Backpapier flach und dicht auf dem Backformboden liegt. Drehen Sie die Backform herum und falten Sie das überstehende Backpapier zur Mitte des unteren Bodens hin um. Sie können die Springform jetzt verwenden. Auf diese Weise bekommen Sie nach dem Backen einen gleichmäßigen Tortenboden, müssen den Boden der Form vorher nicht einfetten und beim Servieren nicht mit Backpapier kämpfen, das sich um den Tortenrand gefaltet hat. Wenn Ihre Form am Rand sehr passgenau schließt, wird das Backpapier vermutlich nicht dazwischen passen. Fetten Sie dann den Boden leicht ein und schneiden Sie einen passenden Kreis Backpapier aus, den Sie auf den Boden legen.

KOKOSCREME-TARTE
MIT GERÖSTETEM KOKOSRASPELBODEN

Diese Tarte gehört zu meinen Dessert-Meisterwerken. Ich habe sie bereits in Hunderten verschiedenen Variationen ausprobiert und mit allen möglichen Füllungen von Beeren und saftigen Nektarinen im Sommer bis zu gerösteten Pflaumen (Seite 335) und sogar Karamell und Schokoladencreme in den kälteren Monaten ausprobiert. Diese Tarte mit ihrem Boden aus gerösteten Kokosraspeln und ihrer seidig cremigen Füllung ist schlichtweg unwiderstehlich. Das Geheimnis der cremigen Konsistenz und des frischen Geschmacks der Füllung ist die selbst gemachte Kokosmilch aus getrockneten Kokosraspeln, die mit Mandeln verfeinert und mit dunklen Vanillepünktchen gesprenkelt ist. Sie werden staunen, wie gut diese Tarte auch ohne Belag schmeckt.

HINWEIS: Da gehäutete Bio-Mandeln schwer zu finden sind, weiche ich die Mandeln mit ihrer braunen Haut ein und streife diese danach ab. Sie können auch gern gehäutete Mandeln verwenden und müssen sie dann nur ein paar Stunden lang einweichen, damit sie weicher werden.

Verwenden Sie keine fertige Kokosmilch aus Dosen oder Tetrapaks, da die Füllung dadurch viel schwerer wird. Wenn Sie einen Standmixer mit 2 Liter Fassungsvermögen haben, können Sie die Kokosmilch in einem Durchgang pürieren. Sie können sie bis zu zwei Tage im Voraus zubereiten.

Damit diese Tarte beim Anschneiden schön fest bleibt, ist die richtige Menge an Agar-Agar-Flocken wichtig. Da natürliche bzw. Bio-Zutaten wie Agar-Agar manchmal unterschiedlich stark wirken, teste ich die Füllung immer (siehe Seite 299), um die perfekte Konsistenz zu erreichen.

ERGIBT EINE HOHE TARTE MIT 23 CM DURCHMESSER
AUSRÜSTUNG: SPRINGFORM MIT 23 CM DURCHMESSER

TEIG:

gerösteter Kokosraspelboden (Seite 308)
Olivenöl zum Einfetten der Form

CREMEFÜLLUNG:

140 g rohe Mandeln, 8 bis 24 Stunden in 500 ml gefiltertem Wasser eingeweicht
1,3 l gefiltertes Wasser
300 g getrocknete ungesüßte Kokosraspel
1 Vanilleschote
4½ TL Agar-Agar-Flocken
60 ml plus 1 EL Ahornsirup (Grad A oder die hellste Farbe)
1 Prise of Meersalz
2 TL Pfeilwurzpulver
1 EL Vanilleextrakt
frische Beeren oder Obst der Saison, zum Garnieren

FÜR DEN TEIG:

Heizen Sie den Ofen auf 180 °C vor. Legen Sie die Springform mit Backpapier aus (siehe Seite 311) und fetten Sie den Rand leicht ein. Pressen Sie den Teig gleichmäßig auf den Boden und ziehen Sie ihn an den Seiten bis zum oberen Rand der Form hoch. Schneiden Sie überschüssigen Teig ab, lassen Sie den oberen Rand aber ungleichmäßig. Das gibt der Tarte ein schönes rustikales Aussehen und macht es leichter, den Ring zu entfernen, wenn der Teig nicht über den Formrand hinausragt. Stechen Sie den Boden mehrmals mit einer Gabel ein und backen Sie ihn 18 bis 20 Minuten im Ofen blind bzw. bis er goldbraun ist und duftet. Nehmen Sie ihn aus dem Ofen und lassen Sie ihn abkühlen, während Sie die Füllung zubereiten.

FÜR DIE FÜLLUNG:

Legen Sie ein großes Sieb mit einem Nussmilchbeutel, einem sauberen dünnen Geschirrtuch oder mehreren Lagen Käsetuch aus. Hängen Sie das Sieb in einen großen Topf mit dickem Boden und stellen Sie ihn beiseite.

Streifen Sie die braune Haut von den Mandeln ab, spülen Sie sie und lassen Sie sie abtropfen. Geben Sie die Hälfte der Mandeln in einen Standmixer. Fügen Sie 720 ml Wasser und 150 g Kokosraspel hinzu und pürieren Sie die Zutaten 1 bis 2 Minuten auf höchster Stufe bzw. bis eine glatte Milch entsteht.

Seihen Sie die Milch durch das Sieb in den Topf ab und pürieren Sie den Rest der Zutaten auf die gleiche Weise.

Heben Sie die Enden des Nussmilchbeutels oder Tuchs nach oben, drehen Sie sie ein und pressen Sie vorsichtig alle Flüssigkeit heraus. Kompostieren Sie die im Tuch zurückbleibenden Reste. Sie sollten insgesamt knapp 1,5 Liter Milch herausbekommen. Schneiden Sie die Vanilleschote auf und kratzen Sie das Mark mit der Spitze eines kleinen Messers heraus. Geben Sie das Mark und die Schote zusammen mit den Agar-Agar-Flocken, dem Ahornsirup und dem Salz in den Topf mit der Kokosmilch. Bringen Sie die Zutaten unter ständigem Rühren auf hoher Flamme zum Köcheln. Decken Sie den Topf ab, stellen Sie die Flamme niedrig und köcheln Sie die Flüssigkeit 15 Minuten bzw. bis sich die Agar-Agar-Flocken vollständig aufgelöst haben (siehe Seite 299). Lösen Sie in einer weiteren kleinen Schüssel das Pfeilwurzpulver im restlichen Wasser auf und rühren Sie es nach und nach in die köchelnde Kokosmilch. Rühren Sie weiter, bis die Mischung leicht eindickt und wieder köchelt. Nehmen Sie den Topf vom Herd, kompostieren Sie die Vanilleschote und rühren Sie den Vanilleextrakt ein. Lassen Sie die Mischung ohne Deckel etwa 10 Minuten abkühlen und rühren Sie sie danach erneut durch. Gießen Sie sie auf den vorgebackenen Boden.

Stellen Sie die Tarte, sobald die Füllung nicht mehr dampft, etwa 3 Stunden in den Kühlschrank bzw. bis sie vollständig erkaltet und fest ist. Servieren Sie die Tarte kalt und mit frischen Beeren oder Obst der Saison garniert.

HERBST + WINTER

KÜRBIS-TARTELETTES MIT CASHEW-INGWER-BODEN

Diese Tartelettes sind ein tolles Mitbringsel und runden jedes Festessen gebührend ab. Sie sind schon pur ein unglaublicher Genuss, sehen aber mit einem Klecks frisch aufgeschlagener Bio-Schlagsahne oder meiner veganen *Vanillecreme* (Seite 327) nicht nur noch festlicher aus, sondern schmecken auch besonders raffiniert. Das Geheimnis der tollen Konsistenz und des wunderbaren Geschmacks ist das selbst gemachte Kürbispüree aus süßen, festfleischigen Winterkürbissen. Verzichten Sie also auf Püree aus der Dose und erfüllen Sie Ihre Küche mit dem Duft gedämpfter Kürbisse.

HINWEIS: Wenn Sie keine Mini-Tarteletteförmchen haben, können Sie auch eine große Tarteform mit 23 cm Durchmesser und herausnehmbarem Boden verwenden. Aus übrig gebliebenem Teig können Sie Kekse oder kleine Ornamente zum Verzieren der fertigen Tarte formen.

ERGIBT 6 TARTELETTES

AUSRÜSTUNG: SECHS TARTELETTE-FÖRMCHEN MIT JE 12 CM DURCHMESSER UND HERAUSNEHMBAREM BODEN

FÜLLUNG:

½ großer Hokkaidokürbis, geschält, entsamt und in 1 cm große Stücke geschnitten (etwa 600 g)

240 ml plus 2 EL ungesüßte Kokosmilch

120 ml plus 1 EL Ahornsirup

2 TL Vanilleextrakt

1 TL gemahlener Zimt

1 EL Pfeilwurzpulver

1 Prise Meersalz

TEIG:

Olivenöl zum Einfetten der Form

190 g rohe Cashewkerne

45 g plus 2 EL Haferflocken

½ TL Meersalz

75 g plus 1 EL Dinkelvollkornmehl

35 g braunes Reismehl

1 EL gemahlener Ingwer

60 ml plus 1 EL natives Olivenöl oder geschmolzenes natives Kokosöl

60 ml plus 2 EL Ahornsirup

1 TL Vanilleextrakt

FÜR DIE FÜLLUNG:

Geben Sie den Kürbis in einen Dämpfeinsatz in einem Topf und dämpfen Sie ihn 10 bis 12 Minuten bzw. bis er weich ist. Geben Sie ihn in eine Schüssel, zerdrücken Sie ihn und stellen Sie die Schüssel beiseite. Geben Sie Kokosmilch, Ahornsirup, Vanilleextrakt, Zimt, Pfeilwurzpulver und Salz in einen Standmixer und pürieren Sie die Zutaten glatt. Fügen Sie das Kürbismus hinzu und vermixen Sie alles zu einer glatten Masse. Wenn der Kürbis eher trocken ist, pausieren Sie beim Pürieren und kratzen Sie die Mixerinnenwände mit einem Gummiteigschaber nach unten frei. Stellen Sie die Mischung beiseite, während Sie den Teig zubereiten.

FÜR DEN TEIG:

Heizen Sie den Ofen auf 180 °C vor. Fetten Sie die Tarteletteförmchen gut ein und stellen Sie sie beiseite. Geben Sie Cashewkerne, Haferflocken und Salz in eine Küchenmaschine und zermahlen Sie die Zutaten etwa 30 Sekunden grob. Geben Sie die Mischung in eine Schüssel und rühren Sie das Dinkelmehl, das braune Reismehl und den gemahlenen Ingwer ein. Tröpfeln Sie das Olivenöl darüber und vermischen Sie alles mit einer Gabel oder den Fingerspitzen, bis das gesamte Mehl feucht ist. Fügen Sie Ahornsirup und Vanilleextrakt hinzu, verkneten Sie den Teig erneut und lassen Sie ihn 5 Minuten ruhen. Der Teig sollte feucht, aber nicht klebrig sein. Sollte er zum Weiterarbeiten noch zu klebrig sein, lassen Sie ihn weitere 5 Minuten ruhen. Waschen Sie Ihre Hände und trocknen Sie sie ab. Pressen Sie den Teig vorsichtig und gleichmäßig in die gefetteten Förmchen. Stechen Sie die Böden mehrere Male mit einer Gabel ein, setzen Sie die Förmchen auf ein Backblech und backen Sie die Böden 15 Minuten blind bzw. bis der Teig fest, aber noch nicht durchgebacken ist. Nehmen Sie die Förmchen aus dem Ofen und teilen Sie die Füllung gleichmäßig darauf auf. Füllen Sie sie bis zum oberen Rand, da die Füllung nach dem Abkühlen etwas einsinkt.

Stellen Sie die Förmchen wieder auf das Backblech und backen Sie die Tartelettes 25 Minuten bzw. bis ihre Mitte fest ist. Nehmen Sie sie aus dem Ofen und lassen Sie sie abkühlen. Stellen Sie die Tartelettes nach dem Abkühlen etwa 1 Stunde im Kühlschrank kalt. Lösen Sie die Tartelettes aus den Förmchen und servieren Sie sie kalt und mit einem Klecks Sahne oder Creme verziert.

DATTEL-PISTAZIEN-PRALINEN-TARTE

Dies ist eine meiner Lieblingstartes. Sie sieht mit ihrer Decke aus mit Ahornsirup überzogenen Pistazien nicht nur wunderschön aus, sondern hat dank der Kombination aus Kokosblütenzucker, Vanilleschoten und Datteln auch einen unwiderstehlichen, tropisch-karamelligen Geschmack, von dem ich gar nicht genug bekommen kann. Diese Tarte kann sowohl mit als auch ohne Butter gemacht werden. Beide Varianten schmecken sensationell. Sollten Sie aber nicht auf einer veganen Tarte bestehen und auf der Suche nach einem besonders dekadenten Geschmackserlebnis sein, probieren Sie das Rezept mit Butter aus. Mit etwas griechischem Joghurt garniert ist diese Tarte besonders gut, aber Sie werden sie auch pur lieben.

ERGIBT EINE TARTE MIT 23 CM DURCHMESSER

AUSRÜSTUNG: SPRINGFORM MIT 23 CM DURCHMESSER

TEIG:

70 g geröstete Mandeln (Seite 78)

100 g getrocknete ungesüßte Kokosraspel

30 g Kokosmehl

45 g plus 2 EL Kokosblütenzucker

45 g Haferflocken

¼ TL Meersalz

35 g braunes Reismehl

5 EL geschmolzenes natives Kokosöl, plus mehr zum Einfetten der Form

3 EL Ahornsirup

1 EL Vanilleextrakt

FÜLLUNG:

225 g Deglet-Noor-Datteln, entsteint

240 ml gefiltertes Wasser

5 Kardamomkapseln

1 Prise Meersalz

2 Streifen Orangenschale (je 8 cm)

1 Vanilleschote

2 EL Mirin oder weißer veganer Dessertwein

2 EL ungesüßte Himbeermarmelade

1 TL Vanilleextrakt

2 EL ungesalzene oder gesalzene Butter, optional (für eine nicht-vegane Variante)

PRALINEN-DECKE:

4 TL Ahornzucker

4 TL reiner Ahornsirup

1 Prise Meersalz

½ TL Vanilleextrakt

140 g rohe Pistazien, grob gehackt

FÜR DEN TEIG:

Heizen Sie den Ofen auf 180 °C vor. Legen Sie den Boden der Springform mit Backpapier aus (siehe Seite 311) und fetten Sie den Rand leicht ein.

Geben Sie Mandeln, Kokosraspel, Kokosmehl, Kokosblütenzucker, Haferflocken und Salz in eine Küchenmaschine und mahlen Sie die Zutaten etwa 45 Sekunden fein. Geben Sie die Mischung in eine Schüssel und rühren Sie das Reismehl ein. Tröpfeln Sie das Kokosöl darüber und vermischen Sie alles mit einer Gabel oder den Fingerspitzen, bis das gesamte Mehl feucht ist. Fügen Sie Ahornsirup und Vanilleextrakt hinzu und verkneten Sie den Teig erneut. Er sollte feucht, aber nicht klebrig sein. Waschen Sie Ihre Hände und trocknen Sie sie ab. Pressen Sie den Teig nur auf den Boden der vorbereiteten Form und lassen Sie den Rand frei. Backen Sie den Boden 18 Minuten blind bzw. bis er fest, aber nicht durchgebacken ist. Nehmen Sie ihn aus dem Ofen und lassen Sie ihn abkühlen. Lassen Sie den Ofen an.

FÜR DIE FÜLLUNG:

Geben Sie Datteln, Wasser, Kardamomkapseln, Salz und Orangenschale in einen kleinen Topf. Schneiden Sie die Vanilleschote auf, kratzen Sie das Mark mit der Spitze eines kleinen Messers heraus und geben Sie es mit der Schote in den Topf.

Bringen Sie die Zutaten auf mittlerer Flamme unter Rühren zum Kochen. Decken Sie den Topf ab, stellen Sie die Flamme niedrig und köcheln Sie die Zutaten 20 Minuten bzw. bis die Datteln richtig weich sind. Nehmen Sie den Deckel ab, rühren Sie den Mirin oder Dessertwein ein und lassen Sie alles 10 weitere Minuten köcheln bzw. bis alle Flüssigkeit verdampft ist und die Datteln zu einer Paste werden. Nehmen Sie den Topf vom Herd und rühren Sie Himbeermarmelade, Vanilleextrakt und Butter (falls verwendet) ein. Kompostieren Sie die Kardamomkapseln, die Orangenschale und die Vanilleschote. Streichen Sie die Mischung auf den vorgebackenen Boden und stellen Sie die Tarte beiseite.

FÜR DIE DECKE:

Geben Sie Ahornzucker, Ahornsirup, Salz und Vanilleextrakt in eine mittelgroße Schüssel und verrühren Sie alles zu einer glatten Mischung. Geben Sie die Pistazien hinein und überziehen Sie sie damit. Verteilen Sie die Pistazien gleichmäßig auf der Dattelschicht und backen Sie die Tarte 20 Minuten im Ofen, bis die Pistazien leicht goldbraun sind und glänzen. Nehmen Sie die Tarte aus dem Ofen und lassen Sie sie vor dem Lösen aus der Form mindestens 15 Minuten abkühlen. Fahren Sie mit einem scharfen dünnen Messer zwischen Tarte und Springformrand entlang, nehmen Sie den Ring ab und lassen Sie die Tarte vollständig abkühlen.

CRANBERRY-MANDEL-TARTE

Dieses Rezept basiert auf einer Tarte, die meine liebe Freundin und frühere Geschäftspartnerin Rosada Hayes immer dann machte, wenn wir uns trafen. Diese wurde wiederum von der traditionellen englischen Bakewell Tart inspiriert, wobei Rosana ihre meistens mit einer Apfel- oder Aprikosenfüllung machte. Ich erinnere mich sehr gern an meine Besuche in ihrer Küche in London, wo wir ihre köstlichen Kuchen und Torten zusammen mit mehreren Tassen wunderbarem Earl Grey genossen.

Bei meiner Version geht die tiefrote Farbe und der süß-säuerliche Geschmack der in Orangensaft geköchelten Cranberries eine wunderbare Verbindung mit der Mandeldecke ein.

HINWEIS: Wenn es keine Cranberries gibt, probieren Sie es mit Heidelbeeren, Brombeeren, Himbeeren oder einer Beerenmischung aus. Da diese Beeren alle sehr saftig sind, lassen Sie den Orangensaft weg und beginnen Sie mit 2 EL Ahornsirup. Verwenden Sie mehr, wenn Sie es süßer mögen, und verdicken Sie die Füllung wie im Rezept beschrieben mit Pfeilwurzpulver. Reiben Sie die Orangenschale für die Füllung ab, bevor Sie die Orange auspressen.

ERGIBT EINE TARTE MIT 23 CM DURCHMESSER
AUSRÜSTUNG: TARTEFORM MIT 23 CM DURCHMESSER

TEIG:

25 g Haferflocken

25 g getrocknete ungesüßte Kokosraspel

35 g ganze rohe Mandeln

2 EL braunes Reismehl

¼ TL Meersalz

75 g plus 2 EL Dinkelvollkornmehl

3 EL natives Olivenöl, plus mehr zum Einfetten der Form

3 EL Ahornsirup

1 TL Vanilleextrakt

FÜLLUNG:

2 TL Pfeilwurzpulver

4 EL frisch gepresster Orangensaft

360 g frische oder gefrorene Cranberries

60 ml plus 2 EL Ahornsirup

⅛ TL Zimt

FÜR DEN TEIG:

Heizen Sie den Ofen auf 180 °C vor. Fetten Sie die Tarteform gründlich ein und stellen Sie sie beiseite.

Geben Sie Haferflocken, Kokosraspel, Mandeln, Reismehl und Salz in eine Küchenmaschine und mahlen Sie die Zutaten 45 Sekunden lang fein. Geben Sie die Mischung in eine Schüssel und rühren Sie das Dinkelmehl ein. Tröpfeln Sie das Olivenöl darüber und vermischen Sie alles mit einer Gabel oder den Fingerspitzen, bis das gesamte Mehl feucht ist. Fügen Sie Ahornsirup und Vanilleextrakt hinzu und verkneten Sie den Teig erneut. Er sollte feucht, aber nicht klebrig sein. Waschen Sie Ihre Hände und trocknen Sie sie ab. Pressen Sie den Teig gleichmäßig in die Form und schneiden Sie am Rand überstehenden Teig ab. Stechen Sie den Boden mehrere Male mit einer Gabel ein und backen Sie den Teig 15 Minuten blind bzw. bis er fest, aber nicht durchgebacken ist. Nehmen Sie den Boden aus dem Ofen und stellen Sie ihn beiseite. Lassen Sie den Ofen an.

FÜR DIE FÜLLUNG:

Geben Sie das Pfeilwurzpulver in eine kleine Schüssel und lösen Sie es durch Rühren in 1 EL Orangensaft auf. Geben Sie 300 g der Cranberries, den restlichen Orangensaft, Ahornsirup und Zimt in einen kleinen Topf und bringen Sie alles auf hoher Flamme unter ständigem Rühren zum Kochen. Decken Sie den Topf ab, stellen Sie die Flamme niedrig und köcheln Sie die Cranberries 5 Minuten bzw. bis sie weich sind. Nehmen Sie den Deckel ab, rühren Sie die Pfeilwurzmischung nochmals um und geben Sie sie nach und nach unter Rühren zu den köchelnden Cranberries, bis der Mix langsam eindickt und wieder köchelt. Nehmen Sie den Topf vom Herd und streichen Sie den Mix in den vorgebackenen Tarteboden.

DECKE:

260 g Mandelmehl
1 TL aluminiumfreies Backpulver
3 EL natives Olivenöl
60 ml Ahornsirup
Abrieb einer Orange
Abrieb einer Zitrone
⅛ TL Meersalz
1 TL Vanilleextrakt
½ TL Mandelextrakt
3 EL Mandelscheibchen

FÜR DIE DECKE:

Vermischen Sie das Mandelmehl und das Backpulver in einer mittelgroßen Schüssel und zerrühren Sie dabei alle Klümpchen im Mandelmehl. Verrühren Sie in einer zweiten Schüssel Olivenöl, Ahornsirup, Orangen- und Zitronenabrieb, Salz und den Vanille- und Mandelextrakt miteinander, bis ein sämiger Mix entsteht. Gießen Sie den Olivenöl-Ahornsirup-Mix in die Mandelmehlmischung und verrühren Sie beides mit einem Gummiteigschaber. Der Teig wird ziemlich feucht werden. Verteilen Sie mit einem Löffel große Kleckse auf der Cranberryfüllung und streichen Sie sie ein bisschen mit angefeuchteten Fingern glatt. Lassen Sie einige Lücken, damit die Tarte schön rustikal aussieht und die Cranberryfüllung hier und da Platz zum Blubbern hat. Drücken Sie die restlichen Cranberries vorsichtig in die Decke und bestreuen Sie die Tarte mit den Mandelscheiben. Backen Sie die Tarte 25 Minuten bzw. bis sie schön aufgegangen und goldbraun ist. Lassen Sie sie vollständig abkühlen, bevor Sie sie aus der Form lösen und servieren.

GERÖSTETE BIRNEN-TARTELETTES MIT BIRNENCREME-FÜLLUNG

Mit ihrem unverwechselbaren Geschmack, ihrer zarten Konsistenz und ihrem verführerischen Aussehen setzen diese wunderbaren Tartelettes den in ihnen verwendeten, mit Ahornsirup gerösteten und auch zu einer sensationellen Creme verarbeiteten Birnen ein köstliches Denkmal. Die Creme schmeckt so gut, dass Sie sie auch allein wie ein Parfait in einem Glas und mit einer Handvoll Beeren und gehackten gerösteten Nüssen garniert servieren können. Die gerösteten Birnen schmecken im Herbst auch fabelhaft als Teil eines Appetizers auf mit Ziegenfrischkäse bestrichenen Sauerteig-Walnuss-Crostini.

Diese glutenfreien Tartelettes, deren Boden aus Mandeln, Kokosmehl und braunem Reismehl besteht, sind wohl das leichteste Gebäck, das ich bisher gemacht habe. Sie können die Böden schon im Voraus backen und in einem luftdichten Behälter bis zu drei Tage lang im Kühlschrank aufbewahren. Nach dem Füllen können Sie die Tartelettes bis zu 3 Stunden lang im Kühlschrank kalt stellen, aber nicht länger, da die Creme sonst die Böden aufweicht.

HINWEIS: Diese knusprig-zarten Tartelettebödem lassen sich nicht so einfach aus den Förmchen lösen, auch nicht wenn diese herausnehmbare Böden haben. Kleiden Sie am besten alle Förmchen mit einer gefetteten kreisförmigen Lage Backpapier aus.

ERGIBT 8 TARTELETTES

AUSRÜSTUNG: ACHT TARTELETTE-FÖRMCHEN MIT 10 CM DURCHMESSER UND HERAUSNEHMBAREN BÖDEN

FÜLLUNG:

115 g Cashewkerne, 2 bis 6 Stunden in 500 ml gefiltertem Wasser eingeweicht

240 ml plus 1 EL veganer Birnennektar

4 g Agar-Agar-Flocken

3 reife Anjou- oder Bartlett-Birnen (etwa 670 g)

1 EL Pfeilwurzpulver

1 EL Ahornsirup

1 TL Vanilleextrakt

FÜR DIE FÜLLUNG:

Spülen Sie die Cashewkerne, lassen Sie sie abtropfen und stellen Sie sie beiseite.

Geben Sie die Agar-Agar-Flocken mit 240 ml Birnennektar in einen mittelgroßen Topf mit dickem Boden und verquirlen Sie beides miteinander. Bringen Sie den Nektar auf hoher Flamme zum Kochen. Decken Sie den Topf ab, stellen Sie die Flamme niedrig und köcheln Sie den Nektar 10 Minuten, bis sich die Agar-Agar-Flocken vollständig aufgelöst haben (Seite 299). Schälen Sie inzwischen die Birnen, entfernen Sie das Kerngehäuse und schneiden Sie sie in 1 cm dicke Würfel. Geben Sie die Birnen in den Topf, stellen Sie die Flamme höher, um die Flüssigkeit wieder zum Köcheln zu bringen, und rühren Sie regelmäßig um. Decken Sie den Topf ab, stellen Sie die Flamme niedrig und köcheln Sie die Birnen 5 Minuten bzw. bis sie weich sind. Lösen Sie in einer kleinen Schüssel das Pfeilwurzpulver in dem restlichen 1 EL Birnennektar auf und geben Sie es nach und nach unter ständigem Rühren zu der Birnenmischung in den Topf, bis die Mischung langsam eindickt und wieder köchelt. Nehmen Sie den Topf vom Herd und geben Sie die Mischung zusammen mit den abgetropften Cashewkernen, dem Ahornsirup und dem Vanilleextrakt in einen Standmixer. Weil die Mischung heiß ist, kann es beim Pürieren spritzen, also decken Sie den Mixerdeckel mit einem Geschirrtuch ab und drücken Sie ihn nach unten. Beginnen Sie auf der niedrigsten Stufe (falls Sie Stufen regulieren können) und erhöhen Sie die Geschwindigkeit langsam, bis die Mischung vollständig glatt püriert ist. Gießen Sie die Mischung in eine flache Schüssel oder eine Auflaufform. Stellen Sie sie, wenn sie nicht mehr dampft, etwa 1 Stunde lang zum Abkühlen und Festwerden in den Kühlschrank. Nehmen Sie sie heraus und schlagen Sie sie mit einem Schneebesen durch. Die Mischung sollte jetzt dick und cremig sein. Geben Sie sie in einen luftdichten Behälter und stellen Sie sie bis zum Verwenden bis zu drei Tage lang im Kühlschrank kalt.

TEIG:

90 g Haferflocken
110 g Mandelmehl
35 g braunes Reismehl
30 g Kokosmehl
½ TL Meersalz
2 EL natives Olivenöl, plus mehr zum Einfetten der Förmchen
2 EL plus 2 TL geschmolzenes natives Kokosöl
60 ml plus 2 EL Ahornsirup
2 TL Vanilleextrakt

GERÖSTETE BIRNEN:

3 feste reife Anjou- oder Bartlett-Birnen (etwa 670 g)
1 EL natives Olivenöl
2 EL Ahornsirup

FÜR DEN TEIG:

Geben Sie Haferflocken, Mandelmehl, braunes Reismehl, Kokosmehl und Meersalz in eine Küchenmaschine und mahlen Sie die Zutaten etwa 45 Sekunden fein. Geben Sie die Mischung in eine Schüssel, tröpfeln Sie das Oliven- und Kokosöl darüber und vermengen Sie alles gut miteinander. Fügen Sie Ahornsirup und Vanilleextrakt hinzu und verkneten Sie den Teig erneut. Der Teig wird ziemlich feucht sein, lassen Sie ihn daher 20 Minuten ruhen. Er sollte danach noch feucht, aber nicht klebrig sein. Ist er noch klebrig, lassen Sie ihn weitere 5 bis 10 Minuten ruhen.

Heizen Sie den Ofen auf 180 °C vor. Fetten Sie die Förmchen gut ein oder legen Sie sie mit eingefetteten Backpapierkreisen aus und stellen Sie sie beiseite. Pressen Sie pro Form je 3 EL Teig gleichmäßig hinein. Stechen Sie die Böden mehrere Male mit einer Gabel ein, setzen Sie die Förmchen auf ein Backblech und backen Sie die Böden 8 Minuten blind. Nehmen Sie das Blech heraus, drehen Sie es um 180 Grad und backen Sie die Böden weitere 8 Minuten bzw. bis sie hell goldbraun und an einigen Stellen leicht gebräunt sind. Nehmen Sie sie aus dem Ofen und lassen Sie sie vollständig abkühlen. Lassen Sie den Ofen an.

BIRNEN RÖSTEN:

Erhöhen Sie die Ofentemperatur auf 200 °C. Legen Sie ein Backblech mit Backpapier aus und stellen Sie es beiseite.

Schälen Sie die Birnen, vierteln Sie sie, entfernen Sie das Kerngehäuse und schneiden Sie jedes Viertel in 3 lange Scheiben. Legen Sie die Birnenscheiben auf das Backblech, beträufeln Sie sie mit Olivenöl und Ahornsirup, vermengen Sie sie vorsichtig, damit sie damit überzogen sind, und verteilen Sie sie in einer gleichmäßigen Schicht auf dem Backblech. Rösten Sie sie 25 bis 30 Minuten im Ofen bzw. bis sie braun werden. Nehmen Sie sie aus dem Ofen und stellen Sie sie beiseite.

Wenn Sie abgekühlt sind und Sie sie anfassen können, nehmen Sie die Scheiben vom Backblech und legen Sie sie in eine Schüssel, bis die Tartelettes servierfertig sind. Wenn Sie die Birnenscheiben auf dem Backpapier liegen lassen, wird der Ahornsirup fest und sie kleben an.

TARTELETTES ANRICHTEN:

Lösen Sie die Tarteletteböden vorsichtig aus den Förmchen. Teilen Sie die Birnenfüllung unter den Tartelettes auf, streichen Sie sie glatt und belegen Sie jede Tartelette mit ein paar gerösteten Birnenscheiben. Servieren Sie die Tartelettes sofort oder stellen Sie sie bis zu drei Stunden lang im Kühlschrank kalt.

DUNKLE SCHOKOLADEN-TRÜFFEL-TARTE MIT PARANUSSBODEN

Es gibt so vieles, was ich an dieser Tarte liebe: Die zauberhafte Geschmackskombination aus dunkler Schokolade, säuerlichen roten Beeren, gerösteten Nüssen und einer Prise Salz, wie leicht und schnell sie sich zubereiten lässt, und wie unglaublich begeistert alle sind, die sie probieren.

Um sie noch luxuriöser aussehen zu lassen, bestäuben Sie sie mit ein bisschen essbarem Goldstaub. Sollten Himbeeren gerade Saison haben, garnieren Sie jedes Stück vor dem Servieren mit einer großzügigen Handvoll davon. Diese Tarte schmeckt gekühlt am besten und hält sich im Kühlschrank gut mehrere Tage lang.

HINWEIS: Ich finde, dass diese Tarte mit ungesüßter Sojamilch fantastisch schmeckt, sie kann aber genauso gut mit gefilterter Mandelmilch zubereitet werden (Seite 76).

ERGIBT EINE TARTE MIT 23 CM DURCHMESSER
AUSRÜSTUNG: TARTEFORM MIT 23 CM DURCHMESSER UND HERAUSNEHMBAREM BODEN

TEIG:

100 g rohe Paranüsse
Olivenöl zum Einfetten der Form
25 g Haferflocken
25 g getrocknete ungesüßte Kokosraspel
¼ TL Meersalz
50 g plus 2 EL Dinkelvollkornmehl
2 EL plus 1 TL geschmolzenes natives Kokosöl
3 EL Ahornsirup
1 TL Vanilleextrakt

FÜLLUNG:

120 ml ungesüßte Himbeermarmelade
240 ml ungesüßte Sojamilch
1 Prise Meersalz
250 g Zartbitterschokolade (70 Prozent), grob gehackt
2 TL Vanilleextrakt
Kakaopulver oder essbarer Goldstaub zum Garnieren

FÜR DEN TEIG:

Heizen Sie den Ofen auf 150 °C vor. Legen Sie ein Backblech mit Backpapier aus und verteilen Sie die Paranüsse in einer Schicht darauf. Rösten Sie sie 8 Minuten im Ofen bzw. bis sie duften. Nehmen Sie sie aus dem Ofen und lassen Sie sie abkühlen.

Erhöhen Sie die Ofentemperatur auf 180 °C. Fetten Sie die Tarteform gründlich mit Olivenöl ein und stellen Sie sie beiseite.

Geben Sie die Paranüsse, Haferflocken, Kokosraspel und das Salz in eine Küchenmaschine und mahlen Sie die Zutaten etwa 20 Sekunden grob. Geben Sie die Mischung in eine Schüssel und rühren Sie das Dinkelmehl ein. Tröpfeln Sie das Kokosöl darüber und vermischen Sie alles mit einer Gabel oder den Fingerspitzen, bis die gesamte Mehlmischung feucht ist. Fügen Sie Ahornsirup und Vanilleextrakt hinzu und verkneten Sie den Teig erneut. Er sollte feucht, aber nicht klebrig sein. Waschen Sie Ihre Hände und trocknen Sie sie ab. Pressen Sie den Teig gleichmäßig dünn in die Form. Stechen Sie den Boden mehrere Male mit einer Gabel ein und backen Sie den Teig 20 Minuten blind bzw. bis er duftet und leicht braun ist. Nehmen Sie den Boden aus dem Ofen und stellen Sie ihn beiseite.

FÜR DIE FÜLLUNG:

Erwärmen Sie die Himbeermarmelade in einem kleinen Topf auf mittlerer Flamme. Rühren Sie, bis die Marmelade nach etwa 1 Minute zerfließt und zu blubbern beginnt. Gießen Sie sie in den vorgebackenen Tortenboden und verstreichen Sie sie gleichmäßig. Stellen Sie den Boden beiseite und lassen Sie die Marmelade darin abkühlen.

Geben Sie die Sojamilch und eine Prise Salz in einen kleinen Topf und bringen Sie sie auf mittlerer Flamme zum Kochen. Rühren Sie dabei mit einem Schneebesen um, damit Sie nicht anhängt. Nehmen Sie sie, sobald sie anfängt zu kochen, sofort vom Herd. Geben Sie schnell die gehackte Schokolade hinein, decken Sie den Topf ab und lassen Sie ihn abgedeckt 2 Minuten stehen. Nehmen Sie den Deckel ab und rühren Sie kräftig um, bis die Schokolade geschmolzen ist und sich mit der Sojamilch zu einer glatten und glänzenden Flüssigkeit verbunden hat. Rühren Sie den Vanilleextrakt ein und gießen Sie den Mix gleichmäßig auf den vorgebackenen Boden. Stellen Sie die Tarte mindestens 1 Stunde im Kühlschrank kalt, damit sie durchkühlen und fest werden kann. Lösen Sie sie vorsichtig aus der Form und bestäuben Sie sie mit Kakaopulver oder essbarem Goldstaub.

Erwärmen Sie zum Anschneiden ein scharfes Messer in sehr heißem Wasser und trocknen Sie es vor dem Schneiden gründlich ab. Servieren Sie die Tarte kalt.

VANILLECREME

Diese Creme ist eine großartige vegane Alternative zu Schlagsahne. Die dunklen Vanillesprenkel und die schöne Cremefarbe machen sie zu einer wunderbaren Ergänzung für Desserts. Besonders gut schmeckt sie zusammen mit Tartes mit Fruchtfüllungen aus diesem Kapitel oder mit *Erdbeer-Rosen-Kanten* (Seite 332). Auch mit *gerösteten Pflaumen* (Seite 335) oder als Parfaitbasis mit einem Topping aus frischen, saftigen Sommerfrüchten oder -beeren und einer Handvoll gehackter gerösteter Nüsse ist sie eine kulinarische Verführung.

HINWEIS: Wenn Sie Reismilch verwenden, kaufen Sie pure, ungesüßte Reismilch, da diese sonst einen unangenehmen Nachgeschmack und viele unnötige Zusatzstoffe enthält. Ungesüßte Reismilch muss nicht industriell gesüßt werden, da Reis von Natur aus süß schmeckt.

ERGIBT 720 ML, REICHT ALS TOPPING FÜR 8 BIS 10 PORTIONEN

- 140 g ganze rohe Mandeln, 8 bis 12 Stunden in 500 ml gefiltertem Wasser eingeweicht
- 720 ml ungesüßte Reismilch
- 100 g getrocknete ungesüßte Kokosraspel
- 1 Vanilleschote
- 3 EL Agar-Agar-Flocken
- 3 EL Ahornsirup (Grad A oder die hellste Farbe)
- 1 Prise Meersalz
- 1 TL Pfeilwurzpulver
- 1 EL gefiltertes Wasser
- 1 EL Vanilleextrakt

Legen Sie ein mittelgroßes Sieb mit einem Nussmilchbeutel, einem sauberen dünnen Geschirrtuch oder mehreren Lagen Käsetuch aus. Hängen Sie es über einen mittelgroßen Topf mit dickem Boden und stellen Sie ihn beiseite.

Streifen Sie die braunen Häute von den Mandeln, spülen Sie sie und lassen Sie sie abtropfen. Geben Sie sie zusammen mit der Reismilch und den Kokosraspeln in einen Standmixer und pürieren Sie sie etwa 1 Minute zu einer glatten Milch. Seihen Sie die Milch durch das ausgelegte Sieb in den Topf ab. Heben Sie die Enden des Nussmilchbeutels oder Tuchs hoch, drehen Sie sie ein und drücken Sie vorsichtig alle Flüssigkeit heraus. Kompostieren Sie die zurückbleibenden Überreste.

Schneiden Sie die Vanilleschote längs auf und kratzen Sie das Mark mit der Spitze eines kleinen Messers heraus. Geben Sie das Mark und die Schote in den Topf zur Milch. Rühren Sie Agar-Agar-Flocken, Ahornsirup und Salz ein und bringen Sie die Milch auf hoher Flamme unter ständigem Rühren zum Kochen. Decken Sie den Topf ab, stellen Sie die Flamme niedrig und köcheln Sie die Milch 15 Minuten bzw. bis die Agar-Agar-Flocken vollständig aufgelöst sind (siehe Seite 299).

Lösen Sie das Pfeilwurzpulver in einer kleinen Schüssel in 1 EL Wasser auf und geben Sie es nach und nach unter Rühren in die köchelnde Milch. Rühren Sie weiter, bis die Milchmischung eindickt und wieder köchelt. Nehmen Sie den Topf vom Herd, kompostieren Sie die Vanilleschote und gießen Sie die Creme in eine flache Schüssel oder eine Auflaufform. Stellen Sie die Mischung, sobald sie nicht mehr dampft, zum Festwerden etwa 1,5 Stunden im Kühlschrank kalt. Es ist wichtig, dass die Creme vollständig durchkühlt ist und fest wird, da sie sonst nach dem Aufschlagen bzw. Pürieren nicht die gewünschte feste Konsistenz hat.

Löffeln Sie die erkaltete Creme in eine Küchenmaschine, fügen Sie den Vanilleextrakt hinzu und pürieren Sie sie einige Minuten lang glatt und cremig. Schaben Sie ggf. die Innenwände der Küchenmaschine nach unten frei. Geben Sie die fertige Creme in eine Schüssel oder einen Behälter und stellen Sie sie vor dem Servieren mindestens 20 Minuten im Kühlschrank kalt. In einem luftdichten Behälter aufbewahrt hält sich die Creme im Kühlschrank bis zu vier Tage lang.

CASHEW-ZIMT-CREME

Diese himmlische vegane Dessertcreme ist ein Kinderspiel und macht mit ihrem feinen, leicht süßen Geschmack und ihrer fantastischen Cremigkeit auch das einfachste Dessert zu etwas ganz Besonderem. Kombinieren Sie sie mit frischen Beeren-Crumbles, pochierten Birnen oder geben Sie sie als Schicht in ein Glas mit Obstkompott. Ich liebe diese Creme als Topping auf meiner *frischen Pfirsichtarte* (Seite 306) oder meinem *Erdbeer-Rosen-* oder *Granatapfel-Kanten* (Seite 332 und 357). Wenn es schnell gehen muss, können Sie das Einweichen der Cashewkerne auch weglassen. Wenn Sie einen guten Mixer haben, werden Sie trotzdem ein wunderbar cremiges Ergebnis erzielen. Diese Creme können Sie gleich nach dem Zubereiten servieren, auch wenn ihr Geschmack und ihre Konsistenz nach einem Tag im Kühlschrank sogar noch besser werden.

ERGIBT ETWA 360 ML

**150 g rohe Cashewkerne, 2 bis 6 Stunden in 500 ml
gefiltertem Wasser eingeweicht**
60 ml brauner Reissirup
2 TL Vanilleextrakt
¼ TL Zimt
1 Prise Meersalz
2 EL gefiltertes Wasser
60 ml frisch gepresster Orangensaft

Gießen Sie die Cashewkerne ab und spülen Sie sie. Geben Sie alle Zutaten in einen Standmixer und pürieren Sie sie glatt. Schaben Sie ggf. die Mixerinnenwände mit einem Teigschaber nach unten frei. Geben Sie die Creme in ein Schraubglas und stellen Sie sie bis zum Verwenden im Kühlschrank kalt. Die Creme dickt nach dem Abkühlen leicht ein. Sie können sie mit etwas Wasser oder Orangensaft verdünnen, um wieder die gewünschte Konsistenz zu erreichen. Die Creme hält sich im Kühlschrank bis zu fünf Tage lang.

SÜSSES FÜR JEDE GELEGENHEIT

Das ist mein kleines Schatzkästchen, in das ich immer schaue, wenn ich nach einer süßen Leckerei suche, die ich als Ausgangspunkt für neue Experimente in meiner Küche nehmen kann. In diesem Kapitel finden Sie alles von einer garantiert gelingenden Geburtstagstorte mit mehreren Schichten und einer köstlichen Schokoladenganache bis zu Desserts für eine Dinner Party, wie z. B. Kokos-Vanille-Eiscreme mit gerösteten Pflaumen und Ahornsirup-Kokos-Knusperstreuseln, sowie Rezepte für Riegel, Kuchen und Kekse, die wunderbar zu Tee und Kaffee passen. Sollten Sie eventuell gerade beschlossen haben, Ihren Zuckerkonsum für eine Weile einzuschränken und gesünder zu leben, oder nach einer Entgiftungskur ein Dessert für alle (auch für Kinder) zubereiten wollen, probieren Sie meine fabelhaften, leckeren und gleichzeitig erfrischenden Kanten-Variationen aus, die nur mit Saft gesüßt sind. Mit meinen goldenen Amaranth-Riegeln mit Yakonsirup, einem natürlichen Süßungsmittel, das als „Superfood" eingestuft wird, können Sie sich einen perfekten, eiweißreichen Snack gönnen. Viele dieser Leckereien können im Voraus vorbereitet und von allen genascht werden, die den Weg in Ihre Küche finden. Ich hoffe, Sie finden auf den folgenden Seiten schöne Inspirationen für jede Gelegenheit.

ERDBEER-ROSEN-KANTEN

Kanten ist ein wunderbar leichtes, einfaches und erfrischendes Dessert, das bei heißem Wetter auch ein toller Nachmittagssnack ist. Als ich bei Angelica Kitchen in New York City arbeitete, probierte ich Kanten-Variationen mit vielen verschiedenen Aromen und Geschmacksnoten aus. Manche Kanten bereitete ich mit Kräutern oder Blüten zu, die ich von unseren Bio-Bauern aus der Region bekam. Bei diesem Rezept verleihen die Rosenblüten dem Kanten einen zarten, blumigen Geschmack. Wenn Sie das Kanten zur Hochzeit der Erdbeersaison zubereiten, brauchen Sie es nicht zusätzlich süßen. Wenn das Obst süß genug ist, lässt sich jedes Kanten auch wunderbar ohne Zucker oder andere Süßmittel machen. Wenn Sie ein etwas dekadenteres Dessert kreieren möchten, kombinieren Sie das Kanten mit meiner *Cashew-Zimt-Creme* (Seite 328) und schichten Sie beides abwechselnd in Gläser.

HINWEIS: Achten Sie darauf, nur ungespritzte Rosenblüten zu verwenden. Wenn Sie etwas mehr Rosenblüten kaufen, können Sie sie auch in meinem *gekühlten Rhabarber-Rosen-Tee* (Seite 227) verwenden.

ERGIBT 4 PORTIONEN

420 ml veganer Apfelsaft

600 g Erdbeeren, grüne Blütenkelche entfernt, halbiert, plus mehr zum Garnieren

2 TL milder roher Honig, optional (für eine nicht-vegane Variante)

4 g Agar-Agar-Flocken

knapp 2 Handvoll Bio-Rosenblüten (etwa 30 Knospen)

Hängen Sie ein feinmaschiges Sieb über eine mittelgroße Schüssel und stellen Sie beides beiseite. Geben Sie 180 ml des Apfelsafts und die Erdbeeren in einen Standmixer und pürieren Sie die Zutaten glatt. Kosten Sie, ob die Mischung süß genug ist. Falls nicht, fügen Sie etwas Honig hinzu und pürieren Sie sie erneut. Seihen Sie die Erdbeermischung durch das Sieb in die Schüssel ab und stellen Sie sie beiseite. Sie sollten etwas über 400 ml herausbekommen.

Verrühren Sie die restlichen 240 ml Apfelsaft und Agar-Agar-Flocken in einem kleinen Topf mit dickem Boden. Bringen Sie den Apfelsaft unter ständigem Rühren auf hoher Flamme zum Kochen. Decken Sie den Topf ab, stellen Sie die Flamme niedrig und köcheln Sie den Saft weitere 10 Minuten bzw. bis sich die Agar-Agar-Flocken vollständig aufgelöst haben (Seite 299). Fügen Sie die Rosenblüten hinzu, decken Sie den Topf ab und nehmen Sie ihn vom Herd. Lassen Sie die Rosenblüten 10 Minuten ziehen und seihen Sie dann die Flüssigkeit in die Schüssel mit dem Erdbeersaft ab. Drücken Sie so viel Flüssigkeit wie möglich aus den Blüten heraus und kompostieren Sie sie danach. Verquirlen Sie den Mix gut mit einem Schneebesen. Stellen Sie das Kanten eine Stunde oder länger in den Kühlschrank, bis es vollständig durchgekühlt und fester geworden ist. Nehmen Sie es aus dem Kühlschrank und schlagen Sie es mit einem Schneebesen cremig auf. Wenn es nicht so glatt wird, wie Sie es gern hätten, geben Sie es in eine Rührschüssel der Küchenmaschine und pürieren Sie es kurz glatt und cremig, aber nicht zu lange, da es sich sonst etwas verflüssigt.

Löffeln Sie das Kanten in ein Schraubglas und bewahren Sie es bis zum Servieren im Kühlschrank auf. Löffeln Sie es in Gläser oder Schüsseln und garnieren Sie es mit Erdbeeren. Reste halten sich im Kühlschrank bis zu einer Woche lang.

Kanten ist ein japanisches Dessert, das mit Agar-Agar, einer geschmacksneutralen Alge, zubereitet wird, die in köchelndem Fruchtsaft aufgelöst und beim Erkalten fest wird. Es gibt zwei Arten, Kanten zu servieren: entweder wie einen Wackelpudding oder wie eine Fruchtmousse. In diesem Rezept bereite ich es mousseartig zu. Kanten schmeckt auf beide Arten wunderbar und ist ein herrlich erfrischendes Dessert, das man aus fast jeder Art von saisonalem Obst herstellen kann.

KOKOS-VANILLE-EISCREME MIT GERÖSTETEN PFLAUMEN UND AHORNSIRUP-KOKOS-KNUSPERSTREUSELN

Warme, leicht säuerliche und saftige Pflaumen gehen bei diesem Rezept eine unwiderstehliche Verbindung mit zart schmelzender, samtiger Kokos-Vanille-Eiscreme ein und verbinden sich zu einem traumhaft köstlichen Dessert – genau das Richtige an einem schwülen Sommerabend, wenn Pflaumen gerade Saison und alle Lust auf Eiscreme haben. Wenn Sie es dann noch mit goldenen Ahornsirup-Kokos-Streuseln bestreuen, wird sich keiner Ihrer Gäste mehr beherrschen können.

HINWEIS: Wenn Sie einen Vitamix oder einen anderen Hochleistungsmixer haben, brauchen Sie die Kokos-Cashew-Mischung nicht abseihen.

KOKOS-VANILLE-EISCREME

AUSRÜSTUNG: EISMASCHINE

4 BIS 6 PORTIONEN

115 g Cashewkerne, 2 bis 6 Stunden in 500 ml gefiltertem Wasser eingeweicht
2 Dosen (je 400 ml) ungesüßte Kokosmilch
1 Vanilleschote
1 Prise Meersalz
4 EL milder roher Honig
1 EL Vanilleextrakt

Legen Sie ein mittelgroßes Sieb mit einem Nussmilchbeutel, einem sauberen dünnen Geschirrtuch oder mehreren Lagen Käsetuch aus. Hängen Sie es in einen mittelgroßen Topf und stellen Sie es beiseite. Gießen Sie die Cashewkerne ab, spülen Sie sie und geben Sie sie in einen Standmixer. Fügen Sie 1,5 Dosen Kokosmilch hinzu und pürieren Sie die die Zutaten auf höchster Stufe zu einer glatten Milch. Seihen Sie die Milch durch das Sieb in den Topf ab. Heben Sie die Enden des Beutels oder Tuchs hoch, drehen Sie sie ein und drücken Sie vorsichtig alle Flüssigkeit heraus. Kompostieren Sie zurückbleibende Überreste. (Es wird nicht viel sein, aber das Abseihen hilft, eine seidige Konsistenz zu erreichen, wenn Sie keinen Hochleistungsmixer haben.) Rühren Sie die restliche ½ Dose Kokosmilch in die Milch im Topf ein.

Schneiden Sie eine Vanilleschote längs auf und kratzen Sie das Mark mit der Spitze eines kleinen Messers heraus. Geben Sie Mark, Schote und Salz in den Topf zur Milch und verquirlen Sie alles kurz mit einem Schneebesen. Bringen Sie die Milch auf mittlerer bis hoher Flamme unter ständigem Rühren zum Kochen. Decken Sie den Topf ab, stellen Sie die Flamme niedrig und köcheln Sie den Mix 10 Minuten. Rühren Sie alle paar Minuten um, damit nichts anhängt. Nehmen Sie den Topf vom Herd, lassen Sie den Mix 5 Minuten ohne Deckel abkühlen und rühren Sie dann den Honig und den Vanilleextrakt ein. Kompostieren Sie die Vanilleschote. Geben Sie den Mix in eine Schüssel und lassen Sie ihn abkühlen. Stellen Sie die Schüssel, sobald der Mix nicht mehr dampft, so lange in den Kühlschrank, bis er vollständig durchgekühlt ist.

Geben Sie den Kokosmilch-Mix in eine Eismaschine und lassen Sie ihn gemäß der Gebrauchsanweisung cremig rühren. Das sollte etwa 15 bis 20 Minuten dauern. Servieren Sie die Eiscreme sofort, da sie direkt nach dem Cremigrühren die beste Konsistenz hat. Reste können Sie in einem luftdichten Behälter einfrieren. Lassen Sie die Eiscreme vor dem nächsten Servieren 30 Minuten auftauen.

AHORNSIRUP-KOKOS-KNUSPERSTREUSEL

Goldbraun, knusprig und unwiderstehlich: Diese Knusperstreusel haben einen sensationell karamelligen Geschmack, und es ist fast unmöglich, mit dem Knabbern aufzuhören, wenn Sie einmal damit angefangen haben. Zum Glück ergibt dieses Rezept mehr, als Sie für das Dessert brauchen, und da sich die Streusel gleich einige Wochen lang gut halten, können Sie sie zum Garnieren aller möglichen Desserts verwenden. Streuen Sie sie über dicken griechischen Joghurt mit gerösteten Früchten, oder servieren Sie größere Streusel mit frischen Beeren zum Tee oder Kaffee.

ERGIBT 1 BLECH

2 EL Ahornzucker
2 EL Ahornsirup
1 EL brauner Reissirup
1 TL Vanilleextrakt
1 Prise Meersalz
140 g getrocknete, ungesüßte große Kokosflocken

Heizen Sie den Ofen auf 150 °C vor. Legen Sie ein Backblech mit Backpapier aus und stellen Sie es beiseite.

Geben Sie Ahornzucker, Ahornsirup, braunen Reissirup, Vanilleextrakt und Salz in eine mittelgroße Schüssel und verrühren Sie alles miteinander. Fügen Sie die Kokosflocken hinzu und überziehen Sie sie vorsichtig mit der Ahornsirup-Mischung, ohne sie zu zerbrechen. Verteilen Sie sie gleichmäßig in einer Schicht auf dem Backblech und backen Sie sie 12 bis 14 Minuten im Ofen bzw. bis sie tief goldbraun sind und duften. Nehmen Sie sie aus dem Ofen und lassen Sie sie vollständig abkühlen. Brechen Sie sie in Stücke bzw. Streusel und servieren Sie sie auf gerösteten Pflaumen und Eiscreme, oder bewahren Sie sie bis zu zwei Wochen lang in einem luftdichten Behälter auf.

HINWEIS: Sollten die Kokosflocken nach dem Backen nicht knusprig und knackig sein, schieben Sie sie für ein paar weitere Minuten in den Ofen und lassen Sie sie danach erneut abkühlen.

GERÖSTETE PFLAUMEN

Diese gerösteten Pflaumen sind mit ihrem zart schmelzenden Fruchtfleisch und ihrem aromatischen, mit Ahornsirup durchtränkten Saft auch für sich allein ein Hochgenuss. Zusammen mit Kokos-Eiscreme wird daraus aber eine Gaumenfreude, die fast zu lecker ist, um wahr zu sein. Auch mit dickem Joghurt oder *Vanillecreme* (Seite 327) kombiniert schmecken diese Pflaumen fantastisch.

HINWEIS: Am liebsten verwende ich rote Pflaumen für dieses Rezept, weil ihre Haut schön weich und das Fruchtfleisch beim Rösten wunderbar saftig wird. Wenn Sie festere Sorten verwenden, müssen Sie die Röstzeit ggf. um 5 bis 10 Minuten verlängern, damit Haut und Fruchtfleisch richtig schön weich werden. Wenn es gerade keine Pflaumen gibt, können Sie auch Pfirsiche, Aprikosen oder Nektarinen auf dieselbe Weise rösten.

4 BIS 6 PORTIONEN

8 große Pflaumen (etwa 1,3 kg)
2 TL natives Olivenöl oder geschmolzenes natives Kokosöl
2 EL Ahornsirup
1 TL Vanilleextrakt
Prise Zimt

Heizen Sie den Ofen auf 200 °C vor.

Halbieren Sie die Pflaumen und entfernen Sie die Steine. Legen Sie die Pflaumen nebeneinander in einer Schicht in eine große Auflaufform. Fügen Sie Öl, Ahornsirup, Vanilleextrakt und Zimt hinzu und vermengen Sie alles miteinander. Verteilen Sie die Pflaumen mit der Schnittseite nach oben in einer Schicht in der Auflaufform und rösten Sie sie 20 Minuten im Ofen bzw. bis ihr Fruchtfleisch weich und die Form voller Saft ist. Nehmen Sie die Form aus dem Ofen und lassen Sie die Pflaumen vor dem Servieren leicht abkühlen. Reste können Sie bis zu drei Tage lang in einem luftdichten Behälter im Kühlschrank aufbewahren. Lassen Sie sie vor dem Servieren Raumtemperatur erreichen, oder wärmen Sie sie in einer Pfanne auf mittlerer Flamme auf.

SCHOKOLADIGE POTS DE CRÈME

In den vielen Jahren, in denen ich mich mittlerweile professionell mit veganem Backen beschäftige, habe ich entdeckt, dass sich mit der Kombination verschiedener Nussmilcharten die beste Ausgangsbasis für himmlisch cremige und wandelbare Füllungen und Cremes herstellen lässt. In diesem Rezept verwende ich Cashewkerne, Mandeln und getrocknete Kokosraspel, um eine Milch zuzubereiten, in der keine dieser Zutaten dominiert, weshalb der Schokoladengeschmack besonders gut zur Geltung kommt.

Das Geheimnis einer luftigen veganen Mousse besteht darin, die fertige Mischung noch einmal zu pürieren, bevor sie zum Kaltwerden in Gläser oder Schüsseln gegeben wird. Diese Methode entdeckte ich, als das Dessert, das meine Schwester und ich für ein besonderes Dinner für einen Kunden zubereiteten, in allerletzter Minute danebenging. Nach einigen Versuchen, zu retten was zu retten war, gerieten wir in Panik. Daraufhin warf ich alles in den Mixer und hoffte auf ein Wunder. Während unsere Gäste den letzten Gang vor dem Dessert genossen, probierten wir nervös die Mousse. Wir entspannten uns sofort, unsere Gesichter strahlten und aller Druck fiel von uns ab: Es war die luftigste, lockerste Mousse, die wir je gekostet hatten!

HINWEIS: Da gehäutete Bio-Mandeln schwer zu finden sind, weiche ich Bio-Mandeln mit ihrer braunen Haut ein und streife diese nach dem Einweichen ab. Sie können aber auch gern gehäutete Mandeln verwenden, wenn Sie welche haben. Weichen Sie sie einfach genauso lange ein wie die Cashewkerne.

6 PORTIONEN

70 g ganze rohe Mandeln,
    8 bis 24 Stunden in 250 ml
    gefiltertem Wasser eingeweicht
70 g rohe Cashewkerne,
    2 bis 6 Stunden in 250 ml
    gefiltertem Wasser eingeweicht
100 g getrocknete ungesüßte
    Kokosraspel
720 ml gefiltertes Wasser
240 ml ungesüßte Reismilch
60 ml Ahornsirup
1 EL Agar-Agar-Flocken
1 kleine Prise Meersalz
30 g ungesüßtes Kakaopulver,
    plus mehr zum Bestäuben
    der Mousse
50 g Zartbitterschokolade
    (70 Prozent),
    in Stücke gebrochen
1 EL Vanilleextrakt
frische Himbeeren zum Garnieren,
    optional

Legen Sie ein mittelgroßes Sieb mit einem Nussmilchbeutel, einem sauberen dünnen Geschirrtuch oder mehreren Lagen Käsetuch aus. Hängen Sie es über einen mittelgroßen Topf mit dickem Boden und stellen Sie den Topf beiseite.

Streifen Sie die braune Haut von den Mandeln ab, spülen Sie sie und lassen Sie sie abtropfen. Spülen Sie die Cashewkerne und lassen Sie sie abtropfen. Geben Sie beides zusammen mit den Kokosraspeln und dem Wasser in einen Standmixer. Pürieren Sie die Zutaten auf höchster Stufe etwa 2 Minuten glatt. Seihen Sie die Milch durch das Sieb in den Topf ab. Heben Sie die Tuchenden hoch, drehen Sie sie ein und drücken Sie vorsichtig die Milch heraus. Kompostieren Sie die im Tuch zurückgebliebenen Überreste. Sie sollten etwa 600 ml Nussmilch herausbekommen. Säubern Sie den Mixer und stellen Sie ihn beiseite.

Geben Sie die Reismilch, den Ahornsirup, die Agar-Agar-Flocken und das Meersalz in den Topf mit der Nussmilch. Verquirlen Sie alles gut und bringen Sie die Milch auf hoher Flamme zum Kochen. Decken Sie den Topf ab, stellen Sie die Flamme niedrig und köcheln Sie die Milch 15 Minuten. Rühren Sie sie alle 5 Minuten mit einem Schneebesen um. Prüfen Sie, ob sich die Agar-Agar-Flocken vollständig aufgelöst haben (siehe Seite 299). Rühren Sie das Kakaopulver mit dem Schneebesen ein. Nehmen Sie den Topf vom Herd, fügen Sie die Zartbitterschokolade hinzu, decken Sie den Topf ab und lassen Sie die Mischung 2 Minuten stehen, damit die Schokolade schmelzen kann. Nehmen Sie den Deckel ab und quirlen Sie die Mischung so lange durch, bis sie gleichmäßig und glatt ist. Rühren Sie den Vanilleextrakt ein und lassen Sie die Mischung etwa 10 Minuten ohne Deckel leicht abkühlen. Geben Sie sie in den Mixer und pürieren Sie sie 1 Minute auf höchster Stufe.

Löffeln Sie die Mousse in kleine Schüsseln oder Gläser und stellen Sie sie mindestens eine Stunde oder bis zum Servieren im Kühlschrank kalt. Sie können die Mousse auch einen Tag im Voraus zubereiten. Bestäuben Sie die Mousse mit Kakaopulver, garnieren Sie sie mit Himbeeren und servieren Sie sie gekühlt.

SCHOKOLADEN-HASELNUSS-TORTE
MIT KIRSCHFÜLLUNG UND SCHOKOLADENGANACHE

Zum dreißigsten Geburtstag meiner Schwester planten mein Vater und ich heimlich eine Überraschung: Er sollte von Australien nach New York fliegen und sie bei ihrer Geburtstagsparty überraschen. Ich war so aufgeregt, dass es mir schwerfiel, nichts zu verraten, und freute mich unglaublich auf die bevorstehende Party und das Gesicht meiner Schwester. Für diesen Anlass machte ich eine extra große Version dieser Torte. Nach der gelungenen Überraschung und viel gemeinsamer Freude genossen wir alle diese köstliche, saftige und herrlich schokoladige Torte – ein perfekter Abschluss eines wunderbaren Abends. Die leicht säuerliche Kirschfüllung harmoniert fantastisch mit der Schokolade und den Nüssen und gibt der Torte eine frische und fruchtige Note. Verwenden Sie wenn möglich frische Kirschen dafür und heben Sie ein paar zum Garnieren auf.

Der Teig wurde von dem Schokoladenkuchen aus Myra Kornfelds brillantem Buch *The Voluptuous Vegan* inspiriert.

HINWEIS: Bereiten Sie die Schokoladenganache zum Überziehen der Torte am besten einen Tag im Voraus zu – so hat sie Zeit, kalt und fest zu werden. Stellen Sie die Torte erst dann zusammen, wenn alle Zutaten bzw. Bestandteile vollständig abgekühlt oder kalt sind. Setzen Sie den unteren Tortenboden vor dem Aufeinanderschichten und Überziehen am besten auf den Boden einer Springform oder eine Tortenpappscheibe. So können Sie mit einer Hand die Nüsse in den Überzug drücken, während Sie mit der anderen die Torte festhalten.

ERGIBT EINE HOHE TORTE MIT 20 CM DURCHMESSER

AUSRÜSTUNG: 2 RUNDE BACKFORMEN MIT 20 CM DURCHMESSER

SCHOKOLADENGANACHE:

2 Dosen (je 400 ml) ungesüßte Kokosmilch

60 ml Ahornsirup

5 EL Agar-Agar-Flocken

1 Prise Meersalz

100 g Zartbitterschokolade (70 Prozent), in Stücke gebrochen

120 ml frisch gepresster Orangensaft, gefiltert

4 TL Vanilleextrakt

FÜR DIE GANACHE:

Geben Sie Kokosmilch, Ahornsirup, Agar-Agar-Flocken und Salz in einen mittelgroßen Topf mit dickem Boden und verquirlen Sie alles gut miteinander. Bringen Sie die Flüssigkeit unter ständigem Rühren auf hoher Flamme zum Kochen. Decken Sie den Topf ab und stellen Sie die Flamme niedrig. Köcheln Sie die Flüssigkeit 20 Minuten und rühren Sie alle 5 Minuten um. Prüfen Sie, ob sich die Agar-Agar-Flocken vollständig aufgelöst haben (Seite 299). Nehmen Sie den Topf vom Herd, fügen Sie die Schokolade hinzu und decken Sie den Topf ab. Warten Sie 2 Minuten und quirlen Sie die Mischung danach gut durch, bis sie glatt und gleichmäßig ist. Gießen Sie sie in eine flache Schale oder Auflaufform und lassen Sie sie abkühlen. Stellen Sie die Mischung, sobald sie nicht mehr dampft, zum Abkühlen und Festwerden für 1,5 bis 2 Stunden in den Kühlschrank.

Schneiden Sie die Ganache grob in etwa 2 cm große Stücke, geben Sie sie zusammen mit dem Orangensaft und dem Vanilleextrakt in eine Küchenmaschine und pürieren Sie sie schön glatt. Schaben Sie ggf. die Innenwände mit einem Teigschaber nach unten frei und schauen Sie nach, ob es noch Klümpchen gibt, die püriert werden müssen. Sollte die Ganache sich teilen, pürieren Sie sie weiter, bis sie wieder sämig ist. Bis die gewünschte cremige Konsistenz erreicht ist, kann es bis zu 5 Minuten dauern. Geben Sie die Ganache in einen Behälter und stellen Sie sie bis zum Weiterverwenden kalt.

TORTENBODEN:

280 g geröstete Haselnüsse
(Seite 80), ohne Haut

200 g Dinkelvollkornmehl

2 TL aluminiumfreies Backpulver

1 TL Natron

60 g ungesüßtes Kakaopulver

240 ml kochendes gefiltertes
Wasser

45 g gemahlene Leinsamen

120 ml geschmolzenes natives
Kokosöl, plus mehr zum
Einfetten der Form

360 ml Ahornsirup

1 TL unpasteurisierter Apfelessig

1 EL Vanilleextrakt

½ TL Salz

FÜLLUNG:

340 g entsteinte Sauerkirschen,
frisch oder gefroren

1 EL Ahornsirup

¼ TL Zimt

1 Prise Meersalz

¾ TL Pfeilwurzpulver

2 TL gefiltertes Wasser

1 TL Vanilleextrakt

¼ TL Mandelextrakt

120 ml ungesüßte Kirschkonfitüre

FÜR DIE TORTENBÖDEN:

Heizen Sie den Ofen auf 180 °C vor. Fetten Sie die Backformen ein und legen Sie die Böden mit einem Kreis Backpapier aus. Stellen Sie die Formen beiseite.

Geben Sie 100 g der gerösteten Haselnüsse und danach 40 g Dinkelmehl in eine Küchenmaschine und vermahlen Sie die Zutaten etwa 30 Sekunden zu einem feinen Mehl. Geben Sie die Mischung in eine mittelgroße Schüssel. Sieben Sie das restliche Dinkelmehl, das Backpulver und das Natron in die Schüssel und vermischen Sie die Zutaten miteinander. Stellen Sie die Schüssel beiseite.

Verquirlen Sie in einer zweiten mittelgroßen Schüssel das Kakaopulver und das heiße Wasser zu einer glatten Flüssigkeit. Rühren Sie die gemahlenen Leinsamen, Kokosöl, Ahornsirup, Apfelessig, Vanilleextrakt und Salz ein. Geben Sie den Mehlmix zu und verrühren Sie die Zutaten zu einem Teig. Teilen Sie den Teig auf die zwei vorbereiteten Backformen auf und backen Sie die Tortenböden 35 bis 40 Minuten bzw. bis sich die Ränder langsam von der Form lösen und ein Zahnstocher nach dem Einstechen in die Mitte sauber wieder herauskommt. Nehmen Sie die Böden aus dem Ofen und lassen Sie sie in der Form auf einem Kuchengitter abkühlen.

FÜR DIE FÜLLUNG:

Geben Sie Kirschen, Ahornsirup, Zimt und Salz in einen kleinen Topf und bringen Sie die Zutaten auf hoher Flamme zum Kochen. Decken Sie den Topf ab und stellen Sie die Flamme niedrig. Köcheln Sie frische Kirschen 10 bis 15 Minuten bzw. bis sie saftig und weich sind, und gefrorene Kirschen 5 Minuten. Lösen Sie in einer kleinen Schüssel das Pfeilwurzpulver in Wasser auf und tröpfeln Sie es in den Topf mit den köchelnden Kirschen. Rühren Sie so lange um, bis die Mischung langsam eindickt und wieder köchelt. Nehmen Sie den Topf vom Herd und rühren Sie Konfitüre und Vanille- und Mandelextrakt ein. Geben Sie die Kirschmischung in eine große flache Schüssel und lassen Sie sie im Kühlschrank vollständig abkühlen, bis Sie die Torte damit füllen.

TORTE ZUSAMMENFÜGEN:

Geben Sie die restlichen 150 g gerösteten Haselnüsse auf ein mit Backpapier ausgelegtes Backblech und zerdrücken Sie sie mit einem Nudelholz oder dem Boden eines schweren Einweckglases.

Fahren Sie zum Lösen der Tortenböden mit einem Buttermesser den Rand der Backformen entlang. Stürzen Sie einen Boden auf eine Tortenpappscheibe oder den Boden einer Springform mit 20 cm Durchmesser. Entfernen Sie das Backpapier und bestreichen Sie die Oberfläche des Bodens mit etwa einer Kaffeetasse der Ganache. Streichen Sie die Kirschfüllung darauf und lassen Sie dabei aber etwa 1 cm am Rand frei. (Dadurch wird die Füllung nicht herausgedrückt, wenn der zweite Tortenboden darübergelegt wird.) Stürzen Sie den zweiten Tortenboden auf eine flache Oberfläche. (Ich verwende dafür den Boden einer umgedrehten Tarteform. Dieser ist nicht nur gleichmäßig flach, sondern macht es auch einfach, den zweiten Boden auf den schon mit Ganache und Füllung bestrichenen Tortenteil zu heben.) Entfernen Sie das Backpapier und legen Sie den zweiten Tortenboden auf den mit Füllung und Ganache bestrichenen ersten Tortenboden. Bestreichen Sie die Oberfläche und die Seiten der Torte mit der restlichen Ganache und drücken Sie die zerdrückten Haselnüsse hinein. Garnieren Sie die Torte mit frischen Kirschen und stellen Sie sie bis zum Servieren in den Kühlschrank. Sie schmeckt nach einigen Stunden noch besser, wenn sich die Aromen setzen, und kann sogar eine Nacht lang im Kühlschrank aufbewahrt werden.

APFEL-MANDEL-SCHNITTEN

Als ich die Rezepte für dieses Kochbuch auswählte, blätterte ich alte Notizbücher, Hefter und lose Zettelsammlungen durch, auf die Hunderte verschiedener Desserts gekritzelt waren. Auf einer ölbefleckten Seite fand ich einige kaum lesbare Stichpunkte, die nur Maßangaben in „Handvoll" beinhalteten. Als Backanweisung stand nur „fertig backen" dabei. Dieses Gekritzel war der Versuch, eine Version von Rosadas wunderbarem Apfelkuchen, den sie in ihrer Küche in London gebacken hatte, auf der anderen Seite des Atlantik nachzubacken. Nach einigen Verbesserungen kamen diese Apfel-Mandel-Schnitten dabei heraus, die weizenfrei, kinderleicht und sehr schnell gemacht sind und den wunderbaren Geschmack einfangen, den ich mit einem gemütlichen Nachmittag bei einer Tasse Tee und Rosadas fantastischem Apfelkuchen in ihrer Wohnung in der Portobello Road verbinde.

HINWEIS: Wenn Sie die Schnitten noch etwas verfeinern möchten, bestreichen Sie sie mit der optionalen Aprikosenglasur.

Ich mag es, wie die roten Schalen der Äpfel in diesem Kuchen leuchten, aber Sie können die Äpfel natürlich auch schälen, wenn Sie es so lieber mögen. Dann müssen Sie den Kuchen wahrscheinlich etwas früher aus dem Ofen nehmen.

ERGIBT 1 BACKBLECH ODER EINE BACKFORM MIT 23 × 23 CM

AUSRÜSTUNG: BACKBLECH MIT 23 × 23 CM

1 EL geschmolzenes natives Kokosöl
4 kleine rotbackige Äpfel
  (z. B. Gala oder Pink Lady),
  Kerngehäuse entfernt, in
  1 cm dicke Scheiben geschnitten
160 ml plus 1 EL Ahornsirup
4 TL Vanilleextrakt
135 g Haferflocken
260 g Mandelmehl
75 g Gerstenmehl
1½ TL aluminiumfreies Backpulver
60 ml natives Olivenöl, plus mehr
  zum Einfetten der Form
½ TL Mandelextrakt
2 EL ungesüßte Aprikosen-
  marmelade, optional

Heizen Sie den Ofen auf 180 °C vor. Fetten Sie eine Backform (23 × 23 cm) leicht ein und kleiden Sie den Boden und reichlich 2 cm des Rands mit Backpapier aus.

Erhitzen Sie das Kokosöl in einer weiten Pfanne auf mittlerer Flamme. Geben Sie die Äpfel hinein und braten Sie sie etwa 5 Minuten bzw. bis sie zum Teil eine goldene Farbe annehmen. Rühren Sie 1 EL Ahornsirup und 2 TL Vanilleextrakt ein. Braten Sie die Äpfel weitere 6 bis 8 Minuten auf niedrigerer Flamme, bis sie bräunen und weich werden, aber nicht auseinanderfallen. Sollten Sie noch fest sein, stellen Sie die Flamme niedrig, decken Sie die Pfanne ab und schmoren Sie sie noch ein paar weitere Minuten. Nehmen Sie die Pfanne vom Herd und stellen Sie sie beiseite.

Geben Sie die Haferflocken in eine Küchenmaschine und mahlen Sie sie etwa 30 Sekunden fein. Schütten Sie das Hafermehl in eine mittelgroße Schüssel und vermischen Sie es mit dem Mandel- und Gerstenmehl und dem Backpulver. Verquirlen Sie in einer zweiten Schüssel die restlichen 180 ml Ahornsirup, 2 TL Vanilleextrakt, das Olivenöl und den Mandelextrakt. Gießen Sie die Mischung in den Hafer-Mandelmehl-Mix und verrühren Sie beides zu einem Teig. Pressen Sie den Teig vorsichtig in die vorbereitete Backform und backen Sie ihn 15 Minuten im Ofen. Nehmen Sie ihn aus dem Ofen (lassen Sie den Ofen an) und belegen Sie ihn in vier Reihen mit den Apfelscheiben. Lassen Sie dabei rundherum reichlich 1 cm am Rand frei. Drücken Sie die Apfelstücke leicht in den Teig und schieben Sie den Kuchen für weitere 20 bis 25 Minuten in den Ofen bzw. bis die Ränder goldbraun sind. Nehmen Sie ihn aus dem Ofen und lassen Sie ihn vollständig in der Form abkühlen. Stürzen Sie den Kuchen auf einen flaches Tablett oder ein Schneidebrett, entfernen Sie das Backpapier, drehen Sie den Kuchen wieder herum und legen Sie ihn auf ein Tablett oder ein Brett.

Geben Sie für die Glasur (wenn gewünscht) die Marmelade in einen kleinen Topf und erhitzen Sie sie auf mittlerer Flamme. Rühren Sie sie etwa 1 Minute lang, bis sie zerschmilzt. Nehmen Sie den Topf vom Herd und bestreichen Sie die Apfelscheiben auf dem Kuchen mit einem Backpinsel mit der Glasur. Schneiden Sie den Kuchen in 8 oder 16 quadratische Schnitten und servieren Sie ihn bei Raumtemperatur. Reste können Sie in einem luftdichten Behälter bis zu drei Tage lang im Kühlschrank aufbewahren.

ZITRUS-KOKOSNUSS-CUPCAKES

Ich liebe saftige Kuchen voller Geschmack, in die man genussvoll hineinbeißen kann. Oftmals sind vegane Kuchenkreationen zu krümelig und zerbrechlich und lassen sich nicht in Cupcakes verwandeln – ganz anders als diese hier! Die mit reichlich gemahlenen Kokosraspeln kombinierte, ganze gekochte und pürierte Orange gibt diesen Cupcakes eine tolle Konsistenz und einen weniger süßen und etwas mehr erwachsenen Geschmack. Das zitronengelbe Frosting ist cremig und fantastisch süß-säuerlich – so wie eine gute Buttercreme, nur besser! Für diese Cupcakes sind ein paar Extraschritte nötig, die das fantastische Ergebnis aber unbedingt wert sind. Anders als viele andere vegane Desserts halten sich diese Cupcakes außerdem gleich mehrere Tage lang gut im Kühlschrank.

ERGIBT 12 CUPCAKES

AUSRÜSTUNG: 1 MUFFINFORM

FROSTING:

2 Dosen ungesüßte Kokosmilch
  (400 ml)

4 g plus 2 EL Agar-Agar-Flocken

60 ml plus 2 EL Ahornsirup
  (Grad A oder die hellste Farbe)

60 ml brauner Reissirup

⅛ TL Kurkuma

1 Prise Meersalz

60 ml frisch gepresster Zitronensaft

60 ml frisch gepresster Limettensaft

80 ml frisch gepresster Orangensaft

1 EL Vanilleextrakt

CUPCAKES:

175 g Dinkelvollkornmehl

1½ TL aluminiumfreies Backpulver

¾ TL Natron

125 g getrocknete ungesüßte
  Kokosraspel

1 mittelgroße Navel- oder
  Valencia-Orange, gekocht
  (siehe Hinweis)

240 ml Ahornsirup

60 ml plus 2 EL natives Olivenöl

2 TL unpasteurisierter Apfelessig

½ TL Meersalz

1 EL Vanilleextrakt

Zitronen- und Orangenabrieb
  (längere Streifen)
  zum Garnieren, optional

FÜR DAS FROSTING:

Geben Sie Kokosmilch, Agar-Agar-Flocken, Ahornsirup, Reissirup, Kurkuma und Salz in einen mittelgroßen Topf mit dickem Boden und verquirlen Sie die Zutaten. Bringen Sie den Mix auf hoher Flamme zum Kochen und rühren Sie etwa jede Minute um. Decken Sie den Topf ab und stellen Sie die Flamme niedrig. Köcheln Sie den Mix 20 bis 30 Minuten bzw. bis die Agar-Agar-Flocken sich vollständig aufgelöst haben (siehe Seite 299) und rühren Sie dabei alle 10 Minuten um.

Nehmen Sie den Topf vom Herd und rühren Sie den Zitronen-, Limetten- und Orangensaft ein. Gießen Sie den Mix in eine flache Schüssel oder Backform und stellen Sie ihn, sobald er nicht mehr dampft, etwa 1 Stunde lang zum Abkühlen und Festwerden in den Kühlschrank.

Nehmen Sie das Frosting aus dem Kühlschrank und schneiden Sie es grob in etwa 2 bis 3 cm große Stücke. Geben Sie die Stücke in eine Küchenmaschine und fügen Sie den Vanilleextrakt hinzu. Pürieren Sie alles zu einem glatten Frosting und schaben Sie ggf. die Innenwände der Küchenmaschine mit einem Teigschaber nach unten frei. Sollte sich das Frosting trennen, pürieren Sie es einfach weiter, bis es sich wieder zu einer sämigen Masse verbindet und eine leichte, cremige Konsistenz hat. Das kann bis zu 5 Minuten dauern. Geben Sie das Frosting in einen verschließbaren Behälter und stellen Sie es bis zum Weiterverwenden im Kühlschrank kalt. Es wird durch das Abkühlen fester.

FÜR DIE CUPCAKES:

Heizen Sie den Ofen auf 180 °C vor. Geben Sie in jede Muffinmulde der Muffinform ein Papierförmchen und stellen Sie die Form beiseite.

Sieben Sie Mehl, Backpulver und Natron in eine mittelgroße Schüssel und stellen Sie sie beiseite. Mahlen Sie 75 g Kokosraspel in einer Küchenmaschine 1 Minute fein und rühren Sie sie zusammen mit den restlichen Kokosraspeln unter die Mehl-Backpulver-Mischung. Stellen Sie die Schüssel beiseite.

Vierteln Sie die gekochte Orange, entfernen Sie alle Kerne und halbieren Sie jedes Viertel. Geben Sie die Stücke in eine Rührschüssel der Küchenmaschine und fügen Sie Ahornsirup, Olivenöl, Essig, Salz und Vanilleextrakt hinzu. Pürieren Sie die Zutaten glatt und schaben Sie ggf. die Innenwände mit einem Teigschaber nach unten frei. Gießen Sie den Mix in die Mehlmischung und verrühren Sie beides mit einem Gummiteigschaber. Verrühren Sie den Teig nicht zu stark, da er sonst zu fest wird.

Verteilen Sie den Teig auf die Muffinförmchen und füllen Sie diese fast bis zum Rand. Schieben Sie die Form in den Ofen und backen Sie die Muffins 25 bis 30 Minuten bzw. bis ein Zahnstocher nach dem Einstechen sauber wieder herauskommt und die

Mitte der Muffins beim Berühren fest ist. Nehmen Sie sie aus dem Ofen und lassen Sie sie einige Minuten in der Form abkühlen. Lösen Sie die Muffins aus der Form und stellen Sie sie zum vollständigen Abkühlen auf ein Kuchengitter. Bestreichen Sie sie nach dem Abkühlen großzügig mit dem Frosting und garnieren Sie sie mit Zitronen- und Orangenabrieb.

Je nachdem, wie viel Frosting Sie beim Verzieren verwenden, haben Sie danach noch ein bisschen oder relativ viel davon übrig. Sie können es bis zu sechs Monate lang einfrieren und wieder zum Überziehen von Kuchen und Muffins verwenden, oder aber mit einem Spritzer Mandel- oder Reismilch pürieren und als leckere Zitronencreme zusammen mit Obstkuchen oder Tartes servieren.

Um die Orange zu kochen, geben Sie sie in einen mittelgroßen Topf, bedecken Sie sie mit gefiltertem Wasser und bringen Sie das Wasser auf hoher Flamme zum Kochen. Decken Sie den Topf ab, stellen Sie die Flamme niedrig und köcheln Sie die Orange 45 bis 50 Minuten bzw. bis sie weich ist. Nehmen Sie sie vom Herd, gießen Sie sie ab und lassen Sie sie abkühlen. Kochen Sie die Orange bis zu drei Tage im Voraus. Sie können auch gleich mehrere kochen und die nicht sofort gebrauchten bis zu drei Monate lang einfrieren. Gekochte Orangen lassen Ihre Küche außerdem himmlisch duften.

MANDELBUTTER-BROWNIES MIT MEERSALZ

Geröstete Mandeln, dunkle Schokolade und Meersalzflocken sind eine umwerfende Kombination. Wenn Sie Appetit auf eine reichhaltige, schokoladige Köstlichkeit haben, sind diese Brownies genau das Richtige. Das Dinkelvollkornmehl gibt ihnen einen tollen Biss und einen wunderbaren nussigen Geschmack.

HINWEIS: Ich verwende in diesem Rezept einfache getrocknete Deglet-Noor-Datteln, Sie können aber auch gern Medjool-Datteln nehmen, wenn Sie diese vorziehen. Wenn Ihre Medjool-Datteln sehr feucht und weich sind, müssen Sie sie nicht einweichen.

ERGIBT ETWA FÜNFZEHN 8 × 6 CM GROSSE BROWNIES

AUSRÜSTUNG: 33 × 23 CM GROSSE BACK- ODER AUFLAUFFORM

75 g entkernte Deglet-Noor-Datteln

150 g Dinkelvollkornmehl

90 g ungesüßtes Kakaopulver

1½ TL aluminiumfreies Backpulver

60 g plus 2 EL geröstete Mandelbutter, gekauft oder selbst gemacht (Seite 116)

180 ml natives Olivenöl, plus mehr zum Einfetten der Form

180 ml Ahornsirup

100 g Ahornzucker

60 ml plus 2 EL selbst gemachte Mandelmilch (Seite 76) oder ungesüßte Sojamilch

½ TL Meersalz

1 EL Vanilleextrakt

100 g Zartbitterschokolade (85 Prozent), grob gehackt, oder 100 g vegane Schokoladentropfen

70 g geröstete Mandeln (Seite 78), gehackt

Maldon-Meersalzflocken, Fleur de Sel oder ein anderes flockiges Meersalz

Geben Sie die Datteln in eine mittelgroße Schüssel und bedecken Sie sie mit kochendem Wasser. Lassen Sie sie 20 Minuten einweichen, gießen Sie sie ab und lassen Sie sie gut abtropfen.

Heizen Sie den Ofen auf 180 °C vor. Legen Sie die Form mit Backpapier aus, bestreichen Sie das Backpapier und den Rand der Form dünn mit Öl und stellen Sie die Form beiseite.

Sieben Sie Mehl, Kakao- und Backpulver in eine mittelgroße Schüssel, verrühren Sie die Zutaten mit einem Schneebesen und stellen Sie die Schüssel beiseite.

Geben Sie Mandelbutter, Olivenöl, Ahornsirup, Ahornzucker, Mandelmilch, Salz, Vanilleextrakt und die abgetropften Datteln in eine Rührschüssel der Küchenmaschine und pürieren Sie die Zutaten glatt. (Es ist nicht schlimm, wenn noch ein paar kleine Dattelstückchen in der Mischung sind.) Gießen Sie den Mix in die Schüssel mit dem Mehl und verrühren Sie alles mit einem Gummiteigschaber. Legen Sie 2 EL der gehackten Schokolade beiseite und heben Sie den Rest unter den Teig. Rühren Sie nicht zu stark, da die Brownies sonst zu fest werden. Geben Sie den Teig in die vorbereitete Form und streichen Sie ihn glatt. Bestreuen Sie ihn mit gerösteten Mandeln, den restlichen 2 EL Schokolade und einer reichlichen Prise Meersalzflocken.

Backen Sie die Brownies 30 Minuten im Ofen bzw. bis der Rand sich von der Form löst und ein in die Mitte eingestochener Zahnstocher sauber wieder herauskommt. Nehmen Sie die Brownies aus dem Ofen und lassen Sie sie vollständig abkühlen. Stellen Sie sie vor dem Abschneiden am besten im Kühlschrank kalt, damit sie gut durchkühlen. Die Brownies halten sich in einem luftdichten Behälter im Kühlschrank drei bis vier Tage lang.

APRIKOSEN-KOKOS-RIEGEL

Servieren Sie diese unwiderstehliche Leckerei zum Tee oder wenn Sie auf etwas Lust haben, das süß und butterähnlich schmeckt, aber nicht zu schwer ist. Der Teig bekommt seinen wunderbar vollmundigen Biss dank einer Kombination von gemahlener Kokosnuss und Kokosöl und ist die perfekte Grundlage für die fruchtige Aprikosenfüllung und die nach Zitrone schmeckenden Streusel.

ERGIBT SECHSZEHN 5 × 10 CM GROSSE RIEGEL

AUSRÜSTUNG: 33 × 23 CM GROSSE BACK- ODER AUFLAUFFORM

TEIG:

100 g getrocknete ungesüßte Kokosraspel
45 g Haferflocken
¼ TL aluminiumfreies Backpulver
¼ TL Meersalz
25 g Dinkelvollkornmehl
115 g Gerstenmehl
60 ml geschmolzenes natives Kokosöl, plus mehr zum Einfetten der Form
60 ml Ahornsirup
1 TL Vanilleextrakt

FÜLLUNG:

60 g (etwa 9) getrocknete ungeschwefelte Aprikosen, in dünne Scheiben geschnitten
120 ml ungesüßte Aprikosenmarmelade

STREUSEL:

100 g getrocknete ungesüßte Kokosraspel
50 g rohe Cashewkerne
¼ TL aluminiumfreies Backpulver
1 EL Ahornsirup
1 EL natives Olivenöl
2 TL Vanilleextrakt
Abrieb von einer Zitrone
70 g getrocknete ungesüßte Kokosflocken

FÜR DEN TEIG:

Heizen Sie den Ofen auf 180 °C vor. Fetten Sie die Form ein und kleiden Sie den Boden und den Rand mit Backpapier aus. Stellen Sie die Form beiseite.

Geben Sie Kokosraspel, Haferflocken, Backpulver und Salz in eine Rührschüssel der Küchenmaschine und mahlen Sie die Zutaten etwa 45 Sekunden fein. Geben Sie die Mischung in eine mittelgroße Schüssel und rühren Sie das Dinkel- und Gerstenmehl ein. Tröpfeln Sie das Öl darüber und vermischen Sie alles mit einer Gabel oder den Fingerspitzen, bis es gut vermengt ist. Rühren Sie den Ahornsirup und Vanilleextrakt ein und verkneten Sie den Teig erneut. Er sollte feucht, aber nicht klebrig sein. Waschen Sie Ihre Hände und trocknen Sie sie ab. Drücken Sie den Teig dünn und gleichmäßig auf den Boden der vorbereiteten Form und lassen Sie den Rand aus. Stechen Sie den Boden einige Male mit einer Gabel ein und backen Sie ihn 20 Minuten blind bzw. bis die Ränder zu bräunen beginnen. Nehmen Sie ihn aus dem Ofen und stellen Sie ihn beiseite. Lassen Sie den Ofen an.

FÜR DIE FÜLLUNG:

Geben Sie die Aprikosenscheiben in eine Schüssel und bedecken Sie sie mit heißem Wasser. Lassen Sie sie 5 Minuten einweichen, gießen Sie sie ab und lassen Sie sie gut abtropfen. Streichen Sie die Aprikosenmarmelade auf den vorgebackenen Boden und legen Sie die Aprikosenscheiben darauf.

FÜR DIE STREUSEL:

Geben Sie die Kokosraspel, Cashewkerne und das Backpulver in eine Küchenmaschine und mahlen Sie die Zutaten etwa 45 Sekunden fein und feucht. Geben Sie die Mischung in eine Schüssel. Verquirlen Sie in einer zweiten Schüssel Ahornsirup, Olivenöl, Vanilleextrakt und Zitronenabrieb. Gießen Sie die Flüssigkeit in den Kokos-Cashew-Mix und verrühren Sie beides gut miteinander. Heben Sie vorsichtig die Kokosflocken unter, ohne sie zu sehr zu zerbrechen. Krümeln Sie die Streuselmischung über die Aprikosen und lassen Sie dabei kleine Lücken. Backen Sie den belegten Boden 18 Minuten bzw. bis die Streusel goldbraun sind. Nehmen Sie ihn aus dem Ofen, lassen Sie ihn vollständig abkühlen und schneiden Sie ihn in Riegel. Übrig gebliebene Riegel halten sich in einem luftdichten Behälter im Kühlschrank bis zu drei Tage lang.

ZIMT-KARAMELL-POPCORN

Wenn einfaches Popcorn mit dieser karamelligen Mischung aus Cashewbutter, Vanilleextrakt und braunem Reissirup überzogen wird, passiert etwas Magisches damit. Es wird goldfarben und kross gebacken und hat einen tollen, vollen Biss. Dieses köstliche Popcorn ist nur leicht süß und wird mit einer Prise Salz und etwas Zimt zu einem unwiderstehlichen Genuss. Außerdem ist es im Handumdrehen gemacht!

50 g frisch gepopptes Popcorn
  (siehe Tipp unten)
120 ml brauner Reissirup
3 EL rohe Cashewbutter
¼ TL Meersalz
1½ TL Vanilleextrakt
¼ TL Zimt, plus mehr zum
  Bestreuen

Heizen Sie den Ofen auf 180 °C vor. Legen Sie ein Backblech mit Backpapier aus und stellen Sie es beiseite.

Geben Sie das Popcorn in eine große Schüssel und stellen Sie es beiseite. Gießen Sie den Reissirup in einen kleinen Topf und bringen Sie ihn auf mittlerer Flamme zum Köcheln. Stellen Sie die Flamme niedrig und köcheln Sie ihn unter regelmäßigem Umrühren weitere 2 Minuten. Nehmen Sie den Topf vom Herd und rühren Sie Cashewbutter, Salz, Vanilleextrakt und Zimt ein, bis ein glatter Mix entsteht. Gießen Sie den Mix über das Popcorn und vermischen Sie das Popcorn mit einem Teigschaber, damit alles gleichmäßig mit dem Mix überzogen wird. Verteilen Sie das Popcorn auf dem mit Backpapier ausgelegten Backblech und schieben Sie es für 6 Minuten in den Ofen. Nehmen Sie das Blech heraus, drehen Sie es um 180 Grad und schieben Sie es für 2 bis 3 weitere Minuten in den Ofen. Nehmen Sie es heraus und bestreuen Sie das Popcorn mit dem restlichen Zimt. Lassen Sie es vollständig abkühlen (wenn Sie sich so lange beherrschen können) und brechen Sie es in Stückchen.

Reste können Sie bis zu drei Tage lang in einem luftdichten Behälter im Kühlschrank aufbewahren.

Für 50 g Popcorn brauchen Sie etwa 50 g Popcorn-Maiskörner. Erhitzen Sie 2 TL Kokosöl in einem großen Topf auf hoher Flamme. Geben Sie die Körner hinein und decken Sie den Topf sofort ab. Schütteln Sie den Topf, um die Körner mit dem Öl zu überziehen. Schütteln Sie den Topf weiter, bis das Popcorn beginnt, schnell aufzuplatzen. Stellen Sie Flamme etwas herunter. Sobald mehr als 2 Sekunden Pause zwischen den aufplatzenden Körnern vergehen, nehmen Sie den Topf vom Herd, schütteln Sie ihn erneut und lassen Sie ihn abgedeckt stehen, bis kein Aufplatzen mehr zu hören ist. Nehmen Sie den Deckel ab, messen Sie 6 Handvoll ab und verarbeiten Sie das Popcorn innerhalb einer Stunde, da es schnell seine Frische verliert.

GOLDENE AMARANTH-SUPERFOOD-RIEGEL

Diese Riegel wurden von einem Rezept meiner Freundin und früheren Chefin Georgia Melnyk inspiriert, das ich probierte, als wir uns in der Küche eines kleinen Restaurants mit natürlicher Vollwertküche namens Terra 47 in New York trafen. Georgia ist eine sehr talentierte Köchin, die ein besonders gutes Händchen für einzigartig köstliche und gleichzeitig heilende Gerichte hat.

Ich mag nicht nur den leckeren Geschmack und den tollen Biss dieser Riegel, sondern auch ihre goldene, karamellähnliche Farbe. Gojibeeren sind eine ausgezeichnete vitaminreiche Extra-Zutat für dieses Rezept, also verwenden Sie sie ruhig, wenn Sie welche da haben.

AUSRÜSTUNG: 20 × 20 CM GROSSE BACK- ODER AUFLAUFFORM

ERGIBT ACHTZEHN 5 × 2,5 CM GROSSE RIEGEL

Olivenöl zum Einfetten der Form

55 g gepuffter Amaranth
(Seite 134)

100 g getrocknete ungesüßte
Kokosraspel

30 g geröstete ungeschälte
Sesamsamen (Seite 79)

35 g geröstete Sonnenblumenkerne
(Seite 79)

50 g Hanfsamen

120 ml Yakonsirup (siehe Erklärung
unten)

120 g geröstete Mandelbutter, aus
dem Laden oder selbst gemacht
(Seite 116)

1 TL Vanilleextrakt

2 TL Zitronenabrieb

120 g geröstete Walnusshälften
(Seite 80), gehackt

70 g getrocknete Maulbeeren

Fetten Sie eine Keramik- oder Glasform dünn mit Olivenöl ein oder legen Sie sie mit Backpapier aus, wenn sie aus Metall ist.

Geben Sie Amaranth, Kokosraspel, Sesamsamen, Sonnenblumenkerne und Hanfsamen in eine mittelgroße Schüssel und vermengen Sie alles miteinander. Geben Sie den Yakonsirup und die Mandelbutter in einen kleinen Topf auf mittlerer Flamme und zerrühren Sie alle Klümpchen. Rühren Sie weiter, bis der Mix zu blubbern beginnt. Nehmen Sie den Topf vom Herd und rühren Sie den Vanilleextrakt und den Zitronenabrieb ein. Gießen Sie die Mischung schnell über den Amaranth-Kokos-Samen-Mix und verrühren Sie alles gut miteinander. Heben Sie die Walnüsse und Maulbeeren unter. Drücken Sie die Mischung mit feuchten Händen gleichmäßig flach in die Backform. Lassen Sie sie mindestens 1,5 Stunden im Kühlschrank oder 45 Minuten im Gefrierfach fest werden.

Schneiden Sie den Teig in 18 Riegel. Wenn Sie die Riegel in einem luftdichten Behälter im Kühlschrank aufbewahren, halten sie sich bis zu zwei Wochen lang. Am besten schmecken sie aber, wenn Sie sie innerhalb weniger Tage essen.

Yakonsirup ist ein Süßmittel mit niedrigem glykämischem Index und enthält nur halb so viele Kalorien wie Zucker. Er wird aus der sehr nahrhaften Yakonwurzel gewonnen, die aus Peru stammt. Der zu den gesündesten Süßmitteln zählende Yakonsirup hat einen angenehm malzigen und tropischen Geschmack (siehe Seite 46 für mehr Informationen). Sollten Sie keinen Yakonsirup zur Hand haben, können Sie ihn einfach durch Reissirup ersetzen – die Riegel werden damit genauso lecker.

PISTAZIEN-SULTANINEN-KEKSE MIT KARDAMOM

Diese Kekse werden Ihre Küche mit dem verführerischen und exotischen Duft von Kardamom, Vanille, Kokosnuss und Pistazien erfüllen. Mit dieser Gewürzkombination und einer Basis aus gesunden Haferflocken und süßen Sultaninen sind diese Kekse die luxuriöse Variante traditioneller Haferkekse.

ERGIBT 16 KEKSE MIT ETWA 6 CM DURCHMESSER

180 g Haferflocken

100 g Dinkelvollkornmehl

110 g Mandelmehl

½ TL aluminiumfreies Backpulver

1 TL gemahlener Kardamom
  (siehe Hinweis)

120 ml geschmolzenes natives
  Kokosöl

60 ml natives Olivenöl

180 ml Ahornsirup

1 EL Vanilleextrakt

½ TL Meersalz

Abrieb einer Orange

85 g ungeschwefelte Sultaninen

240 ml kochendes gefiltertes Wasser

100 g geröstete Pistazien
  (Seite 80), grob gehackt

Vermischen Sie Haferflocken, Dinkelmehl, Mandelmehl, Backpulver und Kardamom in einer mittelgroßen Schüssel. Verquirlen Sie in einer zweiten Schüssel Kokos- und Olivenöl sowie Ahornsirup, Vanilleextrakt, Salz und Orangenabrieb miteinander. Gießen Sie den flüssigen in den trockenen Mix und rühren Sie gut um. Der Teig wird sehr feucht sein. Lassen Sie ihn 10 bis 15 Minuten eindicken.

Weichen Sie die Sultaninen 10 Minuten in kochendem Wasser ein. Gießen Sie sie durch ein Sieb ab und lassen Sie sie gut abtropfen.

Heizen Sie den Ofen auf 180 °C vor. Legen Sie ein Backblech mit Backpapier aus und stellen Sie es beiseite.

Mengen Sie die abgetropften Sultaninen und die gehackten Pistazien unter den Keksteig. Befeuchten Sie einen Esslöffel, nehmen Sie einen reichlichen Esslöffel vom Teig, setzen Sie ihn aufs Backblech und drücken Sie ihn zu einem flachen Keks. Setzen Sie die restlichen Kekse aufs Blech und backen Sie sie 15 Minuten bzw. bis sie einen goldbraunen Rand haben. Setzen Sie die Kekse mit einem Pfannenwender zum Abkühlen vorsichtig auf ein Kuchengitter. Bewahren Sie übrig gebliebene Kekse in einem luftdichten Behälter auf und stellen Sie sie bei warmem Wetter in den Kühlschrank.

HINWEIS: Wenn Sie keinen gemahlenen Kardamom zu Hause haben, nehmen Sie 18 Kardamomkapseln und mahlen Sie sie in einer elektrischen Kaffee- bzw. Gewürzmühle so fein wie möglich. Sieben Sie das Kardamompulver mit einem kleinen Sieb in ein Schüsselchen und kompostieren Sie die im Sieb zurückbleibenden Reste. Sie sollten etwa 1 TL Kardamompulver herausbekommen.

KIRSCH-PECANNUSS-COOKIES

Diese leckeren glutenfreien Cookies haben einen knusprigen Rand, eine tollen weichen Biss in der Mitte, jede Menge Nüsse und genau die richtige Süße. Ich liebe die einfache Kombination aus Haferflocken, Pecannüssen, Kirschen und Zimt, aber Sie können die Cookies auch gern noch mit dem Abrieb einer Orange oder einer Handvoll gehackter Zartbitterschokolade veredeln.

HINWEIS: Wenn Ihre getrockneten Sauerkirschen nicht weich und leicht zu kauen sind, weichen Sie sie einige Minuten in kochendem Wasser ein und lassen Sie sie vor dem Weiterverwenden gut abtropfen. Achten Sie darauf, glutenfreie Haferflocken zu kaufen, wenn Sie eine Glutenunverträglichkeit haben.

ERGIBT ETWA 15 COOKIES MIT 6 CM DURCHMESSER

200 g geröstete Pecannusshälften (Seite 80)
140 g Haferflocken
35 g braunes Reismehl
½ TL aluminiumfreies Backpulver
1 TL Zimt
60 ml natives Olivenöl oder geschmolzenes natives Kokosöl
3 EL brauner Reissirup
2 EL Ahornsirup
1 EL Vanilleextrakt
¼ TL Meersalz
80 g ungesüßte getrocknete Kirschen, große Kirschen halbiert

Heizen Sie den Ofen auf 160 °C vor. Legen Sie ein Backblech mit Backpapier aus und stellen Sie es beiseite.

Zerbrechen Sie 140 g der Pecannüsse in grobe Stücke und stellen Sie sie beiseite. Geben Sie die restlichen 60 g Pecannüsse und 45 g Haferflocken in eine Rührschüsselund mahlen Sie die Zutaten etwa 30 Sekunden fein. Geben Sie die Mischung in eine mittelgroße Schüssel und rühren Sie die restlichen Haferflocken, Reismehl, Backpulver und Zimt ein.

Verquirlen Sie in einer zweiten Schüssel Öl, Reissirup, Ahornsirup, Vanilleextrakt und Salz. Gießen Sie die Flüssigkeit in den Haferflocken-Nussmix und verrühren Sie beides gut miteinander. Heben Sie die gehackten Pecannüsse und die Kirschen unter. Formen Sie für die Cookies je etwa 3 EL große Häufchen und setzen Sie sie mit reichlich Abstand zueinander auf das mit Backpapier ausgelegte Backblech. Drücken Sie die Häufchen leicht nach unten. Backen Sie die Cookies 15 Minuten bzw. bis sie einen goldbraunen Rand haben. Die Cookies sehen nach dem Herausnehmen noch nicht fertig aus, werden aber durchs Abkühlen fester. Lassen Sie die Cookies nach dem Herausnehmen aus dem Ofen 10 Minuten auf dem Blech abkühlen, bevor Sie sie auf ein Kuchengitter setzen. Vollständig abgekühlte übrig gebliebene Cookies lassen sich in einem luftdichten Behälter zwei bis drei Tage lang im Kühlschrank aufbewahren.

GRANATAPFEL-KANTEN

Als ich das erste Mal auf dem Weg zu einem Segeltrip in die südliche Türkei in Istanbul Station machte, war ich begeistert, weil an praktisch jeder Straßenecke frisch gepresster Granatapfelsaft verkauft wurde. Sein intensives, leuchtendes Pink und sein wunderbar fruchtiger, leicht säuerlicher Geschmack gehörten zu den täglichen Highlights meines Istanbul-Besuchs. Dieses leichte und erfrischende Kanten (siehe Seite 328 für mehr Informationen) eignet sich perfekt dafür, die köstliche Frische, die umwerfende Farbe und all die gesundheitlichen Vorteile von Granatäpfeln in einem Dessert einzufangen. Wenn Sie dazu gern etwas sündigen möchten, servieren Sie es mit einem Klecks meiner *Cashew-Zimt-Creme* (Seite 328).

HINWEIS: In diesem Rezept mildert Apfelsaft den säuerlichen Geschmack des Granatapfelsafts etwas ab. Wenn Sie ein süßeres Dessert bevorzugen, fügen Sie einfach den im Rezept als optional angegebenen Honig hinzu.

Dieses Kanten bereiten Sie am besten mit frisch gepresstem Granatapfelsaft zu. Wenn Sie Saft aus der Flasche verwenden, werden die Farbe und der Geschmack weniger intensiv.

4 PORTIONEN

480 ml plus 1 EL veganer Apfelsaft
3 EL Agar-Agar-Flocken
1 TL Pfeilwurzpulver
480 ml frischer Granatapfelsaft (siehe Tipp unten)
1 TL roher Honig, optional (für eine nicht-vegane Variante)
Granatapfelkerne zum Garnieren

Verquirlen Sie 480 ml Apfelsaft und die Agar-Agar-Flocken in einem kleinen Topf mit dickem Boden. Bringen Sie den Saft unter ständigem Rühren auf hoher Flamme zum Kochen. Decken Sie den Topf ab, stellen Sie die Flamme niedrig und köcheln Sie den Saft 10 Minuten bzw. bis sich die Agar-Agar-Flocken vollständig aufgelöst haben (Seite 299).

Lösen Sie in einer zweiten Schüssel das Pfeilwurzpulver in dem restlichen 1 EL Apfelsaft auf. Stellen Sie die Flamme auf mittlere Stufe und tröpfeln Sie unter ständigem Rühren nach und nach das aufgelöste Pfeilwurzpulver in den Apfelsaft, bis dieser eindickt und wieder köchelt. Nehmen Sie den Topf vom Herd und rühren Sie den Granatapfelsaft und den Honig (falls verwendet) ein. Gießen Sie den Mix in eine flache Schüssel oder eine Auflaufform aus Keramik und stellen Sie ihn mindestens 1 Stunde oder bis zum Servieren kalt, bis er vollständig abgekühlt und fest ist. Nehmen Sie das Kanten aus dem Kühlschrank und schlagen Sie es mit einem Schneebesen durch, bis es glatt und cremig ist. Sollte es nicht so glatt werden, wie Sie es gern hätten, geben Sie es in eine Küchenmaschine und pürieren Sie es kurz, aber nicht zu lange, da es sonst dünnflüssig wird. Bewahren Sie es bis zum Servieren in einem Schraubglas im Kühlschrank auf. Löffeln Sie es in Gläser oder kleine Schüsseln und garnieren Sie es mit Granatapfelkernen. Reste halten sich im Kühlschrank bis zu einer Woche lang.

Sie können Granatäpfel genauso wie Orangen entsaften. Halbieren Sie sie einfach und benutzen Sie eine manuelle oder elektrische Saftpresse. Wenn der Saft nicht automatisch durch ein eingebautes Sieb gefiltert wird, seihen Sie ihn durch ein Sieb ab und pressen Sie so viel Saft wie möglich aus den Rückständen heraus. Für 480 ml Saft brauchen Sie etwa 6 Granatäpfel.

EARL-GREY-FRÜCHTEKUCHEN

Als ich vor vielen Jahren in Sydney lebte, war mein Lieblingsrestaurant das Iku in der Glebe Point Road. Damals war Holly Davis, eine exzellente Whole-Food-Chefköchin und Kochbuchautorin, eine der Besitzerinnen. Sie arbeitete zusammen mit anderen hervorragenden Köchen in ihrem Restaurant und kreierte jeden Tag aufs Neue die fantastischsten und gesündesten Gerichte und Desserts. Nachmittags gab es meist einen saftigen, nussigen Früchtekuchen namens *Bancha tea cake*. Bancha ist ein japanischer Tee, der geschmacklich grünem Kukicha-Tee ähnelt. Als Teeliebhaberin wollte ich diesen Früchtekuchen mit einer Earl-Grey-Note nachbacken. Sie können jeden Tee verwenden, den Sie mögen, oder sogar Orangensaft, wenn Sie möchten. Dieser glutenfreie Kuchen ist einfach, hat keine zusätzlichen Süßungsmittel, Öle oder Fette, und wird sogar noch besser, wenn Sie ihn einige Tage ziehen lassen.

HINWEIS: Da Earl Grey seinen typischen Geschmack durch Bergamotte bekommt, ersetzen Sie, falls Sie das Glück haben, frische Bergamotten zu finden, den Orangenabrieb mit dem Abrieb einer Bergamotte.

ERGIBT EINEN KUCHEN MIT 20 CM DURCHMESSER

AUSRÜSTUNG: RUNDE BACK- ODER SPRINGFORM MIT 20 CM DURCHMESSER

Olivenöl zum Bestreichen des Backpapiers
225 g geröstete Haselnüsse (Seite 80), ohne braune Haut
90 g ungeschwefelte getrocknete Aprikosen, in 1 cm dicke Stücke geschnitten
8 getrocknete Feigen, in 1 cm dicke Stücke geschnitten
6 Medjool-Datteln, entkernt und in 1 cm dicke Stücke geschnitten
360 ml heißer, starker, frisch gebrühter Earl Grey Tee
410 g Rosinen
¾ TL Zimt
¼ TL frisch gemahlenes Muskat
¼ TL Piment
2 TL Vanilleextrakt
Abrieb einer Orange
180 g geröstete Walnüsse (Seite 80), gehackt

Heizen Sie den Ofen auf 150 °C vor. Fetten Sie ein Stück Backpapier (etwa 30 x 30 cm) leicht ein und kleiden Sie die Form so damit aus, dass die eingefettete Seite nach oben zeigt.

Mahlen Sie 185 g der gerösteten Haselnüsse etwa 30 Sekunden in einer Küchenmaschine fein. Mahlen Sie sie nicht zu lange, da sonst Nussbutter entsteht. Geben Sie das Haselnussmehl in eine mittelgroße Schüssel und stellen Sie sie beiseite. Hacken Sie die restlichen 40 g gerösteten Haselnüsse grob und geben Sie sie in zwei Schüsselchen.

Geben Sie die Aprikosen, Feigen und Datteln in eine Schüssel und weichen Sie sie 10 Minuten in 240 ml heißem Tee ein. Gießen Sie sie ab und lassen Sie sie gut abtropfen.

Geben Sie die Rosinen und die restlichen 120 ml Tee in einen mittelgroßen Topf und bringen Sie den Tee auf hoher Flamme zum Kochen. Rühren Sie um, decken Sie den Topf ab, stellen Sie die Flamme niedrig und köcheln Sie die Rosinen 10 Minuten. Nehmen Sie den Deckel ab und köcheln Sie die Rosinen ein paar weitere Minuten bzw. bis der gesamte Tee verkocht ist und die Rosinen schön prall sind. Geben Sie die Rosinen zusammen mit dem Zimt, Muskat, Piment und Vanilleextrakt in eine Küchenmaschine und pürieren Sie die Zutaten zu einem glatten Mix. Geben Sie den Mix zusammen mit den abgetropften Trockenfrüchten und dem Orangenabrieb in die Schüssel mit den gemahlenen Haselnüssen. Verrühren Sie die Zutaten zu einem Teig und kneten Sie danach die Walnüsse ein. Drücken Sie den Teig gleichmäßig in die vorbereitete Form und garnieren Sie den Rand mit den gehackten Haselnüssen. Backen Sie den Früchtekuchen 1 Stunde im Ofen bzw. bis er fest ist. Nehmen Sie ihn aus dem Ofen und lassen Sie ihn vollständig abkühlen, bevor Sie ihn aus der Form lösen. Schneiden Sie ihn in dünne Scheiben und servieren Sie ihn mit einem guten Tee. Dieser Früchtekuchen hält sich in einem luftdichten Behälter in einer kühlen Küche mindestens eine Woche lang und im Kühlschrank sogar mehrere Wochen.

Mein Leben mit Tee

Tee ist für mich schon mein gesamtes Leben lang ein so bezaubernder wie auch genussvoller und spannender Begleiter. Ich kann mich gar nicht daran erinnern, dass es jemals einen Tag gab, an dem ich mir nicht gleich nach dem Aufwachen eine Tasse Tee gebrüht und im Laufe des Tages nicht wenigstens eine weitere kleine Teepause gemacht hätte. Als ich noch lange Arbeitsschichten in Restaurants und im Catering hatte, war ein Schluck Tee hier und da nicht nur eine kleine Belohnung, sondern auch ein Motor, der mich neu antrieb. Tee war und ist damals wie heute ein wichtiger Teil meines Lebens.

Auf längere Autofahrten nehme ich immer eine volle Thermoskanne und eine kleine aber feine Teeauswahl mit. Bei frühen Ausflügen aufs Land gibt es für mich nichts Schöneres, als an einem wunderbaren grünen Tee mit grasiger Note zu nippen. Immer wenn ich in einer fremden Stadt, am Strand oder in den Bergen bin, gibt mir eine Tasse guter Tee das Gefühl, an dem Ort zu Hause zu sein, wo ich mich gerade aufhalte.

Grüner Tee ist mein Favorit, und ich gebe gern zu, dass ich geradezu abhängig von Sencha bin: seinem hellen, frischen Geschmack, dem klaren Kopf und dem Energieschub, den er mir schenkt. Auch wenn ich mitunter über längere Zeit keinen schwarzen Tee trinke, hat auch dieser eine besondere, vor allem nostalgische Bedeutung für mich, vor allem wenn es sich um eine Tasse Earl Grey mit frisch geriebenem Ingwer und einem Schuss Sojamilch handelt. Die meisten meiner ältesten und besten Freunde trinken ihn auf genau dieselbe Weise, sodass ich mich ihnen immer nahe fühle, wenn ich mir eine Tasse gönne – egal wie weit wir in diesem Moment auch voneinander entfernt sein mögen. Nachmittags trinke ich abhängig von der Jahreszeit und wie ich mich fühle statt Wasser gern auch Tees aus Kräutern und Wurzeln, da diese das Immunsystem stärken, den Körper entgiften und vitalisieren.

Im Frühling und Sommer brühe ich mir gern Tee aus frischen Brennnesseln, indem ich deren Blätter und Stiele einfach in ein Glas gebe, mit heißem Wasser übergieße und ziehen lasse. Warm schmeckt er wunderbar und wird, wenn man ihn über Nacht ziehen lässt, zu einem wirkungsstarken dunklen Tonikum. Dieses wiederum trinke ich bei Raumtemperatur über den Tag verteilt oder gebe etwas davon in eine Tasse und verdünne es mit heißem Wasser. Andere Kräuter, die ich sehr gern für Tees verwende, sind Zitronenverbene, Zitronenmelisse und natürlich auch Minze.

Im Herbst und Winter trinke ich warme Ingwerteemischungen mit schwarzem Pfeffer und Zitronengras. Wenn ich erkältet bin, gebe ich noch einen Tropfen Olivenblattextrakt hinzu, der jede Menge Antioxidantien enthält und den Tee in ein immunstärkendes Tonikum verwandelt. Außerdem liebe ich die belebende, eukalpytusähnliche Note, die der Tee dadurch bekommt.

Ab und zu trinke ich auch eine chinesische Teemischung aus acht verschiedenen Kräutern namens *Cold Prevention von*

Beyond Tea. Dieser Tee ist perfekt für alle, denen schnell kalt wird und die sich gegen eine winterliche Schniefnase wappnen möchten.

Kukicha ist ein japanischer Grüntee, der aus den gerösteten Stängeln und Blättern der Teepflanze hergestellt wird und den ich immer in meiner Teekollektion zu Hause und auch in meiner Handtasche habe. Er ist immer dann perfekt, wenn Sie etwas brauchen, das Sie mehr erdet als ein leichter Kräutertee. Kukicha hat eine alkalisierende Wirkung auf das Blut und einen hohen Kalzium- und Vitamin-C-Gehalt. Durch seinen wunderbaren, leicht holzigen Geschmack und seinen geringen Koffeingehalt eignet er sich bestens dazu, ein gutes Abendessen abzuschließen. Im Sommer ist er in Raumtemperatur oder gekühlt und mit einem Spritzer Zitronen- oder Apfelsaft vermischt ein erfrischender Genuss. Die folgende Liste enthält einige der Tees bzw. Teezutaten, die ich immer gern zu Hause habe:

- Löwenzahnwurzel, wegen ihrer leberreinigenden Wirkung
- getrocknete Klettenwurzel, wegen ihrer blutreinigenden und stärkenden Wirkung, und um frische Klettenwurzel in Brühen mit getrockneter zu ersetzen
- getrocknete Brennnessel, falls es keine frische gibt, und weil sie die Leberfunktion anregt, das Blut anreichert und die Vitalität stärkt
- Fenchel, wegen seines lieblich-süßen Geschmacks und seiner wärmenden, verdauungsfördernden Wirkung
- Rotklee, weil er herrlich leicht schmeckt und das Blut reinigt
- Rose, weil sie gut duftet, wunderschön aussieht und das Herz stärken soll
- Matcha, für einen vitalisierenden Koffeinschub

Außer einigen wenigen Teemischungen, die ich besonders mag und schon erwähnt habe, trinke ich Tee am liebsten pur bzw. ungemischt, da ich so seinen unverfälschten Geschmack besser genießen und mehr von seiner jeweiligen Wirkung profitieren kann. Es kann aber natürlich auch viel Spaß machen, seine eigenen Kräuter- und Gewürzteemischungen zusammenzustellen.

Egal, ob Sie Ihren Tee mit Blättern, Wurzeln, Knospen oder Stängeln brühen, ich hoffe, Sie finden die Zeit dafür, ein kleines Teeritual in Ihren Alltag einzubauen und sich immer wieder kleine Pausen zu gönnen, um den Tee und seine jeweilige kräftigende oder heilende Wirkung zu genießen.

Entgiften

Mit dem Konzept des Reinigens und Entgiftens verbinden die Menschen die unterschiedlichsten Vorstellungen: Für einige heißt es zu fasten und nur Wasser oder vielleicht auch Saft oder braunen Reis zu sich zu nehmen. Andere verstehen darunter, einfach auf tierische Produkte, weiterverarbeitete Lebensmittel und Zucker zu verzichten. Es kann auf beide Arten eine beflügelnde Erfahrung sein, besonders zu Beginn einer neuen Jahreszeit etwas Zeit dafür aufzubringen, die eigene Konzentrationsfähigkeit und das klare Denken zu stärken, seine Energie und Vitalität zu steigern und den Körper zu verjüngen und wieder ins Gleichgewicht zu bringen. Die Idee, nach einer Entgiftung von Neuem zu beginnen, ist sehr verlockend, doch auch wenn das Reinigen und Entgiften ein guter anfänglicher Schritt für eine Umstellung auf eine gesunde Ernährung sind, stellen sich die meisten und langfristigsten Erfolge meist immer erst Schritt für Schritt und nach einem längeren Zeitraum ein. Die tägliche gesunde Ernährung sollte auf wirklich vollwertigen und nahrhaften Lebensmitteln basieren, die den Körper von sich aus in der bestmöglichen Weise dabei unterstützen, sich selbst natürlich zu reinigen und zu entgiften. Wenn der Körper mit zu viel Stress, minderwertiger Nahrung und tierischen Produkten belastet wird und nicht genügend Zeit zur Erholung bekommt, übersäuert er, was langfristig zu Beschwerden und Krankheiten führen kann. Schon das Essen einer größeren Menge basenreicher Lebensmittel wie Gemüse, Obst, natürlich fermentierter Lebensmittel und eingeweichter Getreidesorten kann dabei helfen, einen ausgeglichenen Säure-Basen-Haushalt im Körper herzustellen und zu halten.

Auch wenn extreme, in kürzester Zeit Erfolg versprechende Detox-Programme verlockend erscheinen, sind sie oftmals zu streng (es sei denn, Sie haben Ihren Körper schon ausgiebig und mit viel Zeit darauf vorbereitet) und können zum gefürchteten Jojo-Effekt durch das ungezügelte Zuschlagen nach dem Programm oder der Diät führen, was den Körper noch höherem Stress aussetzt. Es gibt viele verschiedene Ansätze zum Reinigen und Entgiften. Am besten ist es, den richtigen für Ihren speziellen Körpertyp und Ihre Lebensweise zu finden, und sich dabei von einem medizinisch erfahrenen Experten bzw. Arzt beraten zu lassen.

Über die Jahre habe ich die verschiedensten Methoden ausprobiert und festgestellt, dass die strengsten darunter, wenn sie nicht gerade von sehr kurzer Dauer sind, meinem Körper zu sehr zusetzen und mich anfälliger, schwächer und verfröstelter machen, anstatt mir mehr Energie und Vitalität zu verleihen. So wie es Paul Pitchford, ein Freund und der Autor des Buchs Healing with Whole Foods und die Empfehlungen von Dr. Drew DiVittorio raten und ich selbst durch die traditionelle chinesische Medizin gelernt habe, ist das sanfte Entgiften, bei dem auch gekochte Lebensmittel und Gerichte wie Suppen, nahrhafte Brühen und viel grünes Gemüse verzehrt werden, für meinen Körper am besten. Meine Kunden haben mit dieser Methode ebenfalls schon große Erfolge erzielen können. Sie basiert auf ausgeglichener, pflanzlicher Vollwertkost, bei der der Nährwert aller Zutaten durch Einweichen und Keimen erhöht wird und die Mahlzeiten vor allem aus Gemüse, besonders aber grünem Blattgemüse, fermentierten Lebensmitteln, Superfoods, Algen und einer Reihe eiweißreicher Lebensmittel bestehen.

Die Portionen sind klein, da das Ziel darin besteht, dreimal täglich wirklich hungrig zu sein und sich nur zu etwa 75 % (oder weniger) satt zu essen.

Wenn Sie mit anspruchsvolleren bzw. extremeren Detox-Programmen vertraut sind, können Sie diese Methode nutzen, um Ihren Körper auf das geplante Wasser- oder Saftfasten vorzubereiten.

EINIGE LEITLINIEN UND MENÜVORSCHLÄGE

Die meisten hier zusammengestellten Gerichte können Sie im Voraus vor dem Beginn des Entgiftens zubereiten und über mehrere Tage essen, was Ihnen mehr Zeit außerhalb der Küche verschafft. Je mehr Sie vorbereiten können, vom Einkaufen der Zutaten und Tees übers Kochen von Suppen und Brühen bis zum Waschen, Schneiden und Dämpfen von Gemüse usw., umso mehr können Sie Dinge tun, die Ihren Körper bei der Entgiftung unterstützen, wie z. B. mindestens acht Stunden schlafen, Yoga oder Qigong praktizieren oder ein schönes langes Bad nehmen.

Achten Sie darauf, dass Ihre Mahlzeiten im Herbst, Winter und auch im Frühling warm sind und im Sommer entweder auch leicht warm sind oder Raumtemperatur haben. Beschränken Sie den Genuss von Salaten auf die warmen Monate.

Um erfolgreich zu entgiften, verzichten Sie auf Kaffee, schwarzen Tee, Alkohol und konzentrierte Süßmittel, bevor Sie mit dem Programm beginnen – und natürlich auch währenddessen.

Viele der Rezepte in diesem Buch verwende ich auch bei dem Entgiftungsprogramm, das ich für meine Kunden erstellt habe. Entgiftungen sind eine schöne Gelegenheit, einfache, gesunde und leckere Lebensmittel und Gerichte wieder neu kennen- und schätzen zu lernen, anstatt sie als Verzicht aufzufassen. Die folgenden Rezepte spiegeln diesen positiven, am einfachen Genuss orientierten Ansatz wider. Die folgenden Menüvorschläge können Ihnen als Rahmen für Ihr persönliches Entgiftungsprogramm dienen.

VOR DEM FRÜHSTÜCK

Beginnen Sie jeden Tag mit einem heißen Glas Wasser, in das Sie den Saft einer halben Zitrone einrühren. Das hilft dabei, die Leber zu reinigen.

FRÜHSTÜCK

Superfood-Haferbrei mit Gojibeeren, Chia und Maulbeeren (Seite 89)

ODER

Eingeweichte Haferflocken und Chia (Seite 90)

Genießen Sie Ihr Frühstück mit reichlich frischen Beeren, *Superfood-Frühstückstopping* (Seite 116) und frischer selbst gemachter *Nussmilch* (Seite 76).

MITTAGESSEN

EIN HÜLSENFRUCHTGERICHT:

Kichererbsenmus (Seite 72)

Einfache marinierte Bohnen (Seite 73)

Zitronenmarinierte Linsen (Seite 73)

Kitchari (Seite 179)

UND GEDÄMPFTES GEMÜSE ODER SALAT:

Gedünstetes Blattgemüse mit würzigem Leinsamendressing (Seite 95)

Sprossensalat mit gerösteten Sonnenblumenkernen und Umeboshi-Vinaigrette (Seite 186)

Einfacher gepresster Salat (Seite 204)

SNACKS

Weiche Gojibeeren

Geröstete Kürbiskerne / würzige geröstete Samen

Eingeweichte oder geröstete Mandeln

Frische Heidelbeeren-, Himbeeren- oder Erdbeeren

Granatapfelkerne oder -saft

Radieschen (zwischen den Mahlzeiten verzehrt helfen sie beim Entgiften der Gallenblase)

Gemüsebrühen (eine großartige Zwischenmahlzeit, wenn Sie sich schwach oder hungrig fühlen. Geben Sie für einen höheren Nährwert und eine Extraportion Mineralstoffe auch einmal ein paar Algen, Kurkuma und Shiitake-Pilze zu.)

ABENDESSEN

EINE SUPPE:

Cremige Blumenkohl-Sellerie-Suppe mit gerösteten Shiitake-Pilzen (Seite 172)

Erbsen-Zucchini-Suppe mit Dill (Seite 163)

Ume-Shiso-Bouillon mit Soba-Nudeln (Seite 164)

Herzhafte Wintermisosuppe mit Adzukibohnen, Kürbis und Ingwer (Seite 178)

UND/ODER EINE KLEINE PORTION VOLLKORNGETREIDE:

Einfache Quinoa (Seite 66)

Brauner Reis und Klebreis oder eine *Variation* davon (Seite 65)

Hirse-Kürbis-Zuckermais-Pilaw mit Tamari-gerösteten Kürbiskernen (Seite 142)

Quinoa-Congee (Seite 150)

Hirse-Blumenkohl-Stampf (Seite 94)

MIT EINER PORTION GEGARTEM GEMÜSE ODER GEDÜNSTETEM BLATTGEMÜSE:

Arame mit Möhren und Sesam (Seite 109)

Schwarzes Sesam-Leinsamen-Dressing (Seite 95)

Klettenwurzel-Möhren-Kinpira (Seite 287)

Kabocha Nishime (Seite 287)

GETRÄNKE

Wenn Sie den Anteil an Gemüse, Suppen und Brühen in Ihrer Ernährung erhöhen und dehydrierende Substanzen wie Kaffee, Alkohol und Zucker vermeiden, werden Sie bemerken, dass Sie nicht mehr so viel Wasser trinken müssen. Achten Sie darauf, dass Sie nur gefiltertes Wasser trinken (Seite 54) und genug davon zu sich nehmen, vor allem wenn Sie durstig sind oder viel schwitzen. Es ist auch eine gute Idee, immer eine kleine Auswahl an Kräutertees dabei zu haben. Das ist eine gute Gelegenheit, um einmal die entgiftenden und reinigenden Mischungen auszuprobieren, die in Reformhäusern angeboten werden, oder sich Ihre eigene zusammenzustellen. Sie können auch Superfood-Pulver wie Gojibeeren-, Granatapfel- oder Getreidegraspulver in warmem oder zimmerwarmem Wasser auflösen und trinken. Sowohl die traditionelle ayurvedische als auch die chinesische Medizin empfehlen, Flüssigkeiten und auch Mahlzeiten warm oder in Raumtemperatur zu sich zu nehmen, damit das Verdauungsfeuer nicht gelöscht wird.

Biologische Lebensmittel

Tagtäglich verwandeln wir beim Essen Natur in Kultur und lösen damit eine Transformation aus, bei der die Umwelt zu einem Teil unseres Körpers und Geistes wird.

MICHAEL POLLAN, DAS OMNIVOREN-DILEMMA: WIE SICH DIE INDUSTRIE DER LEBENSMITTEL BEMÄCHTIGTE UND WARUM ESSEN SO KOMPLIZIERT WURDE

Was heißt es eigentlich, wenn Lebensmittel „biologisch" erzeugt werden? Die allumfassende Philosophie, die der biologischen Landwirtschaft zu Grunde liegt, zielt auf ein harmonisches Miteinander mit der Natur ab, bei dem wir während des Bewirtschaftens die Gesundheit und Vitalität des Bodens erhalten und verbessern. Das bedeutet auch, die natürliche Vielfalt zu schützen und zu erhöhen und für nährstoffreiche, gesunde Böden zu sorgen, in denen eine Vielzahl von Mikroorganismen lebt. Die biologische Landwirtschaft ist auf nützliche Insekten bzw. natürliche Schädlingsbekämpfer und auf einen Fruchtwechsel angewiesen, damit das Ökosystem im Gleichgewicht und die Böden gesund bleiben. Aus diesen Gründen werden auf einem echten Bio-Hof weder synthetische Schädlingsbekämpfungsmittel, sprich Pestizide, Herbizide und Fungizide, noch synthetische Düngemittel eingesetzt, da diese sich verheerend auf die Umwelt auswirken, das Grundwasser vergiften, den Boden schädigen und außerdem auch Gesundheitsschäden bei Tieren und zuallererst den Menschen bewirken, die in der Landwirtschaft arbeiten. Nach strengen Vorschriften erzeugte biologische Lebensmittel werden weder bestrahlt noch genetisch verändert.

Die biologisch-dynamische Landwirtschaft geht im Vergleich zur biologischen Landwirtschaft noch einen Schritt weiter, da sie homöopathische und Kräuterpräparate einsetzt, die die Gesundheit des gesamten bewirtschafteten Landes und der darauf lebenden Tiere und Menschen auf belebende Weise unterstützen und stärken und dadurch den Nährwert, den Geschmack und die Qualität der so erzeugten Lebensmittel verbessert. So erzeugte Produkte sind mit dem Demeter-Siegel gekennzeichnet. Die Demeter-Marke ist die größte und die am längsten existierende und seit ihrem Bestehen

kontrollierte Marke für biodynamische Landwirtschaft, wird weltweit als der höchste Standard für Bio-Landwirtschaft angesehen und ist vermutlich das zuverlässigste internationale Siegel für Umweltfreundlichkeit und Nachhaltigkeit.

Das Konzept der biodynamischen Landwirtschaft wurde in den 20er-Jahren des letzten Jahrhunderts von dem österreichischen Philosophen und Wissenschaftler Rudolf Steiner und einer Gruppe besorgter Bauern entwickelt, als ein ernst zu nehmender Rückgang der Fruchtbarkeit von Saatgut, gesundheitliche Probleme bei gezüchteten Tieren und erhebliche Einbrüche bei der Ernte beobachtet wurden. Steiner wollte auch bei der Landwirtschaft einen ethischen, ökologischen und spirituellen Ansatz verfolgen, da er einen Bauernhof als einen großen Organismus betrachtete, der allein in der Lage sein sollte, sich gesund zu halten. Ein biodynamischer Hof funktioniert nach dem Grundsatz eines sich selbst erhaltenden Systems, bei dem die Fruchtbarkeit der Böden durch das Kompostieren des organischen Materials bewirkt wird, das auf demselben Hof erzeugt wird. Alle landwirtschaftlichen Tätigkeiten wie das Pflanzen, Jäten und Ernten werden in Harmonie mit der Natur und unter Beachtung des Mond-Sonnen-Zyklus ausgeführt.

Ein nachhaltiger Hof verwendet Methoden, die die Gesundheit von Mensch, Tier und Umwelt schützen und unterstützen, ohne die Produktivität des Hofs oder der gesamten Erde für zukünftige Generationen zu gefährden. Leider ist es so, dass es für große Höfe oder Betriebe nahezu unmöglich ist, auf diese nachhaltige Weise zu wirtschaften. Eine nachhaltige Landwirtschaft ist in der Regel auch biologisch, aber nicht alle Bio-Erzeuger wirtschaften auch nachhaltig. Für eine nachhaltige Landwirtschaft gibt es noch kein allgemein gültiges Zertifikat. Wenn Sie herausfinden wollen, wie Ihre Lebensmittel (ob mit oder ohne Zertifikat) erzeugt werden, sollten Sie sie wenn möglich direkt vom Bauern bzw. Erzeuger kaufen und dort nachfragen, welche Anbaumethoden auf dem jeweiligen Hof verfolgt werden.

In einer mehr und mehr auf Kosteneinsparung fixierten Kultur wie der unseren ist es wichtig zu wissen, dass Bio-Lebensmittel nicht gleich automatisch teurer sein müssen. Tatsächlich ist der Kostenaufwand für deren Herstellung und Vertrieb geringer (vor allem wenn sie regional erzeugt werden), da sie keine versteckten Kosten für gesundheitsgefährdende Chemikalien enthalten, die in der konventionellen Landwirtschaft eingesetzt werden.

Denken Sie z. B. einmal daran, was Sie brauchen, um Kräuter auf Ihrem Küchenfensterbrett zu ziehen: Samen, Erde und einen Tontopf. Vielleicht finden Sie aber auch eine Pflanze auf dem Bio-Wochenmarkt in Ihrer Nähe und nehmen sie mit nach Hause. So oder so – schauen Sie sich jetzt an, wie viele Zweige und Blätter Rosmarin, Thymian oder Basilikum Sie von dieser Pflanze ernten können. Auch wenn Ihrer Pflanze nur ein kurzes Leben beschert ist, hätten Sie im Supermarkt für dieselbe Kräutermenge derselben Qualität wesentlich mehr ausgegeben als für diese Pflanze. Wenn das Äquivalent aus dem Supermarkt in Plastik eingepackt ist, was ziemlich sicher der Fall ist, addieren Sie zum Pflanzenpreis noch die Kosten hinzu, die durch die extrem umweltschädigende Produktion der nicht wiederverwendbaren Verpackung entstehen, und denken Sie an die Hunderte von Jahren, die es braucht, bis diese Verpackung abgebaut wird. Die lange Liste der Gründe, warum ich immer auf der Suche nach biologischen und nachhaltigen Lebensmitteln bin, lässt sich mit einem Wort zusammenfassen: Gesundheit. Damit meine ich die Gesundheit unserer Umwelt (Boden, Luft und Wasser), die Gesundheit der in der Landwirtschaft beschäftigten Personen, die Gesundheit der Menschen, die ich bewirte, meine eigene Gesundheit und auch die Gesundheit der regionalen Wirtschaft. Meiner Meinung nach können dabei alle nur gewinnen: Sie und ich suchen nur die am besten schmeckenden Zutaten aus und unterstützen dabei gleichzeitig ein nachhaltiges System der Lebensmittelerzeugung, das dem Planeten hilft, auf dem wir leben.

Als Bio-Lebensmittel ausgewiesene Produkte im Supermarkt zu kaufen, ist schon ein guter Anfang. Doch wenn Sie Ihre Bio-Lebensmittel direkt auf dem Wochenmarkt in Ihrer Nähe kaufen, können Sie mit Ihrem Geld und Ihrer Kaufentscheidung noch viel mehr bewirken und sowohl die Art der Lebensmittelerzeugung als auch deren Einfluss auf die Umwelt beeinflussen. Beim Bio-Zertifizierungsprozess in den USA müssen große Konzerne und Betriebe z. B. nicht nachweisen, dass sie

nachhaltig wirtschaften, indem sie Anbaumethoden wie den Fruchtwechsel oder das Kompostieren und Verwenden von Bio-Kompost zum Düngen praktizieren oder wassersparend wirtschaften. Auch wenn Produkte mit einem Bio-Siegel gekennzeichnet sind, heißt das nicht, dass sie auch in nachhaltiger Weise erzeugt wurden. Eine weitere Frage ist, wie weit ein bestimmtes Lebensmittel reisen musste, um schließlich auf Ihren Teller zu gelangen. In einem herkömmlichen Supermarkt werden Bio-Lebensmittel aus aller Welt herantransportiert, was einen extremen Kohlenstoffdioxidausstoß und das Verbrauchen großer Energieressourcen für das Lagern und Verpacken verursacht. In der teilweise langen Zeit zwischen Ernte und Lieferung verlieren die Lebensmittel ihre Vitalität und ebenso ihre essenziellen Nährstoffe. Wenn Sie aber bei kleinen, regionalen Höfen kaufen, sind Ihre Lebensmittel frischer, nährstoffreicher und nachhaltiger erzeugt worden.

Wegen der hohen Gebühren und der vielen Formalitäten, die eine Verleihung des Bio-Siegels durch die US-Behörden erfordern, sind einige Bio-Bauern in den USA, die zum Teil schon seit Generationen biologisch oder biodynamisch wirtschaften, nicht in der Lage, ihre Produkte als biologisch zu kennzeichnen. Aus diesem Grund finden Sie vielleicht auch in Deutschland immer wieder Bauern, die offiziell keine Bio-Produkte anbieten, dem Konzept mit ihren Anbaumethoden aber wesentlich näher kommen als große zertifizierte Betriebe.

Es ist immens wichtig, dass wir diese kleinen Höfe, die nachhaltig wirtschaften, unterstützen. Sie werden nicht wie viele konventionelle Großbetriebe von staatlicher Seite subventioniert, investieren aber mit ihren aufwendigeren biologischen und biodynamischen Anbaumethoden weitaus mehr Zeit, Arbeit und Sorgfalt in ihre Lebensmittel.

Wir haben mit der Zeit verlernt, den wahren Wert von Lebensmitteln zu schätzen, und stattdessen eine Billigessen-Mentalität entwickelt, die auch Michael Pollan anprangert. Da die meisten von uns kein Obst oder Gemüse mehr anbauen, haben wir vergessen, wie viel Arbeit dafür notwendig ist, und wegen Billigarbeitskräften und staatlichen Subventionen für landwirtschaftliche Großbetriebe das Gefühl für den wahren Wert von Lebensmitteln verloren. Bevor wir uns über den Preis von Bio-Lebensmitteln aufregen, sollten wir zunächst darüber nachdenken, wieviel wir für unnötigen Luxus ausgeben (moderne Technologie, teure Konsumgüter und Essen in Restaurants). Dennoch stimmt es, dass viele Menschen es sich schlichtweg nicht leisten können, biologisch und nachhaltig erzeugte Lebensmittel zu kaufen. Aus genau diesem Grund müssen diejenigen, die es können, es auch tun – denn nur so kann unser kaputtes Lebensmittelerzeugungssystem verbessert werden.

Danksagung

Mein tiefster Dank gilt allen, die beim Entstehen dieses Buches geholfen haben:

Meiner Partnerin Jacqui Kravetz: Ohne deine überzeugte Unterstützung und deine Großzügigkeit hätte ich dieses Buch nicht schreiben können. Ich danke dir aus tiefstem Herzen für alles, was du für mich tust – dafür, mir zu helfen, meine eigene Stimme und die perfekten Worte zu finden, für all die Zeit, die du investierst, alles von mir Niedergeschriebene zu redigieren, und dafür, mir eine unglaublich inspirierende Küche geschenkt zu haben, dank der ich dieses Buch schreiben konnte.

Meinen Eltern Pamela Shera und Will Chaplin: dafür, mich neben einem Garten (mit Kompost!) großgezogen, mir eine tiefe Wertschätzung für gutes Essen sowie Respekt für die Natur mitgegeben und mir die Freiheit gegeben zu haben, meine Träume zu verfolgen.

Meiner Schwester und besten Kritikerin Bonnie Chaplin: für all deine Unterstützung, unvergessliche Mitternachtsverkostungen, die nie endende Diskussion von Rezepten und dafür, mir beim Treffen Hunderter schwieriger Rezeptentscheidungen (vor allem bei den Scones!) zu helfen.

Meiner Redakteurin Sara Bercholz: dafür, mir zu erlauben und mich darin zu bestärken, *mein* Buch zu schreiben, seit den frühen Anfängen an mich geglaubt zu haben und für all die Arbeit, die es brauchte, um das Ergebnis perfekt werden zu lassen. Ebenfalls ein riesiges Dankeschön an alle bei Roost Books!

Stephen Johnson: für die fantastische Arbeit, die du beim Gestalten, bei der Artdirektion und beim Prop-Styling für dieses Buch geleistet hast; dafür, alles für dieses Projekt gegeben und jeden Tag so viel Freude mit zur Arbeit gebracht zu haben, und für deine Freundschaft. Ich kann dir gar nicht genug danken!

Johnny Miller: für die wunderschönen Fotografien. Es war mir eine echte Freude, mit dir zusammenzuarbeiten, deine erfrischende, unverfälschte Herangehensweise zu beobachten und die Leichtigkeit zu bewundern, mit der du den Bildern eine unverwechselbare Schönheit und Klarheit verliehen hast.

John Derian: für deine unendliche Großzügigkeit mit deiner Sammlung persönlicher und öffentlicher Antiquitäten und schöner Dinge. Ohne deinen Beitrag würde dieses Buch nicht das sein, was es jetzt ist. Vielen vielen Dank!

ABC Carpet and Home: für die wunderbaren Requisiten, die wir benutzen durften.

Meiner Agentin Brandi Bowles und Foundry Media: dafür, dieses Buch von Anfang an zu unterstützen und zu begleiten.

Blaine Arin: für deine Hingabe, deinen Enthusiasmus und deine harte Arbeit, während du mich bei diesem Projekt unterstützt hast, und für das sorgfältige und mehrmalige Testen so vieler Rezepte.

Christina Trush und Kate Davis: für das Testen meiner Rezepte, das Korrekturlesen und eure Unterstützung in so vielen verschiedenen Bereichen.

Miranda Van Gelder, Laura Jackson, Mike O'Malley, Kristen Esposito, Nancy Sobel Butcher und meiner Mutter: für das Testen meiner Rezepte und euer Feedback.

Gabby Russomagno: für deine unbeirrte Unterstützung und deine Aufmerksamkeit.

Mary Wiles: für deine Großzügigkeit und dein besonderes Talent als Makeup-Artist.

Sarah Perlis: für wunderschönen Schmuck und dafür, alles zu lieben, was ich mache.

Paul Pitchford: dafür, mich zu inspirieren, eine bessere Köchin zu werden und sein immenses Wissen mit mir zu teilen.

Rosada Hayes: für alles, was ich durch die Zusammenarbeit mit dir gelernt habe, und die vielen Jahre, die wir zusammen beim Kochen und Lachen in der Küche verbracht haben. Ich vermisse dich!

Der Gemeinschaft von Familien und Freunden, die mich versorgte und bewirtete, als ich aufwuchs: Lynne Tarleton, Anshu Jacobs, die Lords, die Tuckers, die Parkers, die Hanleys, die Boltons, und Jillian, Lou, Kelly, Lorraine, Angie und

Albert, Charlie, und meinen lieben Tanten. Und Guinevere und Greta dafür, dass sie mich so gut kennen und die Abenteurerin in mir geweckt haben.

Gloria Von Sperling: dafür, niemals müde zu werden, die heilenden Eigenschaften von Lebensmitteln und Kräutern zu betonen und mich zuerst dazu zu ermutigen, mein Wissen an andere weiterzugeben.

Brian McCormac: dafür, mir zu helfen und mich in meinem Weg zu bestärken.

Natalie Portman und Liv Tyler: für ihre fortlaufende Unterstützung und ihre Begeisterung für mein Essen.

Seung Suh und Bob Caccamise: dafür, die allerbesten Nachbarn zu sein!

Tatiana Philippova und Deborah Hallahan: dafür, mein Qi während dieses Projekts im Fluss zu halten.

Stella, Alfie und Percy: für ihre wunderbare Gesellschaft und endlose Geduld.

Allen meinen früheren Arbeitgebern und Kollegen in Sydney, Amsterdam, London und New York: dafür, ihr Wissen mit mir zu teilen und mir dabei zu helfen, zu der Köchin zu werden, die ich heute bin.

Mein immerwährender Dank gilt allen biologisch und biodynamisch wirtschaftenden Bauern, die ihr Leben der Aufgabe gewidmet haben, schöne und nachhaltige Lebensmittel anzubauen und zu erzeugen. Die Früchte eurer Arbeit inspirieren mich jeden Tag aufs Neue – danke für all das, wofür ihr einsteht.

Meinen wunderbaren Kunden und Lesern: dafür, es mir zu ermöglichen, das zu tun, was ich liebe und was mir am wichtigsten ist. Vielen herzlichen Dank!

Amy x

Bezugsquellen

Die meisten der im Buch erwähnten Produkte wie Chia, Quinoa oder verschiedene Gewürze sind in gängigen Naturkostläden erhältlich.

Sie können sie auch direkt über unseren Online-Shop **www.unimedica.de** in der Kategorie „Gesunde Ernährung" erhalten. Dort finden Sie ein großes Sortiment an Naturkostprodukten, u. a. auch seltene Produkte wie Sacha inchi.

Auch die für die Rezepte notwendigen Küchengeräte sowie veganes Bio-Proteinpulver und viele Superfoods sind dort erhältlich.

Eine große Auswahl der Zutaten finden Sie außerdem in gut sortierten Biomärkten und Reformhäusern. Sollten einzelne Lebensmittel nicht im regulären Sortiment sein, sprechen Sie die Mitarbeiter an. Meist werden fehlende Produkte gerne für Sie bestellt. Außerdem bieten diverse Drogeriemärkte und Onlineshops eine große Fülle an hochwertigen veganen Produkten an.

Literaturverzeichnis

BÜCHER

Balch, Phyllis A. *Prescription for Dietary Wellness.* New York: Avery 1992, 1998, 2003.

Berley, Peter. *The Modern Vegetarian Kitchen.* New York: HarperCollins, 2000.

Gates, Donna, with Linda Schatz. *The Body Ecology Diet.* Carlsbad, CA: Hay House, 1996, 2010, 2011.

Katz, Sandor Ellix. *The Art of Fermentation.* White River Junction, VT: Chelsea Green 2012.

—. *The Revolution Will Not Be Microwaved.* White River Junction, VT: Chelsea Green, 2006.

—. *Wild Fermentation.* White River Junction, VT: Chelsea Green, 2003.

Kornfeld, Myra, and George Minot. *The Voluptuous Vegan.* New York: Clarkson Potter, 2000.

Kushi, Aveline, with Alex Jack. *Aveline Kushi's Complete Guide to Macrobiotic Cooking.* New York: Warner Books, 1985.

Lahey, Jim, with Rick Flaste. *My Bread: The Revolutionary No-Work, No-Knead Bread.* New York: W. W. Norton, 2009.

McEachern, Leslie. *The Angelica Home Kitchen.* Berkeley, CA: Ten Speed Press, 2003.

Murray, Michael, and Joseph Pizzorno, with Lara Pizzorno. *The Encyclopedia of Healing Foods.* New York: Atria Books, 2005.

Nestle, Marion. *What to Eat.* New York: North Point Press, 2006.

Pitchford, Paul. *Healing with Whole Foods.* Berkeley, CA: North Atlantic Books, 1993, 1996, 2002.

Pollan, Michael. *In Defense of Food.* New York: Penguin Press, 2009.

—. The Omnivore's Dilemma: A Natural History of Four Meals. New York: Penguin, 2006.

Wood, Rebecca. *The New Whole Foods Encyclopedia.* New York: Penguin, 1999, 2010.

—. *The Splendid Grain.* New York: William Morrow, 1997.

WEBSITES

BIODYNAMIC FARMING AND GARDENING ASSOCIATION
www.biodynamics.com

ENVIRONMENTAL WORKING GROUP
www.ewg.org

SMALL FOOTPRINT FAMILY
www.smallfootprintfamily.com

SUSTAINABLE TABLE
www.sustainabletable.com

Über die Autorin

Amy Chaplin arbeitet seit über 20 Jahren als vegetarische Köchin. Als ehemalige Küchenchefin des renommierten veganen Restaurants Angelica Kitchen in New York entwickelt sie eigene Rezepte, leitet Kochkurse und ist als Caterer sehr begehrt. Zu ihren Klienten gehören Natalie Portman und Liv Tyler.

Amys köstliche vegane und vegetarische Rezepte wurden vielfach in der Presse veröffentlicht, darunter Martha Stewart Living, Vogue, Whole Living, New York, The Guardian und Fitness. Sie bloggt regelmäßig für das Food Network.

Amy wurde in Australien geboren und hat in Amsterdam, London, Sydney und New York als Küchenchefin gearbeitet. Zurzeit lebt und arbeitet sie in New York. Mehr ihrer Rezepte finden Sie auf **amychaplin.com**.

Index

A

Adzukibohnen 14
    Adzukibohnen-Klebreis 286
    Herzhafte Wintermisosuppe mit 159, 178, 365
Agar-Agar 31, 298
Ahornsirup-Kokos-Knusperstreusel 335
Alte Bohnensorten 14
    Bohnen Bourguignon mit Kartoffel-Sellerie-Stampf 289
    Spätsommereintopf mit alten Bohnensorten und
        Petersilien-Pistou 253
Aluminium, Vorsicht beim Gebrauch von 50
Amaranth 10
    Amaranth-Müsli mit gerösteten Samen 134
    Brauner Reis mit Amaranth 66
    Gepuffter Amaranth 134
    Goldene Amaranth-Superfood-Riegel 353
Angelica Kitchen (New York City) 172, 227, 232, 332
Apfelessig, unpasteurisierter 27
Apfel-Mandel-Schnitten 342
Apfelsaft 47
Aprikosen 46
    Aprikosenglasur 342
    Aprikosen-Kokos-Riegel 349
    Earl-Grey-Früchtekuchen 359
    Säuerliches Aprikosen-Chutney 257
Arame 31
    Arame mit Möhren und Sesam 109, 365
Artischocken
    Weiße-Bohnen-Artischocken-Aioli 219
Artischockenherzen 47
Auberginen
    Aromatisches Auberginen-Curry mit Kardamom-Basmati-
        Reis, säuerlichem Aprikosen-Chutney und Gurke-
        Limette-Raita 257
Ausrüstung, für die Küche 49
Avocados 34
    Reisröllchen mit Avocado-Blattgrün-Füllung und Möhren-
        Dip 214
    Tomatillo-Avocado-Salsa 270
Ayurvedische Medizin / Kochen 18, 26, 141, 228, 365

B

Backen 42
Backen, vegan 45, 344
Backformen 50
Backofengrill 212
Backpapier 50
Backpulver und Natron 42
Balsamico-Essig (rot und weiß) 27
Bananen
    Bananenbrot mit Walnuss-Zimt-Wirbel 145
    Schwarzer Frühstücksreispudding mit Kokosnuss und
        Banane 149
Basmati-Reis, braun
    Aromatisches Auberginen-Curry mit Kardamom-Basmati-
        Reis, säuerlichem Aprikosen-Chutney und Gurke-
        Limette-Raita 258
    Kitchari 179
Beeren 22
    als Snacks beim Entgiften 365
    gefroren 41
Bento Bowl 284
    Adzukibohnen-Klebreis 286
    Einfacher gepresster Salat 204
    Kabocha Nishime 287
    Klettenwurzel-Möhren-Kinpira 287
    Schnelle marinierte Gurke 286
Bergamotte 359
Berley, Peter 242
Bienenpollen 22
Billigessen 368
Biodynamische Landwirtschaft 367
Biologische Landwirtschaft und Lebensmittel 367
Birnen
    Geröstete Birnen-Tartelettes mit Birnencreme-Füllung 323
    Rösten 324
Blattgemüse 34
    Einfacher grüner Salat mit fein säuerlichem
        Hanfsamendressing 96
    Gedünstetes Blattgemüse mit würzigem
        Leinsamendressing 95
    Reisröllchen mit Avocado-Blattgrün-Füllung und Möhren-
        Dip 214
    Salat aus geröstetem Eichel- und Delicata-Kürbis mit
        Weizenkörnern und bitterem Blattsalat 199

Blumenkohl
   Cremige Blumenkohl-Sellerie-Suppe mit gerösteten
      Shiitake-Pilzen 172
   Hirse-Blumenkohl-Stampf 94
Bohnen 12
   Adzukibohnen-Klebreis 286
   Bohnen Bourguignon 289
   Bohnen kochen 70
   Dosenbohnen 47, 270
   Einfache marinierte Bohnen 73
   Eintopf aus geröstetem Herbstgemüse und Cannellini-
      Bohnen mit Dinkelkörnern und Grünkohl 274
   Einweichen 69
   Gelbe und rote Bete-Tartelettes mit Mohnkruste und
      Weiße-Bohnen-Fenchel-Füllung 249
   Herzhafte Wintermisosuppe mit Adzukibohnen, Kürbis
      und Ingwer 178
   Keimen 69, 81
   Phytinsäure neutralisieren 60
   Pikanter Eintopf aus schwarzen Bohnen 270
   Spätsommereintopf mit alten Bohnensorten und
      Petersilien-Pistou 253
   Weiße-Bohnen-Artischocken-Aioli 219
Brauner Reis 10
   Dinkelbrot mit braunem Reis und Sesam 138
   mit Amaranth 66
Brauner Reisessig 27
Brauner Reissalat mit Petersilie und Samen 99
Brauner Reissirup 45
Brauner Reis und Klebreis 65
   mit Maronen 65
   mit rotem oder schwarzen Quinoa 65
   mit Teff 65
Brombeeren
   Brombeer-Maismehl-Muffins 137
   Brombeer-Zitronencreme-Tartelettes mit geröstetem
      Kokosraspelboden 308
Brot
   Bananenbrot mit Walnuss-Zimt-Wirbel 145
   Bruschetta 218
   Curry-Socca mit Koriander-Kokos-Chutney 212
   Dinkelbrot mit braunem Reis und Sesam 138
   Kürbisbrot mit Walnuss-Zimt-Wirbel 145
Brownies, Mandelbutter- 346
Bruschetta 218
Buchweizen 10
   mit Zwiebeln 67
Butternusskürbis
   Butternusskürbis-Lasagne mit Vollkornpasta und Salbei-
      Tofu-Ricotta 276

Französische Linsensuppe mit Rosmarin, Kürbis und
   buntem Mangold 171
Pikanter Eintopf aus schwarzen Bohnen mit knuspriger
   Zuckermais-Polenta und Tomatillo-Avocado-Salsa 270

C
Cannellini-Bohnen 12
   Eintopf aus geröstetem Herbstgemüse mit Cannellini-
      Bohnen, Dinkelkörnern und Grünkohl 274
   Weiße-Bohnen-Artischocken-Aioli 219
Cashewkerne 18
   Cashewkäse 223
   Cashew-Zimt-Creme 328
   Curry-Quinoa-Pilaw mit gerösteten Cashewkernen 111
   Kürbis-Tartelettes mit Cashew-Ingwer-Boden 316
   Vanille-Chiapudding 115
Cayenne-Pfeffer 33
Chiasamen 22
   als Eiersatz 38
   Brombeer-Maismehl-Muffins 137
   Eingeweichte Chiasamen 89
   Pfirsich-Chia-Frühstücksshake 141
   Pfirsich-Chiapudding 141
   Superfood-Haferbrei mit Gojibeeren, Chia und
      Maulbeeren 89
   Vanille-Chiapudding 115
Chilischoten 33
   Chimichurri-Soße 122
   Feurige Möhrensuppe mit Kaffirblättern und
      Kokosmilch 180
   Kimchi 127
   Kokoscurry mit Tamarinden-Tempeh und schwarzem
      Reis 280
   Pâté aus gerösteten Paprika und Macadamianüssen 222
   Rote-Bete-Quinoa-Salat mit Feta, Chili, Knoblauch und
      geschmorten Rote-Bete-Blättern 195
   Zucchiniblüten-Orecchiette mit gereiftem Schafskäse und
      roter Chili 244
Chimichurri-Soße 122
Chinesische Medizin
   Entgiften 363
   Verdauung 365
Chutney
   Koriander-Kokos-Chutney 212
   Säuerliches Aprikosen-Chutney 257
Ciya Sofrasi Restaurant (Istanbul) 93
Congee, Quinoa- 150, 365
Cranberry-Mandel-Tarte 320
Cremige Blumenkohl-Sellerie-Suppe mit gerösteten Shiitake-
   Pilzen 172
Cremige Polenta mit Brennnesseln, Erbsen und
   Ziegenkäse 240

Cremiges Senfdressing 196
Cupcakes, Zitrus-Kokosnuss- 344
Curryblätter 179
Currypulver, selbstgemachtes, Grundrezept 119
Currys und Rezepte mit Currypulver
    Aromatisches Auberginen-Curry 257
    Curry-Quinoa-Pilaw 111
    Curry-Socca 212
    Feurige Möhrensuppe mit Kaffirblättern und
        Kokosmilch 180
    Kokoscurry 280

D

Dairy, Meredith 100, 120
Dashi (japanische Brühe) 162
Das Omnivoren-Dilemma (Pollan) 367
Datteln 45
    Dattel-Pistazien-Pralinen-Tarte 318
    Earl-Grey-Früchtekuchen 359
    Mandelbutter-Brownies mit Meersalz 346
Davis, Holly 359
Delikatessen-Sandwich 112
Desserts 293
    Cashew-Zimt-Creme 328
    Erdbeer-Rosen-Kanten 332
    Goldene Amaranth-Superfood-Riegel 353
    Granatapfel-Kanten 357
    Kokos-Vanille-Eiscreme mit gerösteten Pflaumen und
        Ahornsirup-Kokos-Knusperstreuseln 334
    Pfirsich-Chiapudding 141
    Schokoladige Pots de Crème 336
    Vanille-Chiapudding 115
    Vanillecreme 327
    Zimt-Karamell-Popcorn 350
Devde, Leah 261
Die Kunst des Fermentierens (Katz) 124
Dijon-Senf-marinierter Tempeh 107
Dill, frischer
    Dinkelkörner-Kräuter-Salat mit Zuckererbsen und
        Feta 187
    Eiertomaten-Dill-Tarte mit Pinienkernboden 242
    Rote-Bete-Kichererbsen-Taler mit Tzatziki 268
Dimitriades, Melinda 100
Dinkel 10
    Dinkelbrot mit braunem Reis und Sesam 138
    Dinkelkörner kochen (Grundrezept) 67
    Dinkelkörner-Kräuter-Salat mit Zuckererbsen und
        Feta 187
    Dinkelmehl, Vollkorn- 43
    Eintopf aus geröstetem Herbstgemüse mit Cannellini-
        Bohnen, Dinkelkörnern und Grünkohl 274

Mom's Dinkel-Mandel-Waffeln 135
Dinkelbrot mit braunem Reis und Sesam 138
DiVittorio, Drew 363
Drinks 207
Dukkah, Pistazien-Kürbiskern- 221
Dulse 31
Dunkle Schokoladen-Trüffel-Tarte mit Paranussboden 326

E

Earl-Grey-Früchtekuchen 359
Earl Grey Tee 359
Eier, Eiersatz 38
Einfache marinierte Bohnen 73
Einfacher gepresster Salat 204
Einfacher grüner Salat mit fein säuerlichem
    Hanfsamendressing 96
Einfache Rote-Linsen-Suppe mit Spinat, Zitrone und
    Pfeffer 93
Einfaches Quinoa 66
Eingelegtes Gemüse 38
    Eingelegte Radieschen 187
    Kimchi 127
    Marinierte Rote Bete 106
    Rosa Kraut 125
    Schnelle marinierte Gurke 286
    Schneller marinierter Rotkohl 104
Eingeweichte Haferflocken und Chia mit Mandelmilch,
    Leinsamen und Weizenkeimen 90
Einmachgläser 53
Eintopf aus geröstetem Herbstgemüse mit Cannellini-Bohnen,
    Dinkelkörnern und Grünkohl 274
Einweichen
    Getreide 62
    von Getreide, Bohnen, Nüssen und Samen 60
Erbsen 12
    Cremige Polenta mit Brennnesseln, Erbsen und
        Ziegenkäse 240
    Dinkelkörner-Kräuter-Salat mit Zuckererbsen und
        Feta 187
    Rustikaler Erbsenaufstrich 218
Erbsen, gefrorene 41
Erdbeeren
    Erdbeer-Rosen-Kanten 332
    Erdbeer-Vanillecreme-Tarte 304
Erdbeer-Vanillecreme-Tarte 304

F

Feigen-Himbeer-Tarte, geröstete, mit geröstetem
    Mandelboden 310
Fein-cremige Nussmilch 76
Fein säuerliches Hanfsamendressing 96

Fenchel
    Gelbe und rote Bete-Tartelettes mit Mohnkruste und
        Weiße-Bohnen-Fenchel-Füllung 249
    Rote-Bete-Fenchel-Salat mit Blutorange und gehackten
        Haselnüssen 200
Fenchelsamen 250, 360
Fermentierte Lebensmittel 124
    Dinkelbrot mit braunem Reis und Sesam 138
    Eingelegtes Gemüse 38
    Gepresste Salate 204
    Kimchi 127
    Rosa Kraut 125
Feta
    Dinkelkörner-Kräuter-Salat mit Zuckererbsen und
        Feta 187
    Quinoa mit geröstetem Sommergemüse und Harissa-
        Marinade 191
    Rote-Bete-Quinoa-Salat mit Feta, Chili, Knoblauch und
        geschmorten Rote-Bete-Blättern 195
Fettuccine, Vollkorn-, mit Grünkohl, karamellisierten
    Zwiebeln und mariniertem Ziegenkäse 100
Feurige Möhrensuppe mit Kaffirblättern und Kokosmilch 180
Fleming, Lynn 120
Frische Nussmilch 76
Frische Pfirsichtarte mit Walnussboden 306
Frühlingsmisosuppe mit Zitrone 162
Frühlingszwiebeln 34
Frühstück
    beim Entgiften 365
    Rezeptvorschläge 59

G

Ganache, Schokoladen- 339
Gasflammsieb 54
Gazpacho mit alten Tomatensorten 167
Gebräunte Zwiebelringe 262
Gedünstetes Blattgemüse mit würzigem Leinsamendressing 95
Gefiltertes Wasser 54
Gemüse
    Rösten 82
Gemüsebrühe
    Herbstliche Gemüsesuppe mit Rübenblättern 176
    Reinigen / Entgiften 365
Gemüsebürste, japanische (Tawashi) 52
Gemüse, eingelegtes / fermentiertes 38
Gemüsehobel mit keramikklinge 50
Gemüsevorräte 34
Gepresster Salat 204
Gepuffter Amaranth 134
Geröstete Birnen-Tartelettes mit Birnencreme-Füllung 323
Geröstete Feigen-Himbeer-Tarte mit geröstetem
    Mandelboden 310

Geröstete Haselnüsse 80
Geröstete Kürbis- und Sonnenblumenkerne 79
Geröstete Mandelbutter 116
Geröstete Mandeln 78
Geröstete Paprika und Macadamianüsse, Pâté aus 222
Geröstete Pecannüsse 80
Geröstete Pflaumen 335
Geröstete Pistazien 80
Gerösteter Eichel- und Delicata-Kürbis mit Weizenkörnern
    und bitterem Blattsalat, Salat aus 199
Geröstete Sesamsamen 79
Geröstetes Gemüse 85
Geröstetes Gemüse, Brühe aus 289
Geröstetes Herbstgemüse mit Cannellini-Bohnen,
    Dinkelkörnern und Grünkohl, Eintopf aus 274
Geröstete Shiitake-Pilze 172
Geröstetes Kirschtomatenkompott 265
Geröstetes Wintergemüse und Rucola mit Senfdressing, Salat
    aus 203
Geröstete Walnüsse 80
Getränke
    beim Entgiften 365
    Gekühlter Rhabarber-Rosen-Tee 227
    Hibiskus-Zitrus-Eistee mit Ingwer 232
    Kurkuma-Limonade 228
    Trauben-Limetten-Drink 231
    Warmer Gewürztraubensaft 235
Getreide, Vollkorn-, aufwärmen 67
Gewürze 32
    Chimichurri-Soße 122
    Currypulver 119
    Geröstete Mandelbutter 116
    Gewürz-Sumach 221
    Harissa 118
    Marinierter Ziegenkäse 120
    Miso-Mayonnaise 118
    Schwarzes Sesam-Gomasio 119
    Superfood-Frühstückstopping 116
    Tahini aus ungeschältem Sesam 121
    Tahini-Soße 121
Gewürzmühle 50
Ghee 26
Glasbehälter 51
Gojibeeren 22
    Superfood-Haferbrei mit Gojibeeren, Chia und
        Maulbeeren 89
Goldene Amaranth-Superfood-riegel 353
Gomasio, schwarzes Sesam- 119
Granatapfel 22
    Granatapfel-Kanten 357
    Granatapfelsaft 22
Grüner Tee 360

Grünkohl 34, 59
    Eintopf aus geröstetem Herbstgemüse mit Cannellini-
        Bohnen, Dinkelkörnern und Grünkohl 274
    Vollkorn-Fettuccine mit Grünkohl, karamellisierten
        Zwiebeln und mariniertem Ziegenkäse 100
Gurken
    Gurke-Limette-Raita 257
    Schnelle marinierte Gurke 286
    Tzatziki 268

H

Haferflocken 10
    Eingeweichte Haferflocken und Chia mit Mandelmilch 90,
        365
    Superfood-Haferbrei 89, 365
Hanfsamen 23
Hanfsamendressing, fein säuerliches 96
Harissa
    Grundrezept 118
    Quinoa mit geröstetem Sommergemüse und Harissa-
        Marinade 191
Haselnüsse
    Earl-Grey-Früchtekuchen 359
    Geröstete Haselnüsse 80
    Rote-Bete-Fenchel-Salat mit Blutorange und gehackten
        Haselnüssen 183, 200
    Schokoladen-Haselnuss-Torte mit Kirschfüllung und
        Schokoladenganache 339
Hayes, Rosada 222, 320
Heidelbeeren
    beim Entgiften 365
Heidel- und Blaubeeren 41
Herbstliche Gemüsesuppe mit Rübenblättern 176
Herzhafte Wintermisosuppe mit Adzukibohnen, Kürbis und
    Ingwer 178
Hibiskus-Zitrus-Eistee mit Ingwer 232
Himbeeren
    Geröstete Feigen-Himbeer-Tarte mit geröstetem
        Mandelboden 310
Hirse 10
    gesundheitliche Vorteile 142
    Hirse-Blumenkohl-Stampf 94
    Hirse kochen 146
    Hirse-Kürbis-Zuckermais-Pilaw mit Tamari-gerösteten
        Kürbiskernen 142
    Pflaumen-Hirse-Muffins 146
Hülsenfrüchte 12

I

Ingwer 34
    Herzhafte Wintermisosuppe mit Adzukibohnen, Kürbis
        und Ingwer 178
    Hibiskus-Zitrus-Eistee mit Ingwer 232
    Kürbis-Tartelettes mit Cashew-Ingwer-Boden 316
Ingwersaft 178
Ingwertee 360

J

Jacecko, Maria 261
Joghurt
    Gurke-Limette-Raita 258
    Kapern-Knoblauch-Joghurt-Dip 211
    Tzatziki 268

K

Kabocha-Kürbis
    Kabocha-Maronen-Suppe mit Nori-Sesam-\ 174
    Kabocha-Nishime 287
Kanten 31
    Erdbeer-Rosen-Kanten 332
    Granatapfel-Kanten 357
Kapern-Knoblauch-Joghurt-Dip 211
Kardamom 32
    Brauner Kardamom-Basmati-Reis 258
    Pistazien-Sultaninen-Kekse mit Kardamom 354
Kartoffeln
    Knusprige zerdrückte Babykartoffeln mit Kapern-
        Knoblauch-Joghurt-Dip 211
Käse
    Butternusskürbis-Lasagne mit Vollkornpasta und Salbei-
        Tofu-Ricotta 276
    Cashewkäse 223
    Cremige Polenta mit Brennnesseln, Erbsen und
        Ziegenkäse 240
    Dinkelkörner-Kräuter-Salat mit Zuckererbsen und
        Feta 187
    Marinierter Ziegenkäse 120
    Quinoa mit geröstetem Sommergemüse und Harissa-
        Marinade 191
    Rote-Bete-Fenchel-Salat mit Blutorange und gehackten
        Haselnüssen 200
    Rote-Bete-Quinoa-Salat mit Feta, Chili, Knoblauch und
        geschmorten Rote-Bete-Blättern 195
    Salat aus geröstetem Eichel- und Delicata-Kürbis mit
        Weizenkörnern und bitterem Blattsalat 199
    Vollkorn-Fettuccine mit Grünkohl, karamellisierten
        Zwiebeln und mariniertem Ziegenkäse 100
    Zucchiniblüten-Orecchiette mit gereiftem Schafskäse und
        roter Chili 244
Käse, veganes Ersatzprodukt xii
Käse, Ziegen- 40
Kasha (gerösteter Buchweizen) 10
Katz, Sandor 124
Keimen 81

Kenton, Leslie 297

Kichererbsen 14, 47, 59

    Einfache marinierte Bohnen 73

    Kichererbsenmus 72

    Rote-Bete-Kichererbsen-Taler mit Tzatziki 268

    Salat aus geröstetem Wintergemüse und Rucola mit Senfdressing 203

    Scharfer Kichererbseneintopf und Quinoa-Pilaw mit Sultaninen und Mandeln 278

Kichererbsenmehl

    Curry-Socca mit Koriander-Kokos-Chutney 212

Kidneybohnen 15

Kimchi 127

Kinpira (Zubereitungsmethode) 287

Kirschen

    Kirsch-Pecannuss-Cookies 356

Kirschen, getrocknet, ungesüßt

    Kirsch-Kokos-Knuspermüsli mit nativem Olivenöl 155

Kitchari 179, 365

Klettenwurzel 360

    Klettenwurzel-Möhren-Kinpira 287

Knabbereien 207

Knoblauch 36

    Gazpacho mit alten Tomatensorten 167

    Kapern-Knoblauch-Dip 211

    Knoblauchpresse 51

    Mit Knoblauch und Tamarisoße geschmorter Tofu 113

    Rote-Bete-Quinoa-Salat mit Feta, Chili, Knoblauch und geschmorten Rote-Bete-Blättern 195

Knuspermüsli, Kirsch-Kokos- 155

Knusprige zerdrückte Babykartoffeln mit Kapern-Knoblauch-Joghurt-Dip 211

Knusprige Zuckermaispolenta 272

Kohl

    Kimchi 127

    Palmkohlsalat mit cremigem Senfdressing 196

    Rosa Kraut 125

    Schneller marinierter Rotkohl 104

Kohl, Weiß- und Rot- 36

Kokosblütensirup 45

Kokosblütenzucker 45

    Dattel-Pistazien-Pralinen-Tarte 318

Kokosmilch 47

    Feurige Möhrensuppe mit Kaffirblättern und Kokosmilch 180

    Kokos-Vanille-Eiscreme 334

    Schokoladenganache 339

    Schwarzer Frühstücksreispudding mit Kokosnuss und Banane 149

    selbst machen 280

    Zitrus-Kokosnuss-Cupcakes 344

Kokosmus 26

    Pfirsich-Chia-Frühstücksshake 141

    Vanille-Chiapudding 115

Kokosnuss 43

    Aprikosen-Kokos-Riegel 349

    Brombeer-Zitronencreme-Tartelettes mit geröstetem Kokosraspelboden 308

    Kokoscreme-Tarte mit geröstetem Kokosraspelboden 312

    Kokoscurry mit Tamarinden-Tempeh und schwarzem Reis 280

    Kokosflocken rösten 149

    Kokos-Quinoa-Pancakes 151

    Kokos-Vanille-Eiscreme mit gerösteten Pflaumen und Ahornsirup-Kokos-Streuseln 334

    Koriander-Kokos-Chutney 212

    Schwarzer Frühstücksreispudding mit Kokosnuss und Banane 149

    Zitrus-Kokosnuss-Cupcakes 344

Kokosöl, unraffiniert 26

Kombu 31

Kompostieren 37

Koriander

    Chimichurri-Soße 122

    Feurige Möhrensuppe mit Kaffirblättern und Kokosmilch 180

    Gazpacho mit alten Tomatensorten 167

    Kokoscurry mit Tamarinden-Tempeh und schwarzem Reis 280

    Koriander-Kokos-Curry 212

    Pikanter Eintopf aus schwarzen Bohnen mit knuspriger Zuckermais-Polenta und Tomatillo-Avocado-Salsa 272

    Sommerrollen mit Macadamia-Limetten-Soße 210

    Tomatillo-Avocado-Salsa 273

    Vollkornweizen-Udon-Nudel-Salat mit gebratener Paprika, Zuckermais und Sesammarinade 192

Kornfeld, Myra 339

Kräuter

    Dinkelkrner-Kräuter-Salat mit Zuckererbsen und Feta 187

    frische Kräuter 34

    Schwarze Quinoa-Kräuter-Muffins mit Süßkartoffel und karamellisierten Zwiebeln 156

Kräutertee 360

Kreuzkümmelsamen, selbst rösten und mahlen 272

Küchenmaschine 51

Kudzu 43

Kukicha-Tee 360

Kürbis

    Kürbisbrot mit Walnuss-Zimt-Wirbel 145

Kürbiskerne 18

    als Snack beim Reinigen / Entgiften 365

    Geröstete Kürbiskerne 18

    Würzige Kürbiskerne 79

Kurkuma 33
    Kurkuma-Limonade 228

L

Labneh 220
Lactobacillus acidophilus 124
Lahey, Jim 138
Lasagne
    Butternusskürbis-Lasagne mit Vollkornpasta und Salbei-
        Tofu-Ricotta 276
Leinsamen 23
    als Eiersatz 38
    Eingeweichte Haferflocken und Chia mit Mandelmilch,
        Leinsamen und Weizenkeimen 90
    gemahlene Leinsamen 116
Leinsamenöl 25, 26
    Fein säuerliches Hanfsamendressing 96
    Schwarzes Sesam-Leinsamen-Dressing 95
    Würziges Leinsamendressing 95
Leitlinien und Ansätze zum Reinigen und Entgiften 364
Limabohnen, Baby- 14
Limette
    Sommerrollen mit Macadamia-Limetten-Soße 210
    Trauben-Limetten-Drink 231
Linsen 15
    Französische (Puy-)Linsensuppe mit Rosmarin, Kürbis und
        buntem Mangold 171
    Zitronenmarinierte Linsen 73
Lorbeerblätter 33
Löwenzahnwurzel, Tee aus 360

M

Macadamianüsse 16, 75
    Erdbeer-Vanillecreme-Tarte 304
    Macadamia-Limetten-Soße 210
    Pâté aus gerösteten Paprika und Macadamianüssen 222
    Sommerrollen mit Macadamia-Limetten-Soße 210
Macawurzel 23
    Superfood-Frühstückstopping 116
Maisgrieß 11
    Brombeer-Maismehl-Muffins 137
    Cremige Polenta mit Brennnesseln, Erbsen und
        Ziegenkäse 240
Mandelmehl 43
    Apfel-Mandel-Schnitten 342
    Brombeer-Maismehl-Muffins 137
    Cranberry-Mandel-Tarte 320
    Geröstete Birnen-Tartelettes mit Birnencreme-Füllung 323
    Mom's Dinkel-Mandel-Waffeln 135
    Pistazien-Sultaninen-Kekse mit Kardamom 354
Mandelmilch
    Eingeweichte Haferflocken und Chia mit 87, 90, 365

Grundrezept 76
    Verwendungsmöglichkeiten 76
Mandeln 18
    Apfel-Mandel-Schnitten 342
    beim Entgiften 365
    Cranberry-Mandel-Tarte 320
    Geröstete Feigen-Himbeer-Tarte mit geröstetem
        Mandelboden 310
    Geröstete Mandelbutter 116
    Geröstete Mandeln 78
    Mandelbutter-Brownies mit Meersalz 294, 346
    Mom's Dinkel-Mandel-Waffeln 135
    Quinoa-Pilaw mit Sultaninen und Mandeln 278
Mandoline, japanische Gemüse- 50
Marinade
    Harissa-Marinade 191
    Sesammarinade 192
Marinierte Bohnen, Einfache 73
Marinierte Rote Bete 195
Marinierter Ziegenkäse 120
Maronen
    Brauner Reis und Klebreis mit Maronen 65
    frische Maronen kochen 174
    getrocknete Maronen kochen 174
    Kaboche-Maronen-Suppe mit Nori-Sesam-\ 174
Matcha 360
Maulbeeren, getrocknete 22
Mayonnaise, Miso- 118
Medjool-Datteln 45
Meeresalgen 29
    Arame mit Möhren und Sesam 109
    Bento Bowl 284
    Kabocha-Maronen-Suppe mit Nori-Sesam-\ 174
    Kombu 31
Meersalz 28
    Mandelbutter-Brownies mit Meersalz 346
Mehl, gekeimtes 42
Mehl, Vollkorndinkel- 43
Melnyk, Georgia 353
Messer 51
Milch, Nuss- 76
Mirin 28
Miso 38
    Frühlingsmisosuppe mit Zitrone 162
    Herzhafte Wintermisosuppe mit Adzukibohnen, Kürbis
        und Ingwer 178
    Miso-Mayonnaise 118
Mittagessen
    beim Reinigen / Entgiften 365
    Menüvorschläge 59

Mohnkruste und Weiße-Bohnen-Fenchel-Füllung, Gelbe und
    rote Bete-Tartelettes mit 249
Möhren 36
    Arame mit Möhren und Sesam 109
    Feurige Möhrensuppe mit Kaffirblättern und
        Kokosmilch 180
    Julienne schneiden 109
    Möhren-Dip 214
    Möhren-Petersilie-Salat 104
Mom's Dinkel-Mandel-Waffeln 135
Muffins
    Brombeer-Maismehl-Muffins 137
    Pflaumen-Hirse-Muffins 146
    Schwarze Quinoa-Kräuter-Muffins mit Süßkartoffel und
        karamellisierten Zwiebeln 156
Mungbohnen 14
Müsli
    Amaranth-, mit gerösteten Samen 134

N

Nesseln
    Cremige Polenta mit Brennnesseln, Erbsen und
        Ziegenkäse 240
    Tee 360
Nishime, Zubereitungsmethode 287
Nori-Algen 31
    Nori-Blätter rösten 214
    Nori-Sesam-\ 175
Nudeln / Pasta, Vollkorn-
    als Zutat 11
    Butternusskürbis-Lasagne mit Vollkornpasta und Salbei-
        Tofu-Ricotta 276
    Ume-Shiso-Bouillon mit Soba-Nudeln 164
    Vollkorn-Fettuccine mit Grünkohl, karamellisierten
        Zwiebeln und mariniertem Ziegenkäse 100
    Vollkornweizen-Udon-Nudel-Salat mit gebratener Paprika,
        Zuckermais und Sesammarinade 192
    Zucchiniblüten-Orecchiette mit gereiftem Schafskäse und
        roter Chili 244
Nüsse und Samen 16
    Dörren 75
    Einweichen 75
    Nussbutter 40
    Nussmilch, frische 76
    Nussmilchtrester 76
    Phytinsäure neutralisieren 60
    Rösten 78
Nussmilch, frische 76

O

Ofenthermometer 54
Öle 25

Olivenöl, natives 26
    Kirsch-Kokos-Knuspermüsli mit nativem Olivenöl 155
Orange
    Hibiskus-Zitrus-Eistee mit Ingwer 232
    Rote-Bete-Fenchel-Salat mit Blutorange und gehackten
        Haselnüssen 183, 200
    Zitrus-Kokosnuss-Cupcakes 344
Orecchiette, Zucchiniblüten-, mit gereiftem Ziegenkäse und
    roter Chili 244

P

Pancakes, Kokos-Quinoa- 151
Paprika
    Pâté aus gerösteten Paprika und Macadamianüssen 222
    Vollkornweizen-Udon-Nudel-Salat mit gebratener Paprika,
        Zuckermais und Sesammarinade 192
Paranüsse 18
    Dunkle Schokoladen-Trüffel-Tarte mit Paranussboden 326
Passier- oder Abseihtücher 51
Pecannüsse
    Geröstete Pecannüsse 80
    Kirsch-Pecannuss-Cookies 356
Petersilie 36
    Brauner Reissalat mit Petersilie und Samen 99
    Möhren-Petersilie-Salat 104
    Petersilien-Pistou 254
Pfanne, gusseiserne 51
Pfeffer, schwarzer 33
    Einfache Rote-Linsen-Suppe mit Spinat, Zitrone und
        Pfeffer 93
Pfeilwurz 43, 299
Pfirsiche
    Frische Pfirsichtarte mit Walnussboden 306
    Pfirsich-Chia-Frühstücksshake 141
    Pfirsich-Chiapudding 141
Pflaumen
    Geröstete Pflaumen 335
    Pflaumen-Hirse-Muffins 146
Physalisbeeren 23
Phytase, aktivieren 60
Phytinsäure 60
Pikanter Eintopf aus schwarzen Bohnen mit knuspriger
    Zuckermais-Polenta und Tomatillo-Avocado-Salsa 270
Pilze
    Cremige Blumenkohl-Sellerie-Suppe mit gerösteten
        Shiitake-Pilzen 172
    Dashi 162
    Tempeh-Portobello-Burger 261
    Ume-Shiso-Bouillon mit Soba-Nudeln 164
Pinienkerne
    Eiertomaten-Dill-Tarte mit Pinienkernboden 242
    Zucchini-Salat mit Portulak und Zitrone-Pinienkern-
        Dressing 188

Pistazien
    Dattel-Pistazien-Pralinen-Tarte 318
    Geröstete Pistazien 80
    Pistazien-Kürbiskern-Dukkah 221
    Pistazien-Sultaninen-Kekse mit Kardamom 354
Pistou 254
Pitchford, Paul 9, 363
Plastik vermeiden 55
Polenta
    Cremige Polenta mit Brennnesseln, Erbsen und
        Ziegenkäse 240
    Knusprige Zuckermaispolenta 272
Pollan, Michael 367, 368
Popcorn, Zimt-Karamell- 350
Portobello-Burger, Tempeh- 261
Portulak 188
    Zucchini-Salat mit Portulak und Zitrone-Pinienkern-
        Dressing 188
Pots de Crème, schokoladige 336
Pralinen-Decke 318
Pudding
    Pfirsich-Chiapudding 141
    Schokoladen-Chiapudding 115
    Schwarzer Frühstücksreispudding mit Kokosnuss und
        Banane 149
    Vanille-Chiapudding 115
Puy-Linsen 15
    Französische Linsensuppe mit Rosmarin, Kürbis und
        buntem Mangold 171

Q

Quinoa 11
    Brauner Reis und Klebreis mit rotem oder schwarzem
        Quinoa 65
    Curry-Quinoa-Pilaw 111
    Einfaches Quinoa 66
    Kokos-Quinoa-Pancakes 151
    Quinoa-Congee 150
    Quinoa mit geröstetem Sommergemüse und Harissa-
        Marinade 191
    Quinoa-Pilaw 279
    Rote-Bete-Quinoa-Salat mit Feta, Chili, Knoblauch und
        geschmorten Rote-Bete-Blättern 195
    Schwarze Quinoa-Kräuter-Muffins mit Süßkartoffel und
        karamellisierten Zwiebeln 156

R

Radieschen 36
    als Snack beim Reinigen / Entgiften 365
    Eingelegte Radieschen 187
Raita
    Gurke-Limette- 258

Reiben 51
Reis 11
    Brauner Kardamom-Basmati-Reis 258
    Brauner Reissalat mit Petersilie und Samen 99
    Brauner Reis und Klebreis 65
    Brauner Reis und Klebreis mit Amaranth 66
    Brauner Reis und Klebreis mit Maronen 65
    Brauner Reis und Klebreis mit rotem oder schwarzem
        Quinoa 65
    Brauner Reis und Klebreis mit Teff 65
    Dinkelbrot mit braunem Reis und Sesam 138
    Kitchari 179
    Schwarzer Frühstücksreispudding mit Kokosnuss und
        Banane 149
    Schwarzer Reis 11
    Schwarze-Sesam-Reis-Cracker 224
Reisröllchen mit Avocado-Blattgrün-Füllung und Möhren-
    Dip 214
Rhabarber-Rosen-Tee, gekühlter 227
Rosa Kraut 125
Rosenblüten
    Erdbeer-Rosen-Kanten 332
    Gekühlter Rhabarber-Rosen-Tee 227
Rosmarin 34
    Französische Linsensuppe mit Rosmarin, Kürbis und
        buntem Mangold 171
Rösten, Nüsse und Samen, allgemeine Informationen 78
Rote Bete 37
    Gelbe und rote Bete-Tartelettes mit Mohnkruste und
        Weiße-Bohnen-Fenchel-Füllung 249
    Geschmorte Rote-Bete-Blätter 195
    Marinierte rote Bete 106
    Rösten 85
    Rote-Bete-Fenchel-Salat 200
    Rote-Bete-Kichererbsen-Taler mit Tzatziki 268
    Rote-Bete-Quinoa-Salat 195
    Süßsäuerliche Rote-Bete-Marmelade 220
Rotklee, Tee aus 360
Rübenblätter, Herbstliche Gemüsesuppe mit 176
Rührschüsseln 51
Rustikaler Erbsenaufstrich 218

S

Saisonales Kochen 238
Salatdressing
    Dressing zum Salat aus geröstetem Eichel- und
        Delicata-Kürbis mit Weizenkörnern und bitterem
        Blattgemüse 199
Salatdressings
    Cremiges Senfdressing 196
    Fein säuerliches Hanfsamendressing 96
    Schwarzes Sesam-Leinsamen-Dressing 95

Senfdressing 203
Umeboshi-Vinaigrette 186
Zitrone-Pinienkern-Dressing 188
Salate
aus regionalen Zutaten 184
Brauner Reissalat mit Petersilie und Samen 99
Dinkelkörner-Kräuter-Salat mit Zuckererbsen und
Feta 187
Einfacher gepresster Salat 204
Einfacher grüner Salat mit fein säuerlichem
Hanfsamendressing 96
Möhren-Petersilien-Salat 104
Palmkohlsalat mit cremigem Senfdressing 196
Quinoa mit geröstetem Sommergemüse und Harissa-
Marinade 191
Rote-Bete-Fenchel-Salat mit Blutorange und gehackten
Nüssen 200
Rote-Bete-Quinoa-Salat mit Feta, Chili, Knoblauch und
geschmorten Rote-Bete-Blättern 195
Salat aus geröstetem Eichel- und Delicata-Kürbis mit
Weizenkörnern und bitterem Blattsalat 199
Salat aus geröstetem Wintergemüse und Rucola mit
Senfdressing 203
Sprossensalat mit gerösteten Sonnenblumenkernen und
Umeboshi-Vinaigrette 186
Vollkornweizen-Udon-Nudel-Salat mit gebratener Paprika,
Zuckermais und Sesammarinade 192
Zucchini-Salat mit Portulak und Zitrone-Pinienkern-
Dressing 188
Salbei-Tofu-Ricotta 276
Salsa
Tomatillo-Avocado- 273
Samen 16
als Eiersatz 38
Keimen 81
Phytinsäure neutralisieren 60
Sandwich, Delikatessen- 112
Säuerliches Aprikosen-Chutney 258
Sauerrahmbutter 41
Saxelby Cheesemongers (Anne Saxelby) 244
Scharfer Kichererbseneintopf und Quinoa-Pilaw mit
Sultaninen und MAndeln 278
Schnelle marinierte Gurke 286
Schneller geschmorter Tempeh 110
Schneller marinierter Rotkohl 104
Schnellkochtopf 52
Schnittlauch 34
Schokolade, Kakao
Dunkle Schokoladen-Trüffel-Tarte mit Paranussboden 326
Mandelbutter-Brownies mit Meersalz 346
Schokoladen-Chiapudding 115

Schokoladen-Haselnuss-Torte mit Kirschfüllung und
Schokoladenganache 339
Schokoladige Pots de Crème 336
Schwarze Bohnen 15
Pikanter Eintopf aus schwarzen Bohnen mit knuspriger
Zuckermais-Polenta und Tomatillo-Avocado-Salsa 270
Schwarzer Pfeffer 33
Schwarzer Reis 283
Schwarzer Frühstücksreispudding mit Kokosnuss und
Banane 149
Schwarze Sesam-Reis-Cracker 224
Schwarzer Sesam
Schwarze Sesam-Reis-Cracker 224
Sellerie 37
Cremige Blumenkohl-Sellerie-Suppe mit gerösteten
Shiitake-Pilzen 172
Kartoffel-Sellerie-Stampf 291
Senf
Delikatessen-Sandwich 112
Dijon-Senf-marinierter Tempeh 107
Senfdressing 203
Senf, Dijon- 28
Sesamöl, geröstet 26
Sesamöl, unraffiniert, ungeröstet 26
Sesamsamen 19
Arame mit Möhren und Sesam 109
Brauner Reissalat mit Petersilie und Samen 99
Geröstete Nori-Sesam-\ 175
Rösten 79
Schwarze Sesam-Reis-Cracker 224
Schwarzes Sesam-Gomasio 119
Schwarzes Sesam-Leinsamen-Dressing 95
Tahini aus ungeschältem Sesam 121
Tahini-Soße 121
Shiitake-Pilze 31
Cremige Blumenkohl-Sellerie-Suppe mit gerösteten
Shiitake-Pilzen 172
Dashi 162
Ume-Shiso-Bouillon mit Soba-Nudeln 164
Shiso-Bouillon, Ume- 164
Shizen Restaurant (Amsterdam) 284, 287
Shoyu (Sojasoße) 28
Snacks 207
Soba-Nudeln (Buchweizen) 164
Socca, Curry-, mit Koriander-Kokos-Chutney 212
Soja
Butternusskürbis-Lasagne mit Vollkornpasta und Salbei-
Tofu-Ricotta 276
Dijon-Senf-marinierter Tempeh 107
Herzhafte Wintermisosuppe mit Adzukibohnen, Kürbis
und Ingwer 178
Miso-Mayonnaise 118

Mit Knoblauch und Tamarisoße geschmorter Tofu 113

Schneller geschmorter Tempeh 110

Shoyu (Sojasoße) 28

Sojamilch 46

Tamari (Sojasoße) 28

Tempeh 40

Tofu 40

Zuckermais-Tofu-Frittata mit geröstetem Kirschtomatenkompott 266

Sommerrollen mit Macadamia-Limetten-Soße 210

Sonnenblumenkerne 19

Brauner Reissalat mit Petersilie und Samen 99

Rösten 79

Sprossensalat mit gerösteten Sonnenblumenkernen und Umeboshi-Vinaigrette 186

Spätsommereintopf mit alten Bohnensorten und Petersilien-Pistou 253

Spinat, Zitrone und Pfeffer, einfache Rote-Linsen-Suppe mit 93

Springform (Backformen) 50

Sprossensalat mit gerösteten Sonnenblumenkernen und Umeboshi-Vinaigrette 186

Standmixer 52

Stoffbeutel, wiederverwendbare 53

Sultaninen 46

Kirsch-Kokos-Knuspermüsli mit nativem Olivenöl 155

Pistazien-Sultaninen-Kekse mit Kardamom 354

Quinoa-Pilaw mit Sultaninen und Mandeln 279

Superfoods 20

Goldene Amaranth-Superfood-Riegel 353

Superfood-Frühstückstopping 116

Superfood-Haferbrei mit Gojibeeren, Chia und Maulbeeren 89

Suppen, Brühen 159

beim Reinigen und Entgiften 365

Brühe aus geröstetem Gemüse 290

Cremige Blumenkohl-Sellerie-Suppe mit gerösteten Shiitake-Pilzen 172

Dashi (japanische Brühe) 162

Feurige Möhrensuppe mit Kaffirblättern und Kokosmilch 180

Französische Linsensuppe mit Rosmarin, Kürbis und buntem Mangold 171

Frühlingsmisosuppe mit Zitrone 162

Gazpacho mit alten Tomatensorten 167

Gemüsebrühe 176

Gemüsebrühen beim Reinigen / Entgiften 365

Herbstliche Gemüsesuppe mit Rübenblättern 176

Herzhafte Wintermisosuppe mit Adzukibohnen, Kürbis und Ingwer 178

Kabocha-Maronen-Suppe mit Nori-Sesam-\ 174

Meeresalgen in 29

Rote-Linsen-Brühe mit Spinat, Zitrone und Pfeffer 93

Ume-Shiso-Bouillon mit Soba-Nudeln 164

Zuckermaissuppe mit schwarzem Sesam-Gomasio und Schnittlauch 168

Suribachi (japanischer Mörser und Stößel) 54

Sushimatte 54

Süßkartoffel

Schwarze Quinoa-Kräuter-Muffins mit Süßkartoffel und karamellisierten Zwiebeln 156

Süßungsmittel, natürliche 45

T

Tahini, aus ungeschältem Sesam 121

Tahini-Soße 121

Tamari-geröstete Kürbiskerne 142

Tamarinden-Tempeh 283

Tamarisoße, natürlich fermentierte 28

Tarteböden 300

Tarteletteformen 50

Tartes, Tartelettes 300

Brombeer-Zitronencreme-Tartelettes mit geröstetem Kokosraspelboden 308

Cranberry-Mandel-Tarte 320

Eiertomaten-Dill-Tarte mit Pinienkernboden 242

Erdbeer-Vanillecreme-Tarte 304

Frische Pfirsichtarte mit Walsnussboden 306

Gelbe und rote Bete-Tartelettes mit Mohnkruste und Weiße-Bohnen-Fenchel-Füllung 249

Geröstete Birnen-Tartelettes mit Birnencreme-Füllung 323

Geröstete Feigen-Himbeer-Tarte mit geröstetem Mandelboden 310

Kokoscreme-Tarte mit geröstetem Kokosraspelboden 312

Kürbis-Tartelettes mit Cashew-Ingwer-Boden 316

Tawashi-Bürste (Gemüsebürste) 52

Teff 11

Brauner Reis und Klebreis mit Teff 65

Teig

Cashew-Ingwer-Boden 316

für Cranberry-Mandel-Tarte 320

für Dattel-Pistazien-Pralinen-Tarte 318

für Erdbeer-Vanillecreme-Tarte 304

für Geröstete Birnen-Tartelettes mit Birnencreme-Füllung, glutenfrei 324

für gerösteten Kokosraspelboden 308

für Gerösteten Mandelboden 310

für Mohnkruste 250

für Pinienkernboden 242

für Walnussboden 306

Grundlagen 300

Paranussboden 326

Tempeh 40

Dijon-Senf-marinierter Tempeh 107

Schneller geschmorter Tempeh 110

Tamarinden-Tempeh 280

Tempeh-Portobello-Burger 261

Terra 47 (New York City) 353

The Modern Vegetarian Kitchen 242

The New Whole Foods Encyclopedia 227

Thermometer, Ofen- 54

The Voluptuous Vegan 339

Tofu 40

Butternusskürbis-Lasagne mit Vollkornpasta und Salbei-Tofu-Ricotta 276

Eiertomaten-Dill-Tarte mit Pinienkernboden 243

Mit Knoblauch und Tamarisoße geschmorter Tofu 113

Tofukäse 265

Zuckermais-Tofu-Frittata mit geröstetem Kirschtomatenkompott 265

Tofukäse 265

Tomaten 47

Aromatisches Auberginen-Curry mit Kardamom-Basmati-Reis , säuerlichem Aprikosen-Chutney und Gurke-Limette-Raita 257

Eiertomaten-Dill-Tarte mit Pinienkernboden 242

Gazpacho mit alten Tomatensorten 167

Scharfer Kichererbseneintopf und Quinoa-Pilaw mit Sultaninen und Mandeln 278

Spätsommereintopf mit alten Bohnensorten und Petersilien-Pistou 254

Zuckermais-Tofu-Frittata mit geröstetem Kirschtomatenkompott 265

Tomatillo-Avocado-Salsa 273

Töpfe und Pfannen 52

Tortillas 41

Traditionelle chinesische Medizin 14, 15, 19, 22, 141, 363, 365

Trauben, dunkle

Trauben-Limetten-Drink 231

Warmer Gewürztraubensaft 235

Trockenfrüchte 46

U

Udon-Nudel-Salat, Vollkornweizen-, mit gebratener Paprika, Zuckermais und Sesammarinade 192

Umeboshi-Aprikosen oder -Paste

Umeboshi-Vinaigrette 186

Ume-Shiso-Bouillon mit Soba-Nudeln 164

Umeboshi-Aprikosen oder-Paste 28

Ume-Essig (Ume Su) 27

V

Vanille

Erdbeer-Vanillecreme-Tarte 304

Kokos-Vanille-Eiscreme 334

Vanille-Chiapudding 115

Vanillecreme 327

Vegane Desserts 298

Veganes Backen 297

Vitamix Blender 49, 52, 223

Vollkorn 9

Phytinsäure neutralisieren 60

Vollkorn-Fettuccine mit Grünkohl, karamellisierten Zwiebeln und mariniertem Ziegenkäse 100

Vollkornweizen-Udon-Nudel-Salat mit gebratener Paprika, Zuckermais und Sesammarinade 192

Vollkorngetreide 9

Einweichen, Kochen und Aufbewahren 62

in Tarteböden 300

Keimen 81

Phytinsäure neutralisieren 60

Reisröllchen mit Avocado-Blattgrün-Füllung und Möhren-Dip 214

Vorräte 1

Vorrats- und Schraubgläser 53

W

Waffeln, Mom's Dinkel-Mandel- 135

Wakame-Algen 31

Walnüsse 19

Frische Pfirsichtarte mit Walnussboden 306

Geröstete Walnüsse 80

Kürbis- oder Bananenbrot mit Walnuss-Zimt-Wirbel 145

Warmer Gewürztraubensaft 235

Wasser, gefiltertes 54

Weizenkeime 23

Eingeweichte Haferflocken und Chia mit Leinsamen und Weizenkeimen 90

Weizenkörner 67

Salat aus geröstetem Eichel- und Delicata-Kürbis mit Weizenkörnern und bitterem Blattsalat 199

Winterkürbis 36

Butternusskürbis-Lasagne mit Vollkornpasta und Salbei-Tofu-Ricotta 276

Herzhafte Wintermisosuppe mit Adzukibohnen, Kürbis und Ingwer 178

Hirse-Zuckermais-Pilaw mit Tamari-gerösteten Kürbiskernen 142

Kabocha-Maronen-Suppe mit Nori-Sesam-\ 174

Kabocha Nishime 287

Kürbis-Tartelettes mit Cashew-Ingwer-Boden 316

Pürieren 276

Salat aus geröstetem Eichel- und Delicata-Kürbis mit Weizenkörnern und bitterem Blattsalat 199

Wood, Rebecca 151, 227

Wurzel
    Kudzu 43
    Macawurzel 23
Wurzelgemüse
    Klettenwurzel-Möhren-Kinpira 287
Würzige Kürbiskerne 79
Würziges Leinsamendressing 95
Würzmittel 28

Y

Yakonsirup 46, 301, 353

Z

Ziegenkäse 40
    Marinierter Ziegenkäse 120
    Vollkorn-Fettuccine mit Grünkohl, karamellisierten
        Zwiebeln und mariniertem Ziegenkäse 100
Zimt 33
    Cashew-Zimt-Creme 328
    Kürbis- oder Bananenbrot mit Walnuss-Zimt-Wirbel 145
    Zimt-Karamell-Popcorn 350
Zitrone
    Brombeer-Zitronencreme-Tartelettes mit geröstetem
        Kokosraspelboden 308
    Einfahce Rote-Linsen-Suppe mit Spinat, Zitrone und
        Pfeffer 93
    Frühlingsmisosuppe mit Zitrone 162
    Kurkuma-Limonade 228
    Zitronenmarinierte Linsen 73
    Zitrone-Pinienkern-Dressing 188
    Zitrus-Kokosnuss-Cupcakes 344

Zitrusfrüchte 37
    Zitrus-Kokosnuss-Cupcakes 344
Zucchini
    Zucchiniblüten-Orecchiette mit gereiftem Schafskäse und
        roter Chili 244
    Zucchini-Salat mit Portulak und Zitrone-Pinienkern-
        Dressing 188
Zucker, Kokosblüten- und Ahorn 45
Zuckermais 41
    Hirse-Kürbis-Zuckermais-Pilaw mit gerösteten
        Kürbiskernen 142
    Knusprige Zuckermaispolenta 272
    Popcorn 350
    Vollkornweizen-Udon-Nudel-Salat mit gebratener Paprika,
        Zuckermais und Sesammarinade 192
    Zimt-Karamell-Popcorn 350
    Zuckermaissuppe mit schwarzem Sesam-Gomasio und
        Schnittlauch 168
    Zuckermais-Tofu-Frittata 265
Zuckermaissuppe mit schwarzem sesam-gomasio und
    schnittlauch 168
Zuckermais-Tofu-Frittata mit geröstetem
    Kirschtomatenkompott 265
Zwiebeln 37
    Buchweizen mit Zwiebeln 67
    Gebräunte Zwiebelringe 262
    Karamellisierte Zwiebeln 276
    Schwarze Quinoa-Kräuter-Muffins mit Süßkartoffel und
        karamellisierten Zwiebeln 156
    Vollkorn-Fettuccine mit Grünkohl, karamellisierten
        Zwiebeln und mariniertem Ziegenkäse 100

Eric und Jessica Childs

Kombucha!

DER NATÜRLICHE ENERGYDRINK, DER VITALISIERT, HEILT UND ENTGIFTET

216 Seiten, kart., € 19,80

Der komplette Kombucha-Ratgeber mit allen wichtigen Hintergrundinformationen zu dem beliebten probiotischen Tee

Kombucha wird schon lange von Therapeuten, Spitzensportlern, Yogis und anderen Gesundheitsexperten für seine beeindruckenden gesundheitsfördernden Kräfte gepriesen. Jetzt erobert er auch den Rest der Welt. Kombucha, ein fermentiertes Getränk auf Teebasis, wirkt vitalisierend, heilend und entgiftend.

Eric und Jessica Childs, Gründer von Kombucha Brooklyn und erfahrene Kombucha-Experten, teilen in diesem umfassenden Ratgeber ihr wertvolles Wissen. Dabei gehen sie nicht nur auf den wissenschaftlichen und kulturellen Hintergrund des so gesunden wie schmackhaften Getränks ein, sondern zeigen auch anhand von 50 leckeren Rezepten die kulinarische Seite von Kombucha – vom schmackhaften Kombucha-Brot über Wraps und Superfood-Smoothies bis zu spritzigen Cocktails. Auch als Verjüngungskur in selbst hergestellten Kosmetika kommt er zum Einsatz. Ein Buch, das inspiriert – man kann kaum warten, den ersten Kombucha selbst zu brauen und zu kosten.

Sally Fallon / Mary Enig

Das Vermächtnis unserer Nahrung

DAS FREIE KOCHBUCH, GARANTIERT OHNE POLITISCH KORREKTE ERNÄHRUNG UND DIÄT-DIKTOKRATEN

544 Seiten, geb., € 34,-

Dieses Buch ist eine Kombination aus enzyklopädischem Wissen zur Ernährungsgeschichte, Rezepte sowie Tipps und Tricks für eine gesunde Ernährung der ganzen Familie – vom Baby bis ins hohe Alter. Es ist ein Manifest gegen den Diätwahn, die Ernährungsdiktokraten und die Lebensmittelindustrie und für eine althergebrachte Ernährungsweise, die seit jeher die Menschen genährt hat. In detektivischer Kleinarbeit deckt sie weit verbreitete Irrglauben und Mythen der Ernährung auf, widerlegt sie und bietet gesunde Alternativen an. Der Leser taucht nicht nur ein in die Welt traditioneller Kochkünste, er wird zugleich aufgeklärt und ermutigt, das neu gewonnene Wissen zum selbständigen Denken zu verwenden.

Sally Fallon bietet einleuchtende, nachvollziehbare und belegbare Erklärungen für das Entstehen und die epidemische Ausbreitung all jener so genannten Zivilisationskrankheiten an, welche in zunehmendem Maße die Menschheit geißeln wie Krebs, Bluthochdruck, Herzinfarkt. Sally Fallon setzt diesem Übel eins entgegen: Gelebte Esstradition - die wieder entdeckte traditionelle Küche mit authentischen, unverfälschte Zutaten, deren Ziel es ist, nicht nur unseren Körper und Geist zu ernähren, sondern auch bis ins hohe Alter gesund zu erhalten.

Miyoko Schinner

Vegane Vorratskammer

111 REZEPTE FÜR EIGENE NUDELN, BROTAUFSTRICHE, GETRÄNKE UND VIELES MEHR

248 Seiten, geb., € 24,80

Werden Sie Teil der Revolution

Möchten nicht auch Sie frischer, gesünder und natürlicher essen und leben? Endlich können sich Veganer und Veganerinnen von stark verarbeiteten, aufwendig verpackten Produkten verabschieden und ihre Küchenschränke mit köstlichen, vollwertigen, hausgemachten Zutaten und Spezialitäten füllen. The Homemade Vegan Pantry ist großzügig und wunderschön bebildert und zelebriert handgemachte Lebensmittel, die Ihnen Geld und Zeit sparen; darunter vegane Alternativen für Joghurt, Butter, Mayo, Bacon und Käse, bis hin zu Senf, Dressings, Pfannkuchenmischungen, Kräckern, Nudelsaucen, Pizzateig, Keksen und vielen anderen milch- und fleischfreien Köstlichkeiten. Mit Miyoko Schinners einfachen Methoden wird „Slow Food" superschnell und schmeckt fantastisch – für alle, die in den Genuss ihrer eigenen handgefertigten Lebensmittel kommen möchten.

Brendan Brazier

Vegan in Topform

DER VEGANE ERNÄHRUNGSRATGEBER FÜR HÖCHSTLEISTUNGEN IN SPORT UND ALLTAG – DIE THRIVE-DIÄT DES BERÜHMTEN KANADISCHEN TRIATHLETEN

352 Seiten, geb., € 26,-

Bereits im Alter von 15 Jahren entschied sich Brendan Brazier Profisportler zu werden. Er erforschte minutiös, welche Ernährung seine Leistung und vor allem die Regenerationsphase optimierte. Das Ergebnis ist die legendäre Thrive-Diät, die bereits viele Spitzensportler zu einer olympischen Medaille geführt hat. Die Thrive-Diät richtet sich nicht nur an Profisportler, sondern an jeden, der optimale Gesundheit und Leistungsfähigkeit erlangen und Krankheiten vorbeugen möchte.

Brendan Brazier hat die vegane Ernährung revolutioniert und achtet dabei auf eine ausgewogene Kost mit ausreichend Proteinen und anderen Nährstoffen. Hier setzt er auch auf Superfood wie die Andenwurzel Maca, die legendäre Alge Chlorella oder das nahrhafte Hanfprotein. Buch mit den 4 wichtigsten Superfoods – Maca gelatiniert, Hanf Protein, Chlorella und Chia Samen.

Die Thrive-Diät führt zum Abbau von Körperfett und Aufbau von Muskelmasse, zu Leistungssteigerung, weniger Stress und Heißhunger auf Junkfood, geistiger Klarheit und besserem Schlaf.

Mit 100 veganen, gluten- und sojafreien Rezepten, von schnell zubereiteten Energieriegeln, Gels und Drinks über Suppen und Pizza bis zu leckeren Desserts. Mit praktischem 12-Wochen-Plan zum Einstieg in die Thrive-Diät.

Mickey Trescott

Das Autoimmun
Paleo-Kochbuch

CHRONISCHE KRANKHEITEN DURCH EINE ALLERGEN-FREIE ERNÄHRUNG IN DEN GRIFF BEKOMMEN

320 Seiten, geb., € 29,-

Autoimmunerkrankungen wie Diabetes, Multiple Sklerose oder Zöliakie greifen immer weiter um sich, ohne, dass die Schulmedizin wirksame Therapien anbieten kann. Zum Glück es gibt aber alternative Wege, die Symptome zu lindern und die Lebensqualität Betroffener zu verbessern.

Mithilfe des Autoimmunprotokolls, besser bekannt als Paleo- oder Steinzeit-Diät, kann man einer Vielzahl von Autoimmunerkrankungen erfolgreich entgegen wirken. Das Protokoll empfiehlt unter anderem den Verzicht auf Getreide, Hülsenfrüchte und Milchprodukte, um potenzielle Schadstoffe (Antinährstoffe) in der Ernährung zu eliminieren.

Es ist der perfekte Einstieg für alle, die sich aus gesundheitlichen Gründen mit der Paleo-Diät auseinandersetzen möchten. Mickey Trescott ist selbst betroffen und hat in dem Buch sämtliche Erfahrungen, Erkenntnisse und Rezepte zusammengefasst, die sie im Laufe der Jahre gesammelt hat. So gibt sie einen detaillierten Einblick in Wesen, Ansatz und Wirkungsweise des Autoimmunprotokolls sowie wertvolle Tipps, wie man Küche und Vorratsschrank von allen potenziell schädlichen Lebensmitteln befreien kann.

Natasha Campbell-McBride

GAPS – Gut and
Psychology Syndrome

WIE DARM UND PSYCHE SICH BEEINFLUSSEN.
NATÜRLICHE HEILUNG VON AUTISMUS, AD(H)S, DYSPRAXIE, LEGASTHENIE, DEPRESSION UND SCHIZOPHRENIE

512 Seiten, geb., € 26,-

Die GAPS-Diät ist das legendäre Ernährungsprogramm für verschiedenste Formen von Autismus, ADHS, Lernstörungen, Depression und Schizophrenie.

Die Ärztin Dr. Natasha Campbell-McBride entdeckte in jahrelanger Forschungsarbeit den direkten Zusammenhang zwischen psychischen Störungen, unserer Ernährung und dem Verdauungssystem. Viele der Betroffenen haben Essstörungen, ernähren sich einseitig und leiden unter einer kranken Darmflora.

Sie entwickelte ein revolutionäres Therapieprogramm, das auf spezifischen naturbelassenenen Nahrungsmitteln und ausgewählten Nahrungsergänzungsmitteln basiert, mit welchem sie erstaunliche Heilungserfolge – selbst bei schweren Autismusformen – erzielen konnte.

Ihr Buch ist ein praktischer Ratgeber für Eltern und Betroffene, der Schritt für Schritt die Grundlagen und Durchführung der GAPS-Diät erläutert. Die Autorin gibt klare Anweisungen zur Entgiftung, Beginn und Fortsetzung der Diät, Hinweise zur Bedeutung der Darmflora und der Gabe von Probiotika, zur Rolle von Impfungen sowie viele Rezepte für eine nährstoffreiche, naturbelassene Kost.

Julie O'Brien / Richard Climenhage

Frisch und Fermentiert

85 KÖSTLICHE SUPERFOOD-REZEPTE MIT FERMENTIERTEN MÖHREN, SAUERKRAUT UND KIMCHI

232 Seiten, geb., € 19,80

Fermentierte Lebensmittel erleben eine Renaissance und sind dank Sauerkraut und Kimchi, dem koreanischen Nationalgericht aus milchsaurem Kohl, in der Street-Food-Bewegung hoch aktuell. Völlig zu Recht, denn fermentiertes Gemüse enthält probiotische Bakterien, eine Menge Vitamin C und andere gesunde Enzyme, die das Immunsystem stärken. Außerdem ist es köstlich!

Zwar weiß heute kaum noch jemand wie man Sauerkraut & Co. selbst herstellen kann, doch dank Julie O'Brien und Richard Climenhage muss das nicht länger so bleiben. Die beiden Experten geben eine kinderleichte Einführung in die Welt fermentierter Lebensmittel. Eine Schüssel, ein scharfes Messer sowie ein paar Einmachgläser – und schon kann es losgehen.

Die Reise beginnt mit dem Klassiker schlechthin: dem Sauerkraut. Natürlich dürfen die absoluten Lieblings-Grundrezepte von O'Brien und Climenhage für verschiedene Sauerkrautsorten, Kimchi und für die berühmten „Yin-Yang-Möhren" nicht fehlen, die den Autoren den renommierten „Good-Food-Award" einbrachten.

Die über 80 leckeren Rezepte reichen vom Sauerkraut-Smoothie, Kimchi-Kick-Start-Frühstück, Firefly-Kimcheese und rustikalem Grillkäse über Super-Sauerkraut-Burger, Sauerkraut-Sushi bis zum Möhrenkuchen mit Frischkäse-Frosting.

Fran Costigan

Vegane Schokolade

UNVERGLEICHLICH KÖSTLICHE UND VERFÜHRERISCHE MILCHFREIE DESSERTS

316 Seiten, geb., € 24,-

Cremig, verführerisch, schokoladig und – vegan? Endlich sind göttliche Schokoladenkuchen, saftige Brownies, raffinierte Trüffel, köstliche Puddings, zartschmelzende Eiscremes und viele weitere unwiderstehliche Versuchungen nur noch ein Rezept weit entfernt. Dieses Buch wird zum kostbaren Schatz aller leidenschaftlichen Schokoladenund Dessertfans werden.

Fran Costigan, die Königin der veganen Desserts, ist die wohl bekannteste vegane Konditormeisterin. Sie ist Perfektionistin und hat über 20 Jahre in ihrer New Yorker Lehrküche damit verbracht, Rezepte solange zu verfeinern, bis es vegane Meisterwerke wurden. Ergebnis ist dieses Werk, was in seiner Art einzigartig ist. Nach ihrer Erfahrung ist vegane Schokolade noch unverfälschter und intensiver im Geschmack – ganz ohne Milchprodukte, Eier oder weißen Zucker.

120 himmlische und rein vegane Schokoladen-Desserts, die schon beim bloßen Gedanken das Wasser im Mund zusammenlaufen lassen, verführen zum Nachkochen und gelingen dank Fran Costigans detaillierten Anweisungen immer perfekt.

Fran Costigans „Vegane Schokolade" ist die Bibel der süßen, rein pflanzlichen Verführungen! Dieses Buch wird als Liebling unter den DessertKlassikern in jede Küche Einzug halten!
— Kris Carr, Bestseller-Autorin

Homöopathie

Naturheilkunde

Ernährung

Fitness & Sport

Akupunktur

Mensch
& Tier

In unserem Webshop
www.unimedica.de

finden Sie nahezu alle deutschen und eine umfangreiche Auswahl an englischen Werken zu Homöopathie, Naturheilkunde und gesunder Lebensweise. Zu jedem Titel gibt es aussagekräftige Leseproben. Außerdem stehen Ihnen ein großes Sortiment ausgewählter Naturkost-Produkte sowie Nahrungsergänzungsmittel unserer Eigenmarke „Unimedica" und viele Superfoods zur Verfügung.

Blumenplatz 2 • D-79400 Kandern • Tel: +49 7626-974 970-0 • Fax: +49 7626-974 970-999

info@unimedica.de